高等院校"十四五"系列教材 工商管理类

# 企业内部控制

(第二版)

主　编　晏　军
副主编　郭　莹　王　慧

微信扫码
查看更多资源

南京大学出版社

图书在版编目(CIP)数据

企业内部控制 / 晏军主编. —2 版. —南京：南京大学出版社，2022.8
ISBN 978-7-305-25991-3

Ⅰ.①企… Ⅱ.①晏… Ⅲ.①企业内部管理 Ⅳ.①F272.3

中国版本图书馆 CIP 数据核字(2022)第 134675 号

| | |
|---|---|
| 出版发行 | 南京大学出版社 |
| 社　　址 | 南京市汉口路 22 号　　邮　编　210093 |
| 出版人 | 金鑫荣 |
| 书　　名 | **企业内部控制** |
| 主　编 | 晏　军 |
| 责任编辑 | 武　坦　　　　　　　编辑热线　025-83592315 |
| 照　　排 | 南京开卷文化传媒有限公司 |
| 印　　刷 | 丹阳兴华印务有限公司 |
| 开　　本 | 787×1092　1/16　印张 19　字数 474 千 |
| 版　　次 | 2022 年 8 月第 2 版　2022 年 8 月第 1 次印刷 |
| ISBN | 978-7-305-25991-3 |
| 定　　价 | 53.80 元 |

网　　址：http://www.njupco.com
官方微博：http://weibo.com/njupco
微信服务号：njuyuexue
销售咨询热线：(025)83594756

\* 版权所有，侵权必究
\* 凡购买南大版图书，如有印装质量问题，请与所购
　图书销售部门联系调换

# 前　言

　　企业内部控制一直是企业界，尤其是会计界关注的热门话题。内部控制制度的制定、执行科学与否，直接关系到企业能否实现战略目标。内部控制是企业防范舞弊、克服缺陷、提升管理、实现可持续发展的有效途径。

　　美国COSO 2004年发布了《企业风险管理——整合框架》，2013年COSO委员会更新了《内部控制——整合框架》，2017年9月6日，全球风险管理行业翘首以盼的COSO更新版《企业风险管理框架》正式发布，以保证企业在外部环境不断变化中提升内部控制的有效性。同时，我国政府也一直致力于企业内部控制的建立和完善。2008年，我国财政部、证监会、审计署、银监会、保监会（以下简称五部委）联合发布了《企业内部控制基本规范》（以下简称《基本规范》），2010年，五部委联合发布《企业内部控制应用指引》《企业内部控制评价指引》及《企业内部控制审计指引》，并要求境内外同时上市的公司自2011年1月1日起施行，上交所、深交所主板上市公司自2012年起实施，中小板和创业板上市公司择机施行，鼓励非上市大中型企业提前执行。

　　2014年COSO委员会首次启动了对风险管理框架的修订工作，并于2017年9月发布了《企业风险管理——整合战略和绩效（2017）》。2015年1月，COSO委员会发布《网络时代的内部控制》白皮书。2019年10月19日，我国国务院国有资产监督管理委员会第14次常务会议审议通过了《关于加强中央企业内部控制体系建设与监督工作的实施意见》，并印发给各中央企业《关于印发〈关于加强中央企业内部控制体系建设与监督工作的实施意见〉的通知》，国资发监督规〔2019〕101号，实施意见要求各中央企业建立健全内控体系，进一步提升管控效能；强化内控体系执行、信息化管控、企业监督评价力度、出资人监督，全面提升内控体系有效性。

　　在这样的背景下，如何建立和完善企业的内部控制制度、保障内部控制的有效实施，是一个十分有意义的课题。因此，我们启动了《企业内部控制》的编写工作。

　　在本书的编写过程中，我们力求突出以下特色。

　　1. 内容的时效性

　　本书的编写以2008—2010年五部委陆续公布的《企业内部控制基本规范》《企业内部控制应用指引》《企业内部控制评价指引》《企业内部控制审计指引》及2013—2017年COSO更新的《内部控制——整合框架》《企业风险管理框架》等为主要依据，力求反映国内外企业内部控制规范体系建设的最新成果。

　　2. 经典案例与最新案例的引导性

　　本书每个章节都设有一个引导案例，指引该篇章的学习方向。在章节内部案例的选取上,注意了经典案例与最新案例的结合,既保障了学生能够了解到学科领域的经典案例,又能够将理论知识与最新的社会环境、企业实践结合起来,从而激发学生的学习积极性。

3. 预习题、练习题、复习题的有效衔接

本书每个章节都在章节前设有预习题,章节后设有复习题、练习题,既可以帮助教师进行课程的安排和课堂检验,也可以帮助同学们更好地安排自己的学习进度,培养良好的学习习惯,保障良好学习效果。

4. 体系的科学性

本书分为四大篇:第一篇为企业内部控制基础篇,包括第一章,介绍了企业内部控制的发展历程、企业内部控制的含义及层次、企业内部控制的意义及局限性、企业内部控制的原则、企业内部控制的相关理论及我国企业内部控制理论和实务的发展。第二篇为企业内部控制要素篇,包括第二章、第三章、第四章、第五章、第六章,分五章内容分别介绍了内部环境、风险评估、控制活动、信息与沟通、内部监督。第三篇为企业内部控制层次篇,企业内部控制分为公司治理层、管理控制层及业务流程及任务控制层,由于前两个层次已经分别在第二章、第四章当中讲授了,故而在这个篇章里只介绍了第七章业务活动控制,包括资金活动控制、采购活动控制、销售活动控制、资产管理控制及其他业务活动控制等。第四篇为企业内部控制绩效篇,包括第八章、第九章,分别介绍了企业内部控制评价及审计。

本书由武汉学院晏军担任主编,武汉商学院郭莹、湖北经济学院法商学院王慧担任副主编。各章执笔人分别如下:晏军(第一章至第七章),郭莹(第八章),王慧(第九章)。

本书还配套制作了企业内部控制教学课件,以适应采用多媒体形式进行课堂教学的需要,并提供了习题答案、试卷及答案,以辅助老师的教学。本书适用于高等院校会计专业、财务管理专业、审计专业及工商管理等专业的学生。

书中引用了大量案例材料,参考了许多书目,在此对原作者表示诚挚的谢意。由于时间仓促、水平有限,本书难免存在不妥及疏漏之处,恳请各位学者、专家及广大读者不吝赐教,以便使本书得以不断充实和完善!

编 者

2022 年 4 月

# 目 录

## 第一篇 企业内部控制基础篇

### 第一章 企业内部控制概述 ······ 1
预习题 ······ 1
第一节 企业内部控制的发展历程 ······ 4
第二节 企业内部控制的含义及层次 ······ 22
第三节 企业内部控制的意义及局限性 ······ 26
第四节 企业内部控制的原则 ······ 30
第五节 企业内部控制的相关理论 ······ 32
第六节 我国企业内部控制理论和实务的发展 ······ 33
复习题 ······ 39
练习题 ······ 39
案例讨论 ······ 42

## 第二篇 企业内部控制要素篇

### 第二章 内部环境 ······ 43
预习题 ······ 43
第一节 内部环境概述 ······ 45
第二节 组织架构 ······ 46
第三节 发展战略 ······ 52
第四节 职业道德与企业文化 ······ 57
第五节 人力资源 ······ 60
第六节 社会责任 ······ 62
复习题 ······ 64
练习题 ······ 64
案例讨论 ······ 67

## 第三章 风险评估 · 68
预习题 · 68
第一节 目标设定 · 70
第二节 风险识别 · 77
第三节 风险分析 · 81
第四节 风险应对 · 85
复习题 · 87
练习题 · 87
案例讨论 · 89

## 第四章 控制活动 · 90
预习题 · 90
第一节 不相容职务分离控制 · 92
第二节 授权审批控制 · 97
第三节 会计系统控制 · 101
第四节 财产保护控制 · 103
第五节 预算控制 · 105
第六节 运营分析控制 · 109
第七节 绩效考评控制 · 113
复习题 · 121
练习题 · 121
案例讨论 · 123

## 第五章 信息与沟通 · 124
预习题 · 124
第一节 信息与沟通机制概述 · 125
第二节 内部信息传递 · 129
第三节 沟 通 · 136
第四节 信息系统 · 141
复习题 · 157
练习题 · 157
案例讨论 · 160

## 第六章　内部监督 ································································· 161
预习题 ····································································· 161
第一节　内部监督概述 ················································ 162
第二节　内部监督的方法 ·············································· 166
第三节　内部监督的程序 ·············································· 171
复习题 ····································································· 174
练习题 ····································································· 174
案例讨论 ································································· 177

## 第三篇　企业内部控制层次篇

## 第七章　业务活动控制 ·················································· 178
预习题 ····································································· 178
第一节　资金活动控制 ················································ 179
第二节　采购活动控制 ················································ 192
第三节　销售活动控制 ················································ 197
第四节　资产管理控制 ················································ 200
第五节　其他业务活动控制 ·········································· 209
复习题 ····································································· 231
练习题 ····································································· 231
案例讨论 ································································· 234

## 第四篇　企业内部控制绩效篇

## 第八章　企业内部控制评价 ············································ 235
预习题 ····································································· 235
第一节　内部控制评价概述 ·········································· 237
第二节　内部控制评价的组织与实施 ····························· 242
第三节　内部控制缺陷的认定 ······································· 245
第四节　内部控制评价工作底稿与报告 ·························· 250
复习题 ····································································· 255
练习题 ····································································· 255
案例讨论 ································································· 257

## 第九章　内部控制审计 ·················· 258

预习题 ·················· 258

第一节　审计范围与审计目标 ·················· 259

第二节　计划审计工作 ·················· 267

第三节　实施审计工作 ·················· 272

第四节　评价控制缺陷 ·················· 278

第五节　完成审计工作 ·················· 285

第六节　出具审计报告 ·················· 286

复习题 ·················· 292

练习题 ·················· 292

案例讨论 ·················· 295

## 参考文献 ·················· 296

# 第一篇　企业内部控制基础篇

## 第一章　企业内部控制概述

### 预习题

1. 何为内部控制，如何理解其含义？
2. 内部控制对企业有何重要意义？
3. 内部控制是如何产生和发展的？
4. 根据内部控制框架解释内部控制的三层次。
5. 内部控制的要素有哪些，你赞同几要素说，为什么？
6. 内部控制存在哪些局限性？我们应该如何防范因为这些局限性导致的企业风险？

### 引　例

**瑞幸咖啡，为什么能在成熟的美股市场，造假几十亿**

瑞幸咖啡2017年10月在中国开设第一家门店，随后绕开A股、港股（这二者有相对严格的进入条件），2019年5月登陆美股上市，上市当天市值50亿美金，2020年1月17日，该公司的市值处于最高水平120亿美元，一时间瑞幸咖啡风头无二，成为资本市场的宠儿。但是，2020年2月1日凌晨，知名做空机构浑水公司发布了对于瑞幸咖啡的全面调查报告，报告显示瑞幸咖啡有严重的财务舞弊行为，瑞幸咖啡因此股价暴跌，投资者损失惨重。瑞幸咖啡的董事会调查委员会事后发现，从2019年第二季度末到2019年第四季度发布年度审计报告，共计伪造销售收入22亿元。那么，瑞幸咖啡为什么要财务造假，又为什么能造假？

一、经营不够，报表来凑

在筹备上市的初期，瑞幸咖啡原本打算在香港证券交易所上市，但由于不满足港交所"上市公司需成立满3周年"的硬性规定，所以选择了IPO（首次公开募股）难度更小、程序更简便、自由灵活度更高的注册制成熟资本市场——美国纳斯达克股票交易中心。然而，纳斯达克虽然对IPO没有过于强硬的限制条件,但对于已上市企业的退市制度却有着明确的规定,正所谓"宽进严出"。

为了维持纳斯达克上市公司身份,舞弊动机有:第一,为了提高公司估值水平。对于瑞幸咖啡这样成立未满三年,还处于发展期的企业,是难以使用市盈率的方法来进行企业估值的,但可以使用市销率。投资者相比于盈利情况,更关注于公司未来的发展前景,反映到具体指标层面就是营业收入的增长。营收规模越大,公司估值就会越高。因此,为了提升公司估值,方便后续融资进程,瑞幸咖啡铤而走险选择了财务数据造假的不归之路。第二,为了维持股价平稳变动。瑞幸咖啡上市之后,原持有者尽可能地高价减持,股价越高,利益相关者才能够尽可能高的交易套现。因此,在所有粉饰报表的财务舞弊动机中,维持股价是最直白的。通过给投资者们编织华美的泡沫,维持一个令所有人满意的股价水平,从而使企业持股的高管、员工提前减持获取巨额利益。第三,为了满足更大的融资需求。从2017年董事长陆正耀以个人信用获取第一笔债务融资到上市之前经历四轮正式和几乎不间断的非正式融资,瑞幸咖啡被质疑烧钱补贴、商业模式难以为继,但却募集到了近20亿美元,直营门店超过4 500家。

但也正是因为入不敷出的经营模式,使得瑞幸咖啡必须依赖源源不断的资金来源才能保证现金流的稳定,因此融资对于瑞幸咖啡来说是事关生死存亡的大事。为了维持更大的融资需求,包括股权融资、债权融资或者股票质押融资等,瑞幸咖啡粉饰财务报表,捏造虚假的门店营业收入同时隐藏巨额亏损,人为地制造信息不对称,以保证能够吸引更多的股票投资者。

最后,风险评估制度失灵。瑞幸咖啡大部分的交易都是来自关联方交易,并且数额极大,而且小鹿茶项目、无人零售项目入不敷出,资金长时间无法回收,公司内部风险评估机制未能识别上述项目给公司带来的巨大风险。投资一旦失败,将面临公司破产、资不抵债的严重后果。甚至在后期融资过程中,许多放贷机构拒绝给予资金支持,或许在这时公司管理层意识到了当前面临的巨大风险,但为时已晚,山穷水尽之后,只剩下了财务舞弊这条不归路。因此有效评估风险、及时披露问题是公司应当发挥的职能。

**二、会计审计没有尽到责任**

在开展审计活动时,安永方提到审计人员认为审计对象在2019年第二季度至第四季度的收入存在虚增情况,并报告给了审计委员会,但瑞幸咖啡审计委员会未对此做出回应。在对美国证监会的一些处罚报告进行分析后可知,审计人员在开展审计活动时存在许多问题,如没有按照审计程序开展审计工作、缺少职业敏感性、未收集全面的信息和证据。

在一些上市企业的巨额舞弊中,中介机构参与合谋,共同侵害投资者利益。但在大多数案例中,由于舞弊业务发生得极为隐蔽、关联方之间互相袒护、内部资料难以取得等问题,即便中介机构人员已经履行了勤勉忠实的尽责义务,也难以发现被故意掩盖住的真实情况,导致审计业务的失败。

**三、监管惩罚不完善**

监管力度不够,公司存在侥幸心理。上市公司的监管主要分为以下三个方面:一是政府层面的监管,包括法律体系和监管执行机构,其中最重要的监管机构是美国证监会,主要的法律文件包括于美国1933年颁布的《证券法》和后续补充解释,2002年受安然事件影响而颁布的《萨班斯法案》进一步强化了信息披露的深度和广度。但政府监督存在的最大弊端就是法律制度不够灵活，只能于事后起到督促作用，很难在事前及时发现并控制住舞弊行为的发生。二是行业层面的监管，美国证券市场中存在许多不属于政府机构的证券业自律组织，其中就包括证券交易所，如瑞幸咖啡上市的纳斯达克证券交易所，以及各类行业组织，如美国金融业管理局和美国投资者保护协会等。这些自律组织从上市公司、证券经纪公司和投资者等多方面进行监督控制，从而尽力保障证券市场的整个大环境健康有序。行业层面的监管比政府监管反应迅速，能够及时对舞弊行为和后果影响做出保护性措施。三是社会层面的监管，主要形式包括有分析师预测、做空机构调查报告以及集体诉讼制度。其中分析师的预测报告会影响股价的变化，这会使得上市公司倾向于在财务报告中披露积极的信息，而做空机构带来的压力也会督促其披露真实有效的财务信息。另一方面，集体诉讼制度进一步降低了上市公司财务舞弊的可能性，轻则需要大额赔偿，重则导致公司破产重整。

综合上述分析和实际情况来看，瑞幸咖啡财务舞弊的发生主要是因为其上市年限较短，留给政府监管的时间就较短，而且瑞幸咖啡利用了在纳斯达克上市只需注册制的便利，上市之前只要其主要产品咖啡主要指标符合规定，监管部门就很难迅速发现舞弊事实，为瑞幸咖啡高管们实施舞弊行为提供了潜在机会。

监管体系不够完善。瑞幸咖啡在国外可能面临投资者的集体诉讼和巨额赔款的处决，公司主要董事或将面临美国司法部启动的证券欺诈发行和交易的刑事调查与起诉。集体诉讼是起源于英国，发扬于美国，往往针对那些利益损失者人数较多、单人金额较小但总额巨大的诉讼案件，多数情况下有律师主动发起，代表受害者团体进行集体诉讼。在国内方面，按照《证券法》的规定，瑞幸咖啡于中国境内成立，我国法院可对该公司进行管辖，可以依照法律法规的要求，对涉案人员的违法行为进行惩处，要求他们承担相应的责任。国内外在监督管理上市企业时都存在一些问题，各国建立的监管机制没有达到规范、全面的要求。我国资本市场发展也不完善，截至当前该市场发展时间仅有短短30年，相关法律法规也需要不断修订和出台，监管体系需要不断改进和完善。

**四、总结**

瑞幸咖啡选择了美国纳斯达克证券交易所挂牌上市，为了稳定来之不易的上市机会，稳定公司股票价格和估值水平，也为了能够减少后续的融资成本，选择了虚报收入，财务造假几十亿。公司内部控制制度的失效、中介机构未勤勉尽责。最后，政府监管、行业监管、社会监管力度不够，瑞幸咖啡存在侥幸心理，相应的监督管理处罚体系也有待进一步完善。

（资料来源：郑财李说，瑞幸咖啡，为什么能在成熟的美股市场，造假几十亿 https://baijiahao.baidu.com/s?id=1717394498222603245&wfr=spider&for=pc）

**思考：**

什么是企业内部控制？你认为瑞星咖啡应该从哪些方面改进企业的内部控制、防范企业风险？

## 第一节　企业内部控制的发展历程

企业内部控制的思想产生于18世纪产业革命之后,随着经济的不断发展,企业规模日益扩大,企业的所有权与经营权进一步分离,企业内部控制的概念不断完善。因此说,企业内部控制是企业组织运营和管理活动发展到一定阶段的产物,是科学管理的必然要求。

在企业内部控制思想漫长的发展过程中,大体经历了内部牵制、内部控制系统、内部控制结构、内部控制——整合框架、企业风险管理——整合框架五个历史阶段,每一阶段,内部控制都被赋予了不同的内涵。

### 一、内部牵制阶段

内部控制的发展最早可以追溯到公元前3600年至3200年的苏美尔文化时期,古埃及、古波斯、古希腊、古罗马和古代中国都有原始内部牵制制度的雏形。

远在3600年前的古巴比伦,出现了极为简单的内部牵制的萌芽,当时规定,凡是被出手的钱物,都要其管理者出具付出清单,并由另外一个人汇总相关凭据,定时与实际库存情况核对,并用相关符号进行记录。

古埃及在法老统治时期,在中央政府内就设有监督官,负责对全国各级管理机构和官员是否忠实地履行受托事项、财政收支的相关记录是否准确进行监督。当时对于钱物的收支管理规定由两人分别管理,实现相互牵制,其中一人负责记录收支具体业务,由另一名官员甚至还有第三名官员一起监督、核查所记录的数字。另外,仓库的收、发、存记录还要得到其管理者上司的定期审查。

古代罗马帝国时期,宫廷库房采用"双人记账制",即每笔财产的收付要得到两个书记官的记录,然后定期或不定期地将这两本账进行核对。如果发现记载不一致,则表明财产失真或出现问题;如检查记录一致,则表明库存是正确的。

13世纪初叶,地中海沿岸的城市商业比较发达,从事专门借贷的经纪人,将借来的资金与贷给的对象分别进行记录,这就出现了划时代的复式记账法。这种方式将每一笔资金的来源和方式,以及借出去的对象和方式都进行了完整的记录,使每笔资金都有另一个记录作为备抵,相互牵制和上下控制得到了一个较好的平台。

据《周礼》记载,我国周朝时设了天、地、春、夏、秋、冬六官,统称六卿。其中,天官(也称大宰)居百官之长,主管财政会计;地官(或称大司徒),主管教育并兼管税收;天官下设两个主管部门,一是财物保管部门,由天官所属的小宰来掌管;二是会计部门,由天官所属的司会来掌管,以记录反映周朝的财物收支情况。在记录计量的技术措施方面,周代出现了类似会计科目的"九赋""九贡"和"九式","九赋"和"九贡"即岁入类科目,"九式"即岁出类科目。此外,周代还有"岁会""月要""日成"的规定,要求天官大宰向国王呈送年报、月报和旬报,而周天子则根据这一年来的情况奖功罚过。由此可见,西周时期政府已采用了官职分离设立、彼此相互制衡的思想进行国家经济事务的管理。

随着资本主义经济在西方的发展，真正意义上的企业出现，股份制诞生，资本市场建立，公司制逐渐成为主要经济组织，导致了所有者与经营者的分离，加之企业间竞争日趋激烈，人们发现如何加强管理以取得更好的股东回报，如何防范企业风险、规范经理人的管理行为，成为摆在企业和公众面前的一个十分紧迫且必须解决的问题。理论界和各级管理者根据管理者、股东和社会等方面的需要，对内部牵制进行了制度化实践和总结。

"科学管理之父"泰勒（Frederick Winslow Taylor）在其著作《科学管理原理》中率先提出科学管理的基本原则，其中把管理的计划职能与执行分开，变原来的经验管理为科学管理的方法，实际上是将管理的一项重要内容——内部控制在实施活动中做了原则要求。

"管理理论之父"法约尔（Henri Fayol）也在其著作《工业管理与一般管理》中提出了工作分工、职权、纪律、统一指挥、统一领导、等级链、秩序、公平等十多项管理原则。

在泰勒等现代企业管理理论者们的指导下，理论界与企业界人士，第一次将自发和处于经验状态下的以职务分离、账户核对为主要内容的内部牵制，逐渐演变成由组织结构、职务分离、业务程序、内部牵制、处理手续等因素构成的"内部牵制制度"，使内部牵制实现了制度化、理论化，从而逐渐走向了成熟。但这个时候的内部牵制制度基本上处于查错防弊阶段，以职务分离为手段，以会计的钱、物、账为主要控制事项。

内部牵制机能的执行形式大致分为四类：实物牵制、机械牵制、体制牵制、簿记牵制。

分权牵制也叫职责分离，是指通过分工和制衡，由不同的部门和人员来完成不同的业务环节，以达到牵制的目的。例如，会计中约定俗成的"钱（出纳）账（记账）分设、管钱不管账"等。显然，分权程度越高，牵制效果就越好。但是，分权也要把握适当的度，以免影响效率。一般而言，对于那些不相容职务，即如果不分离可能导致错误或舞弊的职务（如业务的申请与审批，业务的审批与执行，业务的处理与复核等），要求予以分离。

实物牵制也叫实物负责制，是指将财产物资的保管责任落实到特定的部门和人员头上，以达到保护这些财产物资安全完整的目的。例如，现金出纳必须对库存现金的短少承担责任，仓库保管人员必须对库存物资承担责任等。通过落实实物保管责任，并辅之以清查盘点、账实核对、考核奖惩等措施，对于相关财产物资的安全完整起到良好的保障作用。

机械牵制也叫技术牵制，是指借助专门的技术手段来进行的牵制。例如，对于库存现金，借助保险柜密码这一技术手段来防止失窃；对于需要特定授权方能进入的信息系统界面，通过口令和密码等技术手段来防止非法进入等。机械牵制一般可以与特定的授权审批结合运用。

簿记牵制也叫会计系统牵制，是指通过簿记内在的控制职能而实现的牵制。复式簿记体系对于所有的业务和事项都要以原始凭证为基础进行序时和分类记录，这就在账证、账账、账表、账实之间形成了严密的钩稽核对关系，因而可以用它们来实施对业务事项、财产物资等的有效控制。

**［案例1-1］ 出纳员、会计挪用单位500万公款　两人分别获刑**

在任职大连老虎滩海洋公园鸟语林园区出纳员、会计期间，在近三年的工作中，两位国家工作人员挪用单位公款500余万元，用于购买非法彩票和赌球等非法活动。因犯挪用公款罪，两人分别获刑。

今年49岁的刘某和55岁的张某在2012年11月至2015年4月间,二人经合谋,利用二人当时分别担任大连老虎滩海洋公园鸟语林园区出纳员、会计的职务之便,采取上级拨款不及时入账、以现金支票提现的方式,擅自将本单位公款人民币5 181 000元挪出用于购买非法彩票、赌球等非法活动。

两名被告人系主动到大连市中山区人民检察院投案,案发前刘某已归还人民币1 300 446元。

原审法院认为,被告人刘某、张某身为国家工作人员,挪用本单位公款进行非法活动,其行为侵犯了国家工作人员的职务廉洁性,已构成挪用公款罪。被告人刘某、张某共同故意犯罪,是共同犯罪,应按照其在共同犯罪中的地位、作用分别量刑。

被告人刘某、张某主动投案并如实供述犯罪事实,系自首,依法可以从轻处罚;被告人刘某到案后能返还部分赃款,依法可以从轻处罚。

原审法院以挪用公款罪判处被告人刘某有期徒刑十一年,以挪用公款罪判处被告人张某有期徒刑十一年六个月;继续追缴赃款人民币三百八十八万零五百五十四元,返还被害单位。

二人均选择上诉。

法院认为,刘某、张某分别担任大连老虎滩海洋公园鸟语林财务室出纳员、会计,在工作上应既有分工配合又有相互制约。同时,会计应对出纳员进行监督管理。刘某负责保管财务印章,张某负责管理法人印章。在挪用公款的过程中,二人均明知并相互配合,且张某作为财务工作人员应当熟悉财务管理制度,其作为单位会计不仅没有制止刘某的犯罪行为,而且配合出纳刘某调整财务报表,张某对全部犯罪存在概括的犯罪故意。虽其个人使用公款165万元,但对刘某挪用部分亦应承担法律责任,二人在本案中作用相当,不应区别主从犯。

大连市中级人民法院终审裁定:驳回上诉,维持原判。

[资料来源:http://liaoning.nen.com.cn/system/2017/07/12/019965393.shtml 东北新闻网.杨帆.出纳员、会计挪用单位500万公款 两人分别获刑.辽沈晚报(2017/7/12)]

根据《柯勒会计辞典》的解释,内部牵制是指"以提供有效的组织和经营,并防止错误和其他非法业务发生的业务流程设计"。其主要特点是以任何个人或部门不能单独控制任何一项或一部分业务权力的方式进行组织上的责任分工,每项业务通过正常发挥其个人或部门的功能进行交叉检查或交叉控制。理论上,内部牵制的核心思想基于以下两个基本设想:其一,两个或两个以上的人或部门无意识地犯同样错误的机会很小;其二,两个或两个以上的人或部门有意识地合伙舞弊的可能性大大低于单独一个人或一个部门舞弊的可能性。由此可见,内部牵制的核心是分工和牵制。

内部牵制制度成为现代企业内部控制理论中有关组织机构控制、职务分离控制的基础。严格地说,这种以内部牵制而实现的控制活动,主要还是建立在以会计手段为平台的管理活动上,不论是它的控制宽度,还是管理层次、管理人员进入企业内部牵制的程度都是不深的。这一阶段的不足之处,在于人们还没有意识到内部控制的整体性,只强调内部牵制机能的简单运用。

[案例1-2]

电影《杜拉拉升职记》中,担任D&B公司人力资源经理的杜拉拉和销售总监王伟成了恋人之后,就面临感情和事业之间的取舍。

思考：

D&B公司为什么不允许杜拉拉和王伟谈恋爱？现实中有很多公司禁止办公室恋情的存在，这样的做法对吗？试从企业内部控制的角度分析这条不成文规定的必要性。

## 二、内部控制系统阶段

20世纪40年代至70年代，内部控制发展进入系统阶段，也称制度阶段，由于这一阶段的内部控制已经超越了会计领域，扩展到了管理领域，因此也称为内部控制二要素阶段。

20世纪20年代末30年代初，以美国为代表的西方资本主义国家爆发了严重的经济危机，这种经济危机很快演变成为世界性的经济大萧条。许多生产线关闭，企业倒闭，工人大量失业，甚至牛奶倒入大海的事情也屡见不鲜，迫使很多企业为求生存，免受破产厄运，加强生产经营的控制和监督，这也促使企业内部控制工作第一次将管理视角超越了会计范畴，深入到所有部门及整个企业管理活动，如生产标准、质量管理、内部稽核、统计分析等方面，甚至第一次将管理效率、经营效率也纳入视野。

1938年的麦克森·罗宾斯案件，催生了美国《审计程序文告第一号》。1938年美国Price&Water House会计公司已按一般公认的审计程序对麦克森公司进行了审计，但事后发现仍未能暴露公司的欺诈行为，他们在检讨中说："原有的审计程序缺少了对内部控制和会计处理程序的审查步骤"，于是他们提出，从开展审计业务的实际出发，把企业的内部控制从企业的管理活动中抽出来，进行单独的研究和分析、评价。这就导致美国会计师协会审计程序委员会颁布了《审计程序文告第一号》，第一次增加了对内部控制审查的内容。1940年10月，美国证券交易委员会正式要求审计人员在签署审计报告中相应增加类似的内容。

[案例1-3] **麦克森·罗宾斯药材公司案（经典案例）**

麦克森·罗宾斯药材公司是一家从事化学与制药的大型公司，在纽约证券交易所上市。1937年，公司报表对外提供的资产总额达1亿美元。1938年，美国纽约州的麦克森·罗宾斯药材公司突然宣布倒闭。在经济萧条时期，股份公司的倒闭本来习以为常。然而，该公司的倒闭，却使得"报刊以耸人听闻的手法来对待这件案子"。

1938年年初，长期贷款给罗宾斯药材公司的朱利安·汤普森公司，在审核罗宾斯药材公司财务报表时发现两个疑问：一是罗宾斯药材公司中的制药原料部门原是个盈利率较高的部门，但该部门却一反常态的没有现金积累。而且，流动资金亦未见增加。相反，该部门还不得不依靠公司管理者重新调集资金来进行再投资，以维持生产。二是公司董事会曾开会决议，要求公司减少存货金额。但到1938年年底，公司存货反而增加100万美元。汤普森公司立即表示，在没有查明这两个疑问之前，不再予以贷款，并请求官方协调控制证券市场的权威机构——纽约证券交易委员会调查此事。

纽约证券交易委员会在收到请求之后，立即组织有关人员进行调查。调查发现该公司在经营的十余年中，每年都聘请了美国著名的普赖斯·沃特豪斯会计师事务所对该公司的财务报表进行审定。在查看这些审计人员出具的审计报告中，审计人员每年都对该公司的财务状况及经营成果发表了"正确、适当"等无保留的审计意见。为了核实这些审计结论是否正确,调查人员对该公司1937年的财务状况与经营成果进行了重新审核。结果发现:1937年12月31日的合并资产负债表计有总资产8 700万美元,但其中的1 907.5万美元的资产是虚构的,包括存货虚构1 000万美元,销售收入虚构900万美元,银行存款虚构7.5万美元;在1937年年度合并损益表中,虚假的销售收入和毛利分别达到1 820万美元和180万美元。在此基础上,调查人员对该公司经理的背景做了进一步调查,结果发现公司经理菲利普·科斯特及其同伙穆西卡等人,都是犯有前科的诈骗犯。他们都是用了假名,混入公司并爬上公司管理岗位。他们将亲信安插在掌管公司钱财的重要岗位上,并相互勾结、沆瀣一气,使他们的诈骗活动持续很久没能被人发现。证券交易委员会将案情调查结果在听证会上一宣布,立即引起轩然大波。根据调查结果,罗宾斯药材公司的实际财务状况早已"资不抵债",应立即宣布破产。而受损最严重的是汤普森公司,因它是罗宾斯药材公司的最大债权人。为此,汤普森公司指控沃特豪斯会计师事务所。汤普森公司认为其所以给罗宾斯公司贷款,是因为信赖了会计师事务所出具的审计报告。因此,他们要求沃特豪斯会计师事务所赔偿他们的全部损失。

在听证会上,沃特豪斯会计师事务所拒绝了汤普森公司的赔偿要求。会计师事务所认为,他们执行的审计,遵循了美国注册会计师协会在1936年颁布的《财务报表检查》(*Examination of Financial Statement*)中所规定的各项规则。药材公司的欺骗是由于经理部门共同串通合谋所致,审计人员对此不负任何责任。最后,在证券交易委员会的调解下,沃特豪斯会计师事务所以退回历年来收取的审计费用共50万美元,作为对汤普森公司债权损失的赔偿。

罗宾斯药材公司的案件,不但加速了美国公认审计准则的发展,同时,还为建立起现代美国审计的基本模式、在评价内部控制制度基础上的抽样审计奠定了基础,它是内部控制发展史上的一个里程碑事件,它直接促成了注册会计师对内部控制的关注。

(资料来源:http://www.chinadmd.com/file/sovtirv3itzeeiwe3ipaixtv_1.html.中华文本库)

20世纪40年代开始,资本主义经济快速发展,所有权与经营权进一步分离,在注册会计师行业的推动下,内部控制由早期的内部牵制逐渐演变为涉及组织结构、岗位职责、人员素质、业务处理程序和内部审计等比较严密的内部控制系统。在这一阶段,建立健全内部控制系统开始上升为法律要求;同时,为适应注册会计师评价被审计单位内部控制的需要,一些国家开始将内部控制划分为内部会计控制和内部管理控制。其中,内部会计控制主要是针对会计记录系统和相关的资产保护实施的控制;内部管理控制主要是针对经济决策、交易授权和组织规划等实施的控制。

以美国为例,1949年,美国注册会计师协会(以下简称"AICPA")所属的审计程序委员会发表了一份题为《内部控制:系统协调的要素及其对管理部门和独立公共会计师的重要性》的特别报告,首次正式提出了内部控制的权威性定义,即"内部控制包括组织机构的设计和企业内部采取的所有协调方法和措施,旨在保护资产、检查会计信息的准确性和可靠性,提高经营效率、促进既定管理政策的贯彻执行",这就形成了内部控制系统思想。这一定义强调内部控制系统不局限于与会计和财务部门相关的控制方面,还包括预算控制、成本控制、定期报告、统计分析和内部审计等。

但是,由于注册会计师认为该定义的含义过于宽泛,因此AICPA于1953年在其颁布的第 19 号审计程序公告《审计程序说明》中,对内部控制定义做了正式修正,并将内部控制按照其特点分为会计控制和管理控制两部分,前者在于保护企业资产,检查会计数据的准确性和可靠性;后者在于提高经营效率、促使有关人员遵守既定的管理方针。这种划分是为了规范内部控制检查和评价的范围,目的在于缩小注册会计师的责任范围。

1958 年,出于注册会计师测试与财务报表有关的内部控制的需要,AICPA 审计程序委员会发布了第 29 号审计程序公告《独立审计人员评价内部控制的范围》,也将内部控制分为内部会计控制和内部管理控制两类,其中前者涉及与财产安全和会计记录的准确性、可靠性有直接联系的所有方法和程序,如授权与批准控制、从事财物记录与审核的职务及从事经营与财产保管的职务实行分离控制、实物控制和内部审计等。后者主要是与贯彻管理方针和提高经营效率有关的所有方法和程序,一般与财务会计只是间接相关,如统计分析、时间动作研究、业绩报告、员工培训、质量控制等。1963 年 10 月,美国会计师协会审计程序委员会(CAP)在《审计程序公告第 33 号——审计准则与程序(汇编)》中强调,独立审计师应主要检查会计控制。1972 年 11 月,《审计程序公告第 54 号——审计师对内部控制的研究与评价》,对管理控制和会计控制的定义进行了修订和充实。

1972 年 11 月,美国审计准则执行委员会(ASB)发布《审计准则公告第 1 号——审计准则和程序汇编》,将内部控制一分为二,重新并更加明确地提出了内部会计控制和管理控制的定义,指出内部会计控制包括但不限于组织规划、保护资产安全和保证财务报表可靠性有关的程序和记录;内部管理控制包括但不限于组织规划以及管理部门授权办理经济业务的决策过程有关的程序和记录。这种授权活动是管理部门的职责,它直接与管理部门执行该组织的经营目标有关,同时也是对经济业务进行内部会计控制的起点。这一划分使得注册会计师在研究和评价企业内部控制制度的基础上来确定实质性测试的范围和方式成为可能。

### 三、内部控制结构阶段

20 世纪 80 年代至 90 年代初,内部控制发展进入结构阶段,明确了内部控制由控制环境、会计系统、控制程序三要素组成,因此这一阶段也称内部控制三要素阶段。

受 1973—1976 年"水门事件"调查的影响,美国政府、立法机构和规章制定部门开始密切关注内部控制问题。美国证券交易委员会在独立调查"水门事件"中发现不少著名公司为取得供货订单,对国外政府官员进行非法的政治援助、可疑或非法的支付,包括贿赂。调查发现许多不道德的交易被美国公司高层所隐瞒,记录被篡改,这些都反映了公司的内部控制缺陷。美国国会举行了听证会,听取大众关于美国公司对国外政府官员的不适当支付的意见,并最终颁布了 1977 年的《反国外贿赂法》,该法案要求公司对外报告的披露者设计一个内部会计控制系统,并维持其有效性,属于会计和内部控制的条款。公司管理层对内部控制的健全性负有特殊责任,要设置账簿记录和账户,以正确、适当地反映资产的交易和处置,保证内部会计控制系统的充分性,达到相关目的。

[案例 1-4] 水门事件

在 1972 年的总统大选中,为了取得民主党内部竞选策略的情报,1972 年 6 月 17 日,以美国共和党尼克松竞选班子的首席安全顾问詹姆斯·麦科德(James W. McCord, Jr.)为首的5人闯入位于华盛顿水门大厦的民主党全国委员会办公室,在安装窃听器并偷拍有关文件时,当场被捕。由于此事,尼克松于1974年8月8日宣布将于次日辞职,从而成为美国历史上首位因丑闻而辞职的总统。

事件发生后尼克松曾一度竭力掩盖开脱,但在随后对这一案件的继续调查中,尼克松政府里的许多人被陆续揭发出来,并直接涉及尼克松本人,从而引发了严重的宪法危机。

1973年10月,特别检察官考克斯对总统尼克松的调查进入关键时刻,要求尼克松交出与水门事件有关的证据。

20日,尼克松下令,要求司法部长理查德森罢免考克斯的职务。但理查德森拒绝了总统的要求,并随即辞职。司法部副部长拉克尔·肖斯接任司法部长后,也因拒绝罢免特别检察官而辞职。直到司法部的三号人物博克成为司法部代理部长,才答应罢免特别检察官。尼克松更动员FBI封锁特别检察官及司法长官、次长的办公室,宣布废除特别联邦检察局,把此案的调查权移回司法部。尼克松滥用行政权力来维护自己,招来了国民的严重指责。

1973年10月31日,美国众议院决定由该院司法委员会负责调查、搜集尼克松的罪证,为弹劾尼克松做准备。1974年6月25日,司法委员会决定公布与弹劾尼克松有关的全部证据。7月底,司法委员会陆续通过了三项弹劾尼克松的条款。尼克松于8月8日11点35分致信国务卿基辛格宣布将于次日辞职,从而成为美国历史上首位辞职的总统。

(资料来源:https://baike.baidu.com/item/水门事件/90720? fr=aladdin)

"水门事件"影响深远,不仅在政治上强化了对政府权利监督、对总统行政权力制约的需求,同时强调了程序公正的重大意义,而这一影响也随后扩展到了企业内部控制的领域。

进入20世纪80年代,资本主义发展的黄金阶段以及随后到来的"滞涨"促使西方国家对内部控制的研究进一步深化,人们对企业内部控制的研究重点逐步从一般含义向具体内容深化。在实践中,注册会计师发现很难确切区分内部会计控制和内部管理控制,而且后者对前者其实有很大影响,无法在审计时完全忽略。于是,1988年AICPA发布《审计准则公告第55号》(SAS55),并规定从1990年1月起取代1972年发布的《审计准则公告第1号》。这个公告首次以"内部控制结构"的概念代替"内部控制系统",明确"企业内部控制结构包括为提供取得企业特定目标的合理保证而建立的各种政策和程序"。该公告认为,企业内部控制结构由三个要素组成。

### (一) 控制环境

控制环境是指对建立、加强或削弱特定政策与程序的效率有重大影响的各种因素,包括以下方面:管理层的理念和经营风格;组织结构;董事会及其所属委员会,特别是审计委员会发挥的职能;职权和责任的分配;管理层监控和检查工作时所使用的控制方法,包括经营计划、预算、预测、利润计划、责任会计和内部审计;人力资源政策与实务等。

### (二) 会计系统

会计系统是指为确认、归类、分析、登记和编报企业各项经济业务,明确资产与负债的经营责任而规定的各种方法,包括以下方面:鉴定和登记一切合法的经济业务;对各项经济业务及时和适当地分类,作为编制财务报表的依据;将各项经济业务按照适当的货币价值计价,以便列入财务报表;确定经济业务发生的日期,以便按照会计期间进行记录;在财务报表中恰当地表述经济业务及对有关的内容进行揭示。

（三）控制程序

控制程序是指企业为保证目标的实现而建立的政策和程序,通过严密的程序来保证对相关业务的有效控制,如经济业务和事项的适当授权;明确人员的职责分工,如指派不同的人员分别承担业务批准、业务记录和财产保管的职责,以防止有关人员利用正常经济业务图谋不轨和隐匿各种错弊;账簿和凭证的设置、记录与使用,以保证经济业务活动得到正确的记载,如出库凭证应事先编号,以便控制发货业务;资产及记录的限制接触,如接触电脑程序和档案资料要经过批准;已经登记的业务及其记录与复核,如常规的账面复核,存款、借款调节表的编制,账面的核对等。

内部控制结构阶段对于企业内部控制发展的贡献主要体现在两个方面:其一,首次将控制环境纳入内部控制的范畴。因为人们在管理实践中逐渐认识到控制环境不应该是企业内部控制的外部因素,而应该作为企业内部控制的一个组成部分来考虑,尤其是董事会、管理层及其他员工对内部控制的态度和行为,是充分有效的内部控制体系得以建立和运行的基础和有力保障。其二,不再区分会计控制和管理控制,而统一以要素来表述。因为人们发现内部会计控制和管理控制在实践中其实是相互联系、难以分割的。

可见,这一阶段的企业内部控制融会计控制和管理控制于一体,从"系统二分法"阶段步入了"结构三要素"阶段。这是内部控制发展史上的一次重要改变。

## 四、内部控制——整合框架阶段

进入 20 世纪 90 年代后,对企业内部控制的研究进入一个新的阶段。COSO 发布了《内部控制——整合框架》,提出了企业内部控制由五个相互联系的要素组成并构成了一个系统,这五个组成要素是:控制环境、风险评估、控制活动、信息与沟通、监控。因此这一阶段也被称为内部控制五要素阶段。

### 知识链接

COSO(The Committee of Sponsoring Organizations of the Treadway Commission)是 Treadway 委员会的发起组织委员会的简称。Treadway 委员会即反欺诈财务报告全国委员会(The National Commission on Fraudulent Financial Reporting),由于其首任主席的姓名而通常被称为 Treadway 委员会。该委员会由美国注册会计师协会(AICPA)、美国会计学会(AAA)、国际财务经理协会(FEI)、内部审计师协会(IIA)、管理会计师协会(IMA)5 个组织于 1985 年发起设立。1987 年,基于 Treadway 委员会的建议,其赞助机构成立 COSO 委员会,专门研究内部控制问题。1992 年,COSO 委员会发布《内部控制——整合框架》,简称 COSO 报告,1994 年进行了增补。

随着企业公司治理机构的完善、电子化信息技术的发展,为了适应新的经济和组织形式,运用新的管理思想,"内部控制结构"发展为"内部控制整体框架"。1992 年,美国著名的内部控制研究机构"发起组织委员会"(COSO)发布了具有里程碑意义的专题报告——《内部控制——整体框架》(*Internal Control-Integrated Framework*),也称为 COSO 报告,制定了内部控制制度的统一框架。该报告于1994年进行了增补,得到了国际社会和各种职业团体的广泛承认,具有广泛的适用性。COSO报告是企业内部控制理论研究的历史性突破,它首次提出内部控制体系的概念,将内部控制由原来的平面结构发展为立体框架模式,代表着当时国际上企业内部控制研究方面的最高水平。

COSO报告将内部控制定义为:"由企业的管理人员设计的,为实现营业的效果和效率、财务报告的可靠及合法合规目标提供合理保证,通过董事会、管理人员和其他职员实施的一种过程。"通过定义可以看出,COSO报告认为内部控制是一个过程,会受到企业不同人员的影响;同时,内部控制也是一个为实现该组织经营目标提供合理保障所设计并实施的程序。COSO报告提出了内部控制的三大目标和五大要素。三大目标是经营目标、信息目标(报告目标)和合规目标,如表1-1所示。五个相互独立而又相互联系的构成要素,即控制环境、风险评估、控制活动、信息与沟通和监控。目标和构成要素之间有着直接的关系,目标是主体努力争取实现的东西,构成要素则代表着要实现这些目标需要什么;每个构成要素都"贯穿"并适用于所有三类目标,所有五个构成要素与每一类目标都有关联;内部控制与整个主体相关,或与它的某一组成部分(子公司、分部或其他业务单元,或者职能,或诸如购买、生产、营销等其他活动)相关。

表1-1 《内部控制——整合框架》提出的内部控制目标

| 目标类型 | 特 点 |
| --- | --- |
| 经营目标(Operations) | 与主体资源利用的有效性与效率有关 |
| 财务报告目标(Financial Reporting) | 与编制可靠的公开财务报表有关 |
| 合规目标(Compliance) | 与主体遵循适用的法律法规有关 |

以下是内部控制五要素所包含的具体内容。

**(一)控制环境**

控制环境构成一个组织的氛围,是其他企业内部控制要素的基础,主要指企业主体内部的文化、价值观、组织结构、管理理念和经营风格等。这些因素将对企业内部控制的运行和效果产生广泛而深远的影响。具体来说,包括员工的诚信和道德价值观、胜任能力,管理层的理念和经营风格,董事会及审计委员会,组织机构,权责划分,人力资源政策与实务等。

**(二)风险评估**

风险评估是指识别和分析与实现目标相关的风险,并采取相应的措施加以控制。这一过程包括风险识别和风险分析两个部分。通常,企业的风险主要来自外部环境和内部条件的变化。其中,风险识别包括对外部因素(如技术发展、竞争、经济变化)和内部因素(如员工素质、公司活动性质、信息系统处理的特点)进行梳理和辨识。风险分析则涉及估计风险的重大程度、风险发生的可能性、如何控制风险等。

**(三)控制活动**

控制活动是指主体对所确认的风险采取必要的措施,以保证其目标得以实现的政策和程序。一般来说,与企业内部控制相关的控制活动包括职责分离、授权审批、实物控制、信息处理控制、业绩评价等。其中,职责分离是指为了防止单个员工舞弊或隐藏不正当行为而进行的职责划分。一般来说,应该分离的不相容职责有业务授权与业务执行、业务执行与业务记录、业务记录与业务复核等。授权审批指企业各项决策和业务必须由具备适当权限的人员办理,这一权限通过公司章程约定或其他适当方式授予,相应事项必须经过有权限的人审批通过才能继续或完成其流程。实物控制指对企业的具体实物所进行的控制行为,如针对现金、存货、固定资产、有价证券等所进行的控制。信息处理控制可分为两类:一般控制和应用控制。一般控制通常与信息系统的设计和管理有关;应用控制则与个别数据在信息系统中处理的方式有关。业绩评价是指将实际业绩与业绩标准进行比较,以便确定业绩的完成程度和质量。

### (四)信息与沟通

信息与沟通是指为了使管理层和员工能执行其职责,企业各个部门及员工之间必须沟通与交流相关的信息。这些信息既有外部的信息,也有内部的信息。通常而言,信息与沟通包括确认记录有效的经济业务、采用恰当的货币价值计量、在财务报告中恰当披露。沟通的目的主要是让员工了解其职责,了解其在工作中如何与他人相联系,如何向上级报告例外情况。沟通的方式一般有政策手册、财务报告手册、备查簿,以及口头交流或管理示例等。

### (五)监控

监控是指评价企业内部控制的设计与执行情况,包括日常的监控活动和专项评价等。监控活动通常是由内部审计、财务会计、人力资源等部门执行。通过定期或不定期地对企业内部控制的设计与执行情况进行检查和评估,与有关人员就企业内部控制的有效与否进行交流,并提出改进意见,以保证企业内部控制随着环境的变化而不断改进。

COSO 报告提出的内部控制理论和体系集内部控制理论和实践发展之大成,因此在业内备受推崇,已经成为世界通行的内部控制权威标准,被国际和各国审计准则制定机构、银行监管机构和其他方面所采纳。1995 年 12 月,美国注册会计师协会审计准则委员会(ASB)发布 SAS78《财务报表审计中对内部控制的考虑:对 SAS55 的修正》,全面采纳 COSO 的内部控制框架。2002 年美国国会通过的《萨班斯-奥克斯利法案》第 404 条款(SOX 404)及相关规则采用的也是这个框架,具体如下:管理层必须每年对与该公司财务报告相关内部控制的有效性出具书面意见,书面意见必须根据相关的控制测试结果得出;审计师必须对被审计单位财务报告相关内部控制的有效性出具审计意见。

### 知识链接

《萨班斯-奥克斯利法案》是美国立法机构根据安然有限公司、世界通信公司等财务欺诈事件暴露出来的公司和证券监管问题所立的监管法规,简称《SOX 法案》或《索克思法案》。

[案例 1-5]
安然事件——
会计史上的"9.11"事件

### 五、企业风险管理——整合框架阶段

2004年9月，COSO结合《萨班斯—奥克斯利法案》的具体要求，提出了一个全新的COSO报告——《企业风险管理——整合框架》(Enterprise Risk Management-Integrated Framework，简称ERM框架)，使内部控制进入一个新的阶段。由于这一阶段把内部控制的内容概括为八要素，因此这一阶段也称内部控制八要素阶段。

自COSO报告于1992年发布以后，《内部控制——整合框架》已经被世界上许多企业所采用，但理论界和实务界也纷纷对该框架提出改进建议，认为其对风险强调不够，使得内部控制无法与企业风险管理相结合。

2002年7月美国总统小布什签署出台了《2002年公众公司会计改革和投资者保护法案》，该法案是由参议院银行委员会主席萨班斯(Paul Sarbanes)和众议院金融服务委员会(Comittee on Financial Services)主席奥克斯利(Michael Oxley)联合提出，又被称作《萨班斯-奥克斯利法案》(Sarbanes-Oxley Act，简称SOX法案)。该法案是继美国《1933年证券法》《1934年证券交易法》以来又一部具有里程碑意义的法律。《萨班斯—奥克斯利法案》强调了公司内部控制的重要性，从管理层、内部审计及外部审计等几个层面对公司内部控制做了具体规定，并设置了问责机制和相应的惩罚措施，成为继20世纪30年代美国经济危机以来，政府制定的涉及范围最广、处罚措施最严厉的公司法律。

2004年9月，COSO发布了《企业风险管理——整合框架》。该框架指出，"全面风险管理是一个过程，它由一个主体的董事会、管理层和其他人员实施，应用于战略制定并贯穿于企业之中，旨在识别可能影响主体的潜在事项、管理风险，以使其在该主体的风险容量之内，并为主体目标的实现提供合理保证"。这一阶段的显著变化是将内部控制上升至全面风险管理的高度来认识。

基于这一认识，COSO提出了战略目标、运营目标、报告目标和合规目标四类目标，并指出风险管理包括八个相互关联的构成要素：内部环境、目标设定、事项识别、风险评估、风险应对、控制活动、信息与沟通和监控。根据COSO的这份研究报告，内部控制的目标、要素与组织层级之间形成了一个相互作用、紧密相连的有机统一体系；同时，对内部控制要素的进一步细分和充实，使内部控制与风险管理日益融合，拓展了内部控制。

相对于《内部控制——整合框架》，ERM框架的创新在于以下几点：

第一，从目标上看，ERM框架不仅涵盖了内部控制框架中的运营、财务报告和合规三个目标，还新提出了一个更具管理意义和管理层次的战略管理目标，同时还扩大了报告的范畴。ERM框架指出，企业风险管理应贯穿战略目标的制定、分解和执行过程，从而为战略目标的实现提供合理保证。报告范畴的扩大表现在内部控制框架中的财务报告目标只与公开披露的财务报表的可靠性相关，而企业风险管理框架中的财务报告范围有很大的扩展，覆盖了企业编制的所有报告。

第二，从内容上看，ERM框架除了包括内部控制整合框架中的五个要素外，还增加了目标制定、风险识别和风险应对三个管理要素。目标制定、风险识别、风险评估与风险应对四个要素环环相扣，共同构成了风险管理的完整过程。此外，对原有要素也进行了深化和拓展，如引入了风险偏好和风险文化，将原有的"控制环境"改为"内部环境"。

第三，从概念上看，ERM框架提出了两个新概念——风险偏好和风险容忍度。风险偏

好是指企业在实现其目标的过程中愿意接受的风险的数量。企业的风险偏好与企业的战略目标直接相关,企业在制定战略时,应考虑将该战略的既定收益与企业的管理层风险偏好结合起来。风险容忍度是指在企业目标实现过程中对差异的可接受程度,是企业在风险偏好的基础上设定的在目标实现过程中对差异的可接受程度和可容忍限度。

第四,从观念上看,ERM框架提出了一个新的观念——风险组合观。企业风险管理要求企业管理层以风险组合的观念看待风险,对相关的风险进行识别并采取措施使企业所承担的风险在风险偏好的范围内。对企业每个单位而言,其风险可能在该单位的风险容忍度范围内,但从企业总体来看,总风险可能超过企业总体的风险偏好范围。因此,应从企业整体的角度评估风险。

需要特别说明的是,《企业风险管理——整合框架》虽然晚于《内部控制——整合框架》产生,但是它并不是要完全替代后者。

## 六、内部控制的最新发展

近些年,国际商业环境与经济形势发生了深刻变化,以互联网为代表的信息技术的广泛运用使得组织的运营模式和管理方法发生了重大变革,经济全球化与金融危机的爆发促使管理者、投资者、监管部门和其他利益相关者迫切需要利用科学有效的内部控制框架识别、应对和控制风险,减小发生危机的可能性。在此背景下,COSO于2010年9月启动对1994年发布的《内部控制——整合框架》的修订工作,在2013年5月,正式发布了新版的《内部控制——整合框架(2013)》(以下简称"新框架"),并提议在2014年12月15日后用该框架取代1992年发布的原框架。新框架保留并延续了内部控制的核心概念、内部控制五大核心要素和内部控制有效性的评价标准。新框架的变化主要表现在六个方面。

### (一)细化了内控框架的结构内容

新框架最显著的变化是在旧框架的基础上,提炼出内部控制五要素的17项总体原则。五项基本要素和17项总体原则组合起来就构成了内部控制的标准,适用于所有的组织。每一项总体原则又由代表其重要特征的多个关注点所支持。这些关注点旨在为管理层提供具体的指引,协助其设计、实施和执行内控,以及评估相关原则是否存在和发挥效用。每个关注点都与17个原则中的某个原则相对应,而每一项原则也都与五要素中的某个要素相对应。

### (二)扩大了报告目标的范畴

新内控框架在报告对象和报告内容两个维度上对报告目标进行了扩展。在报告对象上,既要面向外部投资者、债权人和监管部门,确保报告符合有关监管要求;又要面向董事会和经理层,满足企业经营管理决策的需要。在报告内容上,除了包括传统的财务报告,还涵盖了市场调查报告、资产使用报告、人力资源分析报告、内控评价报告、可持续发展报告等非财务报告。归纳起来,新COSO内控框架共有四类报告目标:内部财务报告、内部非财务报告、外部财务报告以及外部非财务报告。新框架对报告目标的扩展与我国内控规范体系中对报告范畴的有关规定基本相同。

### (三)强调管理层判断的使用

新COSO框架对五要素的分解不是按照子要素来进行的,而是作为"原则"来呈现的,即强调"基于原则"的内控实施和管理层判断的使用。新框架并未要求对17项原则及其关注点进行单独评估以确定其是否存在或有效。管理层可以自由判断新框架所提供关注点的合适度或相关度,然后根据企业的具体情况,来选择和考虑与某一特定原则密切相关的关注点。可以说,在这一点上,COSO新框架吸取了《萨班斯—奥克斯利法案》通过以后旧框架实施成本高的教训,使内控实施更加灵活,同时节省了实施成本。

### (四)强化公司治理的理念

新框架包括更多公司治理中有关董事会及其下属专门委员会的内容,强调董事会的监督对内部控制有效性的重要作用。这与我国《企业内部控制基本规范》及《组织架构》应用指引中有关公司治理的规定相一致。

### (五)增加了反舞弊与反腐败的内容

与旧框架相比,新框架包含了更多关于舞弊与欺诈的内容,并且把管理层评估舞弊风险作为内部控制的17项总体原则之一,重点加以阐述。这与我国内部控制规范体系在反腐败工作中的重要作用不谋而合。

### (六)充分考虑了不同商业模式和组织结构的内部控制

随着经济全球化的发展、技术的不断进步和人才竞争的加剧,近年来企业的商业模式和组织结构发生了巨大变化,企业在运营过程中更多地使用第三方提供的产品或服务,管理层更加关注包括供应商和客户在内的价值链管理。

新框架的构成要素与原则如表1-2所示。

表1-2 新框架的内容、原则及变化

| 类别 | 序号 | 2013 COSO框架原则 | 2013 COSO属性重大变化 |
|---|---|---|---|
| Control Environment 控制环境 | 1 | The organization demonstrates a commitment to integrity and ethical values<br>组织对遵从正直和道德等价值观做出承诺 | *加入了五个与团结和道德观、董事会或审计委员会、管理哲学和经营风格、组织结构等相关的原则;<br>*更准确地回答了控制环境应该包含哪些因素;<br>*解释了内部控制各要素之间的联系,得出一个有效的内部控制系统究竟有哪些基本的控制环境要素;<br>*阐明了对团结整合和道德观的期望,以反映所学经验教训和道德观念及守法方面的进步;<br>*深化风险监控的概念,加强风险与绩效之间的关联来帮助管理层分配资源以支持内部控制活动,从而实现组织的目标; |
| | 2 | The board of directors demonstrates independence from management and exercises oversight of the development and performance of internal control<br>董事会相对于管理层保持独立,并对管理层建立与执行内控成效进行监督 | |
| | 3 | Management establishes, with board oversight, structures, reporting lines, and appropriate authorities and responsibilities in the pursuit of objectives<br>在董事会的监督下,管理层建立相应的组织架构、汇报路径、恰当的授权与责任体系,以实现组织目标 | |
| | 4 | The organization demonstrates a commitment to attract, develop, and retain competent individuals in alignment with objectives<br>组织致力于吸引、发展和保留具有职业胜任能力的人才,使其能与组织整体目标相匹配 | |

续 表

| 类 别 | 序 号 | 2013 COSO 框架原则 | 2013 COSO 属性重大变化 |
|---|---|---|---|
| Control Environment 控制环境 | 5 | The organization holds individuals accountable for their internal control responsibilities in the pursuit of objectives<br>为实现组织目标,应当明确成员各自的内控职责 | \* 强调需要从组织结构的复杂性层面考虑内部控制 |
| Risk Assessment 风险评估 | 6 | The organization specifies objectives with sufficient clarity to enable the identification and assessment of risks relating to objectives<br>组织设定清晰的目标,进而能够有效识别和评价威胁目标实现的风险 | \* 目标类别、目标之间的联系以及目标的实现不再包含在风险评估要素中,风险评估致力于明确与经营、报告及足够的透明度相关的目标,从而识别与评估任何与目标有关的风险;<br>\* 扩大财务报告的目标范围,既包括外部报告的其他方面,也包括内部报告;<br>\* 非财务报告的披露应符合外部信息使用者的要求或标准<br>\* 指出风险评估的过程应包含风险识别、风险分析和风险响应;<br>\* 将风险容忍度这一概念加入可接受的风险水平评估中来;<br>\* 展开讨论了管理层需要了解发生在组织内外部的重大环境因素变化,以及这些变化是如何影响内部控制的整体系统的;<br>\* 把与重大漏报、资产的保护不足及腐败相关的舞弊风险列入风险评估过程中来 |
| | 7 | The organization identifies risks to the achievement of its objectives across the entity and analyzes risks as a basis for determining how the risks should be managed<br>组织在整个公司层面识别可能威胁组织目标实现的风险,以此为基础来确定如何对这些风险进行管理 | |
| | 8 | The organization considers the potential for fraud in assessing risks to the achievement of objectives<br>组织应当评估潜在的欺诈对威胁组织目标实现的风险 | |
| | 9 | The organization identifies and assesses changes that could significantly impact the system of internal control<br>组织对可能使内控体系产生重大影响的变化事项进行识别与评估 | |
| Control Activities 控制活动 | 10 | The organization selects and develops control activities that contribute to the mitigation of risks to the achievement of objectives to acceptable levels<br>组织选择并且实施控制活动,将威胁组织目标实现的风险降到可接受的水平 | \* 扩展讨论了1992年以来科学技术上的发展变化;<br>\* 展开讨论了自动控制活动与一般的技术控制活动之间的联系,有关二者的细节也被独立区分开来,以阐明二者之间的差别; |

续 表

| 类 别 | 序 号 | 2013 COSO 框架原则 | 2013 COSO 属性重大变化 |
|---|---|---|---|
| Control Activities 控制活动 | 11 | The organization selects and develops general control activities over technology to support the achievement of objectives<br>对信息技术组织选用一般控制活动,以支持组织目标的实现 | \* 说明控制活动涵盖了一系列各种各样的控制技术手段,并试图提供一种有关这些技术手段类别更详细的描述,以及一种将它们分类的方法,另外还深入探讨了信息处理目标;<br>\* 强调传统的技术控制应关注更广泛的需求,而不应仅仅针对适用于1992 的技术;<br>\* 主张控制活动是建立在政策和程序基础上的各类活动,而不是政策和程序本身 |
| | 12 | The organization deploys control activities through policies that establish what is expected and procedures that put policies into action<br>组织通过制定政策制度和执行流程程序,来实施控制活动 | |
| Information and Communication 信息与沟通 | 13 | The organization obtains or generates and uses relevant, quality information to support the functioning of internal control<br>组织获取或者形成相关的、有质量的信息以支持内部控制发挥功能 | \* 强调信息质量的重要性;<br>\* 展开讨论了外部信息使用者对信息来源渠道是否可靠以及信息披露是否完全的期望;<br>\* 深入研究了法律监管要求对信息可靠性和信息安全的影响;<br>\* 展开讨论了鉴于业务流程复杂化,与外部机构交流的频繁以及科技进步的信息量和信息来源;<br>\* 反映了科技和其他交流机制对速度、手段和信息流质量的影响;<br>\* 增加了有关与第三方信息与交流的探讨,强调分析在公司外部信息与交流如何进展,以及如何从外部机构获取信息并与之交流的重要性 |
| | 14 | The organization internally communicates information, including objectives and responsibilities for internal control, necessary to support the functioning of internal control<br>组织在内部沟通传递包括控制目标、控制职责在内的必要信息以支持内部控制发挥作用 | |
| | 15 | The organization communicates with external parties regarding matters affecting the functioning of internal control<br>组织与外部相关各方就影响内部控制发挥作用的事项进行沟通 | |
| Monitoring Activities 监督活动 | 16 | The organization selects, develops, and performs ongoing and/or separate evaluations to ascertain whether the components of internal control are present and functioning<br>组织选择、设计和执行持续和/或者分别评价,以确认内部控制要素是否存在并持续发挥作用 | \* 精炼术语,原先监督活动的两种主要类别现在被称之为"持续的评价"与"分别的评价"; |

续 表

| 类　别 | 序　号 | 2013 COSO框架原则 | 2013 COSO属性重大变化 |
|---|---|---|---|
| Monitoring Activities 监督活动 | 17 | The organization evaluates and communicates internal control deficiencies in a timely manner to those parties responsible for taking corrective action, including senior management and the board of directors, as appropriate<br>组织对内部控制进行评价，并视情况及时地将发现的内控缺陷报告给负责执行纠正性措施的主体，这些主体包括高级管理层、董事会 | \*需要有一个对建立和评价上述两类"评价"的基本理解；<br>\*探讨了有关技术和外部服务提供者的利用 |

2017年9月6日，全球风险管理行业翘首以盼的COSO更新版《企业风险管理框架》正式发布，正文的内容除了摘要部分，分为第一册（Volume Ⅰ）和第二册（Volume Ⅱ），第一部分框架部分又分三块介绍了本框架的应用环境、框架介绍和术语表；第二部分介绍了项目背景和框架修订的方法、公共评论的总结、风险管理工作的角色和责任、风险概况图示等。更新版保留了2004年出版的《企业风险管理——应用技术》一册，只是对《框架》一册进行了更新，风险管理工作者仍然可以使用2004年发行的风险管理相关工具和技术。

《企业风险管理框架》重新定义了风险及风险管理，认为风险是事项发生并影响战略和商业目标实现的可能性，既包括风险的"负面"影响，也包括风险的"正面"影响；而企业风险管理指组织在创造、保持和实现价值的过程中，结合战略制定和执行，赖以进行管理风险的文化、能力和实践。新的框架从企业使命、愿景和核心价值出发，定位的宗旨为提升主体的价值和业绩，强调嵌入企业管理业务活动和核心价值链，从主要的要素和内容看也进行了翻天覆地的变化，从而使得一个崭新的"管理框架"诞生，这种视角是一种新型的企业管理视角，对企业管理界来说是一场理念的变革。如果说在原有"控制框架"下，会计师事务所可以在实施内部控制框架的基础上，协助企业加强风险管理工作，那么新的"管理框架"则更像是企业决策者或企业管理咨询顾问关心的范畴。近年来，基于风险导向的管理理念逐渐兴起，企业管理领域中常见的公司治理、企业文化、战略管理、卓越绩效、危机管理、高效沟通等都可以应用此套框架实现更好的标准化和科学化，因为基于风险的管理理念将成为主流并渗透到企业管理的各个方面。

在正式版新框架中，明确界定了风险管理和内部控制的关系。在第一册框架应用环境中，第一部分内容就描述了风险管理和内部控制的关系："内部控制主要聚焦在主体的运营和对于相关法律法规的遵从性上。""企业风险管理的相关概念并没有包含在内部控制中（如风险偏好、风险承受度、战略和目标设定等概念，这些都是内部控制体系实施的前提条件）。"为了避免重复，一些在内部控制中比较常见的概念部分，风险管理新框架并未重复叙述（如与财务报告目标相关的舞弊风险、与合规目标相关的控制活动、与运营目标相关的持续及独立评估）。然而，一些在内部控制中的概念在本框架中被进一步地研究和深化了（如企业风险管理中的治理和文化部分）。在COSO公布的《常见问题》解释上，COSO表明两个体系并不是相互代替或取代，而是侧重点各不相同相互补充的作用，但同时强调了内部控制作为一种经历时间考验的企业控制体系，是企业风险管理工作的一个基础和组成部分。

从企业内部控制产生与发展的历史进程中,我们可以看到,人们对企业内部控制的认识经历了一个从部分到整体、从简单到复杂、从单一目标到多个目标、从零散到系统的不断发展与完善的过程,在这个过程中,企业内部控制的内容逐渐扩展到企业管理的方方面面。

### (七)网络时代的内部控制

当组织考虑如何应对日益严峻的网络安全风险时,无论是COSO内部控制整合框架("2013框架")还是企业风险管理整合框架(2004)均提供了评价风险和管理风险的有效方法。事实上,这两个框架都系统性地引导组织通过COSO的视角以相似的路径去应对网络风险。随着各公司致力于实施"2013框架",我们结合"2013框架"阐述如何使用COSO框架以协助组织管理网络风险和实施控制。2015年1月,COSO委员会发布《网络时代的内部控制》白皮书,白皮书认为随着高科技技术催生的组织运营环境和模式的变革,组织必须管理无法规避的网络风险,并建议以安全的、警惕的、灵活的态度管理网络风险,有针对性地采取防控措施,以增强企业信心。

自从"1992框架"发布以来,商业模式的创新已经与网络形成了错综复杂的联系。然而,互联网设计的初衷是共享信息,而不是保护信息。每天都有许多重大网络事件被媒体报道出来。虽然某些行业受到网络攻击的事件在新闻中占据更大的比重,但其实所有行业都有可能受到网络攻击。在特定的时点,哪些数据、系统和资产是有价值的,将取决于网络攻击者的动机。随着网络事件持续对受害公司的财务状况产生负面影响,并持续引起额外的监管审查,网络漏洞将继续成为媒体报道的高频事件。

此外,信息技术将继续改变全球经济中的商业运营模式。随着数字化的普及,特别是企业与外包服务供应商的外部合作伙伴共享数据的情况越来越普遍,信息技术的应用增加了业务复杂性及不稳定性,使企业更加依赖与信息技术相关的基础设施,而这些基础设施却不完全受企业控制。即便企业与外部机构(如服务提供商、供应商、客户)建立了相互信任的关系,能够确保日常的信息共享及电子化沟通,一旦出现问题,企业还是需要为这些不在其控制范围内的信息技术承担责任。随着公司不断利用新技术和继续聘用外部机构开展运营,网络攻击者将利用新的漏洞对企业进行攻击,这就促使企业开发新的信息系统和控制手段以规避风险。

虽然企业为了保护业务,在内部和外部共享技术信息时非常谨慎,但网络袭击者却在网络的另一边肆意地进行操作。他们没有限度地公开分享信息,不惧怕任何法律后果,而且经常大量进行匿名操作。网络攻击者几乎可以利用技术攻击任何地方的任何类型的数据。

即使没有这无处不在的网络威胁,保护所有的数据也是不可能的,特别是考虑到组织的目标、流程和技术如何持续革新以支持其业务。每次革新都将有可能暴露风险——尽管通过周密的安排、革新可以降低风险,但仍不可能完全规避风险。此外,网络攻击者也在不断升级,寻找新的方法来发现信息系统的弱点。结果就是,事实上网络风险是不可避免的,因此,管理网络风险是必要的。一旦明确对组织至关重要的数据,管理层必须投入成本,建立安全控制措施,以保护其最重要的资产。通过采用一系列措施使组织具备安全性、警惕性、可恢复性,组织将对实现战略投资的价值更有信心。

为了能够以安全的、警惕的和可恢复的方式管理网络风险,组织可以通过内部控制要素来分析网络风险。例如:

控制环境——董事会是否了解组织的网络风险概况以及是否了解组织如何应对面临的不断变化的网络风险？

风险评估——组织及重要的利益相关者是否对其运营、报告以及合规目标进行评估，并收集信息以了解网络风险对这些目标的影响？

控制活动——组织是否制定了控制活动，包括信息系统一般控制，使组织在风险承受水平内管理网络风险？该控制活动是否通过正式的政策和程序进行实施？

信息与沟通——组织是否明确了网络风险内部控制所需要的信息？组织是否已确定了支持内部控制持续运行的内部和外部的沟通渠道和方案？组织将如何应对、管理和沟通网络风险事件？

监督活动——组织如何选择、制定以及执行与网络风险相关的控制设计及执行的有效性的评估？当缺陷被识别后，如何进行沟通并优先进行整改？组织通过哪些措施来监督网络风险？

当公司通过COSO框架的视角去管理网络风险时，董事会及高级行政人员能更好地沟通他们的运营目标、关键信息系统的定义以及相关的风险承受水平。这使组织内的其他人，包括IT人员，可以对网络风险进行详细的分析，包括最有可能受攻击的信息系统、可能的攻击方法和最有可能被攻击者利用的信息。由此实施适当的控制活动以应对这些风险。

在讨论每一个内部控制要素时，我们将展现每个要素之间是如何相互关联的，以及如何基于内外部信息开展持续的、动态的风险评估。

控制环境和监督活动要素是考虑网络风险的基础。为了使组织具备安全性、警惕性和可恢复性，这两类要素必须存在并持续运行——若非如此，组织可能无法充分理解网络风险，部署有效的控制活动，并对网络风险做出适当的应对。

任何一个组织都会面临一系列由外部和内部因素引发的网络风险。我们可以通过评估对实现组织目标存在的不利影响和事件发生的可能性来评估网络风险。恶意行为，尤其是那些受经济利益驱动的行为，往往出于对成本和利益的权衡。

控制活动能够防范、发现和应对网络风险，而风险评估结果最终会影响组织在控制活动上的资源分配，因此对于风险评估过程本身也必须要进行投资。组织资源有限，因此针对控制活动的投资决策必须依据相关的高质量信息，优先为对组织来说最重要的信息系统提供资金支持。

网络风险不可避免，但组织可以通过设计和执行适当的控制措施来管理网络风险。当组织通过风险评估流程考虑到可能的攻击方式和路径时，组织可以更有效地降低潜在的网络漏洞对实现组织目标的影响。意识到网络风险不可避免，并实施适当的风险评估后，组织应当按层级建立多层控制防线，防止攻击者在攻破第一道防线后继续侵入信息系统。

形成并沟通相关的高质量信息，以管理网络风险和控制。信息与沟通要素有三项原则：识别相关的高质量的信息；确定信息在组织内部的沟通方式；确定组织与外部的沟通方式。所有其他内部控制要素均依赖于信息与沟通要素提供的相关的高质量信息。

通过从COSO框架的角度分析网络风险，很多组织可能会重新考虑他们应如何应对变化来提高他们的控制手段，以减少网络风险对组织目标的影响。即使组织目前没有将安全性、警惕性和可恢复性设定为网络风险管理的优先目标，最终它也会成为优先目标。如果以被动的方式管理网络风险,网络攻击造成的损害可能导致非常严重的后果,甚至可能导致组织破产或停止运营。随着时间的推移、技术的发展以及黑客手段的日益成熟,网络风险只会变得更加难以管理。从现在开始,在网络风险管理方面进行投入,并使其得到与其他目标类似的优先关注,对组织具有战略意义。如何开始将取决于组织的实际情况。2013 内部控制整合框架可以用来作为一个转型的指南,支持组织在网络驱动的环境中设计、评估并保持控制环境的安全性、警惕性和可恢复性。①

## 第二节　企业内部控制的含义及层次

### 一、企业内部控制的含义

关于企业内部控制,学术界有很多不同的界定,目前为止最为权威的依然是 COSO 在 1994 年提出的界定:"公司的董事会、管理层及其他人士为实现以下目标提供合理保证而实施的程序:运营的效益和效率,财务报告的可靠性和遵守适用的法律法规。"我国《企业内部控制基本规范》所称企业内部控制,是由企业董事会、监事会、经理层和全体员工实施的、旨在实现控制目标的过程。虽然表述略有不同,但都可以从人员、目标、过程三个方面加以理解。

**(一)企业内部控制的参与者,包括公司董事会、管理层、基层员工在内的企业全体成员**

企业内部控制是全员控制的过程,鉴于企业内部控制来源于组织内部需求,企业内部控制的主体应为组织的全体内部人员,包括董事会、监事会、经理层和全体员工。领导者与普通员工在企业内部控制中仅仅是分工不同、承担的权责大小不同,不能因为普通员工的职位较低而忽略其在企业内部控制中的重要作用。具体而言,董事会负责企业内部控制的建立健全和有效实施,监事会对董事会建立和实施企业内部控制进行监督,经理层负责组织领导企业内部控制的日常运行,基层员工各自承担与其岗位职责相伴随的内控责任。

**(二)内部控制不是企业目标,而是保证企业目标实现的手段**

很多企业高层管理会质疑企业内部控制的作用,为什么明明花了大量资金进行企业内部控制的建设,企业还会遭遇各种风险?需要注意的是,企业内部控制只能为企业提供合理保证,而非绝对保证,企业不能为了内部控制而建立内部控制,而需要以内部控制为手段,来保障企业目标的实现。

根据 COSO 的界定,企业内部控制的目标在于运营的效益和效率,财务报告的可靠性,以及遵守适用的法律法规。而根据《企业内部控制基本规范》的界定,企业内部控制的目标包括促进企业实现发展战略,保障资产安全,保证企业运营的效率和效果,确保财务报告的

---

① 美国反虚假财务报告委员会下属发起组织委员会(COSO)MaryE.Galligan & Kelly Rau,财政部会计司联合德勤译,http://www.aiweibang.com/yuedu/47822773.html.

可靠真实,以及相关法律法规的遵循。COSO与我国企业内部控制目标的对照表如表1-3所示。

表1-3 COSO与我国企业内部控制目标的对照表

| 依　据 | COSO的界定 | 我国《企业内部控制基本规范》 |
|---|---|---|
| 目　标 | 运营的效益和效率<br>财务报告的可靠性<br>遵守适用的法律法规 | 促进企业实现发展战略<br>保障资产安全<br>保证企业运营的效率和效果<br>确保财务报告的可靠真实<br>相关法律法规的遵循 |

(1) 提高经营的效率和效果。这是企业内部控制要达到的最直接也是最根本的目标。企业存在的根本目的在于获利,而企业能否获利往往直接取决于经营的效率和效果如何。企业所有的管理理念、制度和方法都应该围绕提高经营的效率和效果来设计、运行并进行适时的调整,企业内部控制制度也不例外。企业内部控制的核心思想是相互制衡,而实现手段则是一系列详尽而复杂的流程,这似乎与提高效率的目标相悖,实则不然。企业内部控制是科学化的管理方法和业务流程,其本质是对于风险的管理和控制,它可以将对企业风险的防范落实到每个细节和环节当中,真正地做到防微杜渐,使企业可以在低风险的环境中稳健经营。而忽视企业内部控制的经营管理,貌似效率很高,实则处于高风险的经营环境,一旦不利事项发生,轻则对企业产生重创,重则导致企业灭亡。

(2) 促进企业实现发展战略。这是企业内部控制的最高目标,也是终极目标。战略与企业目标相关联并且支持其实现的基础,是管理者为实现企业价值最大化的根本目标而针对环境做出的一种反应和选择。如果说提高经营的效率和效果是从短期利益的角度定位的企业内部控制目标,那么促进企业实现发展战略则是从长远利益出发定位的企业内部控制目标。因此,战略目标是总括性的长远目标,而经营目标则是战略目标的短期化与具体化,企业内部控制要促进企业实现发展战略,必须立足于经营目标,着力于经营效率和效果的提高。只有这样,才能提高企业核心竞争力,促进实现发展战略。要实现这一目标,首先应由公司董事会或总经理办公会议制定总体战略目标,并通过股东代表大会表决通过,战略目标的制定要充分考虑外部环境和内部条件的变化,根据相应的变化进行适时的调整,确保战略目标在风险容忍度之内;其次就是将战略目标按阶段和内容划分为具体的经营目标,确保各项经营活动围绕战略目标开展;再次就是依据既定的目标实施资源分配,使组织、人员、流程与基础结构相协调,以便促成成功的战略实施;最后是将目标作为主体从事活动的可计量的基准,围绕目标的实现程度和实现水平实行绩效考核。

(3) 财务报告及相关信息的真实准确完整。这是指企业内部控制要合理保证企业提供了真实可靠的财务信息及其他信息。企业内部控制的重要控制活动之一是对信息系统的控制,尤其是对财务报告的控制。财务报告及相关信息反映了企业的经营业绩,以及企业的价值增值过程。财务报告反映了企业的过去和现状,并可预测企业的未来发展,是投资者进行投资决策、债权人进行信贷决策、管理者进行管理决策和宏观经济调控部门进行政策决策的重要依据。因此,财务报告目标是经营目标的成果反映。此外,财务报表及相关信息的真实披露还可以将企业诚信、负责的形象公之于众,有利于市场地位的稳固与提升以及企业未来价值的增长。从这点来看,报告目标的实现程度又在一定程度上影响经营目标的实现程度。

要确保财务报告及相关信息真实、准确、完整,一方面应按照企业会计准则的有关会计制度如实地核算经济业务、编制财务报告,满足会计信息的一般质量要求;另一方面则应通过企业内部控制制度的设计,包括不相容职务分离控制制度、授权审批控制制度、日常信息核对制度、惩罚制度等,来防止提供虚假会计信息,抑制虚假交易的发生。

[案例1-6]
20平方米店铺造出10亿假账,
雅百特假冒跨国生意被曝光

(4) 保障企业资产安全。企业内部控制要合理保证企业的资产安全。资产安全目标主要是为了维护资产的安全完整,防止资产流失。资产的安全完整是投资者、债权人和其他利益相关者普遍关注的重大问题,是企业开展经营活动、实现可持续发展的物质基础,也是企业经营者的基本职责。良好的企业内部控制,应当为资产安全提供坚实的制度保障。

资产安全目标包括以下两层含义:一是资产使用价值的完整性。要确保企业货币资金和实物资产的安全,防止被挪用、转移、侵占、盗窃以及无形资产控制权的旁落。二是资产价值的完整性。要防止资产被低价出售,损害企业利益,要充分发挥资产效能,提高资产管理水平。为了实现资产安全目标,应建立资产的记录、保管和盘点制度,确保资产记录、保管与盘点岗位的相互分离,并明确职责和权限范围。提高资产使用决策的合理性和科学性,以堵塞漏洞、消除隐患,防止资产因不当经营决策遭受损失,提升资产使用管理水平。

(5) 相关法律法规的遵循。企业内部控制要合理保证企业经营管理的合法合规。企业要在国家法律、法规允许的范围内开展经营活动,严禁违法经营、非法获利。守法和诚信是企业健康发展的基石。逾越法律、投机取巧可能会使企业获得短期发展,但终将会付出沉重代价。企业内部控制要求企业必须将发展置于国家法律、法规允许的基本框架之下,在诚信守法的基础上实现自身的可持续发展。合规性目标强调企业必须遵守社会基本规范,该目标与企业生存密切相关,是预防和控制违法违规的风险和损失的,是内部控制应达到的最基本的目标,是实现其他内部控制目标的保证。

企业内部控制的五个目标不是彼此孤立的,而是相互联系的,共同构成了一个完整的内部控制目标体系。其中,战略目标是最高目标,是与企业使命相联系的终极目标;经营目标是战略目标的细化、分解与落实,是战略目标的短期化与具体化,是企业内部控制的核心目标;资产安全目标是实现经营目标的物质前提;报告目标是经营目标的成果体现与反映;合规目标是实现经营目标的有效保证。企业内部控制的五个目标的关系如图1-1所示。

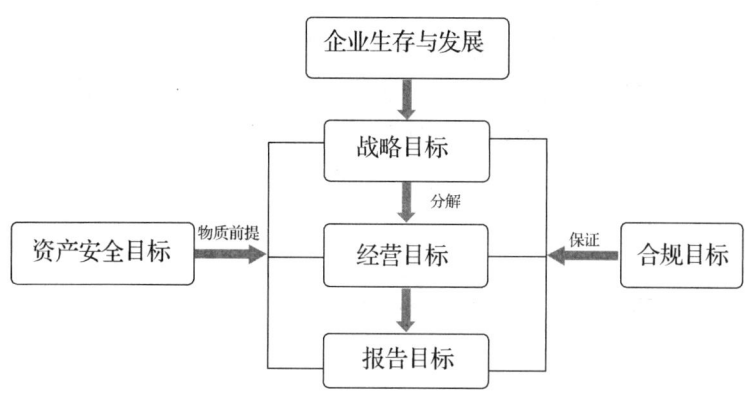

图 1-1　内部控制目标关系图

#### （三）企业内部控制是一个系统的过程

内部控制包括控制环境、风险评估、控制活动、信息与沟通以及监督五个方面，涉及企业的方方面面，而且是动态的，包括事前控制、事中控制和事后控制的过程。

以上三个方面环环相扣，彼此配合，共同构成了一个完整的企业内部控制体系。

### 二、企业内部控制的层次

企业内部控制由企业全体成员参与，根据成员的层次高低可划分为三个层次：公司治理层，管理控制层，流程控制和任务控制层。

#### （一）公司治理层内部控制

公司治理层内部控制居于企业内部控制的最高层次，主要是从公司架构的角度进行机构设置、权责分配，所有者通过制定绩效目标，对经营者进行激励、监督，公司股东会、董事会、监事会、经理层之间各司其职、相互制衡。例如，股东（大）会选举更换董事、监事，董事会安排经理层的人员组成，以使经理层内部可以形成制衡机制。又如，可以安排两个性格差异较大的人做副总经理，以利于经理层做出合理的决策。

#### （二）管理控制层内部控制

管理控制是衔接企业内部控制高层与基层的中间层次，是指企业管理者实施战略，协调企业内部各类业务、各个业务流程，进行预算，考核绩效，促使这些相关部门和人员统一行动，共同追求企业管理目标的过程。这里的战略主要指常用的控制措施，即不相容职务分离控制、授权审批控制、财产保护控制、会计系统控制、合同控制、预算控制、运营分析控制、绩效考评控制等。

#### （三）流程控制和任务控制层内部控制

企业内部控制的最终工作还是以日常的企业业务为对象，具体体现为对企业业务流程的控制、对日常工作任务的控制，这一层次的内部控制是企业的基础，是企业内部控制中容易被忽略但却十分重要的内容。流程控制是对业务流程进行的控制，如采购流程控制、销售流程控制；任务控制包括审核、定期盘点与对账、账实核对等具体任务的控制。这个层面的企业内部控制如果建立在完善的标准流程上,控制效率会更高;否则,企业内部控制成本会上升。

一般来说,如果企业治理层面、企业管理控制层面企业内部控制做得好,企业的机构设置、人员分工合理,管理控制到位,那么企业业务流程及任务控制层次出问题的可能性会相对较小。而企业业务流程及任务控制层次的工作到位,也会相对减轻对企业治理层面、管理控制层面的合理性要求。

## 第三节 企业内部控制的意义及局限性

衡量一项制度的价值,不在于其历史渊源多么长久,而在于在当今社会是否具有普遍的现实意义。随着生产力的发展、企业经营方式的改变、企业制度的变迁,内部控制在企业经营管理活动中的重要性越发凸显,已经逐渐成为企业防范和抵御风险的有效屏障和保障企业实现健康、科学、可持续发展的保护伞。内部控制作为组织内部的一种制度安排,有助于企业提升自身管理水平、提高风险防御能力、维护社会公众利益,最终服务于企业价值创造的终极目标。不同的企业单位,尽管规模大小不一,性质特点各异,但是都应该根据各自的具体情况建立必要的内部控制制度。

### 一、企业内部控制的意义

#### (一)实施内部控制有助于提升企业管理水平

随着市场经济的快速发展,企业间的竞争逐渐白热化。企业间的竞争不仅体现在产品和服务的质量等硬件因素上,更加体现在人才、文化、管理模式等软件因素上。企业要想在激烈的市场竞争中立于不败之地,要想持续地为投资者创造财富,就必须采用科学的管理方法。管理方法的正确与否最终表现为管理的效果差异上,而影响管理效果的关键因素在于各项管理制度的协调与优化,这些管理制度要以组织背景为起点,以现代企业制度的需求为依据,以提高经营效率和效果为目的。内部控制作为企业管理制度的重要组成部分,有助于提升企业的管理水平。

国内外企业的经营实践表明,企业内部控制的完善程度反映了企业管理水平的高低,而内部控制体系的建设也是提升企业管理水平的有效手段。企业要实现科学管理,要保证企业正常运行和增值,就必须加强内部控制。同时,完善企业的各项规章制度并使之有效地施行,可以确保企业的产品质量符合市场的需求,最大限度地实现销售收入;可以确保企业资产的安全与完整,充分挖掘各项资产的潜力,降低消耗;可以提高资产的利用效率,保证投入产出比率达到最优;可以确保企业提供真实可靠的各类信息,特别是会计信息,为吸引投资、扩大规模创造良好的声誉。

从现实的情况来看,企业发展到一定阶段后,企业的资金、人员、市场等发展到了一定的程度,企业的机构设置、财务管理水平和人力资源的配备等方面不能适应企业进一步发展的需要,会出现企业资金、人员的失控现象,这种失控往往会导致企业的崩溃。一些触目惊心的经济案件,作案时间长,涉及金额大,都是企业内控制度失效的直接后果。严格管理企业,实现管理创新,促进传统的管理模式向现代企业管理模式过渡,加强内部控制是企业实现管理现代化的科学方法。建立和健全内部控制是企业发展的必然要求。

**(二)实施内部控制有助于提高企业的风险防御能力**

机会是组织获得收益的可能性,而风险是组织遭受损失的可能性。一家企业要实现其生存、发展和获利的终极目标,除了要把握存在于市场但又转瞬即逝的各种机会,也要科学有效地控制与管理风险。如果不重视风险管理,即便企业业绩能够实现快速增长,那也只是暂时的,最终还是难逃失败的厄运。因此,大到一个国家,小到一个企事业单位,任何一个组织都需要内部控制,都需要管理风险。

企业内部控制的核心是控制影响目标实现的风险,防范企业经营活动偏离企业目标的一切可能性。一套完善的企业内部控制体系中处处闪烁着风险管理的思想。企业建立内部控制制度时,需要测试企业内部的各项管理制度与业务流程的合理性与有效性,识别并评估风险,之后设计出相应的控制措施来降低或规避风险,而这一环节通常被称为"风险点",是实施与评价内部控制的重点部位。总之,内部控制即风险管理,实施企业内部控制有助于提高企业的风险防御能力,保障企业稳健发展。

伴随着我国企业较快的增速和迅猛发展,各种潜在风险日益显现,尤其是在遭遇百年罕见的国际金融危机背景下,类似中航油新加坡公司因企业内部控制缺失或失效引发的巨额资产损失、财务舞弊、会计造假、经营失效,甚至破产倒闭等案例时有发生。尽管加强企业内部控制并不一定就可以完全杜绝类似案例的发生,但缺乏有效的内部控制是万万不能的。企业只有建立和有效实施科学的内部控制体系,才能夯实内部管理基础、提升防御风险的方法与能力。在后金融危机时代,投资国际资本市场将成为不可逆转的潮流和趋势。面对国际市场经济竞争日趋激烈的复杂环境,我国企业要真正实现"走出去"战略,只有"苦练内功"、强化内部控制,构筑"安全网"和"防火墙",才能实现可持续增长。

[案例1-7]
新加坡中航油事件

**(三)实施内部控制有助于维护社会公众的利益**

现代企业制度下,委托—代理问题集中表现为大股东与中小股东之间的利益冲突问题,而大股东侵占中小股东利益的问题属于公司治理的范畴。公司治理是现代企业制度的核心,也是企业内部控制要素——内部环境——的重要内容之一。只有在完善的公司治理环境中,一个良好的内部控制系统才能有效运行;同时,内部控制对公司治理具有反作用,主要表现为:内部控制既是实现公司内部治理结构权力制衡的重要保证,也是保护中小股东利益的有效手段。内部控制的重要理念之一在于权力制衡,内部控制制度的存在可以在一定程度上约束管理层为了自身利益而侵占中小股东利益的行为;而企业内部控制自我评价制度又是保证企业切实实施内部控制的重要制度安排,尤其是在强制性披露内部控制自我评价报告的政策导向下,企业需要将其内部控制的实际运行状况公之于众,而公开、透明的信息有助于如实反映管理层为履行受托责任而做出的努力,有助于处于信息劣势地位的中小股东了解企业的真实业绩,保护中小股东利益,缓解代理冲突,降低代理成本。

[案例1-8]
用友公司的高额派现

企业尤其是上市公司只有不断强化内部控制,才能保证企业经营管理的合规有效和会计信息的真实可靠,才能树立诚信的社会企业公民形象,增强包括投资者在内的利益相关者对于企业的信心。唯有如此,市场的资源配置功能才不会被扭曲,才能正确有效发挥,社会主义市场经济秩序才能得以维持和完善,社会公众利益才能切实得到保护。

## 二、企业内部控制的局限性

企业内部控制制度在保证企业经营管理合法合规、资产安全、财务报告及相关信息真实完整,提高经营效率和效果,促进企业实现发展战略方面具有一定的作用。但内部控制仅仅为以上目标的实现提供合理保证,而不是绝对保证,原因就在于内部控制本身具有一定的局限性。正是内部控制固有的局限性,所以设计再完美的内部控制也不能完全保证企业不出任何问题。一般而言,企业内部控制的局限性可以概括为五个方面。

### (一)越权操作

企业内部控制制度的重要实施手段之一是授权批准控制,授权批准控制使处于不同组织层级的人员和部门拥有大小不等的业务处理和决定权限,但是当内部人控制的威力超过内部控制制度本身的力量时,越权操作就成为了可能。一旦发生越权操作,内部控制分工制衡的基本思想将不能再发挥作用,内部控制制度也就形同虚设了。

越权操作的危害极大,不仅打乱了正常的工作秩序和工作流程,还会为徇私舞弊、违法违规创造一定的条件。如果越权操作行为发生在基层,往往会引发资产流失、挪用公款等案件;如果发生在高层,则往往形成"内部人控制",筹资权、投资权、人事权等重大事项的决策权都掌握在公司的经营者手中,股东很难对其行为进行有效的监督。由于权力过分集中,经理人发生逆向选择和道德风险的可能性就较高,这就导致了国有资产流失问题严重、会计信息严重失真、短视行为泛滥等问题,不利于企业的长远发展。

### (二)合谋串通

企业内部控制制度源于内部牵制的理念:因为相互有了制衡,在经办一项交易或事项时,两个或两个以上人员或部门无意识地犯同样错误的概率要大大小于一个人或部门;两个或两个以上人员或部门有意识地合伙舞弊的可能性大大低于一个人或部门。正是基于这样的思想,才有了不相容岗位分离制度、轮岗制度和强制休假制度等。而串通的结果则完全破坏了内部牵制的设想,削弱了制度的约束力,使企业内部控制制度无效。合谋串通的动机通常是为了侵吞公司财产,合谋串通的方式有两人串通和多人串通。多人串通的危害极大,往往会形成造假"一条龙",不易识别,给公司、股东以及外界的利益相关者带来巨大的损失。

### (三) 成本限制

根据成本效益原则,企业内部控制的设计和运行是要花费代价的,企业应当充分权衡实施企业内部控制带来的潜在收益与成本,运用科学、合理的方法,有目的、有重点地选择控制点,实现有效控制。也就是说,企业内部控制的实施受制于成本与效益的权衡。

企业内部控制的根本目标在于服务于企业价值创造,如果设计和执行一项控制带来的收益不能弥补其所耗费的成本,就应该放弃该项控制。成本效益原则的存在使企业内部控制始终围绕着控制目标展开,但同时也导致企业内部控制制度难以达到尽善尽美,因此,企业实施内部控制应当量力而行,突出重点,兼顾一般,在符合成本效益的范围内开展并改进。

### (四) 管理层的凌驾

企业内部控制本是针对企业中所有层级、所有成员的一种控制措施和制度,内部控制不是由某个人或某个层级的人提出来,专门针对某一个或某一群特定层级的人的制度,它是为整个企业设计的系统,针对在该企业环境下的所有人,没有人能脱离该系统而自由运作。

COSO报告中,特别将管理层凌驾(Management Override)与管理层的干预(Management Intervention)区分开来,前者是指为了非法目的而破坏规定的政策和程序,后者表示管理当局为了合法的目的而偏离规定政策和程序的行为。管理人员总是会由于这样或那样的原因,而凌驾于内部控制制度之上。例如,管理层可能与客户签订背后协议,对标准的销售合同做出变动,从而导致收入确认发生错误。再如,软件中的编辑控制旨在发现和报告超过赊销信用额度的交易,但这一控制可能由于管理层的"关系客户"被逾越或规避,或片面追求效益而违反法律要求或无视内外部报告义务等。由于管理层的特殊权力和地位,使得其有凌驾于制度之上、超越制度之外的便利,由此企业内部控制制度出现"真空"地带。一个设计良好的企业内部控制系统,如果管理者把它搁置在一边或是凌驾于之上,便等于没有内部控制。

### (五) 环境系统的改变

企业内部控制本是一个动态的系统,但其设立和执行具有一定的稳定性。企业内部控制的运行环境包括外部环境和内部环境。外部环境如经济、政策、法律、技术、社会环境等,内部环境如企业的组织结构、管理哲学和企业文化、人力资源政策和实施、授予权利和责任的方式和信息系统等。

一个良好的企业内部控制系统的作用可能会因为其运行环境发生变化而削弱。管理者一定要一直密切注意环境的变化和组织运行方式的变化,及时改进企业内部控制系统。通常,外部环境的变化将会给组织带来发展的机会,同时也会带来威胁,企业内部控制系统一定要对此做出反应。在一个组织中,运行方式的变化或新技术的应用通常会对内部控制系统产生显著影响。尽管内部控制的目标仍是相同的,但采用的企业内部控制的技术通常要随着这些变化而变化,特别是计算机系统对内部控制提出了挑战:① 缺乏确实的备份凭证:人工处理提供了原始凭证、分类账、日记账和报表这些书面的审计线索,而计算机处理没有用这种方式对业务的过程进行记录。事实上,不断增多的数据通过编码扫描器、销售终端机和击键式电话直接进入计算机系统。即使备份了原始凭证,数据一旦进入计算机系统,便存储于磁盘中,也是容易被修改和删除的。只有确实的备份凭证才能作为永久的记录。② 处理过程是无形的、复杂的和集中的:不像人工处理可以由任何人仔细检查其处理过程,在计算机系统内完成一项复杂的处理任务很难证实其结果的准确性。而且,人工系统可以进行职责分开,而计算机系统可能合并甚至省去一些处理步骤。尽管这样提高了处理效率,但因为没有关于处理的正确性或准确性的独立检查,在一定程度上职责分开便失去了意义。
③ 忽视人的判断:在人工处理过程中,参与这一过程的人员通常能够判断错误和不正常的情况。尽管计算机人员能通过编程进行限制性的编辑检查,但也只能是严格地按照程序操作而已,并没有对数据的完整性或处理本身提出问题。

总之,企业内部控制的局限性是客观存在的,而且完全消除这些局限性的努力是徒劳的。企业内部控制局限性的客观存在不能成为忽视企业内部控制的理由,只有认识到这些局限性,才能够更加全面地认识企业内部控制——无论企业内部控制的设计和实施多么好,也只能合理地保证实体目标的实现。

## 第四节　企业内部控制的原则

所谓原则是指处理问题的准绳和规则。要使企业内部控制达到既定目标,保障企业内部控制的有效,就必须在企业内部控制的建立和实施过程中遵循一定的原则。建立和实施企业内部控制必须遵循五项原则。

### 一、全面性原则

全面性原则即企业内部控制应当贯穿决策、执行和监督全过程,覆盖企业及其所属单位的各种业务和事项。企业内部控制的建立在层次上应该涵盖企业董事会、管理层全体和员工,在对象上应该覆盖各项业务和管理活动,在流程上应该渗透到决策、执行、监督、反馈等各个环节,避免企业内部控制出现空白和漏洞。总之,企业内部控制应该是全程控制、全员控制和全面控制。

### 二、重要性原则

企业内部控制的重要性原则即应当在兼顾全面的基础上突出重点,针对重要业务和事项、高风险领域和环节采取更为严格的控制措施,确保不存在重大缺陷。基于企业资源有限的客观事实,企业在设计内部控制制度时不应平均使用资源,而应该寻找关键控制点,并对关键控制点投入更多的人力、物力和财力进行重点关注,即要"突出重点,兼顾一般",着力防范对企业产生"伤筋动骨"的重大风险。

目前,中央在国企推行"三重一大"制度正是重要性原则的充分体现。所谓"三重一大",是指"重大决策、重大事项、重要人事任免及大额度资金使用"。《企业内部控制应用指引第1号——组织架构》第五条也对此做出了规定。重大决策事项,主要包括企业贯彻执行党和国家的路线方针政策、法律法规和上级重要决定的重大措施,企业发展战略、破产、改制、兼并重组、资产调整、产权转让、对外投资、利益调配、机构调整等方面的重大决策,企业党的建设和安全稳定的重大决策,以及其他重大决策事项。重大事项,是指对企业资产规模、资本结构、盈利能力以及生产装备、技术状况等产生重要影响项目的设立和安排,主要包括年度投资计划,融资、担保项目,期权、期货等金融衍生业务,重要设备和技术引进,采购大宗物资和购买服务,重大工程建设项目,以及其他重大项目安排事项。重要人事任免,是指企业直接管理的领导人员以及其他经营管理人员的职务调整事项,主要包括企业中层以上经营管理人员和下属企业、单位领导班子成员的任免、聘用、解除聘用和后备人选的确定,向控股和参股企业委派股东代表,推荐董事会、监事会成员和经理、财务负责人,以及其他重要人事任免事项。大额度资金使用,是指超过由企业或者履行国有资产出资人职责的机构所规定的企业领导人员有权调动、使用的资金限额的资金调动和使用。主要包括年度预算内大额度资金调动和使用,超预算的资金调动和使用,对外大额捐赠、赞助,以及其他大额度资金运作事项。

"三重一大"事项应坚持集体决策原则。任何个人不得单独进行决策或者擅自改变集体决策意见。企业应当健全议事规则,明确"三重一大"事项的决策规则和程序,完善群众参与、专家咨询和集体决策相结合的决策机制。国有企业党委(党组)、董事会、未设董事会的经理班子等决策机构要依据各自的职责、权限和议事规则,集体讨论决定"三重一大"事项,防止个人或少数人专断。要坚持务实高效,保证决策的科学性;充分发扬民主,广泛听取意见,保证决策的民主性;遵守国家法律法规和有关政策,保证决策合法合规。

### 三、制衡性原则

企业内部控制的制衡性原则要求企业在治理结构、机构设置及权责分配、业务流程等方面形成相互制约、相互监督,同时兼顾运营效率。相互制衡是建立和实施企业内部控制的核心理念,更多地体现为不相容机构、岗位或人员的相互分离和制约。无论是在企业决策、执行环节还是在监督环节,如果不能做到不相容职务的相互分离与制约,那么就会造成滥用职权或串通舞弊,导致企业内部控制的失效,给企业经营发展带来重大隐患。

### 四、适应性原则

适应性原则的思想基础是"权变"理论。所谓权变,是指权宜应变。权变理论认为,在管理中要依据环境和内外条件随机应变,灵活地采取相应的、适当的管理方法,不存在一成不变的、普遍适用的"最好的"管理理论和方法,也不存在普遍不适用的"不好的"管理理论和方法。根据权变理论,建立企业内部控制制度不可能一劳永逸,而应当与其经营规模、业务范围、竞争状况和风险水平等相适应,并随着情况的变化及时加以调整。在当今日益激烈的市场竞争环境中,经营风险更具复杂性和多变性。企业应当根据内外部环境的变化,适时地对内部控制加以调整和完善,防止出现"道高一尺,魔高一丈"的现象。

### 五、成本效益原则

企业内部控制的成本主要有以下三个方面的内容:企业内部控制的设计成本,包括自行设计和外包设计成本;企业内部控制的实施成本,包括评价和监督人员的工资、实施内部控制因降低了效率带来的机会成本,以及将内部控制制度嵌入信息系统后的信息系统的运行和维护成本;企业内部控制的鉴证成本,一般是聘请注册会计师实施内部控制审计的鉴证费用。

成本效益原则要求实施企业内部控制应当权衡成本与预期效益，以适当的成本实现有效控制。成本效益原则有两个要义：一是努力降低企业内部控制的成本，即在保证内部控制制度有效性的前提下，尽量精简机构和人员，改进控制方法和手段，减少过于烦琐的程序和手续，避免重复劳动，提高工作效率，节约成本；二是合理确定企业内部控制带来的经济利益，实施内部控制的效益并非不可计量，只是这种效益往往具有滞后性，当期效益并不明显。为了做大做强企业，企业一定要杜绝"短视行为"，立足长远，充分考虑内部控制带来的未来收益并与成本进行对比，运用科学、合理的方法，有目的、有重点地选择控制点，实现有效控制。

值得说明的是，企业内部控制的建立和实施要符合成本效益原则，也是内部控制对目标的保证程度不是绝对保证而是合理保证的重要原因之一。

## 第五节 企业内部控制的相关理论

### 一、委托代理理论

委托代理理论是迄今为止对公司治理影响最深远的理论之一。早在亚当·斯密的《国富论》中，就曾提及股份制公司的委托代理问题，他一针见血地指出：要让股份制公司的经理们像合伙企业的合伙人一样尽心尽力地管理公司的财产，是难以做到的。20世纪30年代，伯利和米恩斯在他们的经典著作《现代公司与私有财产》中对公司控制权和所有权的分离及其带来的问题进行了深入分析，从此委托代理问题进入公司研究的领域，并产生了深远影响，在20世纪60年代末70年代初推动一批经济学家对此课题进行深入研究。

委托代理关系是伴随经济发展和专业化分工而产生的一种契约关系，如果这种契约关系满足两个条件，即委托人和代理人共同分担公司经营的风险和不存在隐藏信息，那么这一契约将会是最优契约，也就不会产生代理问题。但现实情况是，委托人和代理人之间由于目标不一致和信息不对称，往往使最优契约条件无法满足，从而产生代理问题，即委托人承担了因代理人行为产生的全部风险。因此可以说委托代理问题存在的根本原因是信息的不对称。

在信息对称的情况下，代理人的行为可以清楚地被委托人观测到，代理人可以预见到委托人将会依据观测结果对其实行奖惩，所以会约束自己的行为，因而不会产生代理问题。但是，在信息不对称的情况下，委托人不能凭代理人的行为对代理人进行评价，因为委托人观测到的只是代理人的行为变量，而这些变量掺杂了代理人的自身行动和代理人外部的随机因素，导致委托人无法恰当区分代理人行为是由于其自身原因产生，还是由于外部因素影响产生的。于是，委托人只能通过激励合同的设计来实现自己的预期期望。

一般认为，公司内部存在的委托代理关系是约瑟夫·斯蒂格利茨所说的股东（所有者、委托人）与经理层（经营者、代理人）之间的关系，但其实委托代理关系存在于每一个管理层级，公司实际上是多重委托代理关系的集合体。为了降低代理成本，委托人将会采取必要的监督和保证措施，比如审计、规范控制系统、预算限制和激励制度等。

从企业内部控制产生和发展的历程可以看到，企业内部控制从一开始就是由于委托代理问题出现而产生的解决问题的一种机制。如果两权合一，就无须进行内部牵制、职责分离和相互监督。因此，委托代理关系的存在催生了企业内部控制，也促进了企业内部控制的变迁。反过来，健全有效的企业内部控制将合理地解决委托代理关系中出现的问题，有利于公司目标的实现。

## 二、权变理论

权变理论是以具体情况具体应对的思想为基础发展起来的管理理论，兴起于20世纪70年代的美国。那个时期的美国正面临滞胀的打击，生产长时间下滑，生产要素（特别是石油）价格飞涨，科技发展停滞，很多企业破产，社会政治极不稳定。公司所处的内外部环境变化多端且极不确定。但以往的管理理论侧重于对企业内部的研究，而且试图追求最佳的管理模式。这些管理理论在当时的经济环境下显得十分苍白。人们开始意识到，公司随环境的变化采取相应的应对措施是解决当时管理困境的唯一正确思路，于是权变理论应运而生。

权变理论的主要观点是：由于每个组织内外部环境不同，因此不存在普适性和不变的管理方法。应将企业组织放在社会系统里，考虑环境变量和管理变量之间的函数关系，这样才能随着环境的变化相机决定管理方法和策略。环境变量应综合考虑内部和外部两个方面，特别是外部环境，它会对内部环境的各个组成部分产生影响。并且由于外部环境在不断变化，因此组织也应在变化的环境和组织之间不断地寻找平衡。权变理论强调将企业组织作为一个开放系统，因此要处理好局部与整体的关系，在思考组织问题时，应树立系统的观念，绝对不可以"头痛医头，脚痛医脚"。

企业内部控制理论与实践是随着公司外部环境和内部环境的变化而不断向前发展的。随着外部环境不确定性的增强，企业内部控制日益成为一个开放的系统，组织对规范正式的企业内部控制的依赖程度越来越强，企业内部控制越来越受到外部利益相关者的关注。企业内部控制应在内外部因素共同作用的影响下，成为一个柔性的适应环境的自组织系统。

# 第六节 我国企业内部控制理论和实务的发展

## 一、我国企业内部控制制度的发展

从20世纪90年代起，我国政府就开始加大对企业内部控制的监管，虽然在1986年财政部颁布的《会计基础工作规范》中对内部控制的内容有所涉及，但真正完整的定义则是1996年财政部颁布的《独立审计具体准则第9号——内部控制与审计风险》（以下简称9号准则）："内部控制是指被审计单位为了保证业务活动的有效进行，保证资产的安全和完整，防止、发现、纠正错误和舞弊，保证会计资料的真实、合法、完整而制定和实施的政策和程序。"1999年10月，修订后的《会计法》首次以法律的形式对建立健全内部控制提出原则要求。其中，第 4 章《会计监督》第 27 条要求，各单位应当建立健全本单位内部会计监督制度。

至 2008 年五部委共同颁发《企业内部控制基本规范》之前，银监会、保监会、证监会等分别出台了各自行业内部控制方面的指导原则和准则，不同时期颁布的定义和概念有所差异，"内部控制"的概念在"百花齐放"式的发展中并没有统一。2008 年以前，我国内部控制的框架是基于颁布部门的二维层次性：第一层次是财政部颁布的相关规则——9 号准则、《独立审计具体准则第 29 号——了解被审计单位及其环境并评估重大错报风险》及《内部会计控制规范——基本规范》及相应 12 个规范；第二层次是各行业的监管机构颁布的内部控制指引。例如，银监会颁发的《商业银行内部控制指引》《信托投资公司内部控制指引》等；保监会颁布的《保险中介机构内部控制指引》和《寿险公司内部控制评价方法》；证监会颁布的《证券公司内部控制指引》《证券投资基金管理公司内部控制指导意见》等。如果说 COSO 报告的框架是"立体的"，我国当时的内部控制框架则是"平面的"，那个阶段的内部控制指引主要在金融机构方面，在非金融机构的内部控制规则还属于空白阶段，整个内部控制缺少统一的框架和体系，对内部控制的概念也没有完全的统一。9 号准则提出的概念，强调的是"三保一防的政策和程序"，其着眼点更强调被动地执行。随后，在我国颁布的一些规范中，各特殊行业的内部控制均又做出了重新定义。《加强金融机构内部控制的指导原则》中对金融机构内部控制做了整体的定义：金融机构内部控制是金融机构的一种自律行为，是金融机构为完成既定的工作目标和防范风险，对内部各职能部门及工作人员从事的业务活动进行风险控制、制度管理和相互制约的方法、措施和程序的总称。而内部控制的目标分为 4 个方面：① 确保国家法律法规和中央银行监管规章的贯彻执行；② 确保将各种风险控制在规范范围之内；③ 确保自身发展战略和经营目标的全面实施；④ 有利于查错防弊、堵塞漏洞、消除隐患，保证业务稳健运行。该指导原则的适用范围是政策性银行、国有独资商业银行、其他商业银行、城乡信用社、信托投资公司、证券机构、保险机构、财务公司、融资租赁公司、典当行等非银行金融机构。

《加强金融机构内部控制的指导原则》是由中国人民银行于 1997 年颁布的，是对所有金融机构内部控制的一种指导性原则。而随后分别颁布的《加强期货经纪公司的内部控制的指导原则》《证券公司内部控制指引》《商业银行内部控制指引》《证券投资基金管理公司内部控制指导意见》《保险中介机构内部控制指引》《信托投资公司内部控制指引》分别对期货经纪公司、证券公司、商业银行、证券投资基金管理公司、保险中介机构和信托投资公司这些金融机构的内部控制制度做出了不同的定义。

《证券公司内部控制指引》中把内部控制制度分为内部控制机制和内部控制制度。"内部控制机制是指证券公司的内部组织结构及其相互之间的运行制约关系；内部控制制度是指公司为防范金融风险，保护资产的安全与完整，促进各项经济活动的有效实施而制定的各项业务操作程序、管理方法与控制措施的总称。"内部控制的目标为：严格遵守国家有关法律法规和行业监管规章，自觉形成守法经营、规范运作的经营思想和经营风格；健全符合现代企业制度要求的法人治理结构，形成科学合理的决策机制、执行机制和监督机制；建立行之有效的风险控制系统，确保各项经营管理活动的健康运行与公司财产的安全完整；不断提高经营管理的效率和效益，努力实现公司价值最大化，圆满完成公司的经营目标和发展战略。

《加强期货经纪公司内部控制的指导原则》把内部控制分为内部控制机制与内部控制文

本制度。《商业银行内部控制指引》则把内部控制定义为商业银行为实现经营目标,通过制定和实施一系列制度、程序和方法,对风险进行事前防范、事中控制、事后监督和纠正的动态过程和机制。内部控制包含的要素有内部控制环境、风险识别与评估、内部控制措施、信息交流与反馈、监督评价与纠正。

《证券投资基金管理公司内部控制指导意见》对内部控制的定义是公司为防范和化解风险,保证经营运作符合公司的发展规划,在充分考虑内外部环境的基础上,通过建立组织机制、运用管理方法、实施操作程序与控制措施而形成的系统。公司内部控制制度由内部控制大纲、基本管理制度、部门业务规章等部分组成。总体目标是保证公司经营运作严格遵守国家有关法律法规和行业监管规则,自觉形成守法经营、规范运作的经营思想和经营理念;防范和化解经营风险,提高经营管理效益,确保经营业务的稳健运行和受托资产的安全完整,实现公司的持续、稳定、健康发展;确保基金、公司财务和其他信息真实、准确、完整、及时。基本要素包括控制环境、风险评估、控制活动、信息沟通和内部监控。

由此可以看出,此阶段我国对于内部控制制度并没有一个完整和权威的定义,不同时期颁布的定义和概念有所差异,对于内部控制的完整性、合理性及有效性更是缺乏一个公认的标准体系。

2006年2月15日中国新会计审计准则体系正式发布,39项企业会计准则和48项注册会计师审计准则高调亮相,标志着适应我国市场经济发展要求、与国际惯例趋同的企业会计准则体系和注册会计师审计准则体系正式建立,是我国会计审计史上新的里程碑。其中《中国注册会计师审计准则1211号——了解被审计单位及其环境并评估重大错报风险》(以下简称"1211号准则")对内部控制概念和构成要素进行了重新定义:内部控制是为了合理保证财务报告的可靠性、经营的效率和效果以及对法律法规的遵循,由治理当局、管理当局和其他人员设计和执行的政策与程序。"1211号准则"的概念则完全与COSO报告的内容一致,我国的企业内部控制也由原先单纯的会计控制过渡到了内部控制框架阶段,标志着我国企业内部控制的定义与COSO的接轨。

## 二、我国内部控制的框架体系

### (一)我国内部控制规范征求意见稿阶段

2005年6月,国务院领导在财政部、国资委和证监会联合上报的《关于借鉴"萨班斯法案"完善我国上市公司内部控制制度的报告》上做出批示,同意"由财政部牵头,联合证监会及国资委,积极研究制定一套完整公认的企业内部控制指引"。2006年7月15日,财政部、国资委、证监会、审计署、银监会、保监会联合发起成立企业内部控制标准委员会,监管部门、大型企业、行业组织、中介机构、科研院所的领导和专家学者积极参与,为构建我国企业内部控制标准体系提供了组织和机制保障。标准委员会的目标是:力争通过未来一段时间的努力,基本建立一套以防范风险和控制舞弊为中心,以控制标准和评价标准为主体,结构合理、内容完整、方法科学的内部控制标准体系,推动企业完善治理结构和内部约束机制。

2007年3月,财政部公布《企业内部控制规范(征求意见稿)》,重点引导企业加强以财务报告内部控制为主线的相关标准建设。《企业内部控制规范(征求意见稿)》由基本规范和具体规范构成。其中,具体规范的设计主要以财务报告内部控制为主线,初步拟定为26项,完成货币资金、采购与付款、对外投资、担保、财务报告编制等17项具体规范的起草工作并对外征求意见。财政部准备会同有关部门,在3~5年间基本建立一套以防范风险和控制舞弊为中心,以控制标准和评价标准为主体的企业内部控制制度体系,以及以监管部门为主导,以各单位具体实施为基础,以会计师事务所等中介机构咨询服务为支撑,以政府监管和社会评价相结合的内部控制实施体系,以推动公司、企业和其他非营利组织完善治理结构和内部约束机制,不断提高经营管理水平和可持续发展能力。

这次新内部控制规范的征求意见稿与2001年财政部颁布的规范有一个明显的区别——以"内部控制规范"取代原有的"内部会计控制规范",这标志着我国的企业内部控制制度已脱离了原来的"内部控制结构阶段",真正地进入以COSO报告要素为主导的"内部控制整体框架阶段"。颁布的规范征求意见稿共有18个规范,其中1个基本规范、17个具体规范,包括货币资金、采购与付款、存货、对外投资、工程项目、固定资产、销售、筹资、成本费用、担保、合同、对子公司的设置、财务报告的编制、信息披露、预算、人力资源、计算机信息系统,同时财政部正在加紧研究和起草关联交易、资产减值、公允价值、企业合并与分立、衍生工具、中介机构聘用等9项具体规范和有关评价标准、实施办法。原有内部会计控制规范共有11项——1个基本规范、10个具体规范:货币资金、采购与付款、销售与收款、工程项目、担保、对外投资、预算、成本费用、固定资产、存货、筹资。

新规范的征求意见稿与旧规范相比,首先是在数量上有了更大的扩展,由原来的11项增加到26项;其次是内容更加广泛和深入,原有的规范主要立足于会计项目上,而新规范主要由3个层次构成:财务报表项目、财务报表编报和制度支持,增加了人力资源、计算机信息系统、信息披露等内容。由此可见,新规范除了强调业务循环外,更强调对风险控制薄弱环节的控制。

## (二)内部控制基本规范阶段

2008年6月28日,财政部、证监会、审计署、银监会、保监会五部委联合发布《企业内部控制规范——基本规范》,自2009年7月1日起先在上市公司范围内施行(后又延迟到2012年执行)。它的发布标志着我国企业内部控制制度建设取得了重大突破,这是我国继实施与国际接轨的企业会计准则和审计准则之后,又一与国际接轨的重大改革。该规范的实施将有利于维护中国资本市场的长期发展,并且为上市公司内部控制信息披露的规范运作提供了重要的指导意见。新基本规范对内部控制的定义是:内部控制是由企业董事会、监事会、经理层和全体员工实施的,旨在实现控制目标的过程。

新基本规范中,企业建立和实施内部控制应遵循5条原则:全面性原则、重要性原则、制衡性原则、适应性原则、成本和效益原则。和旧会计控制基本规范相比,新基本规范删除了合法性原则,增加了一条重要性原则:内部控制应当在全面控制的基础上,关注重要业务和高风险领域。

原有的"不相容职务相分离的原则"被"制衡性原则"所替代,强调内部控制应当在治理机构、机构设置及权责分配、业务流程等方面相互制约、相互监督,同时兼顾运营效率。原有的"适时性原则——内部会计控制应随着外部环境的变化、单位业务职能的调整和管理要求的提高不断修订和完善。"则修订为"适应性原则——内部控制应当与企业经营规模、业务范围、竞争状况和风险水平等相适应,并随着情况的变化及时加以调整。"新基本规范第三条对内部控制的目标也做出了详细规定:内部控制是由企业董事会、监事会、经理层和全体员工实施的,旨在实现控制目标的过程。内部控制的目标是合理保证企业经营管理合法合规、资产安全、财务报告及相关信息真实完整,提高经营效率和效果,促进企业实现发展战略。可以看出,此目标参照了2004年美国颁布的ERM框架(ERM中内部控制的目标为4项:战略目标、经营目标、报告目标、合法目标),同时考虑了我国的国情(国有大型企业比重大,国有资产流失严重),加入了资产的安全和完整这一项。

新基本规范对内部控制的基本要素界定为:内部环境,风险评估,控制措施,信息与沟通,监督与检查。可以看出,新规范还是参照了COSO报告的五要素,并没有引入ERM的八要素。

总之,新基本规范的出台,是我国内部控制发展史上的一个飞跃,新基本规范在形式上借鉴了COSO报告五要素框架,同时在内容上体现了风险管理八要素框架的实质。从新基本规范制定的条款中可以清楚地看出随着市场经济的发展和企业环境的变化,单纯依赖会计控制已难以应对企业面对的市场风险,会计控制逐步向风险控制发展,新的规范也正朝着这个方面努力。"基本规范确定了企业内部控制的5个目标、5个原则、5个要素,总计50个项目,由5个部门签发。"财政部会计司司长刘玉廷的这句话,可总结为:这"5个5"的基本规范,搭建了我国企业内部控制体系的框架。

### (三) 内部控制的配套指引阶段

2010年4月,财政部会同证监会、审计署、银监会、保监会制定了《企业内部控制应用指引第1号——组织架构》等18项应用指引、《企业内部控制评价指引》和《企业内部控制审计指引》(以下简称"企业内部控制配套指引"),与2008年颁布的内部控制基本规范,共同构建了中国企业内部控制规范体系,该配套指引和基本规范自2011年1月1日起在境内外同时上市的公司中施行;自2012年1月1日起在上海证券交易所、深圳证券交易所主板上市公司中施行;在此基础上,择机在中小板和创业板上市公司中施行,并鼓励非上市大中型企业提前执行。"企业内部控制配套指引"的发布,标志着以防范风险和控制舞弊为中心,以控制标准和评价标准为主体,结构合理、层次分明、衔接有序、方法科学、体系完备的企业内部控制规范体系基本建成,是继我国企业会计准则、审计准则体系建成并有效实施之后的又一项重大系统工程。我国企业内部控制规范体系的框架如图1-2所示。

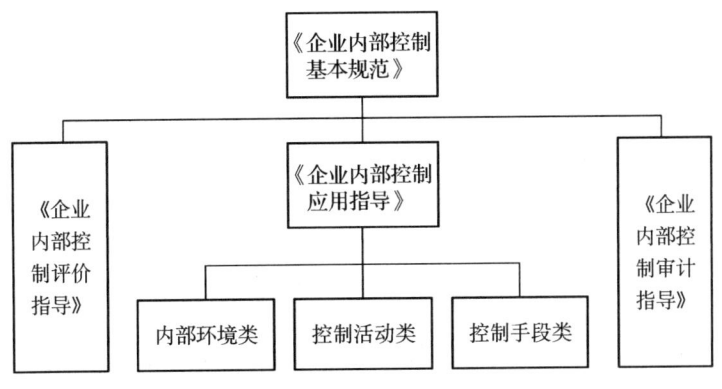

**图 1-2 我国企业内部控制规范体系的框架**

"企业内部控制配套指引"的出台,与2007年出台的相关规范的征求意见稿相比,整个内部控制架构体系有了很大的改变。首先,从名字上看,不再称其为"规范",而是称之为"指引"。其次,从结构上看,原有的征求意见稿是按财务报表项目、财务报表编报、制度支持3个方面来编制规范的,重点还是围绕着财务报表进行的。而新的"配套指引"则分为应用、评价、审计3个方面,实际上这对应着企业、管理层、注册会计师这3个主体的具体工作,即新的"配套指引"着眼于主体责任。再次,新的"配套指引"中,不再像以往那样对财务报表具体项目进行规范的制定,而是从内部环境、控制活动和控制手段这3个维度来编制。因此,可以看出,相关管理机构在构建整个内部控制框架时,思路和内容均做了相当大的修改。

"企业内部控制应用指引"是企业按照内部控制原则和内部控制五要素建立,在配套指引乃至整个内部控制规范体系中占据主体地位;"企业内部控制评价指引"是为企业管理层对本企业内部控制有效性进行自我评价提供的指引;"企业内部控制审计指引"是为注册会计师和会计师事务所执行内部控制审计业务的执业准则。三者之间既相互独立,又相互联系,形成一个有机整体。

应用指引可以划分为3类,即内部环境类指引、控制活动类指引和控制手段类指引,基本涵盖了企业资金流、实物流、人力流和信息流等各项业务和事项。内部环境是企业实施内部控制的基础,支配着企业全体员工的内部控制意识,影响着全体员工实施控制活动和履行控制责任的态度、认识和行为。内部环境类指引有5项,包括组织架构、发展战略、人力资源、企业文化和社会责任等5个指引,主要是从企业层面重点阐释了控制环境、风险评估和控制活动等要素内容,控制重点是企业层面的风险,注重企业内、外部环境的适应性和协调性。

企业在改进和完善内部环境控制的同时,还应对各项具体业务活动实施相应的控制。控制活动类应用指引包括资金活动、采购业务、资产管理、销售业务、研究与开发、工程项目、担保业务、业务外包、财务报告等9个指引。控制手段类指引偏重于"工具"性质,往往涉及企业整体业务或管理。此类指引有4项,包括全面预算指引、合同管理指引、内部信息传递指引和信息系统指引。控制活动和控制手段类指引主要是从业务层面重点阐释了风险评估、控制活动、信息与沟通和内部监督等要素内容,控制重点是企业业务层面的经营风险和财务风险。根据财政部会计司司长刘玉廷对《企业内部控制配套指引》的最新解读,《企业内部控制应用指引》总计是21项。除了发布的组织架构、发展战略、人力资源、企业文化等18项外,涉及银行、证券和保险等业务的3项指引暂未发布。内部控制评价是指企业董事会或类似决策机构对内部控制有效性进行全面评价并形成评价结论、出具评价报告的过程。在企业内部控制实务中,内部控制评价是极为重要的一环。

《企业内部控制评价指引》的制定发布,为企业开展内部控制自我评价提供了一个共同遵循的标准,为参与国际竞争的中国企业在内部控制建设方面提供了自律性要求,有利于提高投资者、社会公众乃至国际资本市场对中国企业素质的信任度。《企业内部控制评价指引》主要的内容是关于内部控制评价的内容和组织、内部控制缺陷的认定、内部控制评价报告、内部控制评价报告的披露或报送等。

内部控制审计是指会计师事务所接受委托,对特定基准日内部控制设计与运行的有效性进行审计。它是企业内部控制规范体系实施中引入的强制性要求,既有利于促进企业健全内部控制体系,又能增强企业财务报告的可靠性。内部控制审计指引,着重从以下方面就如何做好内部控制审计业务提出明确要求或强调说明:审计责任划分、审计范围、整合审计、利用被审计单位人员的审计方法、评价控制缺陷、审计报告出具等。

 **复习题**

1. 如何理解企业内部控制?
2. 内部控制经历了哪几个发展阶段,每个阶段的核心思想是什么?
3. 企业内部控制分为哪几个层次?
4. 如何理解内部控制的目标?
5. 如何理解内部控制的局限性?
6. 简述内部控制在我国的发展情况。

 **练习题**

### 一、单项选择题

1. 内部控制的基本概念是从早期(　　)思想的基础上逐步发展起来的。
 A. 科学管理　　　B. 内部牵制　　　C. 内部审计　　　D. 管理控制
2. 1999年修订的(　　)第一次以法律的形式对建立健全内部控制提出原则性要求。
 A.《会计法》
 B.《注册会计师法》
 C.《内部会计控制规范——基本规范》
 D.《商业银行内部控制指引》
3. 关于COSO发布的《内部控制——整合框架》(1992)和《企业风险管理整合框架》(2004)之间的关系,下列说法中,错误的是(　　)。
 A. 后者并没有取代前者,对于那些着眼于内部控制的主体,前者依旧有用
 B. 后者增加了战略目标,并将报告目标扩大到非财务报告
 C. 后者延续了前者中有关风险偏好、风险容忍度和风险组合观等基本概念,将风险评估扩充为目标设定、事项识别、风险评估、风险应对四个要素
 D. 后者的显著变化是将内部控制上升至全面风险的高度来认识
4. (　　)是企业对内部控制建立与实施情况进行监督检查,评价内部控制的有效性,发现内部控制缺陷,应当及时加以改进。
 A. 内部环境　　　B. 控制活动　　　C. 信息与沟通　　　D. 内部监督
5. (　　)是企业及时识别、系统分析经营活动中与实现内部控制目标相关的风险,合理确定风险应对策略。
 A. 内部环境　　　B. 风险评估　　　C. 控制活动　　　D. 内部监督
6. 下列各项中,属于预防性控制的是(　　)。
 A. 对出纳岗位进行定期岗位轮换　　　B. 实地观察工资发放

C. 编制银行存款余额调节表  D. 账实核对

7. 内部牵制与内部控制的关系是（　　）。
A. 前者是后者的基础性要求  B. 后者是前者的基础性要求
C. 两者的控制方法基本相同  D. 两者的控制目标基本一致

8. 下列关于我国企业内部控制规范体系说法中，错误的是（　　）。
A. 我国企业内部控制规范体系由《企业内部控制基本规范》《企业内部控制应用指引》《企业内部控制评价指引》和《企业内部控制审计指引》四部分组成
B. 《企业内部控制应用指引》处于内部控制规范体系的最高层次，起统驭作用
C. 《企业内部控制评价指引》是为董事会或类似权力机构对内部控制有效性进行全面评价提供的指引
D. 《企业内部控制审计指引》是会计师事务所执行内部控制审计业务的执业准则

9. 与COSO《内部控制——整合框架》(1992)相比，2004年的ERM框架的发展与突破不包括（　　）。
A. 给内部控制下了一个最为权威的定义
B. 增加了一个战略目标，并扩大了报告目标的范畴
C. 增加了目标设定、事项识别、风险应对三个风险管理要素
D. 引入风险偏好、风险容忍度两个新的概念

10. 下列关于内部控制作用的说法中，错误的是（　　）。
A. 有效防范风险，实现可持续发展
B. 提高会计信息质量，维护企业信誉
C. 提升管理水平，确保经营不会失败
D. 确保资产安全，提高资产效能

## 二、多项选择题

1. 以下对内部控制的理解错误的是（　　）。
A. 内部控制对上市公司来说是必需的  B. 内部控制就是单纯的内部会计控制
C. 内部控制就是内部牵制  D. 内部控制并不是越严格越好
E. 内部控制制定后，可以一成不变

2. 下列属于内部控制整合框架构成要素的是（　　）。
A. 控制环境  B. 风险评估  C. 控制活动  D. 信息与沟通
E. 监控

3. 下列属于内部控制整合框架中提出的目标是（　　）。
A. 战略目标  B. 经营目标  C. 报告目标  D. 合规目标
E. 发展目标

4. 相对《内部控制——整合框架》，ERM框架的创新在于（　　）。
A. 新提出了一个更具管理意义和管理层次的战略管理目标，同时还扩大了报告的范畴
B. 增加了目标制定、风险识别和风险应对三个管理要素
C. 对内部控制提出了一个迄今为止最为权威的定义
D. 提出了两个新概念——风险偏好和风险容忍度
E. 提出了一个新的观念——风险组合观

5. 我国内部控制法规的发展所经历的阶段有( )。

A. 我国内部控制法规的起步阶段

B. 改革开放内部控制的发展阶段

C. 亚洲金融危机影响下我国内部控制法规的发展

D. SOX法案推动下的我国内部控制法规建设

E. 金融危机和后危机时代我国内部控制法规的完善

6. 关于我国内部控制法规发展和完善正确的说法是( )。

A. 2001年1月,证监会发布了《证券公司内部控制指引》,要求所有的证券公司建立和完善内部控制机制和内部控制制度

B. 2001年6月,财政部发布了《内部会计控制——基本规范(试行)》,并相继发布了一系列试行规范,这些规定明确了单位建立和完善内部会计控制体系的基本框架和要求

C. 2006年6月,上交所发布了《上海证券交易所上市公司内部控制指引》,同年9月,深交所发布了《深圳证券交易所上市公司内部控制指引》,对上市公司保证企业内部控制制度的完整性、合理性和有效性进行了规定。2006年5月,在《首次公开发行股票并上市管理办法》中规定:"发行人的内部控制在所有重大方面是有效的,并由注册会计师出具了无保留结论的内部控制鉴证报告"

D. 2008年5月,财政部等5部委联合发布了《企业内部控制基本规范》,要求2009年7月1日起在上市公司范围内施行,并且鼓励非上市的大中型企业也执行基本规范

E. 2010年4月15日,财政部等5部委出台了《企业内部控制应用指引第1号——组织架构》等18项应用指引、《企业内部控制评价指引》和《企业内部控制审计指引》

7. 属于《企业内部控制基本规范》第4条规定的企业建立与实施内部控制的原则有( )。

A. 全面性原则　　B. 重要性原则　　C. 成本效益原则　　D. 适应性原则

E. 制衡性原则

8. 中国内部控制标准体系包括( )。

A. 企业内部控制应用指引　　　　B. 企业内部控制评价指引

C. 企业内部控制监督指引　　　　D. 企业内部控制基本规范

E. 企业内部控制审计指引

9. 2004年9月,COSO根据《萨班斯—奥克斯利法案》要求,颁布企业风险管理整合框架,COSO框架的构成要素包括( )。

A. 内部环境、目标设定　　　　　B. 事项识别、风险评估

C. 风险应对、控制活动　　　　　D. 信息与沟通、监控

E. 控制环境、监督

10. 有关内部控制的历史演进,下列说法正确的是( )。

A. 内部控制理论与实践的发展大体上经历了内部牵制、内部控制结构、内部控制整合框架等四个不同的阶段,并已初步呈现向企业风险管理整合框架演变的趋势

B. 内部控制的第二阶段为内部控制系统阶段,该阶段将内部控制一分为二,由此内部控制进入"制度二分法"或"二要素"阶段

C. 1992年9月,COSO发布了著名的《内部控制——整合框架》提出了一个概念、三个

目标和五个要素

D.《企业风险管理——整合框架》晚于《内部控制——整合框架》产生,目前已经替代了后者

E. 风险管理整合框架阶段的显著变化是将内部控制上升至全面风险管理的高度来认识

### 三、判断题

1. 内部控制二要素阶段是内部控制结构阶段。（　）
2. 根据《柯勒会计辞典》的解释,内部牵制的基本思路是分工和牵制。（　）
3. 内部控制系统阶段是内部控制发展的第一阶段。（　）
4. 内部控制整合框架阶段中明确了内部控制的三个目标和五个构成要素,这五个要素分别为内部环境、风险评估、控制活动、信息与沟通和监督。（　）
5. 风险偏好和风险容忍度是在内部控制整合框架中提出来的,是企业风险管理整合框架阶段。（　）
6. 合规目标是在《企业风险管理——整合框架》中新提出来的内部控制目标,内部控制整合框架提出三个目标:经营目标、财务目标、合规目标。（　）
7. 内部控制的现实意义是有助于企业提升自身管理水平、提高风险防御能力、维护社会公众利益,最终服务于企业价值创造的终极目标。（　）
8. 我国内部控制规定起步的标志是1985年1月颁布的《中华人民共和国会计法》。（　）
9. 2010年4月15日,财政部等5部委出台了内部控制应用指引、评价指引和审计指引,要求2011年1月1日起在境内外同时上市的公司实行,上、深交所主板上市公司于2012年1月1日起施行。（　）
10. 目前我国企业内部控制规范的框架体系是由《企业内部控制基本规范》《企业内部控制评价指引》《企业内部控制审计指引》和《企业内部控制应用指引》组成的。（　）

 **案例讨论**

# 第二篇 企业内部控制要素篇

## 第二章 内部环境

**预习题**

1. 内部环境因素在内部控制中的地位及作用如何？
2. 何谓企业的组织架构？分为哪几个层面？
3. 如何理解企业发展战略的意义及其重要性？
4. 如何理解人力资源管理中的主要风险？
5. 如何理解企业的社会责任？企业的社会责任具体包括哪些内容？
6. 如何理解企业文化？其作用有哪些？

 引 例

### 从"宝万之争"看公司治理

#### 一、背景介绍

自 2015 年 8 月 26 日宝能系花费巨额资金成为万科的第一大股东后，王石便再也坐不住了，他深知若宝能系成为第一大股东，公司未来的管理团队将由宝能决定，自己在万科的地位将岌岌可危。他公开地表示了对宝能系的拒绝——"万科不欢迎这样的野蛮人"。宝能系与王石二者之间势如水火，究其原因，二者还是在争夺对万科的掌控权。

宝能系虽是万科的第一大股东，但是，万科董事会中并没有其指派的董事。可见，在万科的公司治理模式中，以王石为代表的管理层掌握着对公司的控制权。一旦管理层利益与股东利益之间出现分歧，股东利益是否仍可得到维护就不得而知了。

为了对抗宝能系，王石引入了深圳地铁。此举又引来第二大股东华润的不满，站在了万科的对立面。主要表现在华润集团派驻在万科的董事向监管部门反映了引入深圳地铁所存在的问题——王石未在董事会上提及引入新股东这一重大事项。

**二、尘埃落定**

万科2016年度股东大会在2017年6月30日召开后,深圳地铁持股29.38%,成为万科的第一大股东,第二大股东宝能系持股25.4%。当天新一届万科董事会进行选举,郁亮正式当选为董事长,而王石是万科的名誉董事长。

**三、分析与评价**

1. 公司治理分析

显然,以王石为代表的管理层对于"公司治理"理念认识不深。

万科的管理层是公司实际控制人,管理层越过公司的股东大会自行进行决策,不会及时地与大股东进行沟通,也不会将股东的利益放在首位。这种由管理层控制的公司治理模式,若没有好的约束机制,就有可能出现"内部人控制",在管理层有不尽职尽责的行为时,股东的利益会受到侵害,不利于公司的发展和股东利益的维护。

《公司法》中规定,应由股东大会审议批准董事会的报告和其他重大事项。王石"引入深圳地铁作为新的第一大股东"这一重大事项并未在董事会会议和临时股东大会上提及,这显然不符合《公司法》规定。以王石为代表的管理层的这一行为也进一步印证了万科在公司治理中所存在的问题:管理层越过股东自行决策公司重大事项。长此以往,管理层与股东之间的信息不对称越来越明显,股东的权利和利益得不到维护,难免会引起股东的不满。这便是宝能系、华润与万科纷争的起源——公司控制权的争夺。

现代公司治理的观点认为,企业的实际控制权狭义上属于股东,广义上属于包括股东在内的各种利益相关者。董事会和管理层的职责是为这些利益相关者服务,而非掌握公司的控制权。因此,万科曾经的公司治理制度并不合理。

2. 股权结构分析

王石在创立万科之初,为了在规避自己的风险的同时保持对公司的控制权,为万科选择了股权分散的结构。如今,万科的第一大股东深圳地铁持股29.38%,第二大股东宝能系持股25.4%,其股权结构仍是分散型股权结构。这种分散的股权结构下,股东之间可以相互制衡,避免了"一股独大"的局面,可以更有效地维护中小股东的利益。但是,各股东所持股份少,其参与公司日常事务的积极性较低,可能会导致其对管理层监督力度的下降,最终导致管理层形成对公司强大的控制力。长期的股权分散亦是形成万科管理层控制公司局面的原因之一。笔者认为,在股权相对分散的公司,应制定有效的股东监督机制,提高股东对管理层的监督力度,避免"内部人控制"的情形再次出现。

3. 对王石离职的评价

王石告别了万科董事会,并不意味着万科以后会走下坡路。万科今天的成就离不开王石兢兢业业的贡献,但是,华润集团对万科的贡献也是不可小觑的。在万科创立之初,万科是一家民营企业,其第一大股东华润是央企。万科创立之初即是房地产行业,需要有大量资金来进行企业扩张,但当时的万科规模小、资历浅,银行在向民营企业放贷时有很多苛刻的条件,如需进行资产抵押、担保,万科的融资显得较为困难;而对于第一大股东华润而言,银行在对华润放贷时,考虑到其央企背景、放贷风险低,便更愿意对华润放贷。由此,基于华润这一央企背景的股东,万科也有了雄厚的资金支持,这对万科的房地产扩张之路极其重要。可以说,没有华润的资金及政策支持,就没有万科的今天。因此,在万科近30年的发展中,王石的贡献虽极其重要,但是仍不能将王石个人的作用无限放大。

(资料来源:郝瑞婵. 从"宝万之争"看公司治理. 首席审计官微信公众号. 2017-11-14)

**思考:**

股东应该如何维护自己的利益?企业应该构建怎样的内部环境以保障企业的良性发展?怎样的公司治理结构才是合理的、有效的?

## 第一节 内部环境概述

### 一、内部环境的概念

管理控制环境,从系统角度看,是指管理控制系统之外的、对管理控制系统有影响作用的一切系统的总和。企业内部控制的内部环境是指企业内部的,对内部控制有直接或间接影响的要素总和。按照《企业内部控制基本规范》的规定,企业内部控制的内部环境包括公司治理结构和议事规则、审计委员会,内部机构设置、岗位职责、业务流程,内部审计,人力资源政策,职业道德修养和专业胜任能力,企业文化、价值观和社会责任感,法制观念等。

美国注册会计师协会在1988年的第55号审计准则公告《财务报表审计中对内部控制结构的考虑》中指出,控制环境是指对建立、增强或调节特殊政策及程序有效性的有影响的各种因素所产生的综合效果。这个定义充分强调了内部控制环境对内部控制设计与执行的有效性的作用。第55号公告还指出了控制环境包括单位管理哲学与经营方式、企业组织结构、董事会及其下属各委员会的功能、分配权力与确定责任的方法、管理控制方法、人事政策及惯例,以及影响经营管理的各种外部因素等内容。1992年,COSO发布的《内部控制——整合框架》认为,控制环境构成一个组织的氛围,影响着内部控制的其他要素。控制环境包括的内容主要有员工的诚实性和价值观、员工的胜任能力、董事会或审计委员会、管理哲学和经营方式、组织结构、授予权利和责任的方式、人力资源政策和实施等。2004年,COSO发布的《企业风险管理——整合框架》,将控制环境概念演变为内部环境,并赋予其更为丰富的内容,如风险文化和风险偏好、管理哲学和经营风险、权力和责任分配等。

2008年,我国财政部等五部委联合颁布的《企业内部控制基本规范》中,将内部环境列为内部控制五大核心要素之首,指出内部环境是企业实施内部控制的基础,一般包括治理结构、机构设置及权责分配、内部审计、人力资源政策、企业文化等。完善的内部环境是企业内部控制有效运行的保障,有效的内部控制又将进一步推进内部环境的完善。2010年,财政部等五部委联合颁布《企业内部控制应用指引》中的第1~5号应用指引,分别从组织架构、发展战略、人力资源、社会责任和企业文化等不同层面解读了内部环境的主要构成内容。

## 二、内部环境存在的主要风险

内部环境存在的主要风险包括以下几个方面:

(1) 管理层无法通过其态度和行动显示公司品质、诚信和道德观念。

(2) 管理层的管理理念和风格无法倡导强有力的内部环境。

(3) 公司的组织机构设置无法保证建立健全的内部环境。

(4) 管理层无法保证组织具有承担责任的能力,没有通过适当的权责分配建立可追究责任的管理控制体系。

(5) 公司的人力资源政策和程序无法对员工的正直和道德行为以及工作能力进行规范和管理。

(6) 管理层无法确保员工的胜任能力。

(7) 董事会或审计委员会没有积极参与公司对财务报告的内部控制并且不能对其产生重大影响。

(8) 内部审计的范围、职责和审计计划对于公司而言是不恰当的,没有遵循专业准则。

(9) 公司的经营情况未能得到持续的监控。

# 第二节 组织架构

## 一、组织架构的概念

企业作为一个组织,其体系的形成和组织功能的实现,都依赖于合理的组织架构设计和有效的运行。基于现代企业制度下所有权和经营权分离而产生的委托代理关系,企业的组织架构实质上就是一种决策权的划分体系以及各部门的分工协作体系,并为企业提供了一个规划、执行、控制和监督活动的合理框架,服务于企业发展战略的制定与实施。

组织架构,是指企业按照国家有关法律法规、股东(大)会决议和企业章程,明确董事会、监事会、经理层和企业内部各层级机构设置、人员编制、职责权限、工作程序和相关要求的制度安排。

## 二、组织架构的构成

企业组织架构主要包括治理结构和内部机构。

### (一) 治理结构

1. 治理结构的含义及内容

治理结构即企业治理层面的组织架构。它是企业成为可以与外部主体发生各项经济关系的法人所必备的组织基础,具体是指企业根据相关的法律法规,设置不同层次、不同功能的法律实体及其相关的法人治理结构,从而使得企业能够在法律许可的框架下拥有特定权利、履行相应义务,以保障各利益相关方的基本权益。狭义的公司治理包括建立一个包括股东大会、董事会、监事会和高层管理者的治理公司的权利机制。广义的公司治理基于利益相关者理论(Stakeholder Theory),公司治理应考虑全部利益相关者的权益,包括股东、债权人、供应商、员工、顾客、监管机构以及社会。

英美系公司治理结构是西方成熟资本市场中典型的公司治理结构类型之一,其主要参与方包括董事会、审计委员会、高层管理者、内部审计部门、外部独立审计师以及监管机构。

在英美系结构中,股东大会的作用非常薄弱,原因是英美公司通常股东众多,股权较分散,且有相当一部分股东是小股东,仅持有少数股份,其实施治理权的成本很高。因此,英美公司不可能定期或当有重大投资事项时召开股东大会以便决策。在这种情况下,英美公司的股东更多是依靠董事会作为其代表来履行股东的职责。董事会是英美系结构的核心,其在设置上有鲜明的特点。第一,董事会中包含内部董事和外部董事。内部董事通常是公司的高层管理者,其在董事会中的职责是向董事会提供公司的内部信息,因为内部董事参与公司的实际经营活动,对公司具体业务和财务状况更为熟悉,董事会中含有内部董事,可以满足对信息的获取;外部董事,也称独立董事,顾名思义是不参与公司日常运营的董事,其主要代表中小股东的权益,在董事会的决策过程中起监督作用。独立董事的设置是英美系公司治理结构的典型特征之一。第二,董事会下设审计委员会。审计委员会被认为是股东权益的最终守护者,对财务报告流程起监督作用,同时协调内部审计与外部审计之间的沟通。现有很多美国学者指出,多数发生财务报告欺诈的公司都没有审计委员会,可见其认为审计委员会是防范公司欺诈行为的重要机构。审计委员会的设置是英美系公司治理结构的另一个典型特征。

欧洲大陆系公司治理结构是西方成熟资本市场中另一种典型的公司治理结构类型。欧洲大陆法系公司治理结构主要参与方包括银行(股东)、董事会、监事会、高层管理者、外部独立审计师以及监管机构。

与英美公司不同,欧洲大陆公司,以德国公司为主要代表,主要通过银行进行融资,股权较为集中,银行常常作为公司大股东而存在。欧洲大陆系公司治理结构中不设立独立董事和审计委员会,而是设立监事会。监事会是公司股东、职工利益的代表及监督机构。德国公司法规定,监事会的主要权责包括三点:一是任命和解聘执行董事,监督执行董事是否按公司章程经营;二是对重要经营事项,如重大投资、融资决策,进行监督,确定其是否符合公司利益;三是审核公司财务信息,并在必要时召集股东大会。德国公司的监事会是一个股东能够行使控制与监督权力的实实在在的机构,因为其与董事会平行,并拥有对董事和经理层的聘任权与解雇权,这样无论从形式上还是实质权力上,都保证了股东能够发挥其控制与监督的职能。监事会的设置是欧洲大陆法系公司治理结构的典型特征。

欧美国家典型公司治理结构如图2-1所示。

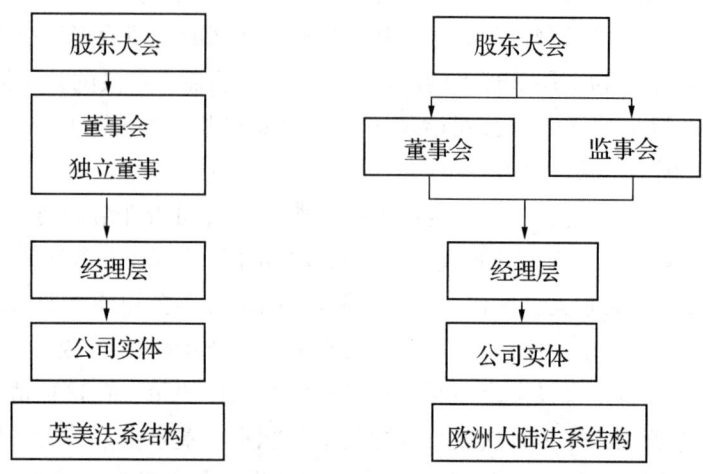

**图 2-1 欧美国家典型公司治理结构**

我国公司治理结构的设置采取分权制:股东大会作为权力机构,决定公司的重大事项;董事会是公司的业务执行和经营决策机构,对股东大会负责,依照法律的规定和股东大会的授权做出经营管理决策,任免经理等高级管理人员;经理由董事会聘任,依照法律法规的职权和公司章程、董事会的授权,负责公司的生产经营管理工作;监事会由股东代表与职工代表组成,作为公司内部监督机构专司对经营管理者的监督职责。现代各国公司立法已经逐渐摒弃股东大会权限的万能主义,缩减股东大会模式已成为立法的发展趋势。相比之下,我国《公司法》规定的股东大会的权限要大很多,股东大会不但对公司的分立、合并、解散、清算、公司章程的修改以及董事、监事的任免等重大事项有决定权,而且有权对公司经营方面的重大事项,如公司的经营方针和投资计划、公司的年度财务方案、决策方案等进行最终决策。《公司法》规定公司的法人代表人只有一人且法定为董事长,从而确认了只能由一人代表法人的制度。

此外,同大多数大陆法系国家的公司法不同,我国《公司法》将经理作为法定机关加以规定,并列举了经理的职权。依《公司法》第四十九条第(1)款规定:经理"主持公司的生产经营管理工作,组织实施董事会的决议",据此,经理是对公司日常经营管理负总责任的高级管理人员。同条第(8)款规定,经理还可以行使董事会授予的其他职权。

在现代各国公司治理结构的制度安排中,董事会处于中心地位。在股东大会、董事会、监事会这三个机构的关系上,究竟是层层隶属还是彼此制约,这是公司治理结构设计中的一个基础性问题。国外公司立法明确确认董事会处于公司治理的中心地位,并非简单地将三个机构定性为一种从属关系。

我国《公司法》将股东大会定位为权力机构,选举和更换董事、监事,董事会、监事会对股东大会负责,从属于股东大会。我国《公司法》直接规定公司应设经理,而且列举了经理的八项职权,这些职权多属实质性的经营管理权。依公司法原理,经理在公司治理结构中属于经营管理人员,其职责取决于董事会的授权和委托,而不宜由法律出面加以规定。公司经营管理权的主体应为董事会,其对内管理业务,对外代表公司,作为董事会聘任的管理者,经理只能在董事会的授权范围内履行日常事务的管理或操作层面的工作。经理职权法定化引发的后果之一是,董事会不能行使经理的法定职权,这会加剧董事会职权的空心化,从而造成经理阶层在生产经营管理中享有比董事会更具体、更广泛、更具实质性的权力。

我国公司法立法采取股东大会中心主义,股东大会拥有的各项权力表明股东大会是意思机关、权力机关,而非执行机关的性质。股东大会对公司的作用不是管理而是控制。依我国《公司法》设计,这种控制通过两个途径来实现:一是对管理者的任免;二是对各项议案的审议。作为出资者,股东并不能直接参与到公司的生产经营中,股东行使股权的方式就是参加股东大会,行使表决权。我国公司股东大会的实际地位与其作为公司权力机构中心地位的法律定位发生了严重偏离,股东大会走向形式化已经成为现实。控股权过分集中,中小股东忽视或放弃权力,中小股东意志被漠视,"一股独大"的股权结构下,股东大会受到大股东操纵,中小股东无法真正行使其权利,其利益也不可能通过股东大会获得真实的保障,中小股东不得不将注意力转移到证券市场上进行证券投机牟取短期利益,从而使股东大会缺少生机。

2. 治理结构主要风险点分析

组织架构设计中的主要风险,仍然从治理结构和内部机构两个角度来看。

从治理结构层面看,主要风险在于:治理结构形同虚设,缺乏科学决策、良性运行机制和执行力,可能导致企业经营失败,难以实现发展战略。具体而言,组织架构设计中的风险点主要存在以下十种情况:

(1) 股东大会是否规范而有效地召开,股东是否可以通过股东大会行使自己的权利。

(2) 企业与控股股东是否在资产、财务、人员方面实现相互独立,企业与控股股东的关联交易是否贯彻平等、公开、自愿的原则。

(3) 对与控股股东相关的信息是否根据规定及时完整地披露。

(4) 企业是否对小股东权益采取了必要的保护措施,使中小股东能够和大股东同等条件地参加股东大会,获得与大股东一致的信息,并行使相应的权利。

(5) 董事会是否独立于经理层和大股东,董事会及其审计委员会中是否有适当数量的独立董事存在且能有效发挥作用。

(6) 董事对于自身的权利和责任是否有明确的认知,并且有足够的知识、经验和时间来勤勉、诚信、尽责地履行职责。

(7) 董事会是否能够保证企业建立并实施有效的内部控制,审批企业发展战略和重大决策并定期检查、评价其执行情况,明确设立企业可接受的风险承受度,并督促经理层对内部控制的有效性进行监督和评价。

(8) 监事会的构成是否能够保证其独立性,监事能力是否与相关领域相匹配。

(9) 监事会是否能够规范而有效地运行,监督董事会、经理层正确履行职责并纠正损害企业利益的行为。

(10) 对经理层的权力是否存在必要的监督和约束机制。

3. 治理结构的设计

治理结构包括股东(大)会、董事会、监事会和经理层。企业应当根据国家有关法律、法规的规定,按照决策机构、执行机构和监督机构相互独立、权责明确、相互制衡的原则,明确董事会、监事会和经理层的职责权限、任职条件、议事规则和工作程序等。

4. 上市公司的治理结构

上市公司是公众公司,具有重大的公众利益,因而必须对投资者和社会公众负责。上市公司治理结构的设计,应当充分反映"公众性"特点。具体而言,上市公司治理结构的设计应重点关注以下三个方面:

(1) 独立董事制度的设立。

上市公司董事会应当设立独立董事。独立董事是指独立于公司股东且不在公司内部任职,与公司或公司经营管理者没有重要的业务联系或专业联系,并对公司事务做出独立判断的董事。独立董事不得在上市公司担任除独立董事外的其他任何职务。独立董事对上市公司及全体股东负有诚信与勤勉等义务。

(2) 董事会专业委员会的设置。

上市公司董事会应当根据治理需要,按照股东(大)会的有关决议设立战略决策、审计、提名、薪酬与考核等专门委员会。其中,战略决策委员会主要负责制定公司长期发展战略,监督、核实公司重大投资决策等;提名委员会主要负责拟订公司董事和高级管理人员的选拔标准和程序,搜寻人选,进行选择并提出建议;审计委员会主要负责审查公司内控制度及重大关联交易,审核公司财务信息及其披露,负责内、外部审计的沟通、监督和核查工作;薪酬委员会主要负责制定公司董事及经理人员的考核标准并进行考核,负责制定、审查公司董事及经理人员的薪酬政策与方案。其中,审计委员会、薪酬与考核委员会中独立董事应当占多数并担任负责人,审计委员会中至少还应有一名独立董事是会计专业人士。

董事会专业委员会中的审计委员会,对内部控制的建立健全和有效实施发挥着尤其重要的作用。审计委员会对经理层提供的财务报告和内部控制评价报告进行监督。审计委员会成员应当具备独立性、专业性、道德性。

(3) 设立董事会秘书。

董事会秘书为上市公司的高级管理人员,直接对董事会负责,并由董事长提名,董事会负责任免。董事会秘书是一个重要的角色,负责上市公司股东(大)会和董事会会议的筹备、文件保管以及公司股东资料的管理,办理信息披露事务等事宜。

[案例 2-1]
国美的控制权之争

(二) 内部机构

1. 内部机构的含义

内部机构是企业内部机构层面的组织架构。它是指企业根据业务发展需要,分别设置不同层次的管理人员及其由各专业人员组成的管理团队,针对各项业务功能行使决策、计划、执行、监督、评价的权利并承担相应的义务,从而为业务顺利开展进而实现企业发展战略提供组织机构的支撑平台。企业应当根据发展战略、业务需要和控制要求,选择适合本企业的内部组织机构类型。

企业在描述其组织时,通常会画出一张组织结构图,并试图对此解释其结构。形成一个能有效支持公司战略的组织结构是相当困难的,特别是在当前全球经济快速发展和动态竞争所带来的巨大不确定性的市场环境中。当一种组织结构能与其他要素紧密结合时,这种组织结构就能推动公司的业务目标和战略目标的实现。因此,组织结构是有效实现战略目标的重要因素。

2. 内部机构的类型

组织结构常见的类型有五种:

(1) 简单结构。在简单结构中,所有者兼经营者直接做出所有主要决定,并监控企业的所有活动,而员工只是为经理监控权力的延伸而服务。这种结构的主要特征包括非正式的关系、很少的规划、有限的工作专业化和并不复杂的信息系统。经理与员工频繁的非正式沟通与协调使得工作相对更容易完成。这种结构的主要问题是,组织只在一定规模以内才能有效运转,一旦超过一定规模,一个人就难当重任。

(2) 职能型组织结构。职能型组织结构是由首席执行官及有限的公司员工组成的,在重点的职能领域(如生产、财务、销售、研发、工程和人力资源等)配备职能层次的经理。职能型组织结构允许职能分工,从而方便各个职能部门内部的知识分享,知识分享有助于职业前景的推进,也有利于专业人员的业务发展。职能型组织结构适合多元化水平较低的业务层战略和一些公司战略(如单一或主导业务)。

职能型组织结构的优点包括四个方面:① 首席执行官掌握各运营部门;② 简化控制机制;③ 明确的职责划分;④ 在中高层管理者中有某种职能的专家。职能型组织结构的缺点包括五个方面:① 高层管理者为事务性工作所困扰;② 高层管理者容易忽视战略性问题;③ 较难应对组织内的多样性;④ 各职能部门之间的协调比较困难;⑤ 适应能力差。

(3) 多分部结构。多分部结构是由基于产品、服务或地理区域而划分的各分支机构构成的组合。设立多分部结构的主要目的是为弥补职能型组织结构在处理差异性方面的不足。在实践中,使分部的设立与战略业务单元完全吻合是十分困难的,原因在于如果部门机构与战略业务单元完全吻合,将产生太多的分部。因此,一个分部结构在现实中通常会包含多个战略业务单元。在划分分部时通常有两个基本问题。首先是划分的标准问题,即是按产品、市场还是按技术划分的问题,如果处理不好,就会产生一个非常复杂的结构。其次一个问题是哪些业务活动应当列入分部之中,哪些职能部门应包含在每一层分支机构中,哪些职能应当放在公司总部而不是放在分支机构中。

多分部结构的优点包括五个方面:① 集中精力于业务领域(如产品、市场);② 有利于对各部门业绩的考核;③ 增减业务单位十分便利;④ 有利于高级管理者将注意力放在战略问题上;⑤ 鼓励综合管理层的发展。多分部结构的缺点包括六个方面:① 职责不清(集权与分权的界限不清);② 各分部之间易发生冲突;③ 管理成本高昂;④ 部门之间的交易使管理变得复杂;⑤ 分部成长得过于庞大;⑥ 分部过多会使协调变得更为复杂化。

(4) 控股公司结构。控股公司实际上是一个投资公司,它拥有若干个独立企业股份——这些企业是母公司的一部分,但它们通常独立经营并保留其原有公司名称。控股公司结构的建立基于以下理论:在动荡不安的商业环境下,各成员企业在不受干预的情况下,会尽其所能采取最佳的产品和市场战略;各成员企业在不担负母公司间接费用的同时,可以充分享受其成员资格所带来的利益;控股公司本身也可以获益,比如,可以通过所拥有的成员企业分散市场风险,通过剥离个别成员企业而获利。控股公司最大的缺点在于集团内部缺少战略凝聚力,各成员企业的业务可能会有重叠。

(5) 矩阵结构。矩阵结构是一个组合性结构,它可以是既按产品划分同时又按地理区域划分的结构,或是既有职能结构同时又有部门结构的结构。由于在对各种专业知识进行整合的同时,组织结构设计过程需要基于多个因素来制定划分标准,因此,矩阵结构通常会被一些大公司所采用。例如,跨国公司可能倾向于以地理区域来划分业务单位(因为这种业务单位具有当地客户与市场的专业知识),同时,它们想拥有全球性产品管理部,以统筹协调所有地区的产品开发、制造和分销。

矩阵结构的优点包括四个方面:① 当有利益冲突时可以做出明智的选择;② 直接交流取代了官僚主义;③ 管理层有更大的主动性;④ 参与决策使管理者有更好的发展空间。矩阵结构的缺点包括五个方面:① 决策时间延长;② 工作和任务职责不清晰;③ 成本与利润责任不明确;④ 冲突的可能性增大;⑤ 容易忽略主要矛盾。

[案例 2-2]
阿里、百度、腾讯的组织架构

# 第三节 发展战略

## 一、企业发展战略概述

企业发展战略是企业在对现实状况和未来趋势进行综合分析和科学预测的基础上,制定并实施的长远发展目标与战略规划,是企业战略的种类之一。企业战略是对企业各种战略的统称,其中既包括竞争战略,也包括营销战略、品牌战略、融资战略、投资战略、技术开发战略、人才开发战略、资源开发战略等。和这些战略不同,企业发展战略是关于企业发展的谋略,是对企业发展中整体性、长期性、基本性问题的计谋。

由于持续发展对于企业实现自身目标具有极其重要的意义,所以企业发展战略在企业战略中占有重要地位,企业发展战略被认为是企业各种战略的总战略,是统帅其他企业战略的最高战略,其整体性在企业各种战略中更加突出。也就是说,企业发展战略比其他企业战略针对的问题更加全面。从某种意义上说,用企业发展战略指导其他企业战略,用其他企业战略落实企业发展战略,这是先进企业的成功之道。企业发展战略是企业实现发展的灵魂与纲领。

发展战略是指企业在对现实状况和未来趋势进行综合分析和科学预测的基础上,制定并实施的长远发展目标和战略规划。发展战略是一种科学勾画的、积极的、向前的、全局性的蓝图,完善且科学的发展战略可以为企业发展指明前进的方向。企业发展战略还有以下两个方面的作用：

第一,发展战略可以为企业找准市场定位。市场定位就是要在激烈的市场竞争环境中找准位置。只有定位准了,赢得市场,才能获得竞争优势,不断发展壮大。

第二,发展战略是企业执行层行动的指南。发展战略指明了企业的发展方向、目标与实施路径,描绘了企业未来经营方向和目标纲领,是企业发展的蓝图,关系企业的长远生存与发展。

所谓的发展战略内部控制,就是指通过强化风险管控促进企业发展战略的实现。发展战略与内部控制两者之间存在相辅相成的关系：一方面,企业内部控制体系为企业发展战略提供了保障；另一方面,企业发展战略又为企业内部控制体系指明了控制的方向。

## 二、企业发展战略风险的内容

企业发展战略风险是影响整个企业的发展方向、企业文化、生存能力或企业效益的风险因素,可以理解为企业整体发展出现损失的不确定性。因为企业发展战略对于企业经营发展具有决定性的深远影响,所以关注和防范企业发展战略风险对于企业生存和发展具有极其重要的影响。

企业发展战略风险伴随企业发展战略制定和实施的始终和企业发展的全过程。总体而言,发展战略风险的因素可以分为内外两个方面,来自企业外部环境的风险因素可以概括为发展战略环境风险；来自企业内部的风险因素可以概括为企业的资源和能力风险。

结合企业发展战略风险的来源,企业发展战略风险主要产生于企业对企业外部环境和自身拥有的战略资源和竞争优势认识不够全面和深刻,从而导致制定的企业发展战略不能充分利用企业自身优势和外部环境,限制企业自身优势发展。发展战略风险在企业实际经营中主要表现为缺乏明确的发展战略或发展战略实施不到位,企业难以形成竞争优势,丧失发展机遇和动力,或者企业发展战略过于激进,脱离企业实际能力,导致企业过度扩张,增大经营失败风险,或者发展战略因主观原因频繁变动,企业发展战略缺乏长期性,企业发展方向不明确。

由企业发展战略风险的表现可以看出,企业发展战略不能引领企业科学发展的症结主要在于制定的发展战略不能满足企业发展需要,以及发展战略在实施中不能根据环境和企业自身的条件变化进行适当调整。因此,控制和防范企业发展战略风险主要应从发展战略的制定环节和实施环节着手。

## 三、企业发展战略的制定

### （一）企业发展战略风险识别和评估

准确地识别发展战略风险是成功制定发展战略的前提和保证,只有准确地识别了发展战略风险,才能对风险的大小做出正确的评估,然后在发展战略制定中对其给予充分考虑。如果风险识别发生错误或忽略了重大风险,无论发展战略制定得多么细致,风险都会对企业产生不利的影响,使发展战略偏移预先设置的方向。

科学的企业发展战略应当是在充分调查研究、科学分析预测和广泛征求意见的基础上所制定的。充分的调查研究和科学的分析预测可以识别企业发展战略可能包含的各种风险,在此基础上通过对发展战略决策信息资料进行系统的了解和分析,认清企业所面临的各种发展战略风险因素,进而确定企业所面临的风险及其性质,并把握其发展趋势,为发展战略风险的实施提供良好的条件。

从企业发展战略的特征和重要性角度出发,紧密结合企业发展战略的制定过程,可以重点从两个方面识别和评估企业发展战略风险。

首先是分析由企业外部战略环境变化引起的发展战略风险。企业发展的战略环境是指对企业发展战略可能产生重大影响的外部环境因素。环境是适应性因素,环境的变化会引起企业关键资源和竞争能力的变化。政治经济环境的变化对企业的发展战略和总体发展目标产生重要的影响,可能会引起企业发展战略的方向、发展战略的方针和发展战略的重点进行调整。相关技术环境的发展和变化,会直接影响到企业的发展战略目标和业绩的实现,影响企业的竞争优势、发展模式和发展战略的重点。行业的总体发展趋势,产业的结构及竞争结构的发展方向的变化趋势,整个行业的盈利水平和市场竞争的激烈程度的变化,都会对企业发展战略的定位、发展战略重点的选择和竞争优势产生显著影响。

其次是分析由企业内部战略资源引起的战略风险,主要包括管理能力及资源,公司治理结构和管理层,组织机制及适应和调整能力,知识、学习能力和创新能力,以及企业文化及整合能力等因素。企业所拥有的战略资源是企业制定和实施发展战略所应考虑的主要因素和企业竞争优势的重要来源,因而可以认为企业的战略资源和竞争能力是企业发展战略制定和实施的重要风险因素来源。由于市场竞争日趋激烈,科学技术发展日新月异,经济社会发展变化迅速,企业所拥有的战略资源和竞争能力优势也是处于一个不断变化的过程中。随着时间的推移以及竞争空间的变化,企业所曾经拥有的战略资源和竞争能力优势可能不再为企业带来竞争优势,如果企业的发展战略没有根据这一企业内在风险因素的变化进行适时调整,将导致企业发展战略在实施中所蕴含的风险增加。

发展战略风险评估主要包括两个方面的工作:一个是发展战略风险损失的程度,另一个是发展战略风险发生损失的频率。风险损失的程度包括直接损失和间接损失。评估发展战略风险损失时要注意下列四点:一是评价发展战略损失时,不仅要注意评价发展战略风险的直接损失,还要重视对发展战略间接损失的评价;二是对发展战略风险损失的严重性评估,并没有完全绝对的、客观的标准,主要靠企业的愿景、战略的目标和高层管理者的价值观念来判断损失所造成的影响;三是评价损失时,要看到损失所持续的时间和损失规模的大小,一般来讲,发展战略风险损失规模是比较大的,造成损失的时间也比较长,某些后果是企业难以接受的;四是尽管发展战略风险频率很低,但只要发生一次,就会给企业带来巨大损失和严重后果。在评估损失的时候,要估计到两类重要的数据:一个是在最坏的情况下所发生最大的损失是什么,另一个是最可能发生的最大损失是什么。

**(二) 企业战略规划的制定**

企业应当根据发展目标制定战略规划。战略规划应当明确企业发展的阶段性和发展程度,确定每个发展阶段的具体目标、工作任务和实施路径。战略规划大多是滚动的,是根据企业发展战略目标所制定的阶段性的行动纲领,是企业发展战略目标在特定时期的具体化。通常公司战略的制定是3～5年,在制定时是基于公司对内外部环境的分析,根据公司使命和目标所做的具有前瞻性的长期规划,它给出的是原则与方向。但是,它必须使年度经营计划具有执行的时效性,因此要对根据年度经营计划所做的年度分析进行战略安排和调控,这就需要科学的战略规划。有学者提出,战略规划解决的是"什么是正确的事",战略执行解决的是"如何做正确的事",把这两者结合起来就是战略管理。可见,战略规划在企业发展战略中扮演着重要角色。企业发展战略目标为企业未来发展确立了一个发展的最高目标,但是要实现这些目标需要企业阶段性的任务规划,各个阶段战略规划的动态发展循环最终会逐步实现企业发展战略目标,这也是企业发展战略系统性的体现。

战略规划的制定有别于企业日常管理,但战略规划的执行要通过企业日常管理来落实,战略规划的目标要通过日常管理来实现。战略规划是沟通企业发展战略目标与企业日常管理的桥梁。

[案例2-3]
吉利集团发展战略

## 四、企业发展战略的实施

### (一)发展战略的细化

企业发展战略是企业的总战略。企业的战略体系是一个具有层次结构的战略体系,职能战略目标辅助经营战略目标,最终实现企业发展战略目标。在COSO所描述的五个目标中,战略目标是其他四个目标的基础,是高层次的目标。在战略组织结构调整的基础上,战略目标分解与规划流程是指管理层与各职能部门、业务单元一起,对战略目标进行分解,并将其分解为经营目标、资源配置、预算与财务目标、企业文化和信息沟通等分目标。

发展战略制定后,企业应根据发展战略目标,制订年度工作计划,编制全面预算,将年度目标分解、落实。企业应确定各业务单元经营目标,为各业务单元配置与经营目标相配比的资源,主要涉及人力、物力、财力、信息和外部支持等各个方面。由于企业发展战略执行时间一般都较长,为使其最终目标能够实现,很有必要将发展战略实施期限划分为几个阶段,在每个阶段末建立一个阶段指标,一般将1年设为一个阶段。年度目标对于企业发展战略实施非常重要,因为它是配置资源的基础,是评价企业绩效的主要尺度,它可以监测企业发展战略执行的运作过程,便于发现问题并及时调整。年度目标应恰当合理,与长期目标一致并支持企业战略的实施,并且企业目标应有明确的数量、质量、成本和时间规定并可以调整。年度末,企业需要将实际运行情况与企业全面预算进行对比,发现问题,及时改进,以便更好地贯彻实施发展战略。

### (二)发展战略在企业的传递

企业的各个部门、各个业务单位以及每一位员工,构成了发展战略的执行层。执行层是发展战略的具体实施单位,这要求企业的每位员工都要自觉树立发展战略意识,按照与企业发展战略相符的行为规范进行操作,从而保障发展战略的有效性。

当前我国一些企业在企业发展战略方面存在的主要问题是,企业一线员工对集团公司的发展战略并不清楚甚至毫不知情,二级企业的员工对集团公司的战略或三级公司员工对二级公司的战略也不清楚,有些企业一线员工的认识和行动甚至与集团公司的发展策略相背。更有甚者,一些集团公司的领导对企业的发展战略认识不清晰,理解不一致。在这种情况下,集团公司所属各级企业及全体员工对于整个集团未来的发展愿景、发展目标、发展模式、发展策略等就更不可能取得共识,也谈不上企业战略得到有效实施和执行。出现这种问题的主要原因是企业的发展战略并没有深入传递到员工思想深处,内化为企业员工的自觉要求,要么强调企业发展的未来远景目标,要么陷入日常管理的藩篱,造成公司战略层面与战术层面脱节,影响企业发展战略的有效实行。要使企业发展战略在经营和日常管理与员工作业层面得到积极贯彻执行,企业应该加强发展战略的宣传,通过强化企业文化、日常工作行为规范等形式将企业发展战略传递到企业各个管理层级和员工层面,使之成为员工行为的指南,这也会增强企业发展战略的效力与生命力。

### (三) 发展战略的动态调整

在发展战略实施中,要及时根据市场调整来改善公司发展战略,是危机管理体系的核心内容。战略委员会应当加强对发展战略实施情况的监控,定期收集和分析相关信息,对于明显偏离发展战略的情况,应当及时报告,以便对发展战略进行修正。

通常公司发展战略的制定是覆盖3~5年的时间,在制定时是基于公司对内外部环境的分析,根据公司使命和目标所做的具有前瞻性的长期规划,它给出的是总体的原则与方向。由于经济形势、产业政策、技术进步、行业状况以及不可抗力等因素发生重大变化,企业的发展战略也需要做出及时调整,但是它必须在年度经营计划方面具有执行的时效性,因此要根据年度经营计划所做的年度分析进行战略安排和调控,这就牵扯到战略弹性的问题,即要确定发展战略中哪些内容是可以调整变化的。企业的战略思想、战略步骤、战略业务组合及战略重大指标必须保持基本稳定,具体战略时间安排、具体细分指标确立、不同的业务细分及客户市场调整则可以根据市场状况进行动态调整。企业的发展战略选择必须与其战略环境及内部资源相匹配,正确的发展战略选择和实施也是一个针对变化的环境与资源能力不断重新调整匹配的过程。

企业的发展战略在实施过程中进行动态调整要关注新的发展战略能否与原发展战略在主要目标上保持一致。尽管发展战略由于需要进行了调整,但只要不是重大的调整,其主要战略目标与措施不应该有太大的变动,也就是发展战略必须保持一致性和连贯性,发展战略调整后还能支持原战略目标的实施。调整后的发展战略应当是在原来战略基础上的局部修整,其战略步骤要在原战略实施的条件下进行,不能脱离实际进行调整,即战略调整的幅度与范围是可控的,是在公司现有资源下的有效调整。调整发展战略要充分考虑到公司资源的实际情况,不能超越企业现状,以致使发展战略失去资源的支撑。

[案例2-4] **中国平安正式宣布战略控股汽车之家**

中国平安长期关注汽车之家的发展,于10个多月前经汽车之家管理层介绍,开始与澳大利亚电信及汽车之家管理层多次友好接洽。平安表示,这一交易完成后,平安将与汽车之家结成合作伙伴,为汽车之家未来更远大的发展而共同努力。

经过11年的发展,汽车之家已经是全球访问量领先的汽车网站,是中国互联网垂直领域的佼佼者。此次投资汽车之家的是平安信托旗下管理的科技创新投资基金,以16亿美元收购汽车之家47.4%的股权,其中平安集团的长期资金是最大单一投资人,显示平安将把汽车之家作为长期战略投资。

(资料来源:佚名. 中国平安正式宣布战略控股汽车之家,http://finance.ifeng.com/a/20160626/14527293_0.shtml)

## 第四节 职业道德与企业文化

在现代所有权和经营权相分离的产权格局之下,企业目标、管理者目标和生产者的目标不尽相同,同时由于信息不对称的限制,企业高层管理者和员工都会存在"不道德"和逆向选择的风险。另外,在企业运营过程中,由于经常受到某种压力或诱惑而产生舞弊和贪污等行为,轻者带来企业效率低下、声誉受损,重者给企业带来重大损失、埋下隐患。

### 一、职业道德

企业内部控制的有效性不可能不受到人的诚信和道德价值观的影响,原因在于内部控制是由人建立、执行和监督的。因此,诚信和道德价值是控制环境的首要因素,影响其他内部控制构成要素的设计、执行和监督。

由于要考虑诸多因素,企业确立道德价值观通常是十分困难的。道德价值观需要平衡企业、员工、供应商、客户、竞争者和社会公众的利益,平衡这些利益是非常复杂的,因为他们的利益通常是相互冲突的。企业的诚信和道德价值观一般通过员工行为准则来体现,该准则告诉企业员工什么行为可接受、什么行为不可接受以及遇到不正当行为应该采取的行动。企业的诚信和道德价值观主要包括九个方面的内容。

(1) 利益冲突。

每一个员工都有责任将公司利益放在第一位,当私人利益与公司利益冲突时应将公司利益置于首位。

(2) 合法性。

公司要承诺在开展业务时遵循了诚实和守信原则,并遵循了所有适用的法律和规章制度。

(3) 及时向指定人员报告或检举揭发违规事项。

员工有义务对所发现的关于会计、内部控制或审计等的违反法律、规章制度或行为准则的问题,向道德规范委员会报告,或向披露委员会或审计委员会汇报。对检举人应当建立保密制度,包括匿名保护。

(4) 遵守道德准则的责任。

向员工明确必须遵守道德准则。对违反准则的人员建立惩罚机制,甚至解雇或免职。

(5) 公司机遇。

禁止员工利用公司财产、信息或职位为自己或其他人谋取商业机遇。

(6) 保密。

机密信息是一家公司最重要的资产之一。公司建立相应政策保护的机密信息,包括两种:① 属于公司商业性机密。② 属于非披露协议下信息。每一个员工在入职后应执行保密协议和保护公司知识产权。即使在终止雇佣关系之后,员工仍然有义务保护公司的机密信息。

(7) 公平交易。

每一个员工都应该努力去公平地对待顾客、供应商、竞争者、公众,并遵循商业道德规范。为了获得或维持业务而进行贿赂、回扣或其他诱惑等都是不允许的。与业务相关,偶尔赠送非政府雇员价值较低的商业礼物的做法是可以接受的,但未得到道德委员会事先批准的情况下,赠送礼物或款待政府雇员是不允许的。员工代表公司购买商品应遵循公司的采购政策。

(8) 公司资产的保护及恰当使用。

每一个员工必须保护公司资产,包括实物资源、资产、所有权、机密信息,排除损失、失窃或误用。任何可能发生或存有疑问的损失、误用或失窃都应该报告给经理或法律部门。公司资产必须用于公司业务,符合公司政策。

(9) 全面、公正、正确、及时地理解财务报告及其披露事项。

因为公司必须提供完整、公正、及时和可理解的披露报告及文件,并存档或呈交给证监会以及公共传媒,所以每一个员工都有责任保证会计记录的准确性。管理层必须建立和保持适当的内部控制,遵循公司已有的会计准则和流程,保证交易记录的完整和准确。禁止干扰或不正当地影响公司财务报表审计。要求证实会计记录和报表受控,能够保证准确性,包括提供给审计和定期向证监会报告的义务。

对于企业来说,首要的工作是建立一套员工能够接受和理解的诚信和道德标准,如道德行为手册;其次是必须让员工知晓和理解这些规定(如要求所有员工定期签字确认),这是执行的前提条件;最后就是贯彻执行。在公司内传递道德标准的最有效方式是管理层以身作则,员工对于内部控制的态度通常会效仿他们的领导。另外,对违反准则的员工应予以相应惩罚,建立鼓励员工揭发违规行为的机制,以及对未能汇报违规行为的员工进行教育培训。

员工个人可能由于下列因素而卷入不诚实、非法或不道德的行为:① 不切实际的业绩目标,特别是短期业绩的压力,如为了实现预先设定的利润指标而在财务报告中虚报收入。② 将奖金分配与业绩挂钩,如错报与业绩考核指标相关的财务信息。③ 内部控制制度不存在或无效,如敏感业务区域未设立严格的职责分工,这为偷窃公司资产或隐藏不良行为提供了可能。④ 组织高度分散,可能导致高层管理人员不清楚基层的行为,缺少必要的监管,因此减少了基层舞弊被发现的机会。⑤ 内部审计职能薄弱,没有及时发现和报告不正确的行为。⑥ 董事会缺少对高层管理人员的客观监管,可能导致管理人员凌驾于内部控制制度。⑦ 管理层对不正确行为的惩罚力度不够或不公开,从而失去了应有的威慑力。

## 二、企业文化

### (一) 企业文化的含义

企业文化是一个企业的灵魂,是推动企业不断发展的潜在的、不竭的动力源泉。企业文化包含非常丰富的内容,包括文化观念、价值观念、企业精神、道德规范、行为准则、企业制度、处事方式等,其中企业价值观是企业文化中最核心的内容。所谓企业价值观,就是判断企业行为的是非标准和基本信念。企业文化是一个企业在其生存和发展过程中形成的用于指导和规范该企业自身及员工行为的独特的价值取向或文化观念,是企业内部普遍认可并自觉遵循的共同的价值观,是企业的精神支柱。企业文化要随着客观环境的变化适时地做出相应的调整。

### (二) 企业文化的内容

根据企业文化的定义,其内容是十分广泛的,但其中最主要的应包括如下几点:

(1) 经营哲学。经营哲学也称企业哲学,是一个企业特有的从事生产经营和管理活动的方法论原则,它是指导企业行为的基础。一个企业在激烈的市场竞争环境中,面临各种矛盾和多种选择,要求企业有一个科学的方法论来指导,有一套逻辑思维的程序来决定自己的行为,这就是经营哲学。

(2) 价值观念。所谓价值观念,是人们基于某种功利性或道义性的追求而对人们(个人、组织)本身的存在、行为和行为结果进行评价的基本观点。价值观不是人们在一时一事上的体现,而是在长期实践活动中形成的关于价值的观念体系。企业的价值观,是指企业职工对企业存在的意义、经营目的、经营宗旨的价值评价和为之追求的整体化、个异化的群体意识,是企业全体职工共同的价值准则。只有在共同的价值准则基础上才能产生企业正确的价值目标。有了正确的价值目标才会有奋力追求价值目标的行为,企业才有希望。因此,企业价值观决定着职工行为的取向,关系企业的生死存亡。

(3) 企业精神。企业精神是指企业基于自身特定的性质、任务、宗旨、时代要求和发展方向,并经过精心培养而形成的企业成员群体的精神风貌。企业精神要通过企业全体职工有意识的实践活动体现出来。因此,企业精神又是企业职工观念意识和进取心理的外化。企业精神是企业文化的核心,在整个企业文化中起着支配的地位。企业精神以价值观念为基础,以价值目标为动力,对企业经营哲学、管理制度、道德风尚、团体意识和企业形象起着决定性的作用。可以说,企业精神是企业的灵魂。企业精神通常用一些既富于哲理,又简洁明快的语言予以表达,便于职工铭记在心,时刻用于激励自己;也便于对外宣传,容易在人们脑海里形成印象,从而在社会上形成个性鲜明的企业形象。如茅台的经营理念为"酿造高品位的生活",核心价值观为"以人为本,以质求存,恪守诚信,团结拼搏,继承创新",企业精神为"爱我茅台,为国争光"。

(4) 企业道德。企业道德是指调整本企业与其他企业之间、企业与顾客之间、企业内部职工之间关系的行为规范的总和。它是从伦理关系的角度,以善与恶、公与私、荣与辱、诚实与虚伪等道德范畴为标准来评价和规范企业。企业道德与法律规范和制度规范不同,不具有那样的强制性和约束力,但具有积极的示范效应和强烈的感染力,当被人们认可和接受后具有自我约束的力量。因此,它具有更广泛的适应性,是约束企业和职工行为的重要手段。

[案例 2-5]
苹果公司的企业文化张力

### 三、职业道德与企业文化的关键控制点

企业文化的控制目标为公司通过适当的企业文化、行为准则和道德规范等引导员工确立并坚定正确的价值取向。

企业文化的关键控制点主要包括六个方面:① 道德准则的制定;② 职业道德规范的传达与推行;③ 建立与利益相关方的道德标准;④ 定期检查对道德规范的遵守情况;⑤ 针对违反道德规范的情况采取适当的措施;⑥ 加强企业文化建设。

## 第五节　人力资源

### 一、人力资源概述

#### (一)人力资源的概念

关于人力资源的定义,一般认为,人力资源是组织中拥有的成员的体质、智力、知识、技能以及潜能和协作力的总和。《企业内部控制应用指引第 3 号——人力资源》第二条规定:"本指引所称人力资源,是指企业组织生产经营活动而录(任)用的各种人员,包括董事、监事、高级管理人员和全体员工。"指引第二条界定了人力资源的定义,可从以下几个方面来理解:① 指引是从企业录(任)用人员的类别方面来定义人力资源这个概念的。② 指引定义的人力资源是企业录(任)用的各种人员,包括董事、监事、高级管理人员和全体员工。③ 指引定义的人力资源是企业组织生产经营活动而录(任)用的。

#### (二)人力资源的内容

人力资源政策应当包括下列内容:员工的聘用、培训、辞退与辞职;员工的薪酬、考核、晋升与奖惩;关键岗位员工的强制休假制度和定期岗位轮换制度;掌握国家秘密或重要商业秘密的员工离岗的限制性规定;有关人力资源管理的其他政策。主体应当制定和实施有利于可持续发展的人力资源政策,应当将职业道德修养和专业胜任能力作为选拔和聘用员工的重要标准,切实加强员工培训和继续教育,不断提升员工素质。

#### (三)人力资源的意义

人力资源是主体最重要的资源,内部控制的关键是对人的控制。为了规范人力资源的引进与开发、使用与退出,有效防范人力资源风险,主体应通过设计内部控制手册,使全体员工了解人力资源的内部机构设置、岗位职责、业务流程等情况,明确权责分配,正确行使职权,从而促进主体加强人力资源建设,充分发挥人力资源对实现主体发展战略的重要作用。良好的人力资源管理制度和机制是增强主体活力的源泉,是提升核心竞争力的重要基础,是实现发展战略的根本动力。

## 二、人力资源的风险管理

评估人力资源风险,首先要把人力资源的具体风险识别出来,然后整理出整体层面的风险。人力资源的具体风险是多种多样的,因主体的不同而不同。

关于人力资源风险,按照《企业内部控制应用指引第3号——人力资源》的要求,评估人员至少应当关注以下三个方面的风险:一是人力资源缺乏或过剩、结构不合理、开发机制不健全,这是从人力资源的数量、结构及其机制方面来描述的,风险结果是可能导致企业发展战略难以实现。二是人力资源激励约束制度不合理、关键岗位人员管理不完善,可能导致人才流失、经营效率低下或关键技术、商业秘密和国家机密泄密。随着我国社会主义市场经济的日益发展,企业间的竞争关键是人才的竞争,人才流失和关键技术、商业秘密和国家机密泄密的风险日益严重。三是人力资源退出机制不当,可能导致法律诉讼或企业声誉受损,这主要描述了人力资源退出管理所面临的法律诉讼或企业声誉受损的风险。这类风险确实客观存在,尤其新《劳动法》实施后,企业面临的法律诉讼风险日益突出,但企业对这类风险的重视程度还很不够,风险意识还比较淡薄。

具体来讲,人力资源方面的风险有五个方面。

(1) 在招聘方面的主要风险:聘用不到合适技能的员工;无法留住现有员工;员工得不到及时培训,知识老化,企业缺乏创新。

(2) 在培训方面的主要风险:员工可能不会迅速地开展工作,学习的费用将增加;由于所接受的服务质量低劣导致客户满意度降低;由于对工作不满,导致员工周转率上升;由于员工缺乏义务的承担、竞争力和改变的意愿,不大可能抓住新的机会。

(3) 在晋升方面的主要风险:由于没有正常的晋升渠道,诱使员工从事不恰当的活动;由于晋升政策不公正,导致人才流失。

(4) 在激励方面的主要风险:可能支付给员工的报酬短少或拖延,影响员工的积极性;可能因违反《劳动法》处罚员工;此外,激励政策不能提升道德行为。

(5) 在退出方面的主要风险:退出机制不当可能导致企业遭受法律风险或声誉受损。

在人力资源内部控制构建与实施过程中,主体应根据内部控制应用指引中有关人力资源风险的提示,结合人力资源的实际情况,识别并具体描述人力资源方面存在的风险,以便完善人力资源的内部控制,以有效地控制人力资源风险。人力资源具体风险描述因所识别的风险不同而不同,将具体人力资源风险与人力资源流程结合是个比较好的做法。

[案例 2-6]
富士康跳楼事件

### 三、人力资源关键控制

根据《企业内部控制基本规范》要求,企业应当制定和实施企业可持续发展的人力资源政策。人力资源政策应当包括下列内容:员工的聘用、培训、辞退与辞职;员工的薪酬、考核、晋升与奖惩;关键岗位员工的强制休假制度和定期岗位轮换制度;掌握国家秘密或重要商业秘密的员工离岗的限制性规定;有关人力资源管理的其他政策。企业应当将职业道德修养和专业胜任能力作为选拔和聘用员工的重要标准。企业应切实加强员工培训和继续教育,不断提升员工素质。

实践中企业人力资源控制应重点关注以下几个方面:

(1) 岗位职责和任职要求应当明确规范,人力资源需求计划应当科学合理。

(2) 招聘及离职程序应当规范,人员聘用应当引入竞争机制,培训工作应当能够提高员工道德素养和专业胜任能力。

(3) 人力资源考核制度应当科学合理,应当能够引导员工实现企业目标。

(4) 薪酬制度应当能保持和吸引优秀人才,并符合国家有关法律法规的要求,薪酬发放标准和程序应当规范。

(5) 根据战略目标,通过《员工岗位职责描述》明确对各岗位所需能力和知识的基本要求。

(6) 通过绩效考核,找出员工能力与企业要求之间的差距,组织具有针对性的培训,提高员工水平。

(7) 定期补充完善企业岗位职责描述,并随着企业经营战略、运营方式的变化与发展,适时进行岗位培训。

## 第六节　社会责任

### 一、社会责任制度概述

《企业内部控制应用指引第4号——社会责任》中指出,社会责任是指企业在经营发展过程中应当履行的社会职责和义务,主要包括安全生产、产品质量(含服务)、环境保护、资源节约、促进就业、员工权益保护等。一般认为,企业就是创造利润的,利润最大化或股东财富最大化是企业发展的唯一目标,社会责任是政府的事情,与己无关。这种观点和定位有失偏颇。企业创造利润或实现股东财富最大化固然重要,但在经济社会高速发展的当今时代,尤其是我国作为发展中国家,企业作为重要的市场主体,如果不顾一切地追逐利润而不履行社会责任,显然不符合科学发展观与建设和谐社会的要求。即使是西方发达国家,企业也要履行社会责任。履行社会责任是企业应尽的义不容辞的义务,也是企业的光荣使命。

企业履行社会责任至少具有如下意义:

(1) 企业创造利润或财富与履行社会责任是统一的有机整体。企业创造利润或财富,要依法纳税、向股东分红,并向管理者和员工发放年薪或工资,企业创造的利润或财富越多,上缴税收和分红就越多,年薪和工资也就随之升高,从而为国家、股东和员工做贡献,同时促进客户发展等。这在本质上也属于履行社会责任。在这一过程中,要做到安全生产,提升产品质量,重视环境保护和资源节约,促进就业和保护员工权益,属于企业直接为社会相关方面做出贡献。正确处理创造利润与履行社会责任的关系,实现两者的有机统一,企业才能进入良性发展的轨道。

(2) 企业履行社会责任是提升发展质量的重要标志,也是实现可持续长远发展的根本所在。随着我国经济的高速发展,我国正在进行的转变经济增长方式归根到底是要求提升发展质量问题。履行社会责任是企业提升发展质量的重要标志。企业只有重视和履行社会责任,才能从根本上转变发展方式,提升发展质量,实现持续长远发展的目标。

(3) 企业履行社会责任,是打造和提升企业形象的重要举措。企业形象是指企业的社会认同度,包括国内认同度和国际认同度。企业应切实做到安全生产,产品质量第一,环境保护符合国家质量标准,避免掠夺性开发资源,促进社会就业等,从发展质量上下功夫,在认真履行社会责任的前提下实现发展目标,或将履行社会责任作为发展战略的重要组成部分,这样才能从根本上改变和不断提升企业形象,从而被国内及国际社会广泛认可。

## 二、社会责任的主要问题

《企业内部控制应用指引第4号——社会责任》中指出,社会责任的主要问题体现在五个方面。

### (一) 安全生产

(1) 建立与安全生产相关的各种制度,并加强落实。
(2) 不断加大安全生产投入和经常性维护管理。
(3) 开展员工安全生产教育,实行特殊岗位资格认证制度。
(4) 建立安全生产事故应急预警和报告机制。

### (二) 产品质量

(1) 建立健全产品质量标准体系。
(2) 严格执行质量控制和检验制度。
(3) 加强产品售后服务。

### (三) 环境保护与资源节约

(1) 转变发展方式,实现清洁生产和循环经济。
(2) 依靠科技进步和技术创新,着力开发利用可再生资源。
(3) 建立完善监测考核体系,强化日常监控。

### (四) 促进就业

促进员工就业是企业社会责任的重要体现。企业作为就业工作的最大载体,应当以宽广的胸怀接纳各方人士,为国家和社会分担困难,促进充分就业。企业应结合实际需要,转变陈旧或功利的用人观念,在满足自身发展的情况下,公开招聘、公平竞争、公正录用,为社会提供尽可能多的就业岗位。

### （五）保护员工合法权益

员工是企业生存发展的内在动力。不断提高员工的素质，维护员工的合法权益，既是社会和谐稳定的需要，也是企业长远发展的需要。企业应当尊重员工、关爱员工、维护员工权益，促进企业与员工的和谐稳定和共同发展。企业应建立完善科学的员工培训和晋升机制，建立科学合理的员工薪酬增长机制，维护员工的身心健康。

[案例 2-7]
央视 315 晚会曝光"饿了么"

 **复习题**

1. 内部控制各要素之间是怎样的关系？
2. 内部环境在内部控制体系中发挥怎样的作用？
3. 企业为什么要进行风险评估？
4. 企业如何制定科学的发展战略？
5. 信息与沟通的主要内容有哪些？
6. 内部监督在内部控制体系中发挥怎样的作用？

 **练习题**

#### 一、单项选择题

1. 企业在经营过程中坚持不懈、努力使全体员工都必须信奉的信条，体现了企业核心团队的精神，往往也是企业家身体力行并坚守的理念，这说的是（　　）。
   A. 企业的管理理念　　　　　　B. 总经理的信念
   C. 企业的核心价值观　　　　　D. 法律、法规

2. 能为企业提供精神支柱，提升企业的核心竞争力，还可以为内部控制的有效性提供有力保证的是（　　）。
   A. 企业的规章制度　　　　　　B. 企业文化
   C. 管理层的管理理念　　　　　D. 管理者与员工的关系

3. 企业按产品、客户、地区等来设立事业部，每一个事业部都是一个有相当自主权的利润中心，独立地进行日常经营决策，各事业部都相当于一个U型企业的组织结构是（　　）。
   A. U型结构　　B. M型结构　　C. H型结构　　D. 矩阵型结构

4. 分别设置不同层次的管理人员及由各专业人员组成的管理团队，针对各项业务功能行使决策、计划、执行、监督、评价的权利并承担相应的义务，是保证业务顺利开展的支撑平台，这指的是企业（　　）。
   A. 内部机构　　B. 治理结构　　C. 管理机构　　D. 董事会

5. 国有独资企业的合并、分立、解散、增加或者减少注册资本和发行公司债券,有决定权的是( )。
   A. 股东大会  B. 董事会
   C. 总经理  D. 国有资产监督管理机构

6. 战略委员会的主要职责是对公司的长期发展规划、经营目标、发展方针进行研究并提出建议,战略委员会的主席由( )担任。
   A. 董事长  B. 总经理  C. 独立董事  D. 监事会主席

7. 在内部资源的分析中,对企业现有资源的数量和利用效率,以及资源的应变能力等方面的分析是( )。
   A. 企业资源分析  B. 企业能力分析
   C. 核心竞争力分析  D. 企业资金结构分析

8. 为了实现发展目标而制定的具体规划,表明企业在每个发展阶段的具体目标、工作任务和实施路径,这指的是( )。
   A. 发展目标  B. 战略规划  C. 企业规划  D. 企业战略

9. 审议战略委员会的发展战略建议方案应提交给( )。
   A. 股东大会  B. 董事会  C. 监事会  D. 总经理

10. 企业组织生产经营活动而录(任)用的各种人员,包括董事、监事、高级管理人员和一般员工,其本质是企业组织中各种人员所具有的脑力和体力的总和,这指的是( )。
    A. 人力资源  B. 企业劳动力  C. 企业员工  D. 人脉资源

### 二、多项选择题

1. 内部控制与内部环境的关系是( )。
   A. 内部环境是内部控制的基础
   B. 内部环境与内部控制相互联系又相互依存
   C. 内部环境与内部控制相互制衡
   D. 内部控制与内部环境是互动关系
   E. 内部环境制约着内部控制

2. 内部环境是企业实施内部控制的基础,具体包括( )。
   A. 企业文化  B. 内部审计  C. 人力资源政策
   D. 公司治理结构  E. 机构设置及权责分配

3. 组织架构的设计原则包括( )。
   A. 符合法律法规要求  B. 符合发展战略要求
   C. 符合管理控制要求  D. 符合内外环境要求
   E. 符合公司章程要求

4. 治理架构可以分为( )。
   A. 决策机构  B. 执行机构  C. 管理机构  D. 监督机构
   E. 生产机构

5. 企业文化建设过程中,应重点关注( )。
   A. 塑造企业核心价值观
   B. 充分体现以人为本的理念,强化企业文化建设中的领导责任

C. 高度重视并购重组中的文化整合
D. 推进文化创新
E. 打造以主业为核心的品牌

6. 具体而言,上市公司治理结构设计应重点关注的方面包括(　　)。
A. 独立董事制度的设立　　　　　　B. 董事会专业委员会的设置
C. 设立董事会秘书　　　　　　　　D. 国有资产监督管理机构
E. 监事会的设置

7. 国有独资企业治理结构的设计应反映的特点包括(　　)。
A. 国有资产监督管理机构代行股东(大)会职权
B. 国有独资企业董事会成员中应当包括公司职工代表,董事会成员由国有资产监督管理机构委派
C. 国有独资企业监事会成员由国有资产监督管理机构委派,但是监事会成员中的职工代表由公司职工代表大会选举产生
D. 监事会主席由国有资产监督管理机构从监事会成员中指定产生
E. 国有独资企业董事应由企业职工选取

8. 内部机构的设计是组织架构设计的关键环节;内部结构的设计应满足的要求包括(　　)。
A. 明确各机构的职责权限,避免职能交叉、缺失或权责过于集中,形成各司其职、各负其责、相互制约、相互协调的工作机制
B. 企业应当对各机构的职能进行科学合理的分解,确定具体岗位的名称、职责和工作要求等,明确各个岗位的权限和相互关系
C. 企业应当制定组织结构图、业务流程图、岗(职)位说明书和权限指引等内部管理制度或相关文件,使员工了解和掌握组织架构设计及权责分配情况,正确履行职责
D. 企业对机构的职能无须进行科学合理的分解,而是要体现不相容岗位相分离原则,努力识别出不相容职务
E. 对于不相容的职务企业可以不进行分解,派一个人兼任即可

9. 人力资源管理审计是预防和控制高管人员使用和退出风险的最有效机制之一,其具体内容包括(　　)。
A. 检查和评价与人力资源管理有关的内部控制制度的适当性与有效性
B. 利用会计指标和非会计指标判断人力资源管理信息的可靠性和有效性
C. 对企业人力资源管理者的责任审计,包括企业负责人任期内的人力资源资产的增减变动情况,任期内人力资源资产有关增长指标的完成情况,人力资源资产的利用情况等
D. 人力资源管理效益审计
E. 企业高管人员(尤其是第一责任人)离职前,不需要根据有关法律法规的规定进行工作交接或离任审计

10. 企业社会责任包括(　　)。
A. 安全生产、产品质量(含服务)　　　　B. 环境保护
C. 促进就业　　　D. 员工权益保护　　　E. 资源节约

三、判断题

1. 公司治理结构是构成内部环境的因素之一,包括股东(大)会、董事会、监事会、经理层、审计委员会、内部机构及权责划分,发挥了基础性作用。（  ）

2. 完善的内部环境是企业内部控制有效性的保障,有效的内部控制又将推进内部环境的不断完善。（  ）

3. 不良的内部环境,必然导致企业缺乏一套行之有效的监督制衡机制,但是即使内部环境不佳,也不会影响内部控制发挥其最大效用。（  ）

4. 社会责任只会增加企业的负担不会给企业带来任何经济利益。（  ）

5. 一个企业的组织架构存在缺失或缺陷,其他一切生产、经营、管理活动都会受到影响。（  ）

6. 狭义上,公司治理结构是用来协调公司所有权益主体之间的制衡关系的体系。因此,它包括内部治理结构与外部治理结构。外部治理结构是指公司与外部各权益主体之间权益制衡关系的体系。（  ）

7. 治理结构主要服务于促进企业实现发展战略、保证经营合法合规;而内部机构则主要服务于另外三类控制目标,即保证企业资产安全,保证财务报告及相关信息真实完整,提高经营效率和效果。因此二者是相互区别的,并没有联系。（  ）

8. M型结构是一种在公司总部下设立若干个子公司,公司总部作为母公司对子公司进行控股,承担有限责任的组织结构。（  ）

9. 发展战略是企业在对现实状况和未来趋势进行综合分析和科学预测的基础上,制定并实施的中长期发展目标与战略规划。（  ）

10. 企业文化是指企业在生产经营实践中逐步形成的价值观、经营理念和企业精神,以及在此基础上形成的行为规范的总称。（  ）

 **案例讨论**

# 第三章 风险评估

## 预习题

1. 风险评估的程序是怎样的?
2. 风险应对策略的选择需要考虑哪些因素?
3. 为什么风险评估首先需要进行目标设定?
4. 如何设定企业目标?
5. 如何识别企业的风险?
6. 风险应对策略有哪几种类型,具体含义是什么?

**关店1 500家亏损1个亿 号称"中国的ZARA"创始人黯然离职**

马化腾说过:"就算你什么没做错,你不再年轻就是个错误。"这样残酷的变化趋势对于服饰行业来说同样恰当。2016年11月21日,美邦服饰发布公告,公司创始人周成建辞去董事长职位,年仅30岁的女儿胡佳佳接棒,消息传出后,美邦服饰(002269)股价应声上涨超过10%。

辞职以后,周成建将不再担任美邦服饰的任何职务。公司董事会选举胡佳佳出任美邦服饰的董事长。据了解,胡佳佳是周成建的女儿,1986年出生,研究生学历,2010年毕业于阿斯顿大学市场营销专业,2011年取得伦敦马兰戈尼学院时尚营销硕士学位。2011年至2016年,在美邦服饰曾先后任职于总裁办公室、美特斯邦威鞋类开发营运部、品牌营销部、战略发展部。有消息人士对时尚头条网透露,胡佳佳在担任董事长后已在公司内部发出致全体员工信,表示依然坚定地看好时尚零售行业,希望能带领美邦回归中国时尚领导品牌。

2008年8月,美邦服饰在深交所挂牌上市。周成建也以拥有170亿元财富成为中国服装界的首富。上市后美邦发展道路一直较为顺畅,其"不走寻常路"的品牌口号,博得当时众多年轻消费者的青睐,成为国内休闲服饰的龙头老大,此后三年,美邦的业绩以每年两位数的趋势上涨。

到2001年时,美邦的销售收入已达到8亿元,是创业初期的80倍。之后一路高歌猛进,到了2011年5月,雄心高涨的周成建甚至在股东大会上喊出上半年将实现600%的净利润增长,这个从浙江青田做裁缝起家的中国服装业首富此时可能没有察觉到,"滑铁卢"已经近在眼前。

随着服装行业不景气、海外快时尚品牌ZARA、H&M、优衣库等强势布局以及国内电商的冲击,美邦开始走下坡路。2015年财报显示,其总营业收入为62.94亿元,较2014年同期下降4.92%,而净利润同比大跌396%,亏损4.31亿元,这也是美邦上市7年来首次亏损。

公司为了扭转这种形势推出了一系列的转型工作,比如促销去库存、加强品牌营销等,其中动作最大的当属发力于互联网转型,推出互联网产品"有范"App,不过业绩依然没有起色。今年的业绩仍然处于亏损中,2016年上半年,净亏损达到了6 019万元,年度亏损预计超1亿元。3年来公司已关闭1 500余家门店。值得关注的是,如果2016年再不盈利,美邦将面临被深交所摘牌的风险。

作为曾经的中国服装行业首富,到2012年顶峰时期在全国拥有5 220家门店,再到后来遭受国内外品牌和互联网的双重冲击,如今陷入严重亏损,作为曾经的行业龙头,美邦的兴衰是整个服装行业当前困境的缩影,美邦的业绩不好,它以前的竞争对手包括班尼路、真维斯、佐丹奴等没有一个日子好过的。

美邦曾经号称是"中国的ZARA",但失败了。

快时尚的精髓就是"快",ZARA的快,甚至可以做到设计、生产、交付在15天内完成。美邦在学习之前,速度大约是70天。但美邦却没有在学习中快起来,反而在学习ZARA过程中,把自己给"装满"了。与ZARA清一色的直营店不同,美邦是长期采取加盟店模式。

在《商界评论》中,张书乐分析指出,美邦在加盟代理体系下,根本无法去学ZARA的快时尚,因为订货制的主动权掌握在了大量加盟代理商手中,实际上形成了自下而上的组货制。这种模式一个最大的特点,就是加盟商因为承担风险,更希望获得爆款,而爆款的就注定是数量极多的街服,缺少个性化元素。

而ZARA恰恰相反,它开发完产品,直营店必须无条件销售,这就是供应链上的本质区别。这种模式,使得200人的设计师团队,能够让所有ZARA的顾客穿上低价的设计师款,而且选择极多,限量供应。《哈佛商业评论》就很精要地指出,在ZARA你总是能够找到新品,并且是限量供应的。这些商品大多数会被放在特殊的货架上面。这种暂时断货策略在很多人眼中太大胆了,人们需要的不是产品而是"与众不同""独一无二"。于是,ZARA可以在潮流出现后的10天内,完成从设计到出货的整个过程,因此货品在上市时,产品的款式及颜色都能紧扣住当季流行。而美邦完成整个供应链需要2到3个月,潮流风向早已转变,生产出来的商品多数只能转为库存。

为了学得更像,美邦开始不惜以高出加盟店5倍的代价大力推动直营店。很快直营店的营收占到了总量的半壁江山,可加盟店和直营店的矛盾也很快呈现。2011年,在加盟商的库存成为一个必须正视的问题时,美邦给予了加盟商优惠的补贴,加盟商在指定的十几天的日子里可以对货品进行八折销售,而美邦将给予8%的金额补贴,而这意味着加盟商自己还要付出12%的利润亏损。但许多加盟商反映,八折根本不够,不远处的美邦直营店直接低至5折。这让加盟商很受伤,左右互搏之势也在原本整个服装行业不景气的大环境下,变得更加严重。

而加盟商的抱怨,也在左右着美邦的决策,因为加盟商都期盼爆款,因此美邦会选择每一款服装多生产一些,以防断货。但供应链速度摆在那里,很多预计中的爆款,就这样成为更多的库存。这恰恰是ZARA极力避免的。任何一家ZARA模仿者都会被告知,在快速供应链下保持低库存是这一模式盈利的基础。而ZARA也是如此做的,即使前景极好的款式,也宁可不赚那爆款的钱,也不大量生产、大量补货,这样做其实还有一个利好,就是消费者不用担心自己的服装"烂大街",这其实也是满足"90后"年轻人群最核心的品位诉求和消费刺激点。

可一贯涸泽而渔的中国服装企业,往往明白这点,却躲不开短期利益的诱惑,仅在美邦宣布新品牌形象和上半年600%净利润增长的2011年,一季度末的存货超过30亿元,较2010年年底增加了6亿元。对此,周成建的解释颇有些讽刺:"存货较多主要是因为气候反常造成的。"而拥有全球最佳商业模式的ZARA就是不受天气的影响,显然美邦并没有真正成为"中国的ZARA"。

在2016年年初关于周成建"失联"的传闻出现之后,有人回忆起他此前演讲时做的一次检讨。周成建坦承:"我觉得过去十年的确让自己错位了,让自己'出轨'了,没有专心专注围绕这个产业、专业,真正用工匠精神做好一个裁缝,所以被市场抛弃。"

(资源来源:关店1500家亏损1个亿 号称"中国的ZARA"创始人黯然离职,2016-11-22,时尚头条网)

**思考:**
美邦为何会遭遇如此重挫,该企业在风险管理上存在怎样的失误?你认为通过哪些行为可以避免或降低企业的相应风险?

每个企业都面临来自内部和外部的不同风险,这些风险需加以评估。风险评估是管理和控制风险的基础。风险评估是及时识别、科学分析和评价影响企业内部控制目标实现的各种不确定因素并采取应对策略的过程,是实施内部控制的重要环节。

风险评估流程存在的主要风险包括以下几点:

(1) 公司没有建立适当的战略目标、战略规划与业务计划,无法通过管理与控制措施,保证目标的实现。

(2) 公司没有建立有效的风险识别机制对内部与外部风险因素进行预期与识别,无法对识别的风险因素采取适当的应对措施。

(3) 公司在法律事务的管理方面没有体现风险防范的意识,无法保证法律和法规的遵循。

(4) 公司缺乏一套程序,无法保证采用恰当的会计准则和会计制度,避免会计报告方面的风险。

风险评估主要包括目标设定、风险识别、风险分析和风险应对。

# 第一节 目标设定

## 一、企业内部控制目标的含义

目标设定是风险识别、风险分析和风险应对的前提。企业应当按照战略目标,设定相关的经营目标、财务报告目标、合规性目标与资产安全目标,并根据设定的目标合理确定企业的整体风险承受能力和具体业务层次上可接受的风险水平。

如前所述,企业内部控制的目标包括战略目标、经营目标、报告目标、合规目标及资产目标。在这五大目标中,战略目标是最高层次的目标,经营目标、报告目标、合规目标及资产目标都是建立在战略目标基础上的业务层面目标。在企业内部控制目标设定的过程中,企业要根据自己的风险偏好和风险承受能力首先制定企业层面的战略目标,然后再制定具体业务层面的其他四个目标。对已经制定的目标要进行审阅,以保证这些目标与企业的风险偏好、风险承受能力相一致。具体如图3-1所示。

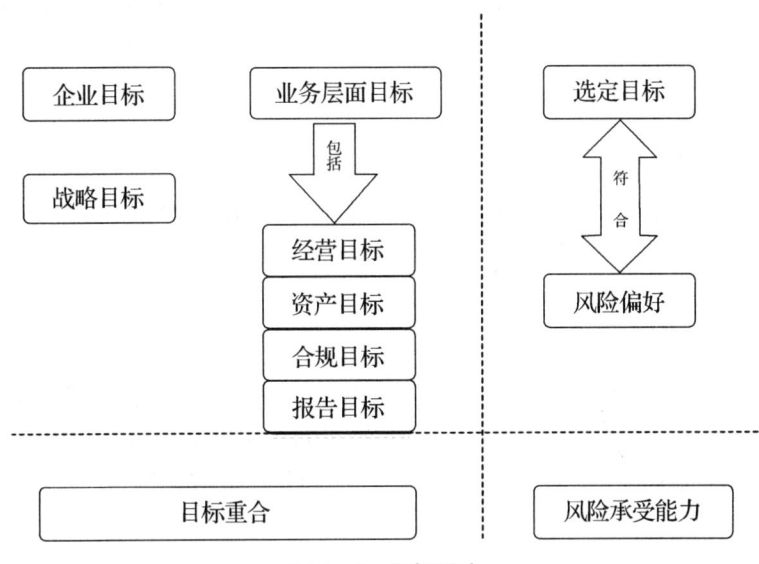

**图3-1 目标设定**

战略是实现企业目标的全面性、方向性的行动计划。战略目标反映了管理层就主体如何努力为其利益相关者创造价值所做出的选择,这一目标是高层次的目标,与其使命相关联并支撑其使命。企业在考虑实现战略目标的各种方案时,必须考虑与各种战略相伴的风险及影响,对于同样的战略目标可以选择不同的战略加以实现,而不同的战略则具有不同的风险。因此,企业在战略选择之前,有必要对当前的经营状况进行评估,分析内、外部环境因素,公司在行业中所处的位置及面临的机遇和挑战,不断审视当前的目标与使命。

经营目标与企业经营的有效性和效率有关,包括业绩和盈利目标的实现,需要反映企业运营所处的特定经营、行业和经济环境。经营目标的设定需在战略目标设定的前提下根据企业的资源、能力加以确定,经营目标是战略目标的阶段化、具体化的表现。

报告目标与报告的可靠性有关。企业报告包括内部和外部报告,可能涉及财务和非财务信息。可靠的报告为管理层提供适合其既定目标的准确而完整的信息,支持管理层的决策,并对主体活动和业绩实施有效监控。财务报告向报告使用者提供与企业财务状况、经营成果等有关的会计信息,反映企业管理层受托责任的履行情况,有助于报告使用者做出经营决策。内部控制报告可以增强CEO及其他高层管理人员的控制意识,传递高层管理人员对内部控制的承诺,进而增强内部控制的有效性。

合规目标与企业活动的合法性有关。企业从事活动必须符合相关的法律和法规,并有必要采取具体措施。这些法律、法规可能与市场、价格、税收、环境、员工福利以及国际贸易有关。企业需要根据相关的法律、法规制定最低的行为标准并作为企业的遵循目标,企业的合规记录可能对它在社会上的声誉产生极大的正面或负面影响。

资产目标指的是资产安全,资产安全目标是我国内部控制体系在 COSO 框架基础上结合国情的创新,资产的安全与完整对于我国企业尤其是国有企业有非常重要的现实意义,近年来国有资产流失的案件时有发生,内部控制应该把资产安全作为一个重要的目标来加以实现。

企业的战略目标一般是稳定的,但与其相关的业务层面的目标具有动态性,会随着内部和外部的条件而调整。在企业风险管理目标的设计过程中,首先要确定企业层面的目标,即战略目标。

## 二、制定战略目标

战略目标需要在董事会及员工相互沟通后确定,同时还要有支持其实现的资金预算及战略计划。

### (一)战略目标制定的过程

战略目标的制定需要经过如下四个阶段:

(1) 明确企业发展目标。企业在其中长期规划中应明确自身的发展目标和发展方向,通过培训、宣传手册、领导讲话等方式将企业层面的目标清晰地传达给员工。

(2) 制定实现目标的战略规划。企业通过 SWOT 分析,在了解自身的劣势、机会和威胁的基础上制定帮助企业实现目标的战略规划。

(3) 制订年度计划及资金预算。企业根据制定的中长期战略规划,编制年度经营计划、年度资金预算等。该年度经营计划及预算应符合企业中长期战略、效益目标、投资方向和投资结构。

(4) 企业编制《企业预算管理办法》,明确编制预算的基本原则、内容、编制依据等。

[案例 3-1] **两大可乐巨头现状:可口可乐专注饮料行业 百事谋求多元发展**

在全球可乐市场,除了可口可乐和百事可乐外,几乎没有第三个品牌被消费者熟知。也正因如此,这两大可乐巨头的一举一动,都足以引起市场的重视。

3月11日,百事公司(以下简称百事)又一次祭出大手笔收购,宣布以38.5亿美元(约合人民币269.8亿元)的价格收购功能饮料生产商 Rockstar Energy Beverages(以下简称 Rockstar)。而仅仅在半个月以前,百事出资50亿元人民币完成了对百草味的收购。此次对 Rockstar 的收购,是百事自2018年以来最大的一笔交易。按照百事的预想,希望这笔交易能够帮助公司进一步扩大其在能量饮料市场的占有率。实际上,近些年来,百事的收购之路就一直没有停止过,收购的标的也涉及多个领域。这一点,它和可口可乐的做法截然相反。

**功能饮料市场,百事再投一子**

Rockstar 是一家成立于2001年的功能饮料公司,其崛起之路与百事可乐颇有几分相似。当年,Rockstar 的创始人温纳发现红牛开始进入美国的许多酒吧,成为混合配置鸡尾酒的首选。温纳意识到这是一个商业机会,便决定打造自己的功能饮料品牌。不过,当时红牛已经占据了较多的市场份额,新产品打入这个市场并非易事。考虑再三,温纳决定

Rockstar 在保持和红牛同样价格的前提下,采用了比红牛更大的罐体。颇有点儿百事可乐加量不加价的套路。凭借此举,Rockstar 在创立之后的前六年迅速成长起来。Rockstar 作为一款比红牛更加便宜、口味也更加丰富的替代品,成立之初的六年间,公司的营收平均每年增长高达 103%。

不过,在经历了快速增长后,温纳的好运在 2007 年到 2013 年之间似乎逐渐用尽,Rockstar 每年的营收增长逐步放缓到 8%。在此期间,美国的另一个功能运动品牌——魔爪(Monster)的销量超越了 Rockstar,成为全美销量最大的功能饮料公司。根据咨询机构 Market research reports 的一份研究报告,2018 年 Rockstar 在美国的市场份额,位列功能饮料品类第三。

根据市场研究公司 Mintel 的资料,从 2013 年到 2018 年,美国能量饮料和能量冲剂的总销售额增长了 29.8%,2019 年的销售额达到 135 亿美元。欧睿咨询的数据统计显示,功能性饮料的全球市场规模已达到 600 亿元,近五年的复合增长率高达 15%,是软饮料市场增长最快的子品类之一。来自联合市场研究机构 Allied Market Research 的研究数据预测,2026 年全球功能饮料市场规模将达到 860 亿美元。

与功能饮料市场快速发展形成对比的,是碳酸饮料市场消费量下降。而这一下降趋势,早已引起了碳酸饮料两大巨头的关注。2019 年 4 月,可口可乐率先推出了 Coca-Cola Energy,这是可口可乐在收购能量饮料魔爪 19% 的股份后,第一次以自有品牌布局该领域。

百事也不甘落后,实际上,早在 2009 年,百事就已经与 Rockstar 北美签订了相应的分销协议。此次对 Rockstar 的收购,可以视为百事进一步推进在该领域的布局。对此,百事公司董事长兼首席执行官龙嘉德(Ramon Laguarta)表示,随着百事更加致力于以消费者为中心,以及能量饮料领域的需求不断增长,这项收购完成后将更充分地发挥百事的优势,以促进 Rockstar 业绩增长,并释放百事在该品类的潜力。百事期望在这个快速增长、利润较高的领域中获得理想的市场份额,并在能量饮料领域建立新型伙伴关系。据悉,除 Rockstar 之外,百事的能量饮料还将布局 Mountain Dew,以及旗下的 Kickstart、GameFuel 和 AMP 品牌。

**连年收购不断,百事扩张版图**

对于百事这样的公司来说,收购功能性饮料的举措切合时宜——毕竟,这和它世界第二大碳酸饮料生产商的身份并不冲突。近些年来,百事接连不断的收购举动不只局限于饮料行业。

2010 年,百事以 38 亿美元(约合人民币 266.3 亿元)收购了俄罗斯乳业巨头维姆-比尔-丹(Wimm-Bill-Dann)公司 66% 的股份。此次收购,被业界视为百事将要启动的大规模收购的一次预演。2017 年,百事宣布在 2025 年前,将使其高营养价值产品的销量增长超过其他同类产品。随后,百事开启了一系列的收购布局。2018 年 5 月,百事宣布收购素食零食制造商 Bare Foods。虽然百事未公开此次交易的具体细节,但 CNBC 曾引述消息人士说法,此笔交易金额在 2 亿美元(约合人民币 14 亿元)左右。据悉,成立于 2001 年的 Bare Foods 受到很多健康零食消费者的追捧,百事看中的正是它在产品中不添加人工调味剂、色素、保鲜剂。同年 8 月,百事以 32 亿美元(约合人民币 224.4 亿元)收购了全球最大的以色列苏打水制造商 Soda Stream——一家生产可以让消费者在家中制造气泡水设备的公司。该笔收购意味着百事从瓶装饮料、包装食品业务拓展至家用电器业务。10月，百事收购了健康食品公司Health Warrior，该公司主要以奇亚籽、南瓜籽等植物原料生产能量棒等营养食品。11月，百事收购了英国薯片品牌Pipers Crisps。

2019年2月，百事收购了荷美尔食品公司的Cyto Sport运动营养业务，再一次扩大了其健康食品和饮料的业务。同年7月19日，百事斥资17亿美元（约合人民币119.2亿元）收购了南非食品包装公司Pioneer Food Group。Pioneer Food Group旗下有Weet-Bix谷物、Liqui Fruit果汁、Sasko面包和Spekko等品牌。7月26日，百事以每股1.8港元的价格，向中国天然健康食品公司五谷磨房原大股东购入5.665 06亿股普通股，交易完成后，百事成为五谷磨房第二大股东。

2020年2月，百事宣布收购好想你公司所持有的百草味100%股权。百草味创始于2003年，是我国线上休闲零食龙头企业之一。百事表示，百草味丰富的产品品类、轻资产和聚焦电商的模式，与百事在我国的现有业务高度互补。

在百事前CEO英德拉·努伊的掌舵下，百事的主要业务已从可乐产品扩至鹰嘴豆酱、红茶菌等其他品类的健康产品。

**始终专注饮料行业，可口可乐不丢灵魂**

1767年，人们合成出了人工碳酸。1783年，第一款矿泉水碳酸饮料面世。一百多年来，碳酸饮料改变了人们的生活，并发展为一个庞大的软性饮料市场。在此期间，可口可乐成为全球最大的饮料公司，它的竞争对手百事也乘势而起。

资料显示，可口可乐创立于1886年，百事可乐创立于1898年。长久以来，可口可乐以其独特的品质逐渐称霸世界饮料市场。在此过程中，唯有百事经过半个世纪的不懈努力，于1977年在美国软饮料市场的销量上开始赶上可口可乐。从此，这两家公司成为软饮料行业的两大"巨人"。

根据咨询公司欧睿国际（Euromonito）的数据，2018年，碳酸软饮料市场全球规模达3 130亿美元（约合人民币21 946亿元）。其中，可口可乐占据45.8%的市场份额，且呈上升趋势；百事可乐以18.9%的市场份额位列第二。

但可口可乐和百事可乐之间的竞争，一直就没有停止过。

近年来，百事采用多元化的发展战略，一直在积极进行健康业务转型，它倡导"无罪恶感产品"，布局非碳酸产品（谷物、水果、蔬菜等）。除了饮料业务外，它还涉足餐饮与休闲食品业务，百事在该业务领域的销售额占比几乎是其饮料业务的一倍。从这一角度来看，似乎可以解释百事的收购项目为什么多而杂。

作为碳酸饮料的龙头企业，可口可乐在收购对象的选择上较为慎重，且更加专一。可口可乐的收购范围基本在饮料领域进行。可口可乐在全球的市场占有率接近50%，创立之初仅售卖可乐一种产品。在此之后相当长的一个时期，可口可乐售卖着几乎一成不变的可乐饮料，并辅以售卖其他少许产品。但是，近年来可口可乐近乎腰斩的净利润，以及逐年降低的营收，迫使可口可乐开始在2016年朝着全品类饮料公司的方向发力。

据悉，可口可乐CEO詹鲲杰（James Quincey）在上任前对外宣布，"可口可乐永远是公司的灵魂……但是这个公司需要核心品牌之外更多的东西。"2017年5月，詹鲲杰正式推行全品类战略。

2017年,"滴酒不沾"长达125年的可口可乐宣布,将加入日本"Chu-Hi"气泡酒市场,进军日本气泡酒市场,向全饮料企业进发转型。2018年,可口可乐持续加快了推进全品类战略的步伐,通过"提升—转型—规模化"模式,不断升级和扩展产品组合,在全球范围内推出了约500种产品。在我国,可口可乐相继推出了多款创新产品,比如淳茶舍无糖茶饮料,添加了膳食纤维的雪碧纤维+、可乐纤维+、纯悦神纤水,唷茶系列饮料等,获得了我国消费者的欢迎。2018年8月31日,可口可乐以51亿美元(约合人民币357.6亿元)收购咖世家有限公司(Costa),进军咖啡业务。

面对功能性饮料市场的良好势头,可口可乐开始加速布局。2019年4月,可口可乐在西班牙和匈牙利首先推出名为Coca-Cola Energy的功能性饮料。据悉,该产品包括普通版和无糖版两种,含有天然提取的咖啡因、瓜拉那(Guarana)提取物和维生素B,每250毫升含有80毫克咖啡因,是普通可口可乐的三倍多,主要面向18—35岁的年轻人。

不过,碳酸饮料才是可口可乐的"压舱石"。巴菲特在讲述其购入可口可乐股票的逻辑时曾表示:"因为可口可乐对于可乐和碳酸饮料的专一,让人们可以很清楚地看清它的业务。"因此,在投资更多品类饮料的同时,可口可乐也在想办法让人们重新爱上碳酸饮料。

在可口可乐的布局下,2018年,碳酸饮料健怡可乐和零糖产品在北美市场大获成功,可口可乐无热量软饮料的零售额增长了8%。2019年第二季报,经典可口可乐碳酸饮料的销量同比增长4%,而上市一年的无糖可乐Zero Sugar更是连续第七个季度实现全球两位数的销量增长。

也许,对可口可乐和百事可乐这两大碳酸饮料市场的巨头来说,它们的收购策略折射出了各自不同的发展方向。专业化和多元化孰优孰劣,短期内很难给出明确的判断。也许只有时间才能最终检验它们各自的选择。

(资料来源:https://baijiahao.baidu.com/s?id=1661495022529744256&wfr=spider&for-pc,中国商报,2020-03 18)

### (二)战略目标的分解

战略目标作为一种总目标、总任务和总要求,可以分解成一些具体目标、具体任务和具体要求。这种分解既可以在空间上把总目标分解成多个方面的具体目标和具体任务,又可以在时间上把长期目标分解成多个阶段的具体目标和具体任务。只有把战略目标加以分解,才能使其具有可操作性。战略目标的分解一般采用自上而下的方式,逐层分解,形成部门的子目标,直至基层的目标,以实现战略目标的可操作性。

战略目标的分解主要包括职能分解、时间分解、平衡与协调三个方面。

1. 职能分解

职能分解,即把战略目标按职能部门进行分解,即按照企业的组织系统展开,即把企业的战略方案逐级落实到各事业部门、业务部门、分公司或车间,再由它逐层分解到岗位和个人,形成一个层层目标明确、岗位职责清楚的责任与目标相结合的实施体系,它同企业的组织结构相对应。

2. 时间分解

时间分解,即把战略方案的长期目标,从时间上分解为一个个短期目标,使企业的长期行为转化为短期安排。把长远目标分解为短期目标,明确规定什么目标在什么时候完成到什么程度,便于实施、检查。一般是将每年的方针目标分解成年、季、月的目标,在时间的分解上要注意时间的同步性,各项目标在时间上是同步的,在时间序列上是符合需要的。

3. 平衡与协调

按照时间的同步和有序、职能的相互协调和各种资源在时间和部门、项目上的平衡,进行综合平衡和系统协调。值得注意的是,整个目标体系的建立需要所有管理者的参与。公司中的每一个单元都必须有一个具体的、可测度的业绩目标,每个单元的目标必须对完成公司的目标有实际意义。如果整个公司的目标体系分解成了各个组织单元和低层管理者明确的具体目标,那么,整个公司中就会形成一种以结果为导向的气氛。最理想的情形是,树立团队工作精神,组织中的每一个单元都奋力完成其职责范围内的任务。

[案例 3-2]
从公司治理及战略角度
看日本制造业丑闻

### 三、确定业务层面目标

业务层面目标包括如上所述的经营目标、报告目标、合规目标和资产安全目标,它来自企业战略目标及战略规划,并制约或促进企业战略目标的实现。业务层面的目标应具体并具有可衡量性,且与重要业务流程密切相关。

业务层面目标的制定需要经过如下四个阶段:

(1) 制定业务层面目标。企业的总目标及战略规划为业务层面的目标指明方向,业务层面根据自身的实际情况及总体目标的要求提出本单位的目标,通过上下不断沟通最终确定。

(2) 根据企业的发展变化,定期更新业务活动的目标。

(3) 配置资源以保证业务层面目标的顺利实现。企业在确定各业务单位的目标之后,将人、财、物等资源合理分配下去,以保证各业务单位有实现其目标的资源。

(4) 分解业务目标并下达。企业确定业务层面的目标后,再将其分解至各具体的业务活动中,明确相应岗位的目标。

### 四、合理确定风险承受能力

为了合理地确定风险承受能力,在目标设定阶段,企业必须解决以下三个基本问题:

(1) 风险偏好。风险偏好是指企业在实现其目标的过程中愿意接受的风险的数量。可以采用定性和定量两种方法对风险偏好加以度量。风险偏好与企业的战略直接相关,在战略制定阶段,企业应进行风险管理,考虑将该战略的既定收益与企业的风险偏好结合起来,目的是帮助企业的管理者在不同的战略之间选择与企业风险偏好相一致的战略。

(2) 风险容忍度。风险容忍度是指在企业目标实现的过程中对差异的可接受程度,是企业在风险偏好的基础上设定的对相关目标实现过程中所出现的差异的可容忍限度。在确定各目标的风险容忍度时,企业应考虑相关目标的重要性,并将其与企业风险偏好联系起来。

(3) 风险组合观。企业风险管理要求企业管理者以风险组合的观点看待风险,对相关的风险进行识别并采取措施,以使企业所承担的风险在风险偏好的范围内。对企业内每个单位而言,其风险可能落在该单位的风险容忍度范围内,但从企业整体来看总风险可能超过企业总体的风险偏好范围。因此,应从企业总体的风险组合的观点看待风险。

## 第二节 风险识别

### 一、风险识别的含义

风险是指对企业目标的实现可能造成负面影响的事项发生的可能性。风险识别是指对企业所面临的潜在风险进行判断、归类和鉴定的过程。风险识别可以发现企业的风险所在,同时还要辨认各种潜在风险的来源,分析风险性质。具体来说,风险识别应解决如下问题:企业存在哪些风险,哪些风险应予以考虑,引起风险的原因是什么,风险引起的后果及严重程度怎样等。

风险识别不仅在企业层面开展,还要在活动层面加以确认。只有对公司主要业务单元和职能部门(如销售、生产、营销、技术开发等)存在的各种不确定性事件进行预测、分析和确认后,企业经营战略与职能战略的实施才有更加可靠的保证。风险识别的结果应反馈回企业战略目标的制定过程中。

### 二、风险因素的构成

影响企业内部控制目标实现的风险因素来自企业的内部和外部。内部风险因素一般包括以下方面:高级管理人员职业操守、员工专业胜任能力、团队精神等人员素质因素;经营方式、资产管理、业务流程设计、财务报告编制与信息披露等管理因素;财务状况、经营成果、现金流量等基础实力因素;研究开发、技术投入、信息技术运用等技术因素;营运安全、员工健康、环境污染等安全环保因素。应当关注的外部风险因素一般包括以下方面:经济形势、产业政策、资源供给、利率调整、汇率变动、融资环境、市场竞争等经济因素;法律法规、监管要求等法律因素;文化传统、社会信用、教育基础、消费者行为等社会因素;技术进步、工艺改进、电子商务等科技因素;自然灾害、环境状况等自然环境因素。

[案例3-3] 三只松鼠又爆出低级错误 能管控风险才是成熟姿态

2022年1月,有网友指出,三只松鼠此前发布的"331补脑节"广告图中,两名佩戴红领巾的少年画面不合规,不能把少先队的相关信息用于广告。1月3日,三只松鼠在微博上发致歉信,并表示针对以上问题,公司已多方面开展自查自纠。而在刚刚过去的2021年12月底,因为酸辣粉产品广告模特的眯眯眼、厚嘴唇形象,有网友认为该广告阴阳怪气、刻意丑化国人。随后,三只松鼠官方称,针对网友反馈模特妆容不符合大众审美并由此产生不适感,三只松鼠深表歉意,已进行页面的替换,杜绝类似情况产生。

据媒体报道,早在上市初期,三只松鼠股价一路高歌猛进,从发行价的14.68元,在不到一年的时间里最高达91.09元,巅峰时总市值超过360亿元。然而,在2020年6月以来,三只松鼠股价出现持续下跌,到2021年3月一度跌至34.01元,股价仅剩原来的1/3多一点,市值蒸发超过200亿元。三只松鼠的营收也在去年出现持续下滑。

三只松鼠是国内比较成功的快消食品企业,它的崛起和网络生活场景有着莫大的关系。这种糅合了年轻人心态与网红风潮的零食产品,确实有着更突出、更鲜明的时代烙印。既然如此,那么一方面受到年轻群体的青睐和裹挟,另一方面又被同一个年龄层和阶层的人士吐槽,也就成了长期共存企业的生存现实。

作为一家食品企业,可以被吐槽的链条实在很长。从广告风格、代言人、口味、保质期、营养成分,统统都是可以被深究的目标。以至于"看上去普遍感到不适"也可能成为一大罪状。尽管网友和购买者并非完全重叠,但是如果真的因为广告造成业绩下滑,还屡屡犯众怒,那么就是花钱砸自己的脚,这个企业营销与品牌部门对社会心理的理解与拿捏能力也是值得怀疑的。

当前三只松鼠所在的零食行业,因为其相对成本低而品牌溢价成分高,因此是群雄逐鹿的。一个新品出来,竞争者很快就会有仿品出现甚至超越。至于消费者,已经从当年的跟随品类转变成跟随品牌,进而跟随品牌的曝光量和流量。同样是一粒普通的开心果,因为品牌甚至仅仅是传播声浪不同,完全可以卖出差别极大的价格。但是作为交换,这种建构在网友善变心态之上的经营策略,自然就会遭遇更多的不确定风险。

既然依赖品牌优先来推进企业发展,那么一方面要管控风险,另一方面要让风潮为自己所驾驭,这就需要更加敏锐、警觉且成熟的营销传播思路。失败的公关与营销策略,源于过分的自信,也源于对市场心理的误判。就此而言,国内新兴企业可谓是屡屡犯错,显得很不成熟,很张狂也很幼稚,甚至让人怀疑那些广告和公关团队是不是网游打多了,完全活在虚拟的世界中。

一系列低级错误结果,不但是给企业的稳健经营带来冲击和摇摆,同时,对于品牌稳定性的确立也是没有什么好处的。长远来说,消费者更愿意信赖那种有稳定预期、稳定品质和稳定好感的产品。确实,没有人会希望今天把这个网红食品送给朋友,明天就爆出这个产品的低级错误的。

(资料来源:https://baijiahao.baidu.com/s?id=17211826072397237698&wfr=spider&for=pc,蒋妍,消费一讯,2022-01-06)

## 三、风险识别的方法

风险识别一般采用定性分析方法,分两个阶段进行:第一阶段辨别风险,即寻找各种风险及其所在领域;第二阶段分析风险,即分析引起风险事故的各种原因和可能的后果。风险识别主要有七种方法。

### (一)现场调查法

现场调查法是对风险进行实地的全面普查,一般分为三步:调查前的准备、现场调查以及形成调查报告与反馈。调查前的准备工作包括设计调查表格和确定调查内容事件(如调查对象、时间、地点)。现场调查过程需要认真记录并填写调查表。

现场调查法的优点是可获得第一手资料,有助于与基层人员和一线员工建立良好关系。其缺点是耗时较长,成本较高,有时因疲于应对调查还会引起员工的反感。

### (二)风险清单分析法

风险清单分析法又称列表检查法,即事前设计好调查表,将已经识别的企业主要风险填列其中,进行对照检查。调查表可以是制式表格,也可以是专用表格。制式表格多由风险管理方面或保险咨询的机构和专家提供,包含人们已经识别出的最基本的各类风险。专用表格仅适合某一特定企业,多为企业自己的风险管理人员根据企业自身资产状况和经营特点制作的风险一览表,由于更加注重本企业具有的特殊风险,所以针对性更强。

风险清单分析法有诸多优势,包括成本低廉,风险识别过程简单迅速,可以同时跟踪检测整个风险管理过程,不断修订检查表以适应变化的情况。其缺点是检查表的初次制作比较费时,检查表的回收率可能较低,而且质量难以有效控制。

### (三)财务状况分析法

财务状况分析法又称财务报表分析法,是指通过对资产负债表、利润表和其他附表等财务信息的分析来识别风险。该方法的具体应用包括趋势分析法、比率分析法、因素分析法和模型分析法。例如,通过分析资产负债表中应收账款的账龄,企业可以判断是否有形成坏账的风险,对于实物资产要注意人为事故造成的损失或者技术贬值的风险。

财务状况分析法的优点是信息准确、客观、清晰、扼要,而且易于被内部和外部人员接受。其缺点是无法反映企业风险的全貌,部分信息仅能被专业人士所利用。

### (四)组织结构图分析法

组织结构图分析法是通过勾画整个经济单位的组织结构图来发现风险可能产生的区域,以识别风险的方法。其工作程序为先画出组织整体结构图,然后细化组织结构和管理结构以识别风险可能产生的区域,重点应关注职能重复的部门,过分依赖性和过度集中性的部门。组织结构图分析法主要用于寻找风险产生的区域或环节,因此将其用于风险识别时往往有专门的目的。

### (五)流程图法

流程图法是识别企业潜在风险的系统方法,它将企业组织按照生产经营过程的内在逻辑绘制成作业流程图,然后针对其中的关键步骤或薄弱环节进行调查和分析,即通过描述产品、服务、会计、营销等过程来识别流程中的风险。流程图法的步骤分为三步:分析、识别产品从设计至销售所历经的各个阶段;据此绘制流程图,解释流程中的所有风险;进一步解释风险发生的原因以及可能造成的影响。在复杂的流程图中,可以通过简表的方式来进行解释,直观反映可能发生的风险、原因及结果。

流程图法的优点在于可以将复杂的生产过程或业务流程简单化,从而易于发现风险。其缺点是流程图的绘制要耗费时间。

### (六) 事故树法

事故树法又称故障树法,是风险识别常用的一种方法。事故树法从某一风险结果出发,运用逻辑推理的方法推导出引发风险的原因。遵循"风险事件—中间事件—基本事件"的逻辑结构。事故树把影响企业整体目标实现的诸多因素及其因果关系一步步清楚地列示出来,有利于下一步进行深入的风险分析。

### (七) 可行性研究

可行性研究是在项目计划阶段对风险进行定性识别的方法。它的工作步骤为:检查各部分原始意图,发现有无偏离原始意图的情况,寻找偏离原因,预测偏离后果。可行性研究的优点是可在项目实施前就发现风险并加以处理。其缺点是比较费时,且需要详细的设计系统图的支持。

## 四、如何建立风险识别系统

风险识别是事项识别的一个重要方面,影响企业风险管理的完整性和有效性。识别影响企业层面风险及业务层面的内部和外部因素,对于有效的风险评估来说是极其重要的。因此,我们从企业层面及业务层面来建立风险识别系统。

### (一) 建立企业层面的风险识别系统

无数的内部和外部因素驱动着企业的战略执行和目标实现,能够识别这些因素,对于企业的风险管理来说,其重要性不言而喻。企业应从多方获得信息,识别风险。

1. 从外部专家处获得有关企业层面的风险意见

企业可从法律顾问、外部审计师等专业机构获得有关企业层面的风险意见,经分析后在年报中予以披露。所披露的事项包括汇率风险、价格风险、行业风险、自然灾害风险等。同时企业还可以通过参加行业联合会,以与同行业知名企业、咨询机构沟通的方式,获得更多、更全面的信息,从而更准确地识别企业层面的风险。

2. 从内部管理人员处获得有关企业层面的风险意见

管理人员通过对企业所处的内外部环境进行分析,从而识别出可能存在的风险。外部环境分析包括对宏观环境、行业情况、竞争态势等方面的分析。与此同时,企业要对自身的资源及能力进行分析,内容包括人力资源分析、财务资源分析、无形资产分析、管理能力分析等,以此来识别影响企业战略目标实现的内部风险因素。

### (二) 建立业务层面的风险识别系统

企业除必须识别企业层面的风险外,还应辨识业务层面的风险。通过采取必要措施管理业务层面的风险,有利于把企业层面的风险维持在一个合理的、可接受的水平上。企业同样可以通过听取内部及外部专家的意见来获取业务层面风险的有关信息。

1. 从外部供应商、客户等相关利益方获取风险信息

管理人员可以从供应商、客户等相关利益方那里获得有关企业采购、生产、销售、技术等各方面的信息,从中辨识存在的风险。

2. 从业务管理人员处获得风险信息

各业务部的管理人员,对本部门的情况相对于其他人来讲更加了解,他们在管理过程中碰到的各种问题,可通过适当的渠道反映到高层管理者那里,以帮助管理者识别其中存在的风险,并采取措施避免风险事件的发生。

知识链接

## 第三节 风险分析

### 一、风险分析的概念

内部因素和外部因素都会影响企业目标的实现程度,尽管有些因素对于一个行业中的企业而言是共同的,但是更多的因素对于特定的主体而言却是独特的。管理层在进行风险分析时应着重关注这些特有的因素,结合本企业的规模、经营的复杂性等,分析风险的可能性及其影响。

管理者在分析风险时,应当从固有风险和剩余风险两个方面进行评估。固有风险是指在管理者不采取任何风险管理措施的情况下,企业所面临的风险。剩余风险是指管理者采取相应措施应对风险后仍然存留的风险。评估风险时首先评估的是固有风险;当风险管理策略确定后,再考虑剩余风险。

### 二、风险分析的维度

风险评估主要从风险发生的可能性及对企业目标的影响程度两个维度来分析。

#### (一)风险发生的可能性分析

可能性分析是指假定企业不采取任何措施去影响经营管理过程,将会发生风险的概率。一般来讲,风险发生概率大于0且小于或等于5％时,确定为风险"几乎不会发生";风险发生概率大于5％且小于或等于50％时,确定为风险"可能会发生";风险发生概率大于50％且小于或等于95％时,确定为风险"很可能发生";风险发生概率大于95％时,确定为风险"基本会发生"。对于风险发生概率的估计,主要考虑以下几个因素:风险相关资产的变现能力、经营管理中人工参与的程度、经营管理中是否涉及大量繁杂的人工计算等。

## （二）风险对企业目标的影响程度分析

影响程度分析主要是指对目标现实的负面影响程度分析。按照影响的结果（通常是量化成数值），一般将风险划分为"不重要""次要""中等""主要"和"灾难性"五级。风险影响程度大小是针对既定目标而言的，因此对于不同的目标，企业应采取不同的衡量标准。这里应注意的是，风险是一种变化的动态事物。基于动态条件的预测和分析，其结果不可能做到精确可靠。所有风险分析的目的，都是尽量避免项目失控，或发生突发事件后留有足够的后备措施和缓冲空间。

在进行风险分析的过程中，公司从自身的具体状况出发，运用适当的风险分析技术，定量或定性地评估相关事项，根据风险分析的结果，按风险发生的可能性及影响程度进行排序分析，分清哪些是主要风险，哪些是次要风险，从而筛选出企业的关键风险，为风险应对提供依据。

### [案例 3-4] 碧桂园企业风险管理获高盛银行"点赞"

2016 年 11 月 16 日，碧桂园荣获高盛银行颁发的全球证券部企业风险管理、外汇及利率交易优秀奖项，这是高盛银行首次在亚洲对企业颁发此类奖项，也是国际资本市场对集团在企业风险管理上取得成绩的又一次肯定。

碧桂园集团在我国香港上市多年，在全球资本市场成功进行了多项融资，备受国际投资者的青睐。近几年，集团挺进马来、澳洲等海外市场，并取得了骄人的成绩。稳健的海外拓展要求集团采取更科学的策略降低外汇风险。集团与包含高盛银行在内的多家国际银行密切合作，建立并逐步完善外汇风险管理体系，研究外汇风险在现金流及财务报表层面的多元化管理，在对冲组合的框架下统筹规划，考虑对冲成本和有效性、现金流保护和报表稳定性的平衡，致力于寻找集团外汇风险最小化的解决方案。

在过去的一年，集团紧盯市场窗口，与逾 8 家投行进行每日询价对比，走在市场前列，使用彭博系统对报价进行内部估值确认，运用期权、远期、掉期等多种结构性套期保值金融工具，对集团外币债及海外投资款完成上百笔外汇及利率风险对冲。此外，集团提前采用 IFRS9 新会计准则进行对冲会计处理，有效地将对冲产生的收益稳定地反映于报表。截至 2016 年 10 月，外汇对冲管理初见成效，集团财务报表减少了逾 6 亿元人民币的汇兑损失，增加了逾 2 亿元人民币净资产，对冲效果显著。

（资料来源：http://360 doc. com/content/17/0828/16181665_682800824.）

## 三、风险分析的程序

### （一）确定风险分析的实施主体

风险分析应由企业组织有关职能部门和业务单位实施，也可聘请有资质、信誉好、风险管理专业能力强的中介机构协助实施。企业应制定《风险控制管理办法》《风险分析方法和标准》等相关制度和规章，明确机构的职责和分工、风险分析的程序和方法。具体进行风险评估的部门应是内部控制部门，负责对已识别的风险进行定量和定性的分析，估计风险的严重程度，分析风险发生的可能性或频率，考虑采取适当的措施管理风险。

## (二) 确定风险分析的时间范围

风险评估的时间范围应与相关战略和目标的时间范围保持一致,当企业战略目标不仅着眼于中短期,并在某些方面延伸到较长时期时,管理层也不能忽视那些可能延伸的风险。一般而言,时间范围越大,风险发生的可能性就越大,风险评估的要求就越高。另外,管理者还应注意,不同时间段所对应风险发生的可能性是不同的,如春季发生旱灾的可能性相对较高,而夏季发生洪涝灾害的可能性相对较高。

## (三) 确定风险分析的空间范围

如果潜在事项之间并不相关,管理者应对它们分别进行分析,但当事项彼此关联时,或者当事项结合或相互影响产生显著不同的可能性或影响时,管理者应把它们放在一起进行分析。因此,风险分析应包括风险之间的关系分析,以便发现各风险之间的自然对冲、风险事件发生的正负相关性等组合效应。从风险策略上对风险进行统一集中管理。另外,企业在评估多项风险时,应根据对风险发生可能性的高低和对目标的影响程度的评估,绘制风险坐标图,对各项风险进行比较,初步确定对各项风险的管理优先顺序和策略。

## (四) 运用风险评估技术及方法

风险分析方法包括定量分析和定性分析。在不要求做定量分析时,或者定量分析所需的充分可靠的数据实际上无法取得,以及获取这些数据不符合成本—效益原则时,管理者通常采用定性分析的方法。定量分析能带来较高的精确度,但要求数据较多,分析较为复杂。通常应用在特别重要的活动中。

1. 定性分析方法

定性分析的方法是目前风险分析中采用比较多的方法,它具有很强的主观性,往往需要凭借分析者的经验和直觉,或者国际标准和惯例,对风险因素的大小或高低程度进行定性描述,譬如高、中、低三级。

定性分析的操作方法多种多样,有问卷调查、集体讨论、专家资讯、人员访谈等。最常见的定性分析方法是风险评估图法。风险评估图法是把风险发生的可能性、风险发生后对目标的影响程度,作为两个维度绘制在同一个平面上(即绘制成直角坐标系)。

影响企业目标实现的风险因素很多,但每项因素对目标的影响程度又各不相同,不同的管理人员对同一风险因素的重要性的认识也会不一致。为了统一评估标准,风险评估图法是通过识别某一风险因素是否会对企业目标产生重大影响,并将此结论与风险发生的可能性联系起来,进而为确定风险因素的优先次序提供框架,如图3-2所示。与影响较小且发生的可能性较低的风险(图中的点B)相比,具有重大影响且发生的可能性较高的风险(图中的点A)亟待关注。例如,营业外收入额、净利润额、每股收益等因素的变化,将会直接影响到企业经营目标的实现;资产负债率、现金流量等风险因素指标的变化直接影响企业偿债义务的执行,甚至会给企业带来致命的影响。因此,企业需要重点关注这些风险。此外,每种影响风险的重大程度及影响会因企业结构的不同而有所差别。所以,企业应根据自身的经营特点来确定各风险因素影响程度的等级。

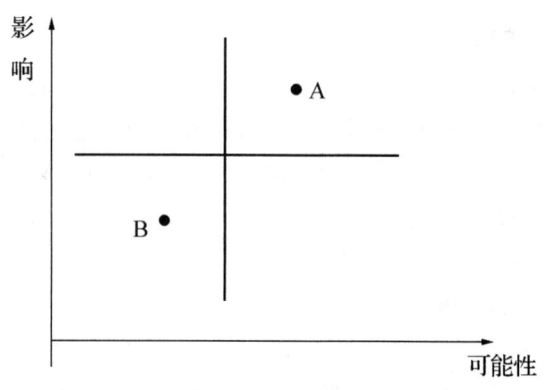

图 3-2 风险评估图

绘制风险评估图的目的在于对多项风险进行直观的比较,从而确定各风险管理的优先顺序和策略。例如,某公司绘制了风险评估图,如图 3-3 所示,根据风险发生的可能性和风险发生后的影响程度,将该图划分为 A、B、C 三个区域。A 区域是低风险区域,B 区域是中等风险区域,C 区域是高风险区域。公司决定承担 A 区域中的各项风险且不再增加控制措施;严格控制 B 区域中的各项风险且专门补充各项控制措施;确保规避和转移 C 区域中的各项风险且优先安排实施各项防范措施。

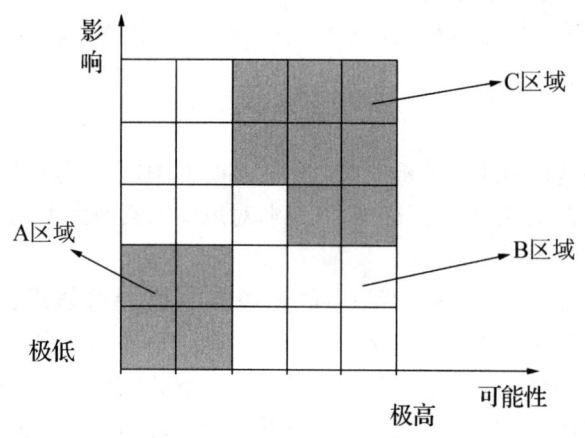

图 3-3 某公司的风险评估图

2. 定量分析方法

定量分析方法包括统计推论(如集中趋势法)、计算机模拟(如蒙特卡罗分析法)、失效模式与影响分析、事件树分析等。进行风险定量评估时,应统一制定各风险的度量单位和风险度量模型,并通过测试等方法,确保评估系统的假设前提、参数、数据来源和定量评估程序的合理性和准确性。要根据环境的变化,定期对假设前提和参数进行复核和修改,并将定量评估系统的估算结果与实际效果对比,据此对有关参数进行调整和改进。

(五)风险评估的结果描述

对事件发生的可能性及影响程度进行定性或定量评估后,可以采用风险图、数量表等方式将其描述出来,以利于管理者针对不同的风险类型采用不同的风险管理策略。

## 第四节 风险应对

### 一、风险应对策略

风险应对是指企业管理层采取一系列行动,以便把风险控制在主体可以接受的范围之内。风险应对具体包括四种类型。

#### (一) 风险规避

风险规避(Risk Avoidance),即退出产生风险的活动。采用这种方案意味着所采用的应对措施不能把风险的影响和可能性降到一个可接受的水平,企业应对风险的策略首先考虑的是如何避免,尤其对于欺诈行为造成的资产损失及质量低劣带来的法律责任等。当风险造成的损失不能由该项目可能获得的利润予以抵消时,避免风险是最可行、最简单的办法。

采取风险规避策略需注意以下几点:
(1) 只有在风险可以避免的情况下,避免风险才有效果;
(2) 有些风险无法避免,如市场风险、政治影响等;
(3) 有些风险虽然可以避免,但成本过高;
(4) 事事都采取避免风险的态度可能令企业产生安于现状、不求进取的风气。

#### (二) 风险降低

风险降低(Risk Reduction),即采取措施降低风险产生的可能性或影响,或同时降低两者的策略。风险降低应当把剩余风险降低到与期望的风险相协调的水平。企业在风险不能避免的情况下会自然地想到如何控制风险的发生、降低风险发生的概率,或如何降低风险发生后带来的损失。降低风险主要有两个方面:一是控制风险因素,降低风险发生的概率。二是控制风险发生的频率和降低风险的损害程度。降低风险发生的频率,需要准确地预测,如利率预测、汇率预测、债务人信用评价等。降低风险的损害程度,需要果断地采取措施,如对债务人进行债务重组、积极调整收账政策等。

#### (三) 风险承受

风险承受(Risk Acceptance),即不采取任何措施去干预风险产生的可能性或影响。采用这种方案也表明固有风险已在风险承受度之内。企业承担风险的方式可以分为无计划的单纯自留或有计划的自发保险。无计划的单纯自留,主要是指对未预测到的风险所造成损失的承担方式。有计划的自发保险是指对已预测到的损失的承担方式,如资产减值准备的提取、坏账准备的提取等。

#### (四) 风险分担

风险分担(Risk Sharing),即通过转移来降低风险产生的可能性或影响,或者分担一部分风险。风险分担与风险降低类似,也要将剩余风险降低到与期望的风险相协调的水平。企业为了避免自己在承受风险后对其经济活动产生妨碍或产生重大不利影响,可以对风险采取不同的转移方式,如通过保险或非保险方式进行转移。现代保险制度是转移风险的最理想方式之一,企业可以进行财产、医疗等方面的保险,将风险损失转移给保险公司。此外,企业还可以通过合同条款将部分风险转移给对方,如运输合同中有关事故责任人的界定。

## 二、如何选择风险应对策略

企业应当根据风险分析情况,结合风险成因、企业整体风险承受能力和具体业务层面上的可接受风险水平,确定风险应对策略。

### (一)基本原则

(1)对超出整体风险承受能力或者具体业务层面上的可接受风险水平的风险,应当实施风险回避策略。

(2)对在整体风险承受能力和具体业务层面上的可接受风险水平之内的风险,在权衡成本—效益之后无意采取进一步控制措施的,可以实施风险承受策略。

(3)对在整体风险承受能力和具体业务层面上的可接受风险水平之内的风险,在权衡成本—效益之后愿意单独采取进一步的控制措施以降低风险、提高收益或者减轻损失的,可以实施风险降低策略。

(4)对在整体风险承受能力和具体业务层次上的可接受风险水平之内的风险,在权衡成本—效益之后愿意借助他人力量,采取包括业务分包、购买保险等进一步的控制措施以降低风险、提高收益或者减轻损失的,可以实施风险分担策略。

### (二)结合不同业务选择风险应对方案

风险应对策略与企业的具体业务或者事项相联系,不同的业务或事项可以采取不同的风险应对策略,同一业务或事项在不同的时期可以采取不同的风险应对策略,同一业务或事项在同一时期也可以综合运用风险降低和风险分担应对策略。

(1)一般情况下,对战略、财务、运营和法律风险,可采取风险承受、风险回避、风险分担等方法。

(2)通常情况下,对能够通过保险、期货、对冲等金融手段进行理财的风险,可以采用风险分担、风险降低等方法。

(3)风险应对的选择还应从企业范围内组合的角度去考虑。一些情况是一个部门内的风险控制在风险承受度之内,但是从整个企业来讲却超过了风险承受度;还有另一些情况是,企业内很多部门的风险可以相互抵消,不需要采取过多的风险应对措施。

企业按照规定的程序和方法开展风险评估后,可以结合业务流程、风险因素、重要性水平和风险应对策略,在对可能存在的风险进行分析的基础上,设立风险清单,建立企业风险数据库,为持续开展和不断改进风险评估提供充分、有效的数据支持。

企业应当重视风险评估的持续性,及时收集风险及与风险变化相关的各种信息,定期或者不定期地开展风险评估,适时更新、维护风险数据库。

[案例 3-5]
蓝天公司的风险管理

 复习题

1. 企业战略目标的设定方法有哪些？
2. 目标设定存在哪些风险？
3. 风险识别的方法有哪些，各有哪些优点、缺点？
4. 风险分析的核心内容是什么？
5. 风险应对策略有哪些，各种策略的优点和局限性是什么？
6. 选择风险应对策略应考虑哪些因素？

 练习题

### 一、单项选择题

1. 风险分析的核心内容是（　　）。
   A. 风险发生的可能性　　　　　　B. 风险影响程度
   C. 风险函数　　　　　　　　　　D. A、B 两者均是
2. 下列各项中，属于定性风险分析方法的是（　　）。
   A. 情景分析法　　B. 风险评估图法　　C. 压力测试　　D. 敏感性分析
3. 下列表述中，可以作为一个可行的战略目标的是（　　）。
   A. 逐步扩大企业的市场占有率
   B. 逐步将销售收入提高 18%
   C. 在三年内使企业的市场占有率达到 24%
   D. 实现规模经济，降低单位产品成本
4. 下列指标中，属于成长性业绩目标的是（　　）。
   A. 资本利润率　　B. 销售利润率　　C. 利润增长率　　D. 成本降低率
5. 下列各项中，属于资产保护目标的是（　　）。
   A. 保护资产的完整性　　　　　　B. 实现利润的最大化
   C. 执行控制完成　　　　　　　　D. 执行授权批准制度
6. "企业在实现其目标的过程中愿意接受的风险的数量"被称为（　　）。
   A. 风险承受能力　　B. 风险分担　　C. 风险偏好　　D. 风险数量
7. 下列各项中，属于风险识别环节的是（　　）。
   A. 感知风险和检测风险　　　　　B. 计量风险和分析风险
   C. 感知风险和分析风险　　　　　D. 计量风险和监控风险
8. 下列活动中，不属于风险管理流程的是（　　）。
   A. 风险识别　　　　　　　　　　B. 风险承担能力确定（风险承担）
   C. 风险计量　　　　　　　　　　D. 风险控制
9. 在各种风险发生前，对风险的类型及其产生的根源进行分析判断，以便对风险进行估算和控制，这是（　　）。

A. 风险识别　　　B. 风险计量　　　C. 风险监测　　　D. 风险控制

10. 下列选项中,风险识别的财务分析法不包括( )。
A. 比率分析法　　B. 故障树法　　C. 杜邦分析法　　D. 趋势分析法

## 二、多项选择题

1. 下列各项中,属于战略目标设定方法的是( )。
A. 时间序列方法　B. 相关分析法　C. 盈亏平衡分析法　D. 决策矩阵法
E. 情景分析法

2. 下列各项中,属于风险因素的是( )。
A. 自然因素　　B. 社会经济因素　　C. 政治因素　　D. 法律因素
E. 营运环境

3. 下列各项中,属于外部风险的是( )。
A. 经营风险　　B. 财务风险　　C. 市场风险　　D. 政治风险
E. 竞争对手风险

4. 下列各项中,属于财务报表分析法的是( )。
A. 故障树法　　B. 趋势分析法　　C. 比率分析法　　D. 保单对照法
E. 因素分析法

5. 下列各项中,不属于风险分析方法的是( )。
A. 情景分析法　　B. 敏感性分析法　　C. 事件树分析法　　D. VaR值法
E. 压力测试法

6. 下列各项中,属于平衡计分卡法测评的维度的有( )。
A. 财务层面　　　　　　　B. 客户层面
C. 内部运营层面　　　　　D. 外部环境层面
E. 学习与成长层面

7. 下列各项中,符合企业确定战略目标SMART原则的有( )。
A. 目标应当清晰明确　　　B. 目标要可量化
C. 目标与使命必须是一致的　　D. 目标必须要有明确的截止期限
E. 目标应当是企业可以实现的

8. 企业设定业务层面目标需要经过四个阶段,具体包括( )
A. 设定业务层面目标　　　B. 制定实现目标的战略规划
C. 适时更新业务活动的目标　　D. 配置资源以保证业务层面目标顺利实现
E. 分解业务目标并下达

9. 进行风险识别时,常用的方法有( )。
A. 财务报表分析法　　　　B. 流程图分析法
C. 情景分析法　　　　　　D. 事故树分析法
E. 保单对照法

10. 对于风险识别理解正确的有( )。
A. 风险识别是一项静态的,依靠单一部门完成的工作
B. 风险识别是连续不断的重复过程

C. 风险识别是一项系统工程,内外部因素均需考虑
D. 风险识别程度和准确性影响日后的风险分析和风险应对
E. 风险识别只需要识别出风险的存在即可

三、判断题

1. 目标设定是企业风险评估的起点,是风险识别、风险分析和风险应对的前提。（　　）
2. 平衡计分卡主要从财务、客户及市场、内部营运三个维度来梳理和明确企业战略目标。（　　）
3. 将企业战略目标设定为"提高企业在同行业中的市场竞争力"是符合 SMART 原则的。（　　）
4. 企业可以通过 SWOT 分析,在了解自身的优势、劣势、机会和威胁的基础上制定帮助企业实现目标的战略规划。（　　）
5. 一般来说,风险分析即为分析风险发生的可能性和影响程度。（　　）
6. 风险可能性分析的结果一般有五种,其中,"可能"意味着在多数情况下可能发生。（　　）
7. 定量分析和定性分析相比,具有很强的主观性。（　　）
8. 敏感性分析就是从改变可能影响分析结果的不同因素的数值入手,估计结果对这些变量的变动的敏感程度,属于定量分析方法。（　　）
9. 一般而言,在对利润产生影响的各因素中,敏感程度最高的为单价,最低的是固定成本,销售量与变动成本介于两者之间。（　　）
10. 企业所面临的一切风险都是可以规避的。（　　）

## 案例讨论

# 第四章 控制活动

**预习题**

1. 内部控制的主要控制活动有哪几种,它们之间具有什么关系?
2. 何为不相容职务分离控制,它的内容是什么?
3. 何为授权批准控制,它的基本原则是什么?
4. 何为会计系统控制,它的内容是什么?
5. 何为财产保护控制,它的具体措施有哪些?
6. 何为预算控制,它的作用有哪些?预算控制有哪些方法?
7. 何为运营分析控制,它的具体方法有几种?
8. 何为绩效考评控制,实践中存在哪几种绩效评价模式?

**引 例**

### 高通公司出纳侵占公司巨款案

《法制晚报》报道,世界500强企业美国高通公司的在华公司,曝出出纳侵占公司款1 100余万元案。高通公司在中国设有两家外商独资企业,即高通无线通信技术(中国)有限公司和高通无线半导体技术有限公司,两家公司的财务均由前者的财务人员负责。2011年12月6日,高通公司开户行的工作人员告知该公司,其账户内余额不足,已经无法正常扣缴税款。接到电话后,该公司高级财务经理黄某要求会计和出纳一起和自己去银行了解情况,但在前往银行途中,出纳丁某借故离开。经过核实,高通公司财务人员发现,公司的4个账户内"消失"了1 100余万元,且"消失"的1 100余万元不是银行的"记账错误",很可能有人冒用公司名义转款,当天是周二。周五,出纳丁某投案自首。丁某于2006年4月进入高通公司工作,现金和支票业务都由他负责。平时,他可以接触到公司财务章和法人人名章等财务凭证。丁某承认,他从2010年7月开始通过互联网赌球,后来深陷其中,在输光了自己近20万元积蓄后,又把手伸向了公司的资金,他承认共侵占公司资金1 100余万元,而这些钱也全部输掉了。丁某向公安机关交代了他侵占公司资金的方法:因为公司的收支业务都是他一人负责,他去银行办理业务时,多买了一本转账支票。他先在网上找好能"串支票"的人,然后通过虚构公司的业务支出项目(如采购设备、礼品等)开出支票,支票的收款方是"串支票"的人安排好的公司,后者把支票兑成现金,对方除去0.7‰~1‰的手续费,再把剩下的钱打入丁某的账户。为了掩盖犯罪,丁某伪造了3枚银行柜员的人名章、1枚银行的业务专用章,因为银行会定期给公司发对账单,公司也会向银行询问支出的情况。通过使用伪造的印章,丁某可以在公司的询证函上加盖银行的业务章和人名章,直接发回公司,这样公司就不会发现问题了。此外,丁某还伪造过银行对账单,他交代:"给公司的对账单都是我用公司电脑自己打印的。公司有审计制度,但由我负责。"直到2011年下半年,高通公司发现收到的银行对账单上的余额,与公司的财务记录不符。高级财务经理黄某曾向丁某询问,丁某称是因为银行系统升级,寄过来的对账单写错了,银行会在系统调试后更正。之后,丁某向公司提供了自称是其本人从银行打印的真实的对账单。黄某表示,虽然上面没有银行公章,但大家还是相信了丁某的话,按照丁某提供的对账单进行记账。

此事曝出后,高通公司美国总部十分重视,聘请毕马威会计师事务所进行调查。会计师事务所发现,伪造银行对账单的情况在2010年8月至2011年11月大量出现,很多伪造的银行对账单上连客户名称、银行地址、交易时间等信息都没有,而这些在真实的银行对账单上都是应该有的。经过比对,真实的与伪造的银行对账单有高达328处差别,而这些"交易"都来自高通公司最初被用来缴纳税款和通信服务费的账户。

本案例暴露了高通公司在不相容职务分离控制中存在以下问题:

(1) 支票的使用不能由一个人包办。按照签发程序,不论购买什么,都应由领导授权,相关部门找会计审核,最终由出纳开出支票。本案中,丁某居然越过授权、审核过程,直接把公司的钱汇入没有业务往来的其他公司。丁某甚至未经授权和记录就可以自己擅自购买支票。

(2) 印章使用不符合不相容职务分离要求。法人章与财务章应当分别由不同人员进行保管,并且对用印过程应当进行记录。而丁某可以同时接触到法人章和财务章两枚印章,并且未经授权就擅自使用了这两枚印章。

(3) 从不相容职务角度考虑,银行对账单的领取或接受不应该是出纳,应该是除出纳以外的其他财务人员。银行对账单本身就是对公司银行资金余额的核对和监督,是对出纳工作的制约,而很多公司却出于"出纳领取对账单最方便"而由出纳领取对账单,一旦出纳篡改对账单便无人发现,而丁某也的确是利用这一漏洞掩盖了挪用资金的行为。

(4) 出纳丁某同时兼任审计工作,这又是不相容职责未分离。审计本身就是对业务部门的独立监督,不应当由业务部门兼任,更不应当由属于重点监督对象的高风险岗位人员兼任。

综上所述,高通公司在业务管理中的多个内部控制缺陷都属于未能形成相互牵制、相互制约的职责分离。在实务中,许多企业通常实施削减岗位或一人多岗,以提升经营效率、降低控制成本,但必须要守住"不相容职务岗位分离"的底线。

(资料来源:http://news.mydrivers.com/1/248/248996.htm)

**思考:**

何为不相容职务?高通公司存在哪些控制上的缺陷?你认为哪些职务的不分离会给企业带来风险?

企业应当结合风险评估结果,通过手工控制与自动控制、预防性控制与发现性控制相结合的方法,运用相应的控制措施,将风险控制在可承受度之内。控制措施一般包括不相容职务分离控制、授权审批控制、会计系统控制、财产保护控制、预算控制、运营分析控制和绩效考评控制等。

# 第一节 不相容职务分离控制

## 一、不相容职务分离控制的定义

《企业内部控制基本规范》第二十九条规定,不相容职务分离控制要求企业全面系统地分析、梳理业务流程中所涉及的不相容职务,实施相应的分离措施,形成各司其职、各负其责、相互制约的工作机制。不相容职务分离控制的核心是内部牵制。不相容职务分离控制贯穿企业经营管理活动的始终,是企业防范风险的重要手段之一。

不相容职务是指某些如果由一名员工担任,既可以弄虚作假,又能够自己掩饰作弊行为的职务。这些职务通常包括授权、批准、业务经办、会计记录、财产保管、稽核检查等。例如,某企业的出纳人员同时兼任货币资金的稽核与会计档案的保管,这就违反了不相容职务相分离的原则。如果该员工伪造签名,贪污企业的款项,他就有可能隐瞒对贪污款项的支票记录,使得舞弊行为被隐瞒而不被发现。可见,这三项职务必须由三个员工分别担任以便进行控制。由上可知,企业通过不相容职务分离控制活动,可以降低错误和不当行为发生的风险。

## 二、不相容职务分离的内容

企业在设置内部机构时应体现不相容岗位相分离的原则,特别是在涉及重大或高风险的业务处理程序时,必须考虑建立各层级、各部门、各岗位之间的分离和牵制制度。

对于因机构人员较少且业务简单而无法分离处理的某些不相容职务,企业应当制定切实可行的替代控制措施,如轮岗制度、强制休假制度。企业应当遵循不相容职务分离的原则,综合考虑企业性质、发展战略、文化理念和管理要求等因素,形成各司其职、各负其责、相互制约、相互协调的工作机制,并确定具体岗位的名称、职责和工作要求等,明确各个岗位的权限和相互关系。

概括而言,不相容职务分离控制是指经济业务的可行性研究与执行要分离,决策审批与执行要分离,执行与记录、监督要分离,物资财产的保管与使用、记录要分离。根据大部分企业的经营管理特点和一般业务性质,需要分离的不相容职务主要有以下五种,如图4-1所示。

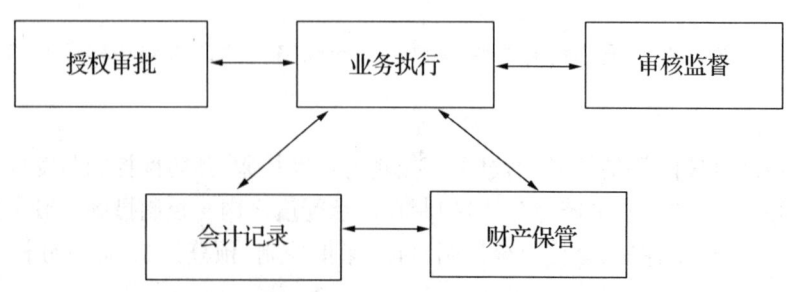

图4-1 不相容职务分离控制关系图

对于不同的业务,不相容职务分离控制的具体内容有很大的差异,现结合一般企业的主要业务分述如下。

### (一) 货币资金日常管理的不相容职务分离制度

货币资金是企业资产的重要组成部分,是企业流动资产中流动性最强的一种资产,包括现金、银行存款和其他货币资金三部分。任何企业要进行生产经营活动都必须拥有货币资金,持有货币资金是进行生产经营的基本条件。货币资金由于流动性最强且与其他经济业务有广泛联系性,容易招致非法挪用、侵吞的犯罪行为。因此,负责货币资金收付业务的人员与记账人员和负责审批人员必须相分离,货币资金的收付及保管应由被授权批准的专职出纳人员负责,其他人员不得接触。具体包括以下几点:

(1) 出纳人员不能同时负责总分类账的登记和保管。
(2) 出纳人员不能同时负责非货币资金账户的记账工作。
(3) 出纳人员应与货币资金审批人员相分离,实施严格的审批制度。
(4) 货币资金的收付和控制货币资金收支的专用印章不得由一人兼管。
(5) 出纳人员应与货币资金的稽核人员、档案保管人员相分离。
(6) 负责货币资金收付的人员应与负责现金清查盘点人员和负责与银行对账的人员相分离。
(7) 建立出纳人员专用印章保管人员、会计人员、稽核人员、会计档案保管人员及货币资金清查人员的责任制度。

另外,企业应结合自身实际情况,对办理货币资金业务的人员定期进行职务轮换。企业中关键的财会职务,可以实行强制休假制度,并在最长不超过五年的时间内进行职务轮换。

[案例 4-1]　**中海集团再现"资金门"事件**

2008 年 1 月 31 日,中国海运(集团)总公司曝出一桩中国航运界罕见的财务丑闻。中海集团驻韩国釜山公司的巨额运费收入及部分投资款,在春节前后查出被公司内部人非法截留转移。目前已确认的抽逃资金总额大约 4 000 万美元(约合人民币 3 亿元),主要涉案人员中海集团韩国控股的财务部负责人兼审计李克江在逃。

中海集团成立于 1997 年 7 月,总部设于上海。釜山公司为中海集团韩国控股公司下属企业,主营集装箱业务。这起案件已是中海集团近年来发生的第二桩"资金门"事件。2006 年 6 月起,中海集团就曾将所获得的银行短期贷款近 25 亿元人民币违规进行股票投资。在 2007 年被查出后,受银监会通报批评。再次发生此类案件,足以说明中海集团内部控制的严重缺失。

据知情人透露,此次被挪走的 4 000 万美元是被分成一百多次逐步挪出公司账户的,且主要是从中海集团驻韩国釜山公司包括运费在内的各种日常经营现金流中非法截留的。经调查,主要涉案人员李克江,即中海集团韩国控股的财务部负责人,身兼审计一职,这严重违背了不相容职务分离的原则,同时也是造成"资金门"案件的主要原因之一。李克江身兼数职,使其对自己的工作进行评价,也就给予其可乘之机。

为了加强资金管理,尤其是海外子公司的管理,企业应明确筹资、投资、营运管理等环节的职责权限和岗位分离要求。其中不相容职务分离尤为重要,它要求授权、批准、业务经办、会计记录、财产保管、稽查监察六权分离,实现相互牵制。从"资金门"案件,我们可以看出,不相容职务分离控制不到位,是巨款被挪用的一个重要原因。

(资料来源:http://news.sohu.com/20080414/n256283681.shtml. 2008 年 4 月 13 日,经济观察报)

2014 年中国银监会关于印发商业银行内部控制指引的通知中指出,商业银行应当全面系统地分析、梳理业务流程和管理活动中所涉及的不相容岗位,实施相应的分离措施,形成相互制约的岗位安排。商业银行应当明确关键岗位,并制定关键岗位的内部控制要求,对重要岗位人员实行轮岗或强制休假制度,原则上不相容岗位人员之间不得轮岗。

关键岗位,指在业务经营、内部管理、业务操作活动中具有相应的岗位授权,需要强制约束和有效制衡的易发风险岗位。关键岗位人员分为管理类和操作类人员。管理类关键岗位人员包括分管条线的副行长(含助理)、分管运营的副行长(含助理);会计主管;资金财务、授信审查、科技运营等部门、岗位的工作人员。操作类关键岗位人员包括贷款系统管理员、信贷专职审批员、核心业务系统管理员、行政印章管理员。

强制休假是因银行业的特殊性,由单位安排,在不预先告知本人情况下,要求其离岗休假,并派员接替工作,开展检查的休假制度。关键岗位人员出现下列情形之一的,应及时对其实行强制休假:经手的资金、账务、项目等出现异常的;个人行为表现异常,工作质量较差的;有风险隐患、案件线索举报的;可能存有风险隐患的其他情形。

轮岗是关键岗位人员在同一部门内不同岗位间、不同部门间进行有计划的、强制性的岗位轮换。例如,一般银行都有类似规定:在同一岗位连续任职行长满 6 年、副行长(含助理),必须进行轮岗。在同一岗位连续工作,运营负责人满 3 年、本行层面其他运营条线操作类关键岗位人员满 4 年,必须进行轮岗。

### (二) 存货日常管理的不相容职务分离制度

存货是指企业在日常生产经营过程中持有以备出售或者仍然处在生产过程,或者在生产或提供劳务过程中将消耗的材料或物料等,包括各类材料、商品、在产品、半成品、产成本、发出商品等。为了保证生产经营活动连续不断地正常进行,必须不断地购入、耗用、销售存货;存货总是处在不断流转过程之中,具有较强的流动性和潜在损失的可能性。加强存货的购进、耗用、销售的监控管理对保证存货安全、促进存货正常周转、最大限度获取商品、实现企业利润最大化具有重要意义。

存货采购业务中不相容职务分离表现在以下几个方面:

(1) 在采购单中,对需要采购的存货品种、数量由生产或销售部门、保管部门根据需要量和现有库存量共同制定,然后交采购部门进行公开询价。

(2) 采购合同应由生产或销售部门、采购部门、财务部门和法律部门会同供货部门共同制定。

(3) 存货的采购人员不能同时负责存货的验收保管。

(4) 存货的采购人员、保管人员、使用人员不能同时负责会计记录。

(5) 采购人员应与负责付款审批的人员相分离。

(6) 审核付款人员应与付款人员相分离。

(7) 记录应付账款的人员应与负责付款的人员相分离。

### (三) 筹资业务不相容职务分离控制

筹资业务涉及的金额大，对企业的生产经营起着非常重要的作用。是否筹资、筹资多少、怎样筹资等都是企业必须严格策划和控制的活动。企业必须建立严格的筹资控制制度，以防止发生舞弊和错误行为。企业筹资业务不相容职务分离一般包括以下几点：

(1) 筹资计划的编制人员应与审批人员适当分离，以便审批人员能从独立的立场来衡量计划的优劣程度。

(2) 筹资方式的执行人员应与会计记录人员分离，通常要求独立的机构来代理发行债券或股票。

(3) 筹资方式的执行人员应与筹资所得资金的保管人员分离，筹资所得资金委托专门机构保管的，应制定有效的监督、控制办法，保证筹集资金的安全、完整。

(4) 负责筹资股利或利息计算的人员及会计记录的人员应与支付股利或利息的人员分离，并应尽可能地由独立的机构来支付股利或利息。

(5) 保管未发行债券或股票的人员应与负责债券或股票会计记录的人员分离。另外，企业不得由同一部门或个人办理筹资业务的全过程。

### (四) 投资业务的不相容职务分离制度

投资是指企业为通过分配来增加财富，或为谋求其他利益而将资产过渡给其他单位所获得的另一项资产。由于投资业务中有的投出资金是在被投资单位运行的，如有价证券直接代表着资产的价值、短期证券变现能力极强，这些都极容易成为舞弊的目标，发生舞弊行为又具有隐蔽性，因此必须建立投资业务的监控制度。在投资业务中的职务分离主要体现在以下几个方面：

(1) 投资计划的编制人员与投资的审批人员相分离，以保证审批人员客观地分析投资的可行性、客观性。

(2) 投资业务的操作人员与会计人员相分离，以保证业务运行和会计记录的相互核对、控制关系。

(3) 有价证券的保管人员与会计记账人员相分离，以保证会计账簿对有价证券的安全进行有效监督。

(4) 投资股利、利息的经办人员与会计核算人员相分离，以保证股利、利息所获现金的全款取得入账。

(5) 参与投资交易的人员不能同时负责有价证券的盘点工作。

### (五) 固定资产日常管理中不相容职务分离制度

固定资产是指使用期限较长，单位价值较高，并且在使用过程中能够保持原有实物形态的资产。从固定资产投资的角度看，与流动资产相比，它具有盈利性强，风险性较大，占用资金总额的比重大，资金耗费的缓慢性与价值补偿的任意性等明显的特征。为了强化固定资产投资效益的管理，减少投资风险，必须保证固定资产的安全完整、合理使用、正确计价及合理计提折旧。

因此，固定资产职务分离监控制度要求在采购、验收、调出、出租、修理、报废等业务环节中，负责采购、调出、修理、报废等业务的执行人员与负责审批、保管、付款或收款、记账人员

相分离,并明确其相关职责。固定资产日常管理中不相容职务分离主要有以下几点:
(1) 固定资产投资预算的编制与审批,审批与执行职务相分离。
(2) 固定资产采购、验收与款项支付职务相分离。
(3) 固定资产投保的申请与审批职务相分离。
(4) 固定资产处置的申请与审批,审批与执行职务相分离。
(5) 固定资产的取得与处置业务的执行与相关会计记录职务相分离。
另外,同一部门或个人不得办理固定资产业务的全过程。

### (六) 工程项目业务不相容职务分离制度

工程项目业务包括工程项目决策,工程项目勘察设计,工程项目招标、评价、定价和商签合同,工程施工与监理,核算工程成本及控制费用支出,工程项目竣工验收,工程项目竣工决算,工程项目评价等。企业应当建立工程项目业务的岗位责任制,明确相关部门和岗位的职责、权限,确保办理工程项目相关业务的不相容岗位相互分离、制约和监督。任何企业不得由同一部门或人员办理工程项目业务的全部过程。

工程项目业务不相容职务分离一般有以下几点:
(1) 工程项目建议、可行性研究与项目决策职务分离。
(2) 工程项目的概预算编制与审核职务相分离。
(3) 工程项目实施与价款支付职务相分离。
(4) 工程项目竣工决算与工程项目的竣工审计职务相分离。
(5) 工程项目中各项具体业务的执行、记录和审核职务相分离。

### (七) 采购与付款业务不相容职务分离控制

采购与付款业务的执行涉及各个部门的众多业务人员,对于风险较大的采购环节,企业应该建立采购与付款业务的岗位责任制,明确有关部门和岗位的职责、权限,确保办理采购与付款业务的不相容职务相互分离、制约和监督。任何企业不得由同一部门或人员办理采购与付款业务的全部过程。

采购与付款业务不相容职务分离包括以下几点:
(1) 请购与审批。采购业务申请必须由使用部门提出,而请购申请的审批由申请部门之外的采购部门或其他授权部门负责实施。
(2) 询价与确定供应商。采购询价人员负责与采购商品供应商进行讨价还价,如果由询价人员进行供应商的选择,就可能产生舞弊行为,所以企业应该规定采购询价人员不得负责供应商的选择。
(3) 采购合同的订立与审批。采购合同是进行采购活动的纲领,采购合同的签订、谈判主要由采购部门人员完成。审批业务是对采购合同的监督。为了保证采购合同的要素真实合法,合同的订立与审批职责要相分离。
(4) 采购的实施与验收。采购活动的实施主要是对采购商品、资金的管理和控制,验收部门的工作是对采购活动的监督。按照监督和执行业务分离的原则,执行采购的岗位要和验收岗位相分离。
(5) 采购、验收与相关会计记录。采购、验收及仓库保管人员不得担任会计核算工作,购进劳务的使用部门主管不得兼任会计记录工作。

(6) 付款审批与付款执行。采购业务付款审批由使用部门主管和财务主管负责,付款执行由出纳员或采购执行人员负责,付款的审核人员不得执行付款业务。为了保证采购资金的安全使用,付款的审核与执行人员不能同时负责询价和选择供应商的业务。最后,付款执行和记录岗位要分离。

### (八) 销售与收款业务不相容职务分离控制

销售与收款业务是企业的一项基本业务,且销售与收款的每一笔业务的发生都涉及企业内部多个部门和环节。由于销售与收款涉及的部门多、环节多,再加上销售收入确认的复杂性以及应收账款收回的风险性,销售与收款业务容易产生舞弊行为。因此,应该关注销售与收款的控制。

销售与收款业务的不相容职务分离一般包括以下几点:

(1) 接受客户订单、签订合同的岗位应与最后付款条件核准岗位分离,即使由同一部门操作,也应由不同人员来承办。

(2) 对预付款条件必须由销售部门和信用部门同时批准。

(3) 发货凭证编制人与发运货物、提取货物、包装货物或托运货物的人员不能是同一个人,发运货物人与门卫保安也应分离。

(4) 开具发票与发票审核岗位应该分离,编制销售发票通知单与开具销售发票分离。

(5) 应收账款记录与收款岗位应当分离。

(6) 催收货款与结算货款应当分离。

(7) 退货验收人员与退货记录人员不能是同一人。

(8) 折扣与折让给予与审批应当分离。

另外,单位不能由同一部门或人员办理销售与收款业务的全过程。

## 第二节 授权审批控制

企业对经营活动实行分权管理后就产生了授权问题,而企业各项经营活动的顺利开展也应当通过一定的审批程序才能进行。授权审批控制以职责分工为重要基础,同时又是财产保护控制、预算控制等内部控制措施得以实施的前提条件。我国《企业内部控制基本规范》第三十条规定:授权审批控制要求企业根据常规授权和特别授权的规定,明确各岗位办理业务和事项的权限范围、审批程序和相应责任。

### 一、授权审批控制的含义

现代企业制度的核心理论是委托代理理论。从委托代理理论来看,现代企业的多层组织结构形成了一个委托代理链:股东将其资产委托给董事会经营,形成第一层委托代理关系。董事会保留一定的决策权后,又将经营权委托给总经理,形成第二层委托代理关系。总经理再将经营权按照部门进行分派,与其下属部门主管形成第三层委托代理关系……依此类推,直至最基层。委托代理理论的核心思想是权力的下放,即自上而下进行授权,在授权的同时明确了相应人员的责任。

授权与审批是企业各项经济活动的起点,授权是根据职责分工,明确各部门、各岗位办理经济业务与事项的权限范围、审批程序和相应责任等内容;审批是对已授权的经济业务和事项的真实性、合规性、合理性和有关资料的完整性所进行的审核与批准。

授权审批控制具体可分为授权控制和审批控制。授权审批控制能够确保权力分配与责任界定的相互配合,是实现企业内部控制目标的重要控制措施之一。

## 二、授权控制

### (一)授权的方式

授权的方式按性质可分为常规授权和特别授权。

1. 常规授权

常规授权也称一般授权,是指企业在日常经营管理活动中按照既定的职责和程序进行的授权。常规授权是一种经常性、连续性的授权,这种权力授予的时间较长,一般没有特别的情况,被授予人可以长期行使。例如,财务部门被授予批准费用报销的权力,采购部门被授予确定采购物资的品种、质量和价格的权力,销售部门被授予确定产品销售价格的权力等。这种授权应当通过编制岗位职责手册或制定专门的权限指引等方式予以明确,提高权限的透明度,强化对权限行使的监督和管理。

2. 特别授权

特别授权是指企业在特殊情况、特定条件下进行的应急性授权。特别授权是临时性的,通常是一次有效。例如,在洽谈投资、收购兼并、对外担保等重要经济业务中需要临时做出某项承诺,以及超出常规授权限制的交易,都需要特别授权。特别授权一般采用书面的"一事一授"的方式加以明确。

区分常规授权与特别授权时,应当考虑企业规模的大小、经济业务的性质以及法律、法规的监管要求等因素。对于经常发生的、具有重复性的、涉及金额较小的经济业务,采用常规授权;对于不经常发生的、不具有重复性的、涉及金额较大的经济业务,采用特别授权。法律、法规对不同类型企业有着不同的监管要求,如上市公司与其大股东之间的关联交易应属于特别授权,需要经过股东大会决议并采取关联股东回避制度,以确保关联交易的公允性。

### (二)授权控制的原则

1. 因事设职授权

授权控制是为实现内部控制的目标服务的,企业应该本着有利于实现企业战略目标、有利于资源的合理配置的目的来设置职务并进行授权,而不是仅凭被授权人的能力因人授权。因人授权虽然充分考虑了被授权人的知识与才能,但却不能保证职权被授予给最合适的人员,不能实现人力资源的合理利用,不利于经营效率的提高,不利于企业目标的实现。

2. 不可越权授权

授权人对下级的授权必须在自己的权力范围内,不能超越自己的权限进行授权。授权应有层级,逐级授权,只能逐级由上往下,由直接上级对其直接下属进行授权,不可越级授权。既不能代替自己的上级把权力授予自己的下属,也不可将自己的权力授予下属的下级,还不能代替下属把权力授给他的下级。被授权者只能在授权的范围内行权,严禁未经授权或超越权限行权。一个组织从最高主管到每一层级下属人员的职权系统越明确,决策与信息沟通越有效。

3. 适度授权

各级管理者授权时要适度,既不能过小,也不能过大。授权过小,就可能会直接影响下级部门工作的积极性,不利于他们尽职尽责;授权过大,则会造成大权旁落,难以控制,甚至出现滥用职权的情况。把握授权的尺度是授权控制成败的关键。合理授权,应做到授权而不失控。权力下放的合理尺度要以有利于企业生产经营活动的顺利进行、有利于控制目标的实现为标准。对于涉及全局性的、重大事项(如决定企业发展战略、重要的人事任免、预算审批等事项)的权限,不可轻易下放。

4. 适当监督

绝对的权力必然产生绝对的腐败。因此,对拥有权力的岗位和人员应该给予适当的监督。既不能放任不管,也不能常加干涉。放任不管,可能发生越权或滥用职权的行为;常加干涉,会使授权形同虚设,挫伤下级部门工作的主动性和创造性。对下级在职权范围内的事,一般不宜干涉,但要防止发生越权行为和"先斩后奏"的行为。对于越权行为一定要有相应的惩罚制度。

5. 必须采用书面授权形式

授权的形式有口头授权和书面授权。口头授权是上级领导用口头语言对下级进行工作交代,或是上下级之间根据会议所产生的工作分配。书面授权是上级领导用文字形式对下级工作的目标、职责与处理规程等内容进行明确的规定,常采用授权书、委托书、制度、备忘录、通知等形式。口头授权容易出现因授权内容与界限不清,造成误解而发生滥用职权或不敢负责的局面,一旦出了问题,更容易发生相互推诿、无法问责的情况。因此,企业应当采用书面方式明确相关人员的权限和责任界限。同时书面文档也是事后的一种查证文档。

## 三、审批控制

履行审批职责的人员,应当对相关经营业务和事项的真实性、合规性、合理性和有关资料的完整性进行复核与审查,通过签署意见并签字或者签章,做出批准、不予批准或者其他处理。

### (一)审批的模式

根据审批主体的不同,审批可以分为"一支笔"审批、分级审批、多重审批、混合审批四种审批模式。

1. "一支笔"审批模式

在"一支笔"审批模式下,一切需要审批的经济业务全部由单位负责人或其授权人员(分管领导)一人审批。"一支笔"审批模式虽然能够克服因多头审批造成的监督失控或审批标准不一致的弊端,但最突出的缺点是没有形成相互制约机制,不符合内部控制的基本要求,权限过于集中,缺乏制约和监督,容易滋生腐败。

2. 分级审批模式

分级审批模式是根据业务范围和金额大小,分级确定审批人员,行使审批权力。例如,规定分管领导或职能部门的负责人在其主管业务范围和一定金额范围内具有审批权;而对于较重要的经济业务或者金额较大的经济业务,必须由单位负责人审批;重要的经济业务则必须经过集体决策审批(联审会签)。这种按照重要性程度大小适当分层授权的模式,由于审批人员一般是职能部门负责人或单位分管领导,对于审批范围内的经济业务比较了解,可以提高审批质量,同时避免了权力的过分集中,对审批人员形成有力的牵制与约束。

3. 多重审批模式

多重审批模式是指所有需审批的经济业务都需要经过两个或两个以上的审批人员共同审批。实务中常见的具体做法有职能部门负责人先审,单位负责人后审;职能部门负责人先审,分管领导后审,单位负责人最后审批;分管领导先审,单位负责人后审;等。这种审批模式符合内部控制的制衡性原则,能够提高审批质量,但审批程序相对烦琐,比较适合大型企业集团采用。

4. 混合审批模式

混合审批模式是以上三种模式的结合运用。在混合审批模式下,一定的业务范围和金额范围内由一人审批,超过一定范围和金额的经济业务必须由两个或两个以上审批人员共同审批。这种审批模式针对不同的经济业务采取不同的审批方式,可以在一定程度上简化审批程序,也加强了对重要项目的控制。但要注意实际运用时,容易被人采用化整为零的办法来逃避双审或多审。

### (二)审批控制的原则

1. 不得越权审批和越级审批

越权审批就是超越授权权限进行审批,常常表现为下级行使了上级的权利。例如,人力资源部门招聘员工未经总经理或分管人力资源的副总经理批准,录用不符合条件的人员。越级审批是上级包办代替下级的事务,即应该由下级审批的事务上级包办了。例如,资金的调度权按规定属于财务总监,但总经理未经财务总监同意,直接通知出纳将资金借给其他企业的行为就属于越级审批。

2. 审批应该有依据

审批控制的目的是为了保证企业的经营行为不偏离预定的方向和目标。所以,审批者即使在自己的职权范围内,也不能随意审批。企业各级管理人员要依据法律法规、规章制度、合同、预算、计划、决议等进行审批。例如,生产部门负责人在批准领用材料时,要依据当期的生产计划;设备管理部门在批准购置固定资产时,要依据投资预算等。

3. 采用书面审批形式

审批应该采用在下级的报告上批示、专门行文批示、在有关的凭证上签字批准等书面形式。不可口头批准,以免口说无凭,责任不清。

[案例 4-2]
新星公司盲目授权案

## 第三节 会计系统控制

### 一、会计系统控制的定义

会计系统是指公司为了汇总、分析、分类、记录、报告公司交易等而建立的方法和记录的工作系统,它对内向管理层提供经营管理信息,对外向投资者、债权人等提供相关决策信息。会计系统控制是指利用记账、核对、岗位职责落实和职责分离、档案管理、工作交接程序等会计控制方法,确保企业会计信息真实、准确、完整。会计系统控制贯穿企业整个经营管理活动,在控制投资业务、筹资业务、销售业务、担保业务、外包业务等风险方面发挥了重要的作用。根据《企业内部控制基本规范》第三十一条的规定,会计系统控制要求企业严格执行国家统一的会计准则制度,加强会计基础工作,明确会计凭证、会计账簿和财务会计报告的处理程序,保证会计资料真实完整。

### 二、会计系统控制的措施

#### (一)会计准则和会计制度的选择

企业管理层应当依据企业具体情况选择适用的会计准则和相关会计制度。例如,根据规模和行业性质,分别采用《企业会计准则》《企业会计制度》《小企业会计制度》等。

#### (二)会计政策选择

企业的会计政策是指企业在会计确认、计量和报告中采用的原则、基础和会计处理方法。《企业会计准则》给企业会计处理留下了足够大的会计政策选择空间,这并不是说企业可以随便选择和变更会计政策,企业管理层应当以真实、公允地反映企业状况为标准来选择适当的会计政策,变更会计政策时要说明合理变更的原因。

#### (三)会计估计确定

会计估计是指企业对其结果不确定的交易和事项,以最近可利用的信息为基础所做出的判断。企业管理层需要依据企业的真实情况做出合理的会计估计。若资产和负债的当前状况及预期未来经济利益和义务发生了变化,则会计估计也需要做出相应改变。

#### (四)文件和凭证控制

企业应当对经济业务文件进行记录并且凭证需要连续编号,避免业务记录的重复或遗漏,同时便于业务查询,并在一定程度上防范舞弊行为的发生。例如,企业对产品出入库单预先编号,这样可以有效控制产品的流动,不会出现产品的无故短缺。

#### (五)会计账簿登记和财务报表编制控制

一方面,企业应按照规定设置会计账簿,在填写"启用表"后启用会计账簿,会计账簿审核表无误后才能登记入账,对会计账簿的账页或账户应连续编号,并按照规定的方法与程序登记进行错误更正;另一方面,企业应按照规定的方法和时间编制及报送财务会计报告,并且一定要由单位负责人、总会计师以及会计主管人员审阅、签名并盖章。

### (六) 会计档案保管控制

会计档案是指会计凭证、会计账簿和财务报表等会计核算专业资料,是记录和反映经济业务的重要历史资料和证据。会计档案的内容一般指会计凭证、会计账簿、会计报表以及其他会计核算资料等。企业应当详细记录且妥善保管合同、协议、备忘录、出资证明等重要的法律文件,作为企业重要的档案资料以备查用。

### (七) 业务流程控制

企业应当采用业务流程图的形式清晰反映其业务流程(业务流程图是由特定的符号组成,反映在业务处理程序及部门之间相互关系的图表,它既是企业管理的有效工具,也是评价内部控制的重要手段),使得员工能够充分理解企业的业务流程,从而清楚自己在整个业务流程的地位,采取适当的工作方式实现自己的岗位责任。

### (八) 组织和人员控制

企业应当依法设置会计机构,配备会计从业人员。从事会计工作的人员,必须取得会计从业资格证书。会计机构负责人应当具备会计师以上专业技术职务资格。大中型企业应当设置总会计师。设置总会计师的企业,不得设置与其职权重叠的副职。

### (九) 建立会计岗位制度

企业应根据自身规模大小、业务量多少等具体情况设置会计岗位。一般大中型企业设置会计主管、出纳、流动资产核算、固定资产核算、投资核算、存货核算、工资核算、成本核算、利润核算、往来核算、总账报表、稽核、综合分析等岗位。小型企业因业务量较少,应适当合并减少部分岗位。这些岗位可以一人一岗、一人多岗,也可以一岗多人,但出纳人员不得兼任稽核、会计档案保管和收入、费用、债权债务账目的登记工作。

[案例 4-3] **会计控制缺失,企业资产受损**

2011 年 10 月 14 日,奥林巴斯英国籍社长伍德福德突然遭到奥林巴斯公司辞退。随后,伍德福德通过媒体称他是因为追究公司内以不当价码收购英国一家医疗器材公司,而突然遭到解职。伍德福德表示,关于奥林巴斯支付给 AXAM 投资公司的巨额费用一事,美国联邦调查局(FBI)正在调查。虽然现在这家公司已经注销,但却与一名位于美国的日本银行家存在联系。消息一出,国际投资大股东纷纷要求奥林巴斯公开财务内容,从而奥林巴斯"假账门"风波被全面引爆。2011 年 11 月 8 日,奥林巴斯上任仅两周的 CEO 高山修一在 14 名左右的国内外记者面前,向投资人鞠躬 90 度致歉。至此,奥林巴斯首次向外界承认在财务方面存在着"非常不恰当的"行为,高山修一把主要责任推在前董事长兼总裁菊川刚、负责财务的副总裁森久志、审计师三田秀雄这三个人身上。由此,外界对奥林巴斯这起造假丑闻历史的关注顿时达到高潮。而事实上,奥林巴斯的造假手法并不算高明,但是却直到 20 年后才被掀开。奥林巴斯承认,20 世纪 80 年代以来,奥林巴斯公司 3 名高管掩盖了投资证券所造成的亏损,他们通过向咨询机构支付天价费用等方式来掩盖亏损。在此期间,奥林巴斯通过并购的方式,将投资亏损转移至公司账外,毫无疑问,这是用欺骗手段侵吞了投资人的金钱。奥林巴斯被查出的造假金额可能高达 18 亿美元。受此影响,奥林巴斯公司的股价在短短一个多月的时间内跌去近五分之四,市值缩水额最高时超过70亿美元。奥林巴斯的股票更是面临退市的危险,虽然最后经过危机公关,避免了股票退市的恶果,但这家拥有90多年历史的知名企业已经大伤元气。

一家受到市场严密监管的世界500强企业,其管理水平、内控制度一直备受推崇,是很多学者研究的样本、职业经理人学习的模板,这样发展成熟的企业尚且因为会计系统控制不完善面临巨大危机,因而在我国企业内部控制体系建设中,应加强对会计系统控制的建设,不断完善管控风险的能力。

## 第四节 财产保护控制

### 一、财产保护控制的含义

合理保证资产安全是我国《企业内部控制基本规范》规定的五个控制目标之一。资产作为企业重要的经济资源,是企业从事生产经营活动并实现发展战略的物质基础。财产保护控制是为了确保企业财产安全完整所采用的各种方法和措施。这里所指的财产主要包括企业的现金、存货和固定资产等,它们在企业资产总额中所占比重较大,同时又极易发生被挪用转移、损失浪费和被侵占盗窃等问题。因此,企业应建立健全科学的财产保护控制措施,提高资产管理水平。

我国《企业内部控制基本规范》第十二条明确规定:财产保护控制要求企业建立财产日常管理制度和定期清查制度,采取财产记录、实物保管、定期盘点、账实核对等措施,确保财产安全。企业应当严格限制未经授权的人员接触和处置财产。

### 二、财产保护控制的内容

财产保护控制具体包括财产记录控制、限制接近控制、财产清查控制和财产保险控制四个方面的内容。

#### (一)财产记录控制

建立企业财产记录,能够全面、系统地反映企业各项财产的增减变动,及时掌握财产的管理情况。财产记录控制是指企业应当建立并妥善保管涉及资产的各种文件资料,避免记录受损、被盗、被毁。财产记录控制应做以下几点:首先,应严格限制接近记录的人员,以保证财产保管、批准和记录不相容职务分离的有效性;其次,应妥善保存各种记录,如可以设置专门的档案室、档案柜等保护设施保存财产记录,尽可能减少记录丢失、毁损、被篡改的可能性;最后,对于某些重要的信息资料,应当留有备份记录,以便在遭受意外损失或毁坏时重新恢复,这在计算机处理条件下尤为重要。

#### (二)限制接近控制

实物资产是企业拥有或控制的有形资产,具有种类繁多、形态各异、存放分散的特点。限制接近主要是指严格限制未经授权人员对有关资产的直接接触,只有经过授权批准的人员才能接触资产。限制接近包括对资产本身的直接接触以及通过文件批准方式使用和处置资产的间接接触。

在一般情况下,货币资金、有价证券、存货等变现能力强的资产必须限制无关人员的直接接触,保证存放的安全。对于现金的收支及库存的管理,只限于特定的出纳,出纳要与应收账款、应付账款等债权债务明细账及总账的记账人员相分离,平时将现金存放在保险箱并由出纳保管钥匙;对于支票、汇票、有价证券等其他易变现的非现金资产,应确保两名或两名以上人员同时接近资产的方式加以控制,如由银行等第三方保管或要求两名管理人员共同签名方可处理易变现的资产,限制接近未使用票据并按规定正确注销已使用的票据;对于原材料、半成品、产成品等存货,可以由专职的仓库保管员控制,其他人员不得经管,企业可以通过设置分离、封闭的仓库区域,安装消防和防盗设施,以及工作时间之内和工作时间以外控制进入仓库区域等方式实现。

(三)财产清查控制

财产清查是定期或不定期地对各项财产物资、货币资金和债权债务进行实地盘点和账目核对,将盘点核对的结果与会计记录进行核对,并对差异进行分析和处理的控制措施。

1. 清查资产,与会计记录核对

企业对库存现金、存货、固定资产等进行实地盘点,对银行存款、债权债务进行账目核对,将清查结果与账簿记录进行比较,可以及时发现财产管理中存在的缺陷和漏洞,通过后续的改进措施来防范资产的流失,能够在很大程度上保证资产的安全。

2. 差异调查与调整

财产清查结果与有关会计记录之间差异的调查工作必须由独立于财产保管和会计记录的人员进行。差异通常表现为盘盈或盘亏,为防止差异再次产生,应详细调查分析差异产生的原因,查明相关人员的责任,并根据资产的性质、差异金额大小等,采取保护性措施。

企业应根据具体情况进行定期或不定期财产清查。定期清查是在规定的时间内进行的,盘点的时间一般是在月末、季末和年末。不定期清查属于临时清查,在更换财产保管人员或发生财产损失等情况时进行。对于重要的、容易被侵占的财产,更需要进行不定期清查,以便可以及时发现问题。

(四)财产保险控制

财产保险控制,是指运用财产投保,增加实物资产受损后的补偿程度或机会,从而将意外情况发生、资产受损时给企业带来的影响降到最低程度,分担不确定性带来的风险的控制措施,目前已成为企业防范和规避资产风险的重要手段。

[案例4-4] **家乐福的周期盘点**

家乐福运用 ABC 分类法对所有物料进行分类,根据流量大小和移动速度快慢将物料分为 A、B 和 C 三类,其中:A 类物料的特性是流量大、移动快速,在企业物料中最为重要,就会采取严密的管理方式和预测准确的库存计划;B 类物料的特征为流量适中、仅次于 A 类的重要物料品种,采用管理中度的管理方式;C 类的特征为流量低或转移缓慢,相对重要性也较低,采用宽松的管制即可。

家乐福利用"周期盘点"代替传统的一年两次的实地盘点,"周期盘点"是以一个月或几个星期为一个周期,根据品类管理对物料的分类,同样也对所储存的物料进行盘点周期的分类。每一次盘点若干个储位或料项,根据盘点的结果进行调整,并生成周期盘点的相关报表。采用"周期盘点"可以达到缩短盘点周期、及早发现"人"的问题以及仓储中存在的问题。

在家乐福,盘点的计划是由订货部门制订和控制,由财务部门组织,与仓管部门共同负责实施的,每一次的周期盘点都与大盘一样,必须有财务人员到场。由财务人员组织参与周期盘点,一方面可以监督周期盘点的正确实施,保证盘点结果的准确性;另一方面可以在部门与部门之间形成相互牵制、相互监督的关系。

在实行了"周期盘点"后,家乐福发现,这种盘点制度能够节省一定的人力、物力、财力,盘点工作的效率得到了提高。

家乐福采用的周期盘点制度,运用 ABC 分类法对不同物料分类管理,订货部门、财务部门、仓管部门共同参与。这种盘点制度的优点是:缩短了盘点周期,在提高盘点工作效率的同时,可以及时发现财产管理上存在的漏洞和隐患;相关职能部门共同负责进行盘点,各部门之间形成相互牵制、相互监督的关系,可以保证盘点结果的准确性,确保财产的安全。

## 第五节 预算控制

### 一、预算控制的内涵与意义

目前,内部控制结构已不仅仅满足于传统意义上的查弊纠错和保护资产安全,其目标已延伸到提高效率和效益,保证管理政策和目标的实现。为此,预算控制已成为内部控制的重要方式。预算控制要求企业加强预算编制、执行、分析、考核等各环节的管理,明确预算项目,建立预算标准,规范预算的编制、审定、下达和执行程序,及时分析和控制预算差异,采取改进措施,确保预算的执行。

预算控制有利于优胜劣汰机制、激励约束机制的运行。一个预算管理松懈的企业必然难寻降本增效之源,难以摆脱低效率、高成本的困扰。

### 二、预算控制体系

完整的预算控制体系包括预算编制控制、预算执行控制和预算考评控制三个环节。

#### (一)预算编制控制

1. 选择预算管理模式

作为实现企业战略目标的手段,预算管理的重点必然要体现战略的要求。不同的战略规划决定企业选择不同的预算管理模式,并进一步决定企业选择不同的预算编制切入点、程序和方法。

(1)以资本预算为核心的预算管理模式。

该预算管理模式适用于处于初创期的企业,其预算管理重点为:谨慎进行投资概算;利用财务决策技术进行资本支出的项目评价;项目投资总额预算和各期现金流出总额预算;融资预算;以预算为标准对实际购建过程进行监控与管理;对照资本预算,评价资本支出项目的实际支出效果。

(2) 以销售预算为核心的预算管理模式。

该预算管理模式适用于步入成长期的企业。预算管理的重点是借助预算机制与管理形式来促进营销战略的全面落实,以取得企业可持续的竞争优势。以销售预算为核心的预算管理模式,能够为企业营销战略的实施提供全方位的管理支持。

(3) 以成本预算为核心的管理模式。

该预算管理模式适用于处于成熟期的企业和大型企业集团的成本中心。以成本预算为核心的预算编制核心思想为:以期望收益为依据、以市场价格为已知变量来规划企业总预算成本;以总预算成本即目标成本为基础,分解到涉及成本发生的所有责任单位,形成约束各责任主体的分预算成本。

(4) 以现金流量为核心的预算管理模式。

该预算管理模式适用于处于衰退期的企业,其预算管理重点关注:企业及各部门、子公司现金的来源;企业现金支出的途径;现金流入、流出的具体时点;在某一时点上可用的现金余额;如何从外部筹措所需资金;控制不合理的现金支出,防止自由现金流量的滥用。

[案例 4-5] 企业实施财务预算管理 实现经营目标

华润(集团)有限公司是隶属于国务院国资委管理的一家有 72 年发展历史的中央企业。在经过多年的实践和不断改进后,总结了一套旨在贯彻全面预算管理的运行体系,即 6S 管理体系:利润中心的编码体系、管理报告体系、预算体系、评价体系、审计体系和经理人考核体系等。6S 管理体系的系统化构想是:以专业化管理为基本出发点,把集团及属下所有业务及资产分成多个利润中心,并逐一编制号码;每个利润中心按规定格式和内容编制管理会计报告,并汇总成为集团总体管理报告;在利润中心推行全面预算管理,将经营目标层层分解,落实到每个责任人每个月的经营上;根据不同利润中心的业务性质和经营现状,建立切实可行的业务评价体系,按评价结果确定奖惩;对利润中心经营及预算执行情况进行审计,确保管理信息的真实性;最后,对利润中心负责人进行每年一次的考核,逐步建立起选拔管理人员的科学程序。

6S 管理体系保证了集团全面预算管理的运行,是华润公司目前运用得最为成功的管理系统。2017 年年底,华润公司业绩再创新高,华润医药、华润置地和华润燃气营业额增加。2016 年,华润集团利润总额约 480 亿元。这些成绩的取得都与华润公司不断推进专业化和加强竞争力的努力分不开,其中,6S 管理体系为华润管理强势的逐步形成发挥了重要作用。

2. 明确预算编制程序

预算编制程序有自上而下式、自下而上式和上下结合式三种方式。

(1) 自上而下式。

所谓自上而下式,是指集团公司总部根据战略管理需要,制定全面而详细的预算,各部门或子公司只是预算执行主体,所有管理权力集中在总部。自上而下式适用于集权制管理的企业和产品生产、经营单一的企业。

(2) 自下而上式。

所谓自下而上式,是指各部门和子公司负责编制、上报预算,总部对预算负有最终审批权。预算管理的主动性在于基层单位,总部主要起到管理中心的作用。自下而上式适用于分权制管理的企业。

(3) 上下结合式。

上下结合式,博采上述两种方式之长,在预算编制过程中,经历自上而下和自下而上的往复。上下结合式既体现了管理层的意志,反映了企业战略发展要求,又考虑到了基层单位的实际情况。这一方式的关键在于上与下如何结合、对接点如何确定的问题。

3. 选择预算编制方法

预算编制的具体方法视不同部门、不同单位的性质和费用形态而定,通常有三种方法可供选择:

(1) 传统预算法,即在上年度预算的基础上,考虑本年度预计变动因素而编制的预算。这种方法简单,便于理解,但缺乏灵活性,适用于业务量平稳、变动幅度不大的企业。

(2) 弹性预算法,即以正常情况为基准,考虑相关范围内几个变化水平的预算方案。这种方法灵活,比如当销售量在某月发生变化时,可以根据变化幅度选择预算体系。

(3) 零基预算,即不考虑上期情况,而是根据现状分析,每次编制预算都从零开始。这种方法比较合理,效益也高,但编制过程烦琐耗时,适合研发部门使用。

## (二) 预算执行控制

1. 预算控制主体

企业应建立严密的预算监控机构,即预算控制主体,以保证全方位的预算控制。预算系统具有全面性和系统性的特点,加之受成本、能力等因素的制约,使得企业难以通过设置一个专门的预算监控机构来承担预算控制的重任。因此,有效的控制方式应该是自我控制和管理控制相结合,这就决定了预算组织机构即为预算的控制主体。与预算组织机构相对应,预算控制也是分三个层次展开的。

第一层次是预算管理委员会。预算管理委员会是全面预算管理的领导机构,自然应作为最高级别的控制主体承担监控职责。

第二层次是预算管理机构。预算管理机构对企业预算执行情况进行日常监督和控制,收集预算执行信息,形成分析报告。预算管理机构一般由财务总监负责。财务部的地位决定其理应成为预算监控中心和预算信息反馈中心。

第三层次是各责任中心。各责任中心既是预算的执行者,又是预算执行的监控者。各责任中心(包括所有基层预算人员)在各自职权范围内以预算指标作为生产经营行为的标准。如果超过预算,要向上级责任中心报批。各责任中心的专职预算员记录任务实际完成情况,同预算指标比较,进行自我分析,并上报上级管理人员以便采取相应的措施。

2. 预算控制流程

(1) 预算指标的分解与下达。年度预算经过董事会批准后,需要分解为月度预算,有条件的企业还可以分解到天,以保证预算的有效执行。企业将分解后的预算指标下达给各责任中心,以此作为对责任主体的硬约束。

(2) 业务执行。各预算责任部门以预算指标作为业务活动的标准,本月无法完成的预算可以留转下月执行,但要单独列示。各预算责任部门应指定专职或兼职预算管理员。登记预算台账,形成预算执行统计记录,并定期与财务部门核对。

(3) 业务审批。业务审批要素包括审批权限、审批依据和审批责任。对于预算业务申请,首先要划分预算内和预算外支出。如果属于预算内支出,则限额内实行责任人审批制;对限额外的支出,由主管业务的副总经理及以上职位人员审批。预算外支出需要提交预算委员会审议。

(4) 财务审核。财务部门对各级业务部门的日常业务进行财务监督和审核。财务审核的重点是财务支出,尤其是成本支出和资本性支出。对于预算限额外支出,业务副总经理审批通过后,财务总监还要检查审批程序是否合规、合法,并签署意见。

3. 预算信息反馈

预算信息反馈是指预算指标执行情况的报告制度,包括预算责任报告和预算报告例会制度。

**(三) 预算考评控制**

预算考评以责任中心为考评主体,以预算指标为依据,定期比较预算执行结果与预算指标的差异,分析差异形成的原因,据以评价责任中心的工作业绩,并按照奖罚制度对各预算责任人进行考核与激励。

预算考评是对企业各级责任主体预算执行情况的考核和评价。从预算考评的方式看,可以分为动态考评和综合考评;从预算考评的内容和性质看,又可分为过程监控和结果评价。预算考评一般分两个阶段进行,即预算执行过程中的动态考评和预算期末的综合考评。

1. 预算执行过程中的动态考评

在预算执行过程中开展预算考评,能够及时提供各级责任主体预算执行情况的信息,通过差异分析,及时纠正行为偏差,督促其落实预算任务。预算差异分析包括四个步骤:首先,确定差异分析对象和差异分析方法。一般针对金额较大、性质特殊的差异进行分析,具体分析项目的确定视企业情况而定。其次,收集企业内部和外部资料,计算差异数额。再次,进行差异分析,确定差异原因是差异分析的重点,在此,关键是确定责任的"可控"与否。最后,根据差异分析结果,考虑可能采取的应对措施。

2. 预算期末的综合考评

在预算期末,对全面预算管理的运行情况进行总结和综合评价,为下一次准确地编制和有效地运行预算积累经验。预算期末考评应与企业的绩效考核和激励机制结合起来,分为高级经理、责任中心和基层员工等多个考核层次,并据此进行相应的奖励与惩罚。

预算考评通常采用定性考核和定量考核相结合、财务指标和非财务指标相结合的方式。既然预算考评是对预算目标实现和预算责任履行情况的考核,自然考核指标应与预算目标和责任指标相对应。定量考核就是对各责任主体预算责任指标和预算目标的实际执行情况进行差异分析,根据分析结果决定奖惩措施。定量考核侧重于结果评估和数量考核。定性考核则是对在全面预算管理实施过程中表现优异和突出的部门和个人进行奖励,偏重于行为评估。

财务指标在预算考核中占据主导地位。但是,财务指标的局限性也是显而易见的,它过多关注过去的经营业绩而忽视未来的发展,片面分析容易误导经营行为,评价指标注重企业内部而忽视外部市场竞争。因此,在预算考评中很有必要引入非财务指标,更加注重企业的未来成长、战略发展和外部市场,促使经营者加强内部管理和员工的培训,加大市场开拓的力度。

## 第六节  运营分析控制

### 一、运营分析控制的定义

运营分析,是指以统计报表、会计核算、管理信息、计划指标和相关资料为依据,运用科学的分析方法对一段时期内的经营管理活动情况进行系统的分析研究,旨在真实地了解经营情况,发现和解决经营过程中的问题,并按照客观规律指导和控制企业经营活动。

《企业内部控制基本规范》第三十四条规定,运营分析控制要求企业建立运营情况分析制度,经理层应当综合运用生产、购销、投资、筹资、财务等方面的信息,通过对比分析、比率分析、趋势分析、因素分析、综合分析等方法,定期开展运营情况分析,发现存在的问题,及时查明原因并加以改进。

### 二、运营分析控制的流程

运营分析控制的流程一般包括以下四个阶段:

(1) 数据收集。企业各职能部门应根据本部门运营分析的目的收集相关数据,一方面在履行本部门职责过程中应注意相关数据的收集与积累,另一方面可以通过外部各种渠道(如网络媒体、行业协会、中介机构、监管部门等)广泛收集各种数据。

(2) 数据处理。数据是血液,是资产,但也可能是垃圾。也就是说,不是所有的数据都能够产生有用的信息。企业各职能部门只有对数据进行有效的清理与筛选,即消除噪音和删除不合格的数据,数据才能变成有用的信息。

(3) 数据分析。企业各职能部门围绕本部门运营分析的目的采用各种分析方法(包括对比分析法、比率分析法、趋势分析法、因素分析法、综合分析法等)对处理后的数据进行分析,充分挖掘数据背后所隐藏的原因或规律,并对未来经营做出预测。

(4) 结果运用。在数据分析结果的基础上形成总结性结论,并提出相应的建议,从而对发展趋势、策略规划、前景预测等提供重要的分析指导,为企业的效益分析、业务拓展提供有力的保障。

### 三、运营分析控制的方法

运营分析方法包括定量分析方法和定性分析方法。定量分析方法是从数量上比较和测定各项经济指标变动的数额,以及影响指标变动的原因和影响程度的分析方法,是运营分析最基本的方法。定性分析方法是在定量分析的基础上，根据国家有关法规、政策，结合企业的实际情况进行相互联系的分析研究，对各种不可计量的因素加以综合论证，对定量分析的结果进行切合实际的修正，是运营分析的辅助方法。

下面重点介绍运营分析常用的方法，具体包括比较分析法、比率分析法、趋势分析法、因素分析法和综合分析法等定量分析方法。

（一）比较分析法

比较分析法是运营分析中最常用，也是最基本的方法，是将两个或多个相互联系的指标进行比较，揭示差异，为分析和评价企业的某一方面的运营情况提供依据和指明方向。比较分析法中可选取历史指标、预算指标、行业指标作为比较评价标准。将本期指标与上期、上年同期指标或历史最高水平进行比较，可以揭示企业某一方面的增减变动情况；将实际指标与计划、预算指标进行比较，可以分析考核企业计划、预算的执行情况；将本企业指标与同行业平均指标或先进企业的指标进行比较，可以找出差距与不足。

比较分析法相关指标比较的形式有绝对数比较和相对数比较。绝对数比较是计算两个或两个以上指标增减变动数额；而相对数比较是计算增减变动百分比。相对数比较可消除项目绝对规模因素的影响，有利于得出正确的分析结论。

采用比较分析法时，应注意相比较指标的可比性，对比的指标在性质、计算口径、计价基础和时间上应保持一致；同时还应注意剔除偶然性因素对评价指标的影响，对显著变动的指标要做重点分析。

（二）比率分析法

比率分析法是将财务报表中相互联系的两个项目的金额进行对比，计算财务比率，据以确定企业经济活动变动程度，考察和评价企业财务状况和经营成果的分析方法。常用的比率指标主要有构成比率、效率比率和相关比率。构成比率是通过计算某项经济指标的某个组成部分与总体的比率，反映部分占总体的关系，说明经济指标的构成及其发展变化。利用构成比率，可以考察总体中某部分的形成与安排的合理性。效率比率是通过计算某项经济活动中的所费与所得的比率，反映投入与产出的关系。利用效率比率，可以考察企业的经营成果，评价经济效益。例如，利用利润与销售收入的比率，可以分析和考察企业的获利能力。相关比率是将两个不同但又有一定关联的项目加以对比所得的比率，反映有关经济活动的相互关系。利用相关比率，可以考察企业生产经营活动情况。例如，利用流动资产与流动负债的比率，可以分析企业的短期偿债能力。

比率分析法计算简便，计算结果容易判断分析，而且能够将某些指标在规模不同的企业之间进行比较，可比性强。但在运用比率分析法时应注意以下三个问题：① 对比项目应具有相关性。构成比率的分子与分母必须是部分与总体的关系；效率比率的分子与分母必须具有投入与产出的因果关系；相关比率的分子与分母也要有某种内在的联系。② 对比项目的计算口径必须一致。计算比率的分子与分母必须在计算时间、范围等方面保持口径一致。③ 衡量标准要有科学性。在分析、评价比率指标时，要选择科学、合理的标准与之对比，以便对企业的运营情况做出客观评价。通常可根据分析目的的需要，选用预定目标、历史标准和行业标准作为对比标准。

## （三）趋势分析法

趋势分析法也称动态分析法，是通过对财务报表中各类相关数字资料，将连续三期或多期的相同指标或比率进行定基对比和环比对比，确定其增减变动的方向、数额或幅度，揭示有关数据变动趋势的一种分析方法。定基对比指的是用某一期的数值作为固定的基期指标数值，将其他各期的数值与其对比。环比对比指的是以每一分析期的前期数值为基期数值计算比率，比较的对象总是报告期的上一期数据，比较的对象随时间的变化而不断变化。

趋势分析可以采用以下几种形式：① 若干期资产负债表项目的变动趋势分析。编制横向比较的资产负债表，可以揭示资产、负债及所有者权益增减变动情况，寻找财务状况发生变化的原因；编制纵向比较的资产负债表，通过计算资产负债表中各项目在总资产或总权益中所占的比重，来分析企业资产结构、权益结构及增减变动的合理性。② 若干期利润表项目的变动趋势分析。对利润表的横向比较可以揭示不同时期利润额的差异及其产生的原因；而对利润表的纵向比较可以分析利润、成本费用结构及增减变动的合理程度。③ 若干期财务比率的变动趋势分析。④ 特定项目（如销售量、营业收入等）若干期数据的变动趋势分析。趋势分析目的在于揭示企业财务状况、经营成果等的变动情况。发现问题，查找原因，同时也可以预测企业未来的发展趋势。

运用趋势分析法时应注意以下三个问题：① 用于进行对比的各个时期的指标，在计算口径上必须一致。② 要剔除偶发性项目的影响，使作为分析的数据能反映企业正常的运营情况。③ 应用例外原则，对某项有显著变动的指标做重点分析，研究其产生的原因，以便采取对策，趋利避害。

## （四）因素分析法

在企业的经营活动中，有些指标是由多种因素共同构成的，每一因素变动对该指标都有影响，只有把该指标分解为具体因素，并确定各个因素对指标的影响，才能找出该指标完成好与差的原因，进而制定改进措施。因素分析法就是确定分析指标的影响因素、测量其影响程度并查明指标变动原因的一种分析方法。因素分析法既可以全面分析若干因素对某一经济指标的共同影响，又可以单独分析其中某个因素对某一经济指标的影响。

因素分析法按分析特点可分为连环替代法和差额分析法。连环替代法是将分析指标分解为各个可以计量的因素，并根据各个因素之间的依存关系，顺次用各因素的比较值（通常即实际值）替代基准值（通常为标准值或计划值），据以测定各因素对分析指标的影响。

假设某一分析指标 M 是由相互联系的 A、B、C 三个因素相乘得到，报告期（实际）指标为 $M_1 = A_1 \times B_1 \times C_1$，基准期（标准）指标为 $M_0 = A_0 \times B_0 \times C_0$，报告期与基准期的总差异是 $M_1 - M_0$。在测定各因素变动对 M 指标影响程度时可按顺序依次进行替代：

基期（计划）指标 $M_0 = A_0 \times B_0 \times C_0$ ……（1）
第一次替代：$A_1 \times B_0 \times C_0$ ……（2）
第二次替代：$A_1 \times B_1 \times C_0$ ……（3）
第三次替代：$A_1 \times B_1 \times C_1$ ……（4）
则各因素变动对 M 指标的影响程度是：
A 因素变动对 M 指标的影响为：$(2) - (1) = A_1 \times B_0 \times C_0 - A_0 \times B_0 \times C_0$

B因素变动对M指标的影响为:(3)-(2)= $A_1 \times B_1 \times C_0 - A_1 \times B_0 \times C_0$
C因素变动对M指标的影响为:(4)-(3)= $A_1 \times B_1 \times C_1 - A_1 \times B_1 \times C_0$
最后将A、B、C三大因素各自的影响数相加就应该等于总差异($M_1 - M_0$)。

[**例4-1**]某企业2016、2017年的材料费用及其影响因素如下,试用因素分析法分析其主要影响因素及影响程度。

| 指　　标 | 2016年 | 2017年 |
| --- | --- | --- |
| 产品产量(件) | 1 000 | 1 100 |
| 材料单耗(千克/件) | 8 | 7 |
| 材料单价(元/千克) | 5 | 6 |
| 材料费用(元) | 40 000 | 46 200 |

**解**:分析对象——材料费用变动数 = 本年数 - 上年数 = 6 200(元)
分析对象与影响因素之间的关系式:材料费用 = 产量×单耗×单价
上年数:1 000 × 8 × 5 = 40 000(元)
替代Ⅰ:1 100 × 8 × 5 = 44 000(元)
由于产量增加100件,使材料费用增加4 000元。
替代Ⅱ:1 100 × 7 × 5 = 38 500(元)
由于单耗减少1千克,使材料费用减少5 500元。
替代Ⅲ:1 100 × 7 × 6 = 46 200(元)
由于单价增加1元,使材料费用增加7 700元。
三因素对材料费用的综合影响:材料费用增加了6 200元。

差额分析法是连环替代法的一种简化形式,是利用各个因素的比较值与基准值之间的差额,来计算各因素对分析指标的影响程度。这种方法与连环替代法的原理及运用要求相同,只是在计算上简化一些,两种方法的计算结果也完全相同。

运用因素分析法时应注意以下四个问题:① 因素分解的关联性。② 因素替代的顺序性。一般先替代数量指标,后替代质量指标;在同类指标中先替代实物量指标,后替代价值量指标;若有几个同类指标,则先替代主要因素,后替代次要要素。③ 顺序替代的连环性。计算每一个因素变动时,都是在前一次计算的基础上进行,并采用连环比较的方法确定因素变化影响的结果。④ 计算结果的假定性。连环替代法计算的各因素变动的影响数,会因替代计算的顺序不同而有差别,即其计算结果只是在某种假定前提下的结果。因此,分析人员应力求使这种假定合乎逻辑,并具有实际经济意义,这样才不会妨碍分析结果的有效性。

**(五) 综合分析法**

综合分析法,是指将反映企业运营各个方面的指标纳入一个有机的整体之中,以系统、全面、综合地对企业运营状况进行分析与评价。目前在实践工作当中应用比较广泛的综合分析体系包括杜邦财务分析体系、可持续增长率分析体系、EVA价值树分析体系等。

[案例 4-6]
中国海油特色的财务报告分析

## 第七节　绩效考评控制

### 一、绩效考评控制的定义

绩效考评是指运用科学的方法,对企业或其各分支机构一定经营期间内的生产经营状况、资本运营效益、经营者业绩等进行定量和定性的考核、分析,做出客观、公正的综合评价。作为一个反馈控制手段,绩效考评在内部控制中作用显著。

《企业内部控制基本规范》第三十五条规定,绩效考评控制要求企业建立和实施绩效考评制度,科学设置考核指标体系,对企业内部各责任单位和全体员工的业绩进行定期考核和客观评价,将考评结果作为确定员工薪酬以及职务晋升、评优、降级、调岗、辞退等的依据。

### 二、绩效考评系统的内容

绩效考评的本质是一个由各个要素组成的具有整体目的性和内在联系性的系统。一个典型的绩效考评系统应由评价主体与客体、评价目标、评价指标、评价标准、评价方法、评价报告等基本要素构成。

#### (一) 评价主体与客体

绩效考评系统的评价主体主要是公司董事会和各级管理者,评价客体是各级管理人员和全体员工,当然也涉及对部门的绩效考评。

#### (二) 评价目标

评价目标是指通过绩效考评所要达到的目的。评价目标与组织目标相关联,多依赖于战略目标的层层分解,企业应当建立以绩效为核心的分配激励制度,将绩效考核与薪酬相挂钩,切实做到薪酬安排与员工贡献相协调,既体现效率优先又兼顾公平,杜绝高管人员获得超越其实际贡献的薪酬;同时,要注意发挥企业福利对企业发展的重要促进作用,既吸引企业所需要的员工、降低员工的流动率,又激励员工,提高员工士气及对企业的认可度与忠诚度。

#### (三) 评价指标

评价指标,是指对评价客体的哪些方面进行评价。目前,评价指标的反映内容已经从过去的仅仅关注财务结果逐步拓展到关注驱动财务结果的非财务活动。考虑到绩效考核的目的不同,故要准确、客观地评价客体的业绩,必须对不同目的的绩效考核的评价指标进行个性化处理。

## （四）评价标准

评价标准是判断评价客体业绩优劣的基准。评价标准最初是以实际的业绩水平为准来评判，但随着组织背景的逐渐变化，评价标准也随之变化。就目前而言，绩效考评系统最为常用的三类标准是预算标准、历史标准和行业标准（包括竞争对手的标准）。

## （五）评价报告

评价报告实际上属于绩效考评系统的输出信息，也是绩效考评系统的结论性文件。评价报告的编制应按照评价指标制定与计算、评价指标的实际值与评价标准的差异计量与分析、评价结论的得出、形成评价报告、奖惩建议等几个步骤进行，但其关键步骤在于评价指标计算和差异分析。

绩效考评系统各要素之间存在相互依存、相互支持的关系，具体表现在：评价目标是绩效考评系统的指南和目的，它决定了评价指标的选择、评价标准的设置、评价方法的确立和评价报告的编报。评价目标从定性和定量两个维度又分解为评价指标和评价标准，即评价指标反映评价目标的具体内容，评价标准反映评价目标的具体水平。评价指标和评价标准相互影响。评价指标和评价标准是形成评价方法的基础，其类型的选择会影响评价方法的确立。评价方法不仅是对评价指标和评价标准的具体运用，而且是对实际业绩是否达到评价目标的判断过程和处理过程。评价报告是整个绩效考评系统的输出信息，是对绩效考评系统其他要素的最终反映和综合体现。当然，评价报告的深度、广度与可信度要取决于评价指标、评价标准和评价方法的科学性。

## 三、绩效考评方法

绩效考评控制的重点和难点是绩效考评方法的确定。绩效考评是针对企业内部各责任单位和每个员工所承担的工作完成的实际效果及其对企业的贡献或价值进行考核和评价。一般而言，选择绩效考评方法应当考虑成本、实际性、工作性质三个要素，考评方法力求目的明确、方法简单、便于控制、易于执行。绩效考评方法按照考核内容特征可以分为结果导向型、行为导向型、特质导向型和战略导向型四种类型方法。

### （一）结果导向型绩效考评方法

结果导向型绩效考评方法是在考核过程中先为员工设定一个工作结果的标准，然后将员工的实际工作结果与标准对照。结果导向型绩效考评的重点在于产出与贡献，通常适用于工作结果易于表现为客观、具体、可量化的绩效指标的员工，如一线操作工人、销售人员等。常见的结果导向型绩效考评方法有比较法、强制分布法和评级量表法等。

1. 比较法

比较法也称为排序法，是按照被考核者有关绩效的相对优劣程度确定其相对等级或名次。比较法又分为直接排序法、交替排序法和配对比较法，其中：直接排序法下，将员工按工作绩效由好到差的顺序依次进行排列；交替排序法下，首先将绩效最好的员工列在名单之首，把绩效最差的员工列在名单末尾，然后从剩余的被考核者中挑选出绩效最好的列在名单开首第二位，相应的绩效最差的列在名单倒数第二位，以此类推，不断挑选出剩余被考核者群体中绩效最好的和最差的员工，直至排序完成；配对比较法是针对某一绩效评估要素，把每一位员工都与其他员工相比较来判断谁"更好",记录每一位员工与任何其他员工比较时被认为"更好"的次数,根据次数的多少给员工排序。比较法是最方便的考评方法,考核结果也一目了然,但是采用比较法得出的考核结果无法在不同考核群体之间进行横向比较,也无法找出绩效差距产生的原因,在实务中一般不单独使用。

2. 强制分布法

强制分布法是基于正态分布原理,预先确定评价等级和各等级在总数中所占的百分比,然后按照被考核者绩效的优劣程度将其强制列入其中的相应等级。强制分布法的优点是等级清晰,考核过程简单方便;常常与员工的奖惩联系在一起,强烈的正负激励同时运用;可以避免考核者给所有人中等评价的问题。强制分布法的缺点在于按照考评者的设想对员工进行硬性区分容易引发员工的不满,同时会把一些员工归入不适当的等级中,挫伤员工的工作积极性;只能把员工分为有限的几种等级,难以具体比较员工差别,也不能在诊断工作问题时提供准确可靠的信息;不同部门中不同类型员工的概率可能不一致。

3. 评级量表法

评级量表法是在绩效考评中所采用的最普遍的考评方法,是把员工的绩效分为若干项目,每个项目后设一个量表,由考评人员对员工在每一考评因素上的情况做出评判和记分。这种方法的优点是创造了一种量化考核,可以把员工绩效的每一因素都反映出来,总考核成绩可以被看成绩效增长或被用作提升的依据,考评过程费时少、有效性高。其缺点是考核者容易产生晕圈误差和趋中误差,过于宽大或中庸的考核者,会把每个人的每个项目很快地评为高分或平均分;多数评级量表并不针对某一特别岗位,而是适用于企业的所有单位,因而不具有针对性。

(二)行为导向型绩效考评方法

行为导向型绩效考评方法重点在于甄别与考核员工在工作中的行为表现,关注完成任务的行为方式是否与预定要求相一致,适用于工作成果难以量化或者强调以某种规范行为来完成工作任务的岗位。常见的行为导向型绩效考评方法有关键事件法、行为锚定等级评价法等。

1. 关键事件法

关键事件法是通过被考评人工作中极为成功或极为失败的事件分析和评价来考察被评价者工作绩效的一种方法。关键事件法的优点是:为解释绩效评价结果提供了一些确切的事实证据;能确保在对下属人员进行绩效考察时,所依据的是员工在整个考核期间的表现,而不是员工在最近时期的有关绩效状况倾向;保存一种动态的关键事件记录,可以获得一份关于下属员工是通过何种途径消除不良绩效的具体实例;针对性强,结论不易受主观因素的影响。该种方法的缺点是基层工作量大,需要花费大量的时间去搜集关键事件,并加以概括和分类;关键事件的定义是显著地对工作绩效有效或无效的事件,相应遗漏了平均绩效水平;对于什么是关键事件,并非在所有的经理人员那里都有相同的定义。

2. 行为锚定等级评价法

行为锚定等级评价法是将同一工作可能发生的各种典型行为进行评分度量,建立一个锚定评分表，以此为依据，对员工工作中的实际行为进行测评分级的考评方法。所谓行为锚定，是要针对每类职位的特点编制出一套典型的行为描述词，并设计出与之相配套的评分标准和说明，每一级评分标准与行为描述说明词相对应，即"锚定"。这种方法结合了关键事件法和评级量表法的主要要素，考评者按某一序数值尺度给各项指标打分，评分项目则是某人从事某项职务的具体行为事例，而不是一般的描述。

行为锚定等级评价法侧重于具体且可衡量的工作行为，它将职务的关键要素分解为若干绩效因素，然后为第一绩效因素确定有效果或无效果行为的一些具体事例。其结果可以形成诸如"预测""计划""实施""解决眼前问题""贯彻执行命令"和"处理紧急情况"等的行为描述。例如，对于"告诉员工如果有问题随时可以来和他谈"这类的叙述，一位经理对其属下的基层监督人员可以用5分制尺度中的0分（几乎从不）或者4分（几乎总是）做出评价。行为锚定等级评价法是用工作行为的具体事例来反映每种特性的不同绩效水平，这就使得评价结果更有说服力，但开发需花费大量的时间和精力。

（三）特质导向型绩效考评方法

特质导向型绩效考评方法主要适用于考核员工的个性特征，所考核的内容主要是那些抽象的、概念化的个人基本品质，如决策能力、对企业的忠诚度、沟通与协调能力、创新能力等。常用的特质导向型绩效考评方法如述职鉴定法。

述职鉴定法是由岗位员工做述职报告，把自己的工作完成情况和知识、技能等反映在报告内的一种考评方法，主要适用于对企业中、高层管理岗位的考核。述职鉴定法的优点是内容详细，能为考核者提供重要依据；其缺点是主观性较强，难以独立地作为最终考核的结果。述职鉴定法一般不单独使用，通常与其他绩效考评方法结合使用。

（四）战略导向型绩效考评方法

战略导向型绩效考评方法着眼于企业发展战略，是绩效考评的重要方法，常见的战略导向型绩效考评方法有平衡计分卡、目标管理法、关键绩效指标评价法等。

1. 平衡计分卡

平衡计分卡（The Balanced Score Card，BSC）是一种突破了个人绩效局限而基于组织整体战略性激励的绩效考核体系。它是由哈佛商学院教授罗伯特·卡普兰（Robert Kaplan）和复兴全球战略集团创始人兼总裁戴维·诺顿（David Norton）在1992年经过对12家企业绩效考核实践研究设计出来的。平衡计分卡被《哈佛商业评论》评为最具影响力的管理工具之一，它打破了传统的单一使用财务指标衡量业绩的方法。平衡计分卡的核心思想是通过财务、客户、内部运营、学习与成长四个维度的指标之间相互驱动的因果关系展现组织的战略轨迹，实现绩效考核—绩效改进和战略实施—战略修正的目标。平衡计分卡一方面通过财务目标保持对短期业绩的关注，另一方面通过员工学习、服务的创新提高客户的满意度，共同驱动未来的财务绩效。平衡计分卡实质上是基于综合平衡的战略思想，体现了财务、非财务衡量方法之间的平衡，长期、短期目标之间的平衡，外部、内部的平衡，结果、过程的平衡，管理、经营业绩的平衡，因此能反映组织综合经营状况，使业绩评价趋于平衡和完善，利于组织长期发展。但平衡计分卡也有缺陷：一是没有提出支持集团战略与集团下属各战略业务单位战略之间实现动态调整的理论框架；二是无法解决一个战略业务单位内部个人绩效测评的问题。

2. 目标管理法

目标管理的概念是1954年由美国著名的管理学家彼得·德鲁克在《管理的实践》一书中提出的。德鲁克认为,目标管理可以把工作和人的需要两者统一起来,综合了人对工作的兴趣和人的价值,在工作中满足人的社会需求。而企业的目的和任务必须转化为目标,确定了企业目标后,必须对其进行有效分解,转化成各个部门及每个人的分目标,根据分目标的完成情况对各个部门和每个人进行考核、评价和奖惩。目标管理是让企业的管理人员和员工亲自参加工作目标的制定,在工作中实行自我控制,并努力完成工作目标。目标管理体现了现代管理的哲学思想,是领导者与下属之间双向互动的过程。

目标管理法是由员工与主管共同协商制定个人目标,个人的目标依据企业的战略目标及相应的部门目标而确定,并与它们尽可能一致。目标管理法能够将可观察、可测量的工作结果作为衡量员工工作绩效的标准,以制定的目标作为对员工考评的依据,从而使员工个人的努力目标与组织目标保持一致,减少管理者将精力放到与组织目标无关的工作上的可能性。

目标管理法主要通过目标设定、目标实施、结果评价和结果反馈四个步骤来完成。目标管理法的优点是评价标准直接反映员工的工作内容,结果易于观测,所以很少出现评价失误,也适合对员工提供建议,进行反馈和辅导。由于目标管理的过程是员工共同参与的过程,因此,员工工作积极性大为提高,增强了责任心和事业心。缺点是有时目标难以具体化和量化,耗时费力;没有在不同部门、不同员工之间设立统一目标,因此难以对员工和不同部门之间的工作绩效进行横向比较,不能为以后的晋升决策提供依据。

3. 关键绩效指标评价法

20世纪80年代,管理学界开始关注将绩效管理与企业战略相结合,在考核过程中,将结果导向与行为导向相结合,强调工作行为与目标达成并重,在这种背景下,关键绩效指标(Key Performance Indicator,KPI)应运而生。关键绩效指标是通过对组织内部某一流程的输入端、输出端的关键参数进行设置、取样、计算、分析,衡量流程绩效的一种目标式量化管理指标,是把企业的战略目标分解为可操作的工作目标的工具,是企业建立完善的绩效管理体系的基础,是管理中"计划执行—评价"中的"评价"不可分割的一部分,反映个体与组织关键绩效贡献的评价依据和指标。

关键绩效指标评价法的一个重要的管理原理,是"二八原理"。在一个企业的价值创造过程中,存在着"20/80"的规律,即20%的骨干人员创造企业80%的价值;而且在每一位员工身上"二八原理"同样适用,即80%的工作任务是由20%的关键行为完成的。因此,必须抓住20%的关键行为,对其进行分析和衡量,这样就能抓住业绩评价的重心。

关键绩效指标分为定量指标和定性指标两大类。其中:定量指标可以通过数据来体现,主要包括财务指标、服务指标和经营运作指标等;定性指标是指那些难以用数学手段进行计算的指标,主要由考评者利用自身的知识和经验,通过对行为的描述来体现。关键绩效指标是连接个体绩效与组织目标的一个桥梁。关键绩效指标是针对对组织目标起到增值作用的工作产出来设定的,基于这样的关键绩效指标对绩效进行评价,就可以保证真正使得对组织有贡献的行为受到鼓励。

[案例4-7] 万科平衡计分卡的应用

为了避免企业一味地追求短期利润而忽略可持续发展,万科从2001年引进平衡记分卡。

战略地图是以平衡计分卡的四个层面目标(财务层面、客户层面、内部与流程层面、学习与成长层面)为核心,通过分析这四个层面目标的相互关系而绘制的企业战略因果关系图。其核心内容包括企业通过运用人力资本、信息资本和组织资本等无形资产(学习与成长),才能创新和建立战略优势和效率(内部流程),进而使公司把特定价值带给市场(客户),从而实现股东价值(财务)。

图1为万科平衡计分卡初步确定时采用的战略地图。

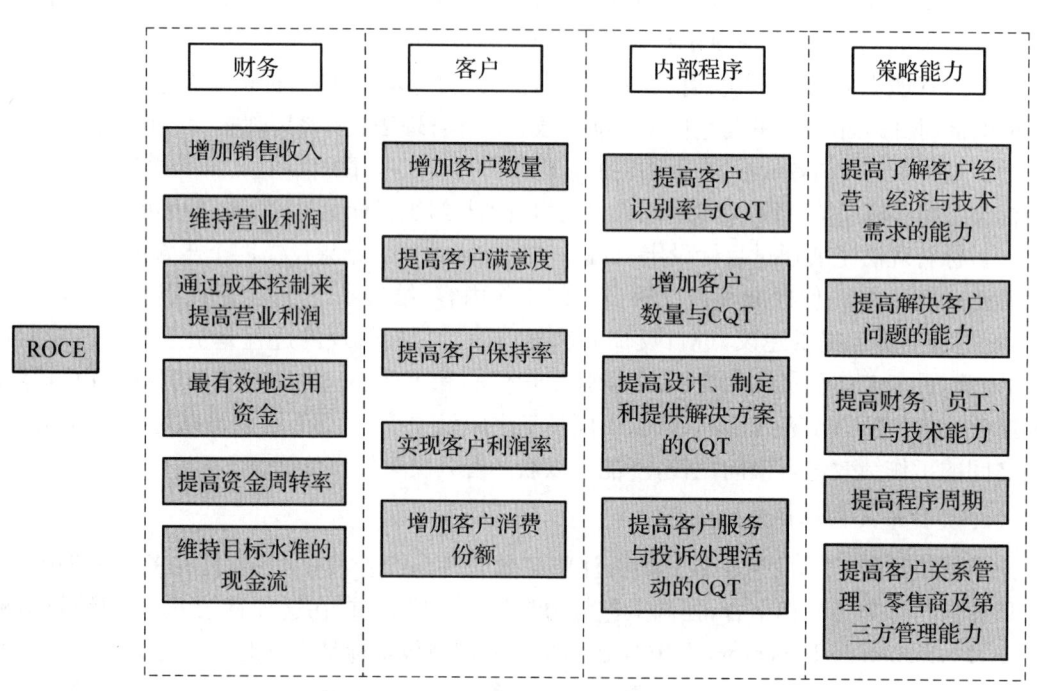

图1 万科平衡计分卡战略地图

万科平衡计分卡及各指标所占比重如图2、图3所示。

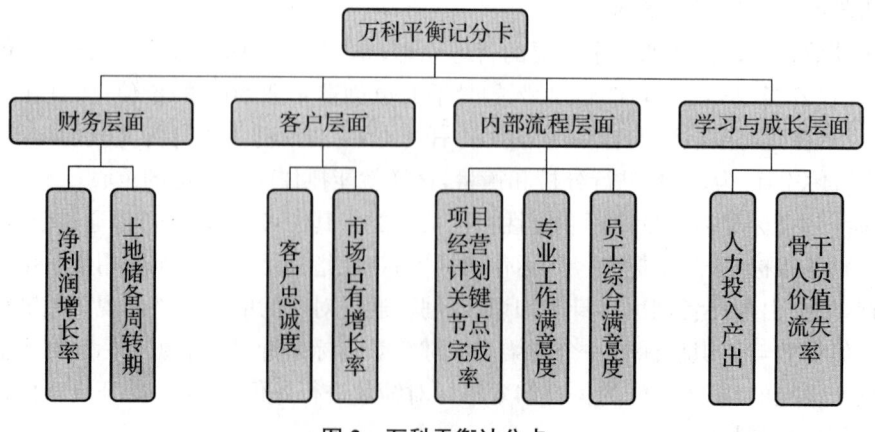

图2 万科平衡计分卡

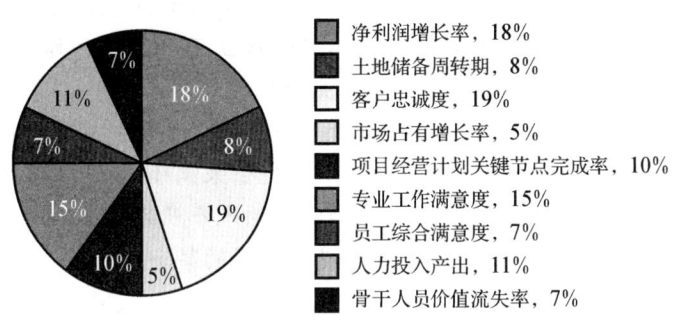

图 3 各指标所占比重

## 一、财务层面

财务报表是公司经营的结果,但平衡计分卡的财务维度不仅如此,万科用净利润、集团资源回报率考核各一线公司,只是一个方面;同时,各一线公司还要证明在上述财务指标之外,公司实现了价值的增值,这些价值不以实际利润的形式存在,但能影响一段时期的收益。例如,土地储备周转期,周转期越短,该资产带来利润的能力就越强。

万科以股东利益最大化为财务目标。在短期维度方面,万科提出"住宅产业化"以缩短研发周期、降低研发成本及研发导致的其他成本、提升所研发产品的品质感。提高资产利用率、降低成本,增加收入机会,即分别从生产率战略和收入增长战略对财务层面的总目标进行分拆。在长期维度方面,万科着重强调可持续发展问题,提出了"以客户为中心"的概念,兼顾客户心理与实质质量的需求,强调其服务质量以提高客户忠诚度。

其在财务层面的战略制定中充分考量了长、短期战略平衡的问题,从 2002 年深圳万科金色家园、2003 年天津万科花园新城、2004 年武汉万科四季花城遭遇客户群诉的事件中,从财务指标之外的价值负增值的例子中吸取教训,看重长久的效应与持续的增长,为此可以放弃短期效应,注重保持客户群体及品牌价值。

为体现这样的长期指标,万科对"营业收入"进行了细致的分解,提出"万科的定位是客户的终身锁定,从他大学毕业刚刚进入职场时的小户型公寓,到他娶妻生子的三居室,再到他事业有成时身份象征的独立别墅,一直到他退休后入住的老年住宅,万科都要做。万科已经不再将自己定位于只做城乡接合部中高档房的公司了,而是为客户提供终身所需要的地产产品"。

## 二、客户层面

"客户是我们永远的伙伴"被列在万科价值观里的第一条,是对万科平衡计分卡客户维度的总结性阐释。有研究表明:客户忠诚度提升 5%,公司利润提升 25%～85%。万科集团 2002 年开始聘请独立第三方进行客户满意度和忠诚度调查;2003 年开始,集团总部设立总额为 100 万元的客户忠诚度大奖,用于奖励在客户忠诚度建设方面成果最突出的一线公司;2004 年开始,客户忠诚度下降的一线公司遭到总部通报批评……这一系列动作,都表明万科对客户层面的重视程度在同行业中处于领先地位。市场占有增长率则反映了公司在新市场的扩张程度。这两个指标相辅相成,既能衡量客户对公司的满意度和忠诚度,也能及时掌握竞争市场中公司的市场占有状况。

万科从"未来业主、准业主和业主的视角"进行分析,强调客户至上、以客户为中心的概念,并将这种主张与绩效评价挂钩,贯彻到每个万科职工的价值观中。

客户的满意来自产品,更来自服务。为此,万科成立了万客会会员俱乐部,借以联系万科与客户之间的情感,该俱乐部被誉为万科第五专业的客户关系中心,承载着防止客户满意度受损、修复已经受损的客户关系、创造性提升客户满意度和客户价值的职责。

万科客户层面的描述,同样可以用上述万科的定位来阐释,其强调了针对不同阶段的人士的需要提供不同的住宅,"为客户提供终身所需要的地产产品"。

在这一层面,万科的重视表现在其核心企业价值观的第一条:

客户是我们永远的伙伴。

• 客户是最稀缺的资源,是万科存在的全部理由。

• 尊重客户,理解客户,持续提供超越客户期望的产品和服务,引导积极、健康的现代生活方式。这是万科一直坚持和倡导的理念。

• 在客户眼中,我们每一位员工都代表万科。

• 我们 1% 的失误,对于客户而言,就是 100% 的损失。

• 衡量我们成功与否的最重要的标准,是我们让客户满意的程度。

• 与客户一起成长,让万科在投诉中完美。

### 三、内部流程层面

内部流程维度,需要回答的问题是:为支持客户维度和财务维度,万科需塑造产品与服务的哪些独特属性。此处我们以项目经营计划关键节点完成率为例,万科共分十四个节点:① 取得国土使用权证;② 交地;③ 完成方案设计;④ 完成初步设计;⑤ 完成施工图设计;⑥ 取得施工许可证;⑦ 项目开工;⑧ 售楼处、样板区开放;⑨ 取得预售许可证;⑩ 开盘;⑪ 景观施工进场;⑫ 竣工备案;⑬ 交房;⑭ 交房完成率95%。不影响上述 14 个关键节点的,各职能部门可自行调整计划,只需将结果抄送公司;影响上述 14 个节点中①⑦⑩⑫⑬节点的,各职能部门必须上报公司,由公司严格考核项目关键节点的按时达成率。专业工作满意度和员工综合满意度由公司内部问卷调查完成,旨在了解员工总体满意度和改善后的情况,进而提高产品质量。

在关键流程的选择定位上,万科提出"抓大放小"。在剖析价值链后,万科提出了"住房产业化"的概念。为此,关于产品研发周期,万科内部有个说法叫"三五二"——三个月做定位与规划设计、五个月做实施方案、两个月做施工图。

王石说:"房地产是存在技术层面优势的,其中重要的就是产业化的程度,整体上看,中国住宅产业化的程度不过是 5%,而万科已经做到 8%,明显高于同行业的平均水平。这个数字是不是就表明万科做得很好了呢?让我们看看日本,它的住宅产业化程度已经达到了 64%,一比你就看出来,万科的差距有多大。未来五年,万科的目标是将住宅产业化程度提高到 50%。"

### 四、学习与成长层面

万科的运作与管理系统、职业经理人和企业文化构成了万科平衡计分卡的这一层面。人力投入产出是指单位人力成本带来的净利润,表示人力投入产生的回报,可衡量组织部门效率;骨干人员价值流失率则从相反的角度,表现骨干人员离职造成的人员培养损失,从造成损失的大小衡量公司骨干人员的保有能力。

在这一层面上,万科关注的是"核心竞争力"。其运作与管理系统、职业经理人、企业文化构成了万科平衡计分卡的第四维度。

经过多年的积累,万科已经积累了一系列业务与管理方面的规范与流程,经过多年的使用和完善,这套系统已经成为万科核心竞争力的重要组成部分,对公司的健康、持续、高速发展起到了决定性作用。

在这套制度基础上,万科的总经理郁亮指出:制度不是万能的,因为制度的执行是有成本的。而以"七个尊重"为核心的人文精神和企业价值观的形成和认可,是万科这套系统正常运转、制度真正执行、指引充分使用的基石,这才是万科最珍贵的。郁亮所说的"七个尊重",源自《万科周刊》一篇文章:用心尊重人。所谓用心,指平等、理解、信任、公平的回报、发展空间、严格的要求和宽容。

## 复习题

1. 举例说明不相容职务分离原则控制在企业中的运用。
2. 如何理解授权审批控制的原则?
3. 阐述全面预算管理的内容。
4. 财产控制与财产保全有何区别?
5. 如何避免企业遭遇担保风险?
6. 如何避免企业遭遇财务报告风险?

## 练习题

### 一、单项选择题

1. 不相容职务分离控制的核心是(    )。
   A. 各司其职　　　B. 各负其责　　　C. 协调合作　　　D. 内部牵制
2. 在处理"三重一大"的过程中,企业应该(    )。
   A. 由董事长或总经理个人单独进行决策
   B. 以个别征求意见等方式进行决策
   C. 紧急情况下可以由个人或少数人临时决定,事后无须向上级报告
   D. 实行集体决策审批或者联签制度
3. 下列控制活动中反映了内部牵制思想的是(    )。
   A. 不相容职务分离控制　　　　　B. 会计系统控制
   C. 授权审批控制　　　　　　　　D. 财产保护控制
4. 明确所有的日常经营活动(如销售、采购、生产等)需要多少资源以及如何获得和使用这些资源的计划是(    )。
   A. 资本预算　　　B. 财务预算　　　C. 经营预算　　　D. 全面预算
5. 在预算控制中作为最高预算控制主体的是(    )。
   A. 董事会　　　　　　　　　　　B. 预算管理委员会

C. 预算管理工作机构　　　　　　　D. 预算责任中心

6. 作为全面预算的核心环节,关乎预算目标能否实现的关键是(　　)。
　A. 预算编制　　B. 预算执行　　C. 预算控制　　D. 预算考核

7. 绩效考评系统的评价主体主要是(　　)。
　A. 公司董事会和各级管理者　　　　B. 各级管理者
　C. 全体员工　　　　　　　　　　　D. 各个部门

8. 以下绩效考评模式考虑了资本成本且着眼于企业长期发展的是(　　)。
　A. 会计基础绩效考评模式　　　　　B. 平衡计分卡绩效考评模式
　C. 经济基础绩效考评模式　　　　　D. 战略管理绩效考评模式

9. 利用两个或若干相关数据之间的某种关联关系,运用相对数形式来考察、计量和评价,借以评价企业运营状况的分析方法是(　　)。
　A. 比较分析法　　B. 趋势分析法　　C. 比率分析法　　D. 综合分析法

10. 对企业预算的执行情况进行日常监督和控制,收集相关信息并形成分析报告的是(　　)。
　A. 预算管理委员会　　　　　　　　B. 预算管理工作机构
　C. 各责任中心　　　　　　　　　　D. 各利润中心

## 二、多项选择题

1. 不相容职务通常包括(　　)。
　A. 授权　　B. 业务经办　　C. 会计记录　　D. 稽核检查
　E. 财产保管

2. 需要分离的不相容职务主要有(　　)。
　A. 业务执行与决策审批　　　　　　B. 业务执行与财产保管
　C. 可行性研究与决策审批　　　　　D. 财产保管与会计记录
　E. 会计记录与业务执行

3. 授权审批控制中,授权的种类一般分为(　　)。
　A. 长期授权　　B. 短期授权　　C. 中期授权　　D. 常规授权
　E. 特别授权

4. 授权控制的基本原则有(　　)。
　A. 依事不依人　　B. 适度越权授权　　C. 适度授权　　D. 需要监督
　E. 不得随意授权　　F. 不可越权授权

5. 会计系统控制的方法有(　　)。
　A. 会计凭证控制　　B. 会计账簿控制　　C. 财务报告控制　　D. 会计人员控制
　E. 会计复核控制

6. 财产保护控制的措施有(　　)。
　A. 财产档案的建立和保管　　　　　B. 预算控制
　C. 限制接近　　　　　　　　　　　D. 盘点清查
　E. 财产保险

7. 一般来说,进行盘点清查的资产范围包括(　　)。
　A. 库存现金　　B. 有价证券　　C. 固定资产　　D. 票据

E. 存货

8. 全面预算主要包括(　　)。
A. 业务预算　　　B. 资本预算　　　C. 现金预算　　　D. 财务预算
E. 年度预算

9. 全面预算的实施主体一般包括(　　)。
A. 决策机构——预算管理委员会最高级别控制主体
B. 工作机构——预算管理工作机构
C. 监管部门
D. 执行单位——各责任中心
E. 控制机构

10. 就目前而言,绩效考评系统最为常用的标准是(　　)。
A. 经验标准　　　B. 预算标准　　　C. 历史标准　　　D. 行业标准
E. 国际标准

### 三、判断题

1. 企业应当对经济业务文件进行记录并且凭证需要连续编号,避免业务记录的重复或遗漏,便于业务查询,并在一定程度上防范舞弊行为的发生。（　　）
2. 授权的依据是依事不依人;授权的界限是不可越权授权。（　　）
3. 任何个人不得单独进行决策或者擅自改变集体决策意见。（　　）
4. 小型企业因业务量较少,应适当合并减少部分岗位。出纳人员可适当兼任收入、费用、债权债务账目的登记工作。（　　）
5. 未经复核人员复核的,出纳人员不得对外付款,会计人员可以对外签发单据或上报报表。（　　）
6. 限制接近包括限制对资产本身的接触和通过文件批准方式对资产使用或分配的间接接触。（　　）
7. 企业在授权过程中,一定要把被授权人的知识和才能放在第一位,以便发掘员工潜力,提高人力资源利用率。（　　）
8. 企业在为会计机构配备会计人员时,除会计机构负责人外其他会计人员无须取得会计从业资格证。（　　）
9. 对授权进行监督的重点主要是防止下级越级操作和"先斩后奏"的行为。（　　）
10. 资产清查一般要采取定期清查和抽查相结合的形式,每个会计年度财务会计报告之前要进行一次全面的财产清查。（　　）

## 案例讨论

# 第五章　信息与沟通

**预习题**

1. 内部信息传递的基本流程和传递原则是什么？
2. 内部信息传递各环节的主要风险点及其控制措施有哪些？
3. 信息系统开发方式有哪几种？
4. 信息系统开发的主要风险点有哪些，相应的控制措施是什么？
5. 信息系统运营与维护的主要风险点有哪些，相应的控制措施是什么？
6. 沟通有哪些渠道和方式？
7. 内部沟通的要点有哪些？
8. 外部沟通的要点有哪些？

**引　例**

　　2017年7月，为抢占市场，引领下一个科技潮流，百度的李彦宏坐在他们研发的无人车里上路了，并且一路视频直播，网友疯狂转载。可北京交管部门随即就此声明，目前法规不允许无人驾驶上路。这意味着李彦宏已经涉嫌违章。一次精心准备的营销活动意外地演变成一场公关危机。

　　7月11日，李彦宏现身山西大学，对此首度做出回应："未来无人车一定比人类司机更安全。"可是在此之前，百度公关人士已给出回应称，李彦宏所乘坐的无人驾驶汽车，驾驶位其实有人乘坐，为百度智能汽车事业部总经理顾维灏。

　　这意味着，这不是什么无人驾驶，多数网民至此会有一种被愚弄的感觉。百度的公关人员为了回应交警的质疑，不惜舍本逐末地贬低承担振兴公司使命的无人车。这种"猪队友"给公司带来的民意损失，不可谓不小。

　　其实舆情回应不当，引发新一轮围观的事件，层出不穷。如果通过舆情监测软件看事态发展，会发现两个到三个曲线高点，一般第二个是回复不当而引爆的次生舆情。此次百度的舆情回应可谓失败至极。

（资料来源：http://games.sina.com/2017－07－12/fyhweua 4921717.shtml）

思考：

公司的外部沟通应该注意哪些方面？你认为百度的舆情回应做法适当吗？

## 第一节 信息与沟通机制概述

### 一、信息的概念、作用和种类

#### (一) 信息的概念

信息是对人们决策有用的一种特殊数据,但信息的有用性是相对的,某信息对一个决策目标是有用的,但对另一个决策目标是无用的甚至是有害的;同一信息在不同时间、不同地点对同一决策的效用也是不同的。

信息具有以下几个特征:

(1) 有用性。信息是对人有用的、能够影响人们行为的数据。

(2) 共享性。一方面,同一内容的信息可以在同一时间为多人所用;另一方面,同一内容的信息可以被多次使用,通过传递可实现信息共享。

(3) 可编码性。信息可以用标准符号(如数字、字母等)来表示。在信息社会中将有更多的信息以数字形式表示。它的采集、存储、处理、传输都是数字化的,因此极易识别、转换、传递和接收,也更易于处理。

(4) 可传递性。信息是事物存在方式的直接或间接显示,它依附于一定的载荷媒体(声、光、电、磁、语言、表情、文字、数字、符号、图形、图像等)进行呈现、传递和扩散,这些载荷媒体就是我们所说的广义的数据。信息技术极大地扩展了信息的扩散范围,提高了信息的传递速度和共享程度。

(5) 可加工性。信息的可加工性反映在两个方面:信息可以通过编码进行转换,如将信息存储在计算机里转换成二进制代码,便于存储或处理;信息可以被加工提炼,使杂乱无章的数据变为有使用价值的、有意义的知识。

(6) 价值性。信息是一种资源,同样有其效用和成本。信息的效用表现为,可能为使用者提供新的知识或创造新的价值,可能为使用者的特定决策减少不正确性。信息成本包括收集、输入、处理、存储以及信息形成与传递过程中的全部耗费。

信息的价值取决于效用与成本的关系:

$$信息价值 = 信息效用 - 信息成本$$

可见,信息效用越大,信息的价值就越大;而成本越高,信息的价值就越小。

#### (二) 信息的作用

信息在企业的管理、决策等方面具有越来越重要的作用。

(1) 信息是正确进行经营决策的基础。企业经营者要做出适应环境的正确决策,尤其是要做出战略决策,除了领先经营者的个人经验和直觉判断外,更重要的是必须掌握足够的外部环境信息和企业内部信息。这些信息必须要正确、可靠、及时,只有掌握准确而及时的信息才能做出正确的判断和决策,错误的或过时的信息将导致错误的判断和决策。从企业经营管理角度来讲,信息就是企业的生命。

(2) 信息是提高企业经济效益和竞争力的手段。由信息所具有的特征可知,要增强企业的竞争能力,最重要的是要增强企业的信息竞争能力,其关键在于要增强企业对信息的搜集、传递、加工、处理、利用上的竞争能力和敏感性,使企业能创造更大的经济效益。

(3) 信息是企业统一思想、统一行动的工具。信息不仅存在于环境预测、经营决策、市场营销、生产管理、计划与控制、原材料的供应等业务流程中,还贯穿于企业的生产、销售、技术开发、财务、人事等各职能部门之间,通过信息的传递和交流将企业内各部门各环节的各种人的思想与行动统一起来,为企业经营目标服务。

(4) 企业信息的沟通渠道影响着企业的组织结构、权力关系和工作方式。企业的组织结构是一种搜集、传递、加工、处理、利用信息的结构,企业内各种职位的权力及其相互关系、工作方式都受到它能够收集、掌握的信息量、信息内容和处理利用信息的能力的影响。从某种意义上来说,谁掌握了信息,谁能处理信息,谁就掌握了权力。

**[案例 5-1]** 熟读《孙子》善"用间"的日本:GDP 54%来自情报

"消费情报站""时尚情报站""手机情报站""动漫情报站""留学情报站""触角商店"……日本企业非常重视市场信息的收集,近年来发明了一系列情报站。在触角商店,通过组织展销新产品、新技术,征询顾客意见获取重要信息,作为企业研制产品和开发技术的重要依据,成为日本企业的"市场传感器"。

日本视孙子为最伟大情报技巧专家而顶礼膜拜,而日本企业把《孙子兵法》的"用间"用到登峰造极、无以复加的地步。尤其是日本的经济情报活动在世界上名声赫赫,令西方经济界人士既怕又服,望洋兴叹。

《孙子兵法》的"知己知彼,百战不殆"被日本企业应用得炉火纯青。日本企业界有句名言:"人是设备,情报是金钱。"据统计,日本花 4 亿美元获取了 1 500 多项外国专利情报,创造出 74 亿美元的财富。日本一名情报专家曾经承认,日本国民生产总值的 54%来源于竞争情报。

第二次世界大战后,日本经济情报搜集活动,仅日本的大型企业,在世界 187 个城市就有超过 800 家的分支机构。日本政府与此有着密切的联系,据透露,这一情报网的顶端就是通商产业省。如今,日本的经济情报网络几乎遍及全球。此间专家称,日本企业加强对情报的搜集、分析和开发,已经成为其决策和生产的重要基础。第二次世界大战后日本经济的复兴和繁荣,在很大程度上依赖于拥有一支庞大的企业情报队伍并建立了最有效率的全球经济情报网。日本在海外的近万家企业中,大都设有情报机构,每天传递的情报信息量非常惊人。

日本电器企业的情报工作瞄准对手美国。索尼公司和松下电器入侵美国市场前,派遣了由设计人员和工程师等组成的专案小组到美国进行调查,研究如何设计适合美国消费者偏好的产品。松下公司从 1951 年起就在美国设有专人,在进入美国市场前从事情报搜集工作。

日本汽车企业非常重视对情报的整理和分析工作。美国福特当时是世界汽车生产的标准,为考证日本汽车能否占领美国的市场,日本派 1 000 名调查员去美国调查,搜集情报,然后再制造汽车。专家认为,日本的汽车、摩托车、电器、手表等产品进入并占领欧美市场,首先要归功于得力的情报工作。

日本许多中小型企业也把主要精力放在市场调查、准确收集情报上。日本制造石英电子手表也是从瑞士得来的情报,认为这种手表价格低廉,走时准确,一定会赢得广大用户,畅销于世界各地。爱知县的一个公司经理1979年曾先后5次花了60天时间亲自到海外收集情报。1980年,该公司又先后派遣20人赴海外调查市场动态,根据情报制订生产、销售计划,结果利润比前一年上升了3倍。

近年来,日本最尖端的IT电子工业情报技术,汇集了电子通信领先企业而备受瞩目。日本电子信息技术产业协会、日本通信信息网络产业协会、日本电脑软件协会不遗余力地推进电子情报。日本软银公司将孙子的情报思想应用到软银的一次次投资并购中,做到了真正的"不战而胜"。该公司投资2亿日元打造通信网络,创办了网络情报大学院,建立起自己的"情报帝国"。

(资料来源:韩胜宝.熟读《孙子》善"用间"的日本:GDP 54%来自情报[EB/OL]. http://news.ifeng.com/history/shijieshi/detail_2011_06/24/7233791_0.Shtml,2011-06-24.)

### (三) 信息的种类

信息一般是由信息源、内容、载体、传输、接受者五个因素构成。信息一般有四种形态:数据、文本、声音、图像。这四种形态可以相互转化,如照片被传送到计算机,就把图像转化成了数字。

信息可以从不同角度来分类。

(1) 按照其重要性程度可分为战略信息、战术信息和作业信息。

(2) 按照其应用领域可分为管理信息、社会信息、科技信息和军事信息。

(3) 按照信息的加工顺序可分为一次信息、二次信息和三次信息等。

(4) 按照信息的反映形式可分为数字信息、图像信息和声音信息等。

(5) 按性质可划分为定性信息和定量信息。

还可按照企业管理者对信息需求的层次性分类,不同的企业管理者需要的信息不同。企业的高层领导者需要的是战略信息,中层管理者需要的是战术信息,而基层管理者需要的是业务和作业信息。

## 二、沟通的方式和意义

### (一) 沟通的意义

现代企业中,如果沟通的渠道长期堵塞,信息不通畅,感情不融洽,关系不协调,就会影响工作,甚至影响到企业正常周转。沟通在内部控制中的作用是多方面的,其中突出的有以下四个方面:

(1) 沟通有助于决策的制定。任何决策都会涉及企业内部各个部门或者个人权、责、利的分配问题。在决策前,管理者就需要广泛地从企业内部的沟通中获取大量的信息情报作为决策的基础,以便迅速解决问题。沟通对于下属人员也极为重要,上级管理人员对于下属工作的实际情况的了解往往不够全面,如果下属能主动和上级积极沟通反映真实情况并提出自己的建议供领导者做出决策时参考,则工作效率能得到促进;反之由于沟通不足,信息的不畅通,会导致企业管理层做出不切合实际的决策。

(2) 沟通能提高企业员工工作的协调性。企业中各个部门和各个职务是相互依存的。依存性越大,对协调的需要越高,而协调需要充分的沟通才能实现。没有适当的沟通,管理者对下属的了解也不会充分,反过来下属也可能对管理者所分配给的任务和要求产生错误的理解,最终导致工作任务不能正确圆满地完成,效益受到影响。

(3) 沟通有利于对下属的激励。在企业中建立良好的人际关系和组织氛围以达到提高员工士气的目标,需要充分沟通的支持。在沟通中,员工与管理者之间除了需要技术性和协调性的信息外,企业员工还需要鼓励性的信息。如果领导的表扬、认可或者满意能够通过各种渠道及时传递给员工,就会造成某种工作激励;同时,企业内部良好的人际关系更离不开沟通,思想上和感情上的沟通可以增进彼此的了解,使企业有和谐的组织氛围。

(4) 沟通是创造和提升企业精神及完成企业内部控制目标的主要方式和工具。内控的最高境界就是在企业经营管理中创造出一种企业独有的企业精神和企业文化,对企业这一组织赋予了人性,使企业内控的外在要求转化为企业员工自己内在的观念和自觉的行为模式,认同企业核心的价值观念和目标及使命,从而形成创造性的合力。

[案例 5-2] **阿维安卡 52 航班坠机事件**

1990 年 1 月 25 日 19:40,阿维安卡(Avianea)52 航班飞行在南新泽西海岸上空 37 000 英尺的高空。机上的油量可以维持近两个小时的航程,在正常情况下飞机降落至纽约肯尼迪机场仅需不到半小时的时间,这一缓冲保护措施可以说十分安全;然而,此后发生了一系列耽搁。首先,20:00 整,肯尼迪机场航空交通管理员通知 52 航班的飞行员由于严重的交通问题他们必须在机场上空盘旋待命。8:45,52 航班的副驾驶员向肯尼迪机场报告他们的"燃料快用完了"。管理员收到了这一信息,但在 9:24 之前,飞机没有被批准降落。在此之前,阿维安卡机组成员没有向肯尼迪机场传递任何情况十分危急的信息,但飞机座舱中的机组成员却相互紧张地通知他们的燃料供给出现了危机。

9:24,52 航班第一次试降失败。由于飞行高度太低及能见度太差,因而无法保证安全着陆。当肯尼迪机场指示 52 航班进行第二次试降时,机组乘员再次提到他们的燃料将要用尽,但飞行员却告诉管理员新分配的飞行跑道"可行"。

9:32,飞机的两个引擎失灵,1 分钟后,另外两个也停止了工作,耗尽燃料的飞机于 9:34 坠毁于长岛,机上 73 名人员全部遇难。

(资料来源:http://173it.cn/wanglwojshu/536188.html)

**分析**:首先,在"燃油危急"的情况下,飞行员一直说他们"油量不足",交通管理员告诉调查者这是飞行员们经常使用的一句话。当被延误时,管理员认为每架飞机都存在燃料问题。根据航空管理的规定,如果飞行员发出"燃料危急"的呼声,管理员有义务优先为其导航,并尽可能迅速地允许其着陆。一位管理员指出,"如果飞行员表明情况十分危急,那么所有的规则程序都可以不顾,我们会尽可能以最快的速度引导其降落。"遗憾的是,52 航班的飞行员从未说过"情况紧急",所以肯尼迪机场的管理员一直未能理解到飞行员所面对的真正困难。

其次，52航班飞行员的语调也并未向管理员传递有关燃料紧急的严重信息。许多管理员接受过专门训练，可以在这种情境下捕捉到飞行员声音中极细微的语调变化。尽管52航班的机组成员之间表现出对燃料问题的极大忧虑，但他们向肯尼迪机场传达信息的语调却是冷静而职业化的。

## 第二节 内部信息传递

### 一、内部信息传递的定义

按照《企业内部控制应用指引第17号——内部信息传递》的规定，内部信息传递是企业内部管理层级之间以报告为载体和形式传递生产经营管理信息的过程。信息在企业内部进行有目的的、及时的、准确的、安全的传递，对贯彻企业发展战略、正确识别生产经营中的风险、及时纠正操作错误、提高决策质量具有重要作用。

### 二、内部信息传递的基本流程

企业的内部控制活动离不开信息的沟通与传递。企业在生产、经营和管理过程中需要不断地、反复地识别、采集、存储、加工和传递各种信息，以使得企业各个层级和各个岗位的人员能够履行企业担负的职责。信息传递是一种方式或几种方式的组合，可以自上而下传递，可以自下而上传递，也可以平行传递。传递的信息以不同形式或载体呈现。其中，对企业最为重要的、最普遍的信息传递形式就是内部报告，亦称内部管理报告。内部报告是指企业在管理控制系统中为企业内部各级管理层以定期或者非定期的形式记录和反映企业内部管理信息的各种图表和文字资料的总称。

内部报告在企业内部控制中起着非常重要的作用：一方面，内部报告可以为管理层提供更多的企业生产、经营和管理信息，为管理层合理有效地制定各种决策提供支持和服务；另一方面，内部报告还可以检查和反馈管理层决策的执行情况，帮助管理层监控和纠正在政策执行中出现的错误和偏差。因此，企业需要加强包括内部报告在内的企业内部信息传递，全面评估内部信息传递过程中的风险，建立科学的内部信息传递机制，确保信息的相关性和可靠性，提高内部报告的质量，安全、及时、准确地传递信息，充分、高效地利用内部报告。

内部信息传递流程是根据企业生产经营管理的特点来确定的，其形式千差万别，没有一个最优的方案。一般来说，内部信息传递至少包括两个阶段：一是信息形成阶段，二是信息使用阶段。以内部报告为例，内部报告形成阶段的起点是报告中指标的建立；根据所确定的报告指标，确定所要搜集和存储的相关信息；对搜集的信息进行加工，以一种美观的和可理解的表现形式组织这些信息，形成内部报告；审核形成的内部报告，如果不符合决策要求，就要重新修订或补充有关信息，直到达到标准为止。内部报告使用阶段的起点是内部报告向指定位置和使用者的传递。使用者获得内部报告后，要充分地理解和有效地利用其中的信息，以评价业务活动和制定相关决策；与此同时，要定期对企业内部报告的全面性、真实性、及时性、安全性等进行评估,一旦发现不妥之处,要及时地进行调整。

## 三、内部信息传递的总体要求

根据有效信息的要求,结合信息的特性,企业内部信息传递应该遵循六项基本原则。

### (一)及时有效性原则

及时有效性原则是指在信息传递过程中,必须做到在经济业务发生时及时进行数据搜集,尽快进行信息加工,形成有效形式,并尽快传输到指定地点和信息使用者。如果信息未能及时提供,或者及时提供的信息不具有相关性,或者提供的相关信息未被有效利用,就可能导致企业决策延误,经营风险增加,甚至可能使企业较高层次的管理陷入困境,不利于对实际情况进行及时有效的控制和矫正,同时也将大大降低内部报告的决策相关性。

及时有效性原则有两重含义:一是收集信息要及时,对企业发生的经济活动应及时地在规定期间内进行记录和存储,而不延至下期;二是报送及时,信息资料(如管理报告)应在决策制定时点之前及时报送到指定的信息使用者。如果信息未能及时提供,则可能导致企业决策延误,甚至发生错误决策,增加经营风险,导致企业管理陷入困境。比如,如果各种预算执行信息在企业内不能做到及时传递,那么,企业就不能及时有效地对实际生产经营进行控制,产生的偏差也就无法得到及时纠正,这将给企业带来巨大的经营和财务风险。

### (二)反馈性原则

反馈性原则是指在信息传递过程中,相同口径的信息能够频繁地往返于信息使用者和信息提供者之间,把决策执行情况的信息及时反馈给信息使用者,帮助信息使用者证实或者修正先前的期望,以便其进一步决策的活动。及时性原则有两重含义:一是要建立多种渠道,及时获得决策执行情况的反馈信息;二是用户要科学地分析和评价所获得的反馈信息,恰当地调整决策。

### (三)预测性原则

预测性原则是指企业传递和使用的经营决策信息需要具备预测性的功能。信息预测性的功能在于提供提高决策水平所需的那种发现差别,分析和解释差别,从而在差别中减少不确定的信息。预测性原则有两重含义:一是提供给使用者的信息不一定就是真实的未来信息,因为未来往往是不确定的;二是预测信息与未来的信息必须有密切的关联,必须具有符合未来变化趋势的可预测的特征,即具有相关性。要使企业内部传递的信息具备相关性,还要注意排除过多低相关的冗余信息。否则,信息过载不仅会增加信息传递成本,还会耗费管理当局的精力,降低决策效率,影响决策效果。

### (四)真实准确性原则

内部传递的信息能否满足使用者的需要,取决于信息是否"真实准确"。真实准确性原则是指企业内部传递的信息符合事件或事物的客观实际,包括范围的真实准确性、内容的真实准确性和标准的真实准确性。虚假或不准确的信息将严重误导信息使用者,甚至导致决策失误,造成巨大的经济损失。内部报告的信息应当与所要表达的现象和状况保持一致,若不能真实反映所计量的经济事项,就不具有可靠性。

真实准确性是信息的生命,也是对整个内部信息传递工作的基本要求。提供真实准确的信息是企业投资者及其他利益相关者做出经济决策的重要依据。如果信息不能真实反映企业的实际情况，不但信息使用者的需求不能满足，甚至还会误导信息使用者，使其做出错误的决策，直接导致其经济利益受到损失。

### （五）安全保密性原则

安全保密性原则，又称"内部性原则"，是指内部信息传递的服务对象仅限于内部利益相关者，即企业管理当局，因而具有一定的商业机密特征。企业内部的运营情况、技术水平、财务状况以及有关重大事项等通常涉及商业秘密，内幕信息知情者（包括董事会成员、监事、高级管理人员及其他涉及信息披露有关部门的涉密人员）都负有保密义务。这些内部信息一旦泄露，极有可能导致企业的商业秘密被竞争对手获知，使企业处于被动境地，甚至造成重大损失。这与财务会计信息，尤其是公众公司的财务会计信息不同。公众公司的财务会计信息必须公开和透明，而专供管理当局使用的管理信息则不一定要公开。

[案例 5-3] **Siri 服务被 IBM 禁止　称"保障信息安全"**

Siri 是 iPhone 4S 最显著的一项功能，这也是 iPhone 4S 用户之间经常用于谈论的话题。对于这些用户来说，Siri 代表的无疑是一种正面的、积极向上的形象，因为这个语音助理可以为他们实现一部分信息的探索，并且能够提供相应的答案。当然，对于 Siri 也存在一些反对的声音，IBM 正是其中之一。

据国外媒体的报道，IBM 公司的 CIO（首席信息官）Jeanette Horan 日前对媒体表示：我们非常担心 Siri 会神不知鬼不觉地窃取公司的重要机密（即重要谈话内容）。Horan 给出了一个简单的理由：因为 Siri 在工作中需要外界的语音输入，接受到语音之后，Siri 会将这些内容传向苹果服务器。

也就是说，IBM 担心员工在使用 iPhone 4S 时无意间泄露公司机密（听起来有点不可思议）。因此决定在 IBM 公司内部切断 Siri 的 Wi-Fi 网络连接，并且计划禁止员工在公司时通过 3G 网络来使用 Siri。

（资料来源：黄晓冏.服务被 IBM 禁止　称"保障信息安全". 2012 年 05 月 23 日 http://www.feng.com/apple/news/2012-05-23/Siri_service_IBM_prohibition_referred_to_as_information_security_425518.shtml）

### （六）成本效益原则

成本效益原则是经济管理活动中广泛适应性的要求，因为任何一项活动，只有当收益大于成本时才是可行的。判断某项信息是否值得传递，首先就必须满足这个约束条件。具体来说，提供信息发生的成本主要包括搜集、处理、审计、传输信息的成本，对已传递信息的质询进行处理和答复的成本，诉讼成本，因传递过多信息而导致的竞争劣势成本等。提供信息带来的可计量收益包括增加营业收入、降低人工成本、降低物料成本、改善产品质量、提高生产能力、降低管理费用、提高资金周转率等。提供信息带来的不可计量收益包括企业流程与系统作业整合性的提高、生产自动化与透明化的提高、需求反应速度的提高、管理决策质量的改善、企业监控力度的加强等。

目前，实务操作中的主要问题是，信息传递的成本和收益中有许多项目是难以确切计量的,而且成本也不一定落到享受收益的那些使用者头上。除了专门为其提供信息的使用者之外,其他使用者也可能享受收益。这一问题的存在决定了成本—效益原则至今只能是一种模糊的价值判断。

[案例 5-4]
德国最愚蠢的银行

## 四、内部信息传递各环节的主要风险点及控制措施

### (一) 建立内部报告和指标体系

内部报告仅仅是信息传递的一种形式或载体,决定企业内部信息传递有效性最关键的问题在于报告中承载的信息。企业首先应该理清究竟应该编制哪些内部报告,进而确定各个报告中的指标如何设置。内部报告信息的采集和加工都是由报告中的指标来决定的。因此,内部报告指标的选择,既是内部报告传递的起点,也是决定内部报告质量的基础。内部报告指标体系的科学性直接关系到内部报告信息的价值。企业要根据自身的发展战略、生产经营、风险管理的特点,建立系统的、规范的、多层级的内部报告指标体系。内部报告指标体系中应该包含关键信息指标和辅助信息指标,还要根据企业内部和外部的环境政策,建立指标的调整和完善机制,使指标体系具有动态性和权变性。

内部报告指标体系的设计最重要的依据是企业内部报告使用者的需求,要为具有不同信息使用目的的用户提供诸如生产管理、经营决策、财务管理、业绩评价、风险评估、资源配置等相关决策信息。

在建立内部报告指标环节,主要风险点又可以具体细分为以下几个方面。

1. 未以企业战略和管理模式为指导设计内部报告及指标体系

任何企业决策都要以企业总体战略目标为指导和依据,因此,在设计用于决策的内部报告指标时,也必须围绕企业战略。当内部报告指标远离了企业战略或者企业自身没有明确的战略时,内部信息传递就无法实现为企业战略实施提供服务,企业战略目标也就难以实现了。同时,内部报告的组成和内容还需配合企业内部管理控制的程序和方法,使内部报告更好地为企业管理控制服务。例如,如果企业管理采用的预算管理模式没有预算报告和考核报告,预算管理就不能实施。

2. 内部报告体系或者指标体系不完整或者过于复杂

在构建内部报告体系及其指标体系时,可能出现报告或指标体系不完整,即遗漏重要信息的情况。这样一来,指标不能够全面反映决策需要的信息,导致内部报告对决策的有用性降低;相反,另一种情形就是内部报告数量过多,各个报告中设立的指标过于复杂,使报告使用者难以理解和驾驭,这样也会干扰决策的制定,降低决策质量。

3. 指标体系缺乏调整机制

社会经济发展日新月异,企业的内部和外部环境瞬息万变。如果内部报告指标体系确定后始终一成不变,就很难与生产经营快速变化的环境相适应。当内部报告指标不适应企业决策信息的要求时,其价值也就丧失了。

4. 指标信息难以获得或者成本过高

有些企业内部报告指标只能在理论上讲得通,在实际操作中,其指标所需信息的辨认和采集工作难度很大,成本很高。那么,根据内部信息传递的可用性和成本效益原则,这样的指标就不应该设置,否则将降低内部信息传递的效率和效果。

### (二) 搜集整理内外部信息

企业各种决策的制定离不开各种来源的信息的支持。企业需要根据内部报告指标,搜集和整理各种信息,以便企业随时掌握有关市场状况、竞争情况、政策变化及环境的变化,保证企业发展战略和经营目标的实现。

在搜集整理内外部信息的过程中,主要风险点又可以具体细分为以下几个方面。

1. 搜集的内外部信息不足或者过多

在收集信息的过程中,由于某些原因,未能搜集或者未能及时搜集到反映经济活动的信息,就会造成无法决策或者决策拖延;有些时候,由于企业信息的来源过多,如通过行业协会组织、社会中介机构、业务往来单位、市场调查、来信来访、网络媒体、政府监管部门、会计账簿、经营管理资料、调研报告、专项信息、内部刊物、办公网络等渠道都会获得成千上万的各种信息,这就可能导致信息冗余。信息过多不但增加了信息处理的成本,也降低了总体信息的相关性,同样会干扰决策。

2. 信息内容不准确

目前,企业内外部各种信息的来源复杂,有些信息的准确性无法保证。此外,信息在搜集和录入过程中,可能由于人为破坏或者操作疏忽而产生错误信息。决策者如果根据不准确的信息进行决策,很可能导致决策错误。

3. 信息搜集和整理成本过高

成本效益原则是信息搜集的约束条件。某一信息的搜集成本过高,超过了其带来的收益,就会使企业"得不偿失",生产和传输该信息就失去了意义。

### (三) 编制及审核内部报告

企业各职能部门应将收集的有关资料进行筛选、抽取,然后根据各管理层级对内部报告的需求和先前制定的内部报告指标建立各种分析模型,提取有效数据,进行汇总、分析,形成结论,并提出相应的建议,从而对生产经营活动、资源配置效率、战略执行情况等提供信息反馈,对企业的发展规划、前景预测等提供重要的分析和指导,为企业的效益分析、业务拓展提供有力的决策支持。因报告类型不同、反映的信息特点不同,企业内部报告的格式不尽一致。但是,编制内部报告的总体原则就是信息要完整,内容要与决策相关,表述要能够便于使用者理解。一般情况下,企业内部报告应当包括报告名、编号、执行范围、内容、起草或制定部门、报送和抄送部门、时效要求等。此外,编制完成的内部报告要经过有关部门和人员审核,只有通过审核的内部报告,才能进行传递。审核不合格的报告,要发回编制单位,分析原因,进行修订。

在编制及审核内部报告的过程中,主要风险点又可以具体细分为以下几个方面。

1. 内部报告内容不完整或难以理解

内部报告的内容要根据事先设置的指标来编制。但是,由于指标计量的信息未能取得或者信息不符合分析模型的要求而无法得出结论,则会导致内部报告的内容缺失。内部报告内容不完整,将降低信息的相关性和可靠性,直接影响对决策的支持程度。另外,由于内部报告制作者的经验和水平的局限,形成的内部报告还可能由于内容表述含糊不清、抽象晦涩,或者与使用者的知识背景不符,导致报告使用者对报告内容难以理解。这样,也会降低内部报告的使用价值。

2. 内部报告编制不及时

按照编制的时间不同,内部报告分为定期报告和非定期报告两大类。非定期报告包括异常事件报告、临时查询报告和按照使用者某种特定要求提供的非常规报告等。定期报告应在每个报告周期结束后、在指定的时点前编制完成。非定期报告中的异常事件报告应在事件发生后最短的时间内完成;临时查询报告和非常规报告应在相关的决策需要制定的时间之前完成。缺乏及时性的内部报告,不能及时反馈信息,无法支持决策,也就失去了其存在的价值。

3. 未经审核即向有关部门传递

内部报告编制完成后,要经过独立于报告编制岗位的有关部门和人员审核。如果没有对内部报告进行审核,就不能及时发现内部报告中由于人为故意或者疏忽造成的错误,也就无法保证内部报告的质量。

### (四) 内部报告传递

内部报告中的信息多为企业内部生产经营管理信息,涉及企业的商业秘密。因此,内部报告在传递过程中需要有严密的流程和安全的渠道。一方面,为了提高信息的共享性和利用程度,企业应当充分利用信息技术,强化内部报告信息的集成和共享,拓宽内部报告的传递渠道;另一方面,信息技术广泛和深入的应用增加了信息非法传递、使用和披露的风险。

在内部报告传递的过程中,主要风险点又可以具体细分为以下几个方面。

1. 缺乏内部报告传递规范流程

内部报告涉及企业的重要信息,对企业内部控制和管理决策具有重大的影响。由于企业信息系统的快速发展,企业需要编制和传递越来越多的内部报告,同时,也有越来越多的企业利益相关者使用内部报告。如果企业缺乏规范和完善的内部报告传递制度,或者内部报告传递具有较大的随意性,那么,内部报告在传递过程中就会面临较大风险,其完整性、真实性、及时性和可靠性均无法得到保证。

2. 内部报告误传递或丢失

内部报告在传递过程中,由于人为故意或者疏忽,可能出现内部报告错误传递,包括传递时间错误、传递地点错误、接收人错误等,甚至可能出现内部报告在传递中丢失的情况。这样会给企业的信息安全带来巨大威胁。

3. 内部报告传递系统中断

信息技术在企业信息系统广泛应用,从而IT技术在信息传递中具有举足轻重的作用。

企业在得益于计算机、数据库和网络带来的信息快速传递的好处的同时，也往往会遭受因为系统的各种故障而导致的信息系统中断，进而无法及时使用和传递系统中的重要信息，影响相关决策的制定。

### （五）内部报告的使用和保管

对于内部报告的使用，要做到有效使用和安全使用。内部报告有效使用是要求企业各级管理人员应当充分利用内部报告进行有效决策，管理和指导企业的日常生产经营活动，及时反映全面预算的执行情况，协调企业内部相关部门和各单位的运营进度，严格地进行绩效考核和责任追究，以确保企业实现发展战略和经营目标。企业应当有效利用内部报告进行风险评估，准确识别和系统分析企业生产经营活动中的内外部风险，确定风险应对策略，以实现对风险的有效控制。内部信息的安全使用要求信息使用者注意使用安全，按照规范的流程、传递方式等进行信息的使用、存储和传递，注意信息的保密，防范信息的泄露。

在内部报告使用的过程中，主要风险点又可以具体细分为以下几个方面。

1. 企业管理层在决策时没有使用内部报告提供的信息

良好的内部报告设计会给企业管理层的决策予以信息方面的支持。然而，如果内部报告在设计上没有体现决策者的需求，或者内部报告的表述不能够为决策者所理解，那么决策者就会放弃对内部报告的利用。

2. 商业秘密通过企业内部报告被泄露

如果企业没有建立和实施内部报告的保密制度，内部报告的使用者在使用过程中没有对内部报告进行妥善保管，就可能导致企业的重要信息和机密信息在这一过程中被泄露，严重时，可能导致企业面临巨大的经济损失，甚至要为此承担法律责任。

### （六）内部报告的评估

随着企业内外部环境的不断变化，企业的内部报告体系和内部报告传递机制的适用性可能改变。企业应当对内部报告体系是否合理、完整，内部信息传递是否及时、有效，定期进行评估。经过评估发现内部报告及其传递存在缺陷的，企业应当及时进行修订和完善，确保内部报告提供的信息及时、有效。

在内部报告评估的过程中，主要风险点又可以具体细分为以下几个方面。

1. 企业缺乏完善的内部报告评估机制

内部报告及其指标体系和传递机制的构建，是需要与相应的环境相适应的。如果企业内外部环境发生变化，而内部报告的内容和传递方式没有随之调整的话，内部报告的作用就会大打折扣，甚至丧失。如果企业缺乏完善的内部报告评估机制，就不能定期且有效地对内部报告进行全面评估，这将大大影响企业内部报告的有效性和经济价值。

2. 未能根据评估结果对内部报告体系及其传递机制进行及时调整

企业定期对其内部报告系统及其传递机制进行评估后，如果没有及时地调整那些在评估中被认为已经不合时宜的内部报告、控制指标和传递制度，那么内部报告就无法保持其有效性和经济价值。

## 第三节 沟 通

### 一、沟通的内涵

沟通是把信息提供给适当的人员,以便他们能够履行与经营、财务报告和合规相关的职责。但是,沟通还必须在更广泛的意义上进行,以便处理个人和团体的期望、个人和团体的职责以及其他重要问题。没有沟通就不可能实现控制。沟通是技术性的,已经在管理工作中得到广泛的应用,但比技术更有意义的是企业组织内外部的有效交流。

### 二、内部沟通

充分的内部沟通对企业控制环境、控制作业、风险评估等各方面都起着至关重要的作用。企业所采取的沟通方式要能够达到顺畅沟通的目的,使员工了解自己应承担的责任、应实现的目标以及这些目标对企业的影响。有效的信息沟通需要合理考虑来自不同部门和岗位、不同渠道的相关信息,并进行合理筛选和相互核对。

除了接收相关数据以便管理他们的活动以外,所有人员,尤其是那些有着重要的经营或财务管理职责的人员,需要从最高管理层那里取得一条明确的信息,即必须严格履行内部控制的职责。这条信息的明晰性及其沟通的有效性都很重要。此外,具体的责任也必须界定清楚,每个人都需要了解内部控制体系的相关部分、它们如何运行以及它们各自在系统中的作用与职责。

企业员工应当采取电子沟通、书面沟通、口头沟通等多种方式,实现所需的内部信息、外部信息在企业内部准确、及时地传递和分享,确保董事会、管理层和企业员工之间有效沟通。

(1) 电子沟通包括互联网、电子邮件、电话传真等方式。这种沟通方式在现代企业中已经开始扮演越来越重要的角色,但是由于网络的开放性及技术上的要求,信息的安全性是值得考虑的问题。

(2) 书面沟通包括例行或专题报告、调查研究报告、员工手册、内部刊物、教育培训资料等方式。书面沟通以文字为媒体,其优点是比较规范、信息传递准确度高、信息传递范围广、有据可查以及便于保护。但是,书面沟通也存在缺点,如为了形式规范而耗用较长的时间,导致成本效益不对等,并且缺少反馈或反馈机制不灵敏等。

(3) 口头沟通包括例行会议、专题会议、座谈会、讲座等形式。在这种形式下,沟通迅速、灵活且反馈及时,但是往往由于信息的汇总及传递机制不到位导致信息失真的可能性较大。

内部沟通应当重点关注两个方面。

#### (一) 明确的职责和有效的控制

各部门定期组织对本部门员工进行相关岗位培训,使员工明确其行为要达到的目标以及自己的职责与他人的职责如何相互影响。人事部门根据公司制定的各种绩效考核办法对各级人员进行绩效考核,并及时将考核结果反馈给被考核人,以有效检查各级人员对其职责的理解和有效控制。

## (二)内部沟通与交流

管理层定期向董事会就最新的业绩、发展、风险、重要事件或事故等问题进行汇报。公司管理层定期或不定期召开各种会议,及时与相关职能部门领导、下属单位负责人就生产、运营等情况进行沟通、交流。

财务部门应该定期向各部门交流和通报财务状况、经营成果、预算执行情况等,定期将应收账款情况反馈给销售(信用)部门和清欠办公室。

生产部门应该与销售部门定期沟通,以确保生产出的产品不至于积压或者生产不至于满足不了市场的需求。

采购部门、下属单位采购部门应该定期组织与其他业务部门就采购需求、价格信息、采购经验等方面进行沟通与交流。

员工除了向其直属上级汇报工作之外,还可以通过各种方式与本单位主要领导进行直接沟通。将公司各职能部门负责人的联系方式公布在通讯录上,员工可以通过电话、邮件、面谈等方式与其直接进行沟通、交流。

公司员工需要有在组织中向上传递重要信息的渠道,可以通过书信(可匿名)、电话、电子邮件等形式,向审计部门或内部控制与企业风险管理部门反映违规违纪问题及有关意见、建议和要求。在问题发生时,每天处理重要经营事项的一线员工常常处在认识问题的最佳位置,如销售代表或客户主管可能了解重要客户的产品设计需求;生产人员可能发现高成本的流程缺陷;采购人员可能面临来自供应商的不当刺激;会计部门的员工可能知悉销售额或库存的虚报,或发觉出于私人利益使用主体资源的情形。要想使这些信息得以向上汇报,必须既有开放的沟通渠道,又有明确的倾听意愿。员工必须相信他们的上级确实想了解问题,并且将会有效地解决问题,同时,公司应规定对举报的处理时限及查报结果的要求。对举报属实、查处后为公司挽回或减少重大损失的,应酌情奖励举报人。

公司组织开展合理化建议活动,鼓励员工对公司管理、生产、研发等各方面提出合理化建议,并对有突出贡献的单位和个人给予适当的奖励。

管理层与董事会及其委员会之间的沟通至关重要。管理层必须让董事会了解最新的业绩、发展、风险、主要行动以及其他任何相关的事项或情形。与董事会沟通越好,董事会就能越有效地行使监督职责,在重大事项上起到尽责的董事会的作用,并提供建议和忠告。反过来也一样,董事会也应该与管理层沟通所需的信息,并进行指导和反馈。以管理层与审计委员会的沟通为例,审计委员会可能关注的问题包括以下方面:公司主要的经营风险是什么?这些风险是否在财务报表中适当地反映出来了?对于未能在财务报表中反映出来的重大风险,管理层对此是如何处理的?向公司董事会提供的关于公司业绩的相关信息,与通过财务报告和信息披露向投资者提供的业绩信息是否一致?管理层应就上述问题尽量与审计委员会成员沟通。

[案例 5-5]
通用：沟通除障碍

## 三、外部沟通

若要实现良好的内部控制，不但要有适当的内部沟通，外部沟通也是必不可少的。企业有责任建立良好的外部沟通渠道，对外部有关方面的建议、投诉和收到的其他信息进行记录，并及时予以处理、反馈。通过开放的沟通渠道，客户和供应商就能够对产品或服务的设计或质量提供非常重要的信息，从而使公司能够应对不断变化的客户需求和偏好。有效的外部沟通既可以扩大企业的影响力，又可以使企业获得很多有效内部控制的重要信息。

来自外部各方的沟通通常会提供有关内部控制体系运作的重要信息。外部审计师对主体经营和相关业务活动以及控制体系的了解，可以为管理层和董事会提供重要的控制信息。

外部沟通应当重点关注五个方面。

### （一）与投资者和债权人的沟通

投资者和债权人是企业资本的提供者，也是企业风险的主要承担者。因此，企业有必要向他们及时报告企业的战略规划、经营方针、投融资计划、年度预算、经营成果、财务状况、利润分配方案以及重大担保、合并分立、资产重组等方面的信息。

在过去的 20 年中，电话会议已经成了管理层与财务分析师进行沟通的一种常见形式。如果公司财务报表数据难以及时反映公司经营的基本面，那么采取电话会议的形式进行沟通更有效。在 20 世纪 90 年代，美国公司通常与分析师和机构投资者举行非公开的见面会。然而，根据 2000 年 10 月在美国开始生效的《公平披露原则》(Regulation Fair Disclosure)，证券交易委员会(SEC)力促企业将这些见面会公开。《公平披露原则》要求，向证券分析师和专业投资者非公开提供的重要信息，必须同时(或者迅速地在提供信息之后)向公众披露。虽然《公平披露原则》减少了管理层在私人会议中披露的信息量，然而最近的研究显示，该原则通过减少选择性披露，使得电话会议提高了分析师预测的准确性和一致性。

我国企业应当根据《中华人民共和国公司法》《中华人民共和国证券法》等法律、法规以及企业章程的规定，通过股东(大)会、投资者会议、定期报告等方式，向投资者和债权人提供企业信息，听取他们的意见和要求，妥善处理企业与投资者和债权人之间的关系。

由证监会颁布的《上市公司与投资者关系工作指引》中规定：上市公司与投资者关系工作的基本原则包括充分披露、合规披露、投资者机会均等、诚实守信、高效低耗、互动沟通，以此来促使公司管理层高度重视与投资者之间的沟通。企业应当多渠道、多层次地与投资者和债权人进行沟通，增强他们以及潜在投资者对企业的了解和信心。

财务报告是管理层与外部投资者沟通的重要媒介。财务报告向投资者们解释了他们的钱是如何用于投资的，这些投资的业绩如何，以及公司当前业绩是如何与公司整体文化和战略保持一致的。财务报告不仅提供了公司已发生交易的记录，还反映了公司管理层对于公司未来的估计和预测。例如，财务报告中包括对于坏账的估计、对于有形资产使用寿命的预测,此外,财务报告中还隐含了一种预测,即公司的支出在未来将会产生超过成本的现金流量收益。与外部投资者相比,公司管理层更容易对公司的未来做出准确的预测,因此,财务报告是一种潜在的与投资者进行沟通的有效方式。然而,投资者们也很容易对管理层提供的财务报告产生怀疑。美国的《萨班斯—奥克斯利法案》要求CEO和CFO必须保证公司的财务报告公允地反映公司的财务业绩,同时保证公司的内部控制足以支持财务报告。该项要求增加了公司管理层的责任和义务,同时减轻了外部投资者的怀疑。

### (二)与客户的沟通

客户是企业产品和服务的接受者或消费者。企业经营目标的实现依赖于客户的配合。企业可以通过客户座谈会、走访客户等多种形式,定期听取客户对消费偏好、销售政策、产品质量、售后服务、货款结算等方面的意见和建议,收集客户需求和客户的意见,妥善解决可能存在的控制不当问题。

### (三)与供应商的沟通

供应商处于供应链的上游,对企业的经营活动有很强的制约能力。企业可以通过供需见面会、订货会、业务洽谈会等多种形式与供应商就供货渠道、产品质量、技术性能、交易价格、信用政策、结算方式等问题进行沟通,及时发现可能存在的控制不当问题。

### (四)与中介机构的沟通

这里的中介机构主要包括外部审计师和律师。外部审计师对企业的财务报告进行审计,通过一系列完善的审计程序通常能够发现企业日常经营以及财务报告中存在的问题。外部审计师会关心如下问题:公司主要的经营风险是什么?这些风险是否在公司的财务报表中被适当地反映出来了?我们的审计测试应侧重于哪些方面?我们对公司业绩的评估是否与外部投资者以及分析师的评估相一致?如果不一致,我们是否忽略了某些方面,或者管理层在披露时是否误报了公司的真实业绩?企业应当定期与外部审计师进行会晤,听取外部审计师关于财务报表审计、内部控制等方面的建议,以保证内部控制的有效运行以及双方工作的协调。企业在组织经济活动时,不可避免地要与其他企业发生经济纠纷,因此需要聘请律师来帮助处理纠纷,以保障企业的利益。同时,由于我国的经济法规逐渐健全和明细,企业需要熟悉经济法规的专业人员参与经济项目的制定与实施过程。企业可以根据法定要求和实际需要,聘请律师参与有关重大业务、项目和法律纠纷的处理,并保持与律师的有效沟通。

### (五)与监管机构的沟通

监管机构对企业的经营方针和战略有重要的影响。企业应当及时向监管机构了解监管政策和监管要求及其变化,并相应完善自身的管理制度。同时,企业应认真了解自身存在的问题,积极反映诉求和建议,努力加强与监管机构的协调。

沟通是双向的。在传递信息后,信息传递者的任务并没有结束,还应积极从信息接受者那里获取反馈信息,以促进信息获取质量的改进和信息传递程序的优化。通过沟通,企业员工能够明确他人的信息需求,并对自己的职责有更清晰的认识,从而有助于工作的顺利完成和效率的提高。

### [案例 5-6]　星巴克 24 小时轻松化解危机

"星巴克咖啡致癌"的最早消息发布于 2018 年 3 月 30 日下午,由一个叫作"澳洲 Mirror"的自媒体首发,31 日晚上这篇文章的点击量超过 10 万。至此,很多自媒体开始跟进此事,也都强调"星巴克必须标注咖啡或致癌"。3 月 31 日晚,微博上陆续出现"据说星巴克致癌"的消息,宣称咖啡致癌成了洛杉矶高等法院裁定星巴克的原因,标题也转换为"惊了,咖啡致癌?! 法院已宣判星巴克"。

面对谣言刷屏,星巴克启动了危机公关,它就做了以下两步:

(1) 举报造谣的微信账号。这个非常关键,因为它是谣言的源头,这篇文章在 4 月 1 日晚上(具体时间不详)被界定为谣言,理由是丁香医生进行了辟谣。

(2) 给媒体声明。星巴克中国在 4 月 1 日给所有媒体发布了声明,还附上了一份全美咖啡行业协会相关公告的图,具体如下:星巴克始终坚持为顾客提供高品质及安全可靠的食品与饮料,并致力于让顾客感受优质的星巴克体验。关于该项在美国加州的法律诉讼,您可参考以下全美咖啡行业协会相关公告的中文翻译。

全美咖啡行业协会关于加州第 65 号判决的公告(2018 年 3 月 29 日):在这场持续多时的法律诉讼中,今天,加州第 65 号判决的结果将可能导致所有咖啡产品上必须贴上致癌警告标签。整个咖啡行业目前正在考虑各项应对,包括继续提出上诉及采取进一步的法律行动。在咖啡产品上贴上致癌警告标签将会是一个误导消费者的行为。美国政府发布的营养指南中指出,咖啡是健康生活方式的一部分。世界健康组织(WHO)也明确指出咖啡不会致癌。无数学术研究都已经证明了饮用咖啡对健康的益处,并且咖啡饮用者通常更长寿。全美咖啡行业协会的主席及首席执行官威廉莫瑞表示:"咖啡早已被证明是对健康有益的饮品。此次法律诉讼产生了一个可笑的结果,这项第 65 号判决使消费者倍感困惑,并且也无益于公众对健康的认知。"

星巴克的做法就是自己不发表态度,而借助行业协会的声明来证明自己的清白。这一做法显然是奏效的,可以避开品牌永远是基于自身利益说话的质疑。正是基于这个策略,所以,星巴克并没有在其官方微信和微博发布这个声明。相反,在星巴克声明出来之前,其实很多传统媒体开始介入,并采访了相关专家,均以辟谣和喝咖啡常识普及的角度,进行了报道。甚至也有网友开始调侃:"看到星巴克有毒很震惊,赶紧买了一杯压压惊!"此外,还有媒体人站出来,借此抨击自媒体为了流量的无耻行为,称这是自媒体"把焦虑换流量的肮脏生意"。

短短 24 小时,星巴克的这次危机基本化解。

(资料来源:面对谣言刷屏,星巴克的危机公关为何如此轻松? http://www.sohu.com/a/227023640_104421)

**思考:**

星巴克 24 小时轻松化解危机的事例给我们在企业的外部沟通方面以什么启示?

## 第四节　信息系统

### 一、信息系统的定义

按照《企业内部控制应用指引第 18 号——信息系统》的规定,信息系统是指企业利用计算机和通信技术,对内部控制进行集成、转化和提升所形成的信息化管理平台。

信息系统是由计算机硬件、软件、人员、信息流和运行规程等要素组成的。信息系统在改变企业传统运营模式的同时,也对传统的内部控制观点和控制方法产生了深远的影响。企业原有的内部控制越来越不适应企业的业务发展和管理的提升。信息系统的实施触发了企业管理模式、生产方式、交易方式、作业流程的变革,为管理工作的重心从经营成果的反映向经营过程的控制转移创造了技术条件。

### 二、信息系统的生命周期

信息系统的生命周期一般要经过信息系统规划期、信息系统开发期和信息系统运行与维护期三个主要阶段。

#### (一) 信息系统规划期

在信息系统规划期,主要应该考虑实现企业发展战略向信息化流程的转变。因此,需要将信息系统战略规划的管理控制作为出发点,分析企业流程,研究信息技术的发展趋势,实现信息系统战略规划与企业发展战略的匹配,并由此制定信息系统管理、业务和技术三个方面的规范;同时,信息系统管理部门与企业各个层面的管理者、业务部门和最终用户要进行充分的沟通,以实现业务需求向信息化流程的转移。在此基础上,根据信息系统规划进行项目立项和可行性研究,以确定信息系统建设方案。

信息系统规划时期包括战略规划和项目计划。

战略规划通常将完整的信息系统分成若干子系统,并分阶段建设不同的子系统。比如,制造企业可以将信息系统划分为财务管理系统、人力资源管理系统、MRP(销售、采购、库存、生产)系统、计算机辅助设计和制造系统、客户关系系统、电子商务系统等若干子系统。项目就是指本阶段需要建设的相对独立的一个或多个子系统。

项目计划通常包括项目范围说明、项目进度计划、项目质量计划、项目资源计划、项目沟通计划、风险对策计划、项目采购计划、需求变更控制、配置管理计划等内容。项目计划不是完全静止、一成不变的。在项目启动阶段,可以先制订一个较为原则的项目计划,确定项目主要内容和重大事项,然后根据项目的大小和性质以及项目进展情况进行调整、充实和完善。

#### (二) 信息系统开发期

信息系统开发期的任务是完成软件的设计和实现,具体包括系统分析阶段、系统设计阶段、系统实施阶段三个阶段。

1. 系统分析阶段

系统分析又称为用户需求分析。需求分析的目的是明确信息系统需要实现哪些功能。该项工作是系统分析人员和用户单位的管理人员、业务人员在深入调查的基础上,详细描述业务活动涉及的各项工作以及用户的各种需求,从而建立未来目标系统的逻辑模型。

2. 系统设计阶段

系统设计是根据系统分析阶段所确定的目标系统逻辑模型,设计出一个能在企业特定的计算机和网络环境中实现的方案,即建立信息系统的物理模型。系统设计包括总体设计和详细设计。总体设计的主要任务是:第一,设计系统的模块结构,合理划分子系统边界和接口。第二,选择系统实现的技术路线,确定系统的技术架构,明确系统重要组件的内容和行为特征,以及组件之间、组件与环境之间的接口关系。第三,数据库设计,包括主要的数据库表结构设计、存储设计、数据权限和加密设计等。第四,设计系统的网络拓扑结构、系统部署方式等。详细设计的主要任务包括程序说明书编制、数据编码规范设计、输入输出界面设计等内容。

3. 系统实施阶段

系统实施阶段是编程和测试阶段。这个阶段的任务包括计算机等设备的购置、安装和调试,程序的编写与调试,人员培训,数据文件转换,系统调试与转换等。编程阶段是将详细设计方案转换成某种计算机编程语言的过程。编程阶段完成之后,要进行测试。测试主要有以下目的:一是发现软件开发过程中的错误,分析错误的性质,确定错误的位置并予以纠正。二是通过某些系统测试,了解系统的响应时间、事务处理吞吐量、载荷能力、失效恢复能力以及系统实用性等指标,以便对整个系统做出综合评价。测试环节在系统开发中具有举足轻重的地位。在系统测试中,往往只能测试有限的程序,无法发现"潜伏"其中的危险程序。例如,曾有程序设计员在设计系统程序时加了一条"当他工资为0或工资单上他的名字被注销时,就删除所有的系统数据"的语段。几年后,当该程序员被解雇时,系统遭到了致命性的破坏。

### (三) 信息系统运行与维护期

系统投入运行后,需要经常进行维护和评价,记录系统的运行情况,根据一定的标准对系统进行必要的修改,评价系统的工作质量和经济效益。信息系统的运行与维护主要包含三个方面的内容:日常运行维护、系统变更和安全管理。

在信息系统开发的过程中,每一阶段有其独立的任务和成果,每一阶段使用规定的方法和工具,编制出阶段文档(阶段文档是阶段之间的管理控制点,需要经过正式的管理检验才能进入下一阶段工作;各阶段形成的文档资料共同构成了关于系统开发生命周期整体质量的审计证据)。前一阶段是后一阶段的基础和指导。只有完成了前一阶段的任务,才能进入下一阶段,不能跨越阶段。每个阶段完成后,都要进行复查。如果发现问题,要停止前行,沿着所经历的阶段返回。在实践中,上述开发阶段会被分解成若干子阶段,每个子阶段还能够往下被分解为特定开发工程更为详细的活动。

[案例5-7] 新型网络病毒来袭,我们应该如何应对?

2017年5月12日晚,全球多个国家的网络遭遇名为"Wanna Cry"的勒索软件攻击。攻击者利用Windows的系统漏洞在互联网内进行病毒传播与扩散,并且更为严重的是,攻击者不需要用户进行任何操作即可自行进行病毒的感染与扩散。感染后的设备上所有的文件都将会被加密,无法读取或者修改,也即造成了整个系统的瘫痪。

美国、中国、日本、英国等重要国家均有攻击现象发生,中国数所高校中招,已造成一些应届毕业生的毕业论文被锁;今晨全国多地部分加油站也出现由于勒索病毒袭击而不得不断网的情况;而受到病毒攻击影响,珠海市的住房公积金业务也暂停了办理。

云计算、物联网、软件定义网络等技术的发展让我们迎来了IT的新时代,同时也需要我们思考保障网络安全的新方式与新方法。在处理安全性课题时,企业需要将全生命周期纳入考量。想要跟上数字化时代快速发展的脚步,企业需要不断扩展自身的安全能力。

(资料来源:https://mp.weixin.qq.com/s/HE0j6eHCMz5yW5dJaXpYnw)

### 三、信息系统的开发方式

信息系统的开发建设是信息系统生命周期中技术难度最大的环节。在开发建设环节,要将企业的业务流程、内控措施、权限配置、预警指标、核算方法等固化到信息系统中,因此开发建设的好坏直接影响信息系统的成败。

开发建设主要有自行开发、外购调试、业务外包等方式。各种开发方式有其各自的优缺点和适用条件,企业应根据自身实际情况合理选择。

#### (一)自行开发

自行开发就是企业依托自身力量完成整个开发过程。其优点是开发人员熟悉企业情况,可以较好地满足本企业的需求,尤其是具有特殊性的业务需求;通过自行开发,还可以培养、锻炼自己的开发队伍,便于后期的运行和维护。其缺点是开发周期较长、技术水平和规范程度较难保证,成功率相对较低。因此,自行开发方式的适用条件通常是企业自身技术力量雄厚,而且市场上没有能够满足企业需求的成熟的商品化软件和解决方案。百度的搜索引擎系统就偏重于自行开发。

#### (二)外购调试

外购调试的基本做法是企业购买成熟的商品化软件,通过参数配置和二次开发满足企业需求。其优点是:开发建设周期短,成功率较高,成熟的商品化软件质量稳定,可靠性高,专业的软件提供商具有丰富的实施经验。其缺点是:难以满足企业的特殊需求,系统的后期升级进度受制于商品化软件供应商产品更新换代的速度,企业自主权不强,较为被动。外购调试方式的适用条件通常是企业的特殊需求较少,市场上已有成熟的商品化软件和系统实施方案。大部分企业的财务管理系统、ERP系统、人力资源管理系统等多采用外购调试方式。

#### (三)业务外包

由于信息系统更新换代的周期短,信息系统工作人员的流动性高,人工费用与设备维修费用十分昂贵,因此,近年来在先进的发达国家出现了利用外包信息系统资源的方法,简称

"外包"。外包指组织只专注于自己的特定业务,而将相关的信息系统业务承包给外部的信息服务机构。通过外包,企业可以提高对信息技术、信息人才的利用效率,显著降低信息系统的运营成本,使企业可以将自己的力量集中于其核心竞争优势方面,更加集中于实现企业的战略目标。

信息系统的业务外包是指委托其他单位开发信息系统,其基本做法是企业将信息系统开发项目外包出去,由专业公司或科研机构负责开发、安装实施,企业直接使用。其优点是:企业可以充分利用专业公司的专业优势,量体裁衣,构建全面、高效、满足企业需求的个性化系统,企业不必培养、维持庞大的开发队伍,相应节约了人力资源成本。其缺点是:沟通成本高,系统开发方难以深刻理解企业需求,可能导致开发出的信息系统与企业的期望有较大偏差。同时,由于外包信息系统的成效与系统开发方的专业技能、职业道德和敬业精神存在密切关系。外包信息系统也可能泄露企业机密信息,因此企业必须加大对外包项目的监督力度。业务外包方式的适用条件通常是市场上没有能够满足企业需求的成熟的商品化软件和解决方案,企业自身技术力量薄弱,或出于成本效益原则考虑不愿意维持庞大的开发队伍。

## 四、信息系统开发的主要风险点及其控制措施

信息系统内部控制的目标是促进企业有效实施内部控制,提高企业现代化管理水平,减少人为操纵因素;同时,增强信息系统的安全性、可靠性和合理性以及相关信息的保密性、完整性和可用性,为建立有效的信息与沟通机制提供支持和保障。

企业信息系统内部控制以及利用信息系统实施内部控制也面临诸多风险。为了达到信息系统的内部控制目标,至少应当关注下列主要风险:第一,信息系统缺乏或规划不合理,可能造成"信息孤岛"或重复建设,导致企业经营管理效率低下;第二,系统开发不符合内部控制要求,授权管理不当,可能导致无法利用信息技术实施有效控制;第三,系统运行维护和安全措施不到位,可能导致信息泄露或毁损,系统无法正常运行。这三种主要风险分别针对信息系统生命周期的信息系统规划期、信息系统开发期和信息系统运行与维护期三个主要阶段。

### (一)信息系统规划的主要风险点

1. 信息系统规划期的主要风险点

信息系统战略规划是信息化建设的起点。战略规划是以企业发展战略为依据制定的企业信息化建设的全局性、长期性规划。制定信息系统战略规划的主要风险有两个:① 信息系统规划风险,即缺乏战略规划或规划不合理,可能造成"信息孤岛"或重复建设,导致企业经营管理效率低下。② 信息技术无法有效满足业务需求的风险,即没有将信息化与企业业务需求结合,降低了信息系统的应用价值。

(1)信息系统规划风险。

企业的信息系统规划应该服从于企业总体战略规划,为企业总体战略规划服务。只有满足"战略、组织、技术"三项特征,把信息系统规划作为常规工作,才能把企业的信息化建设推进到一个更高的"战略、组织、技术"层次和水平。

在信息化初始阶段,企业通常借助计算机去满足手工状态下内部控制和信息处理的要

求,很少顾及甚至基本没有顾及信息技术本身的特性,由此产生诸多"信息孤岛",而某一控制所需要的信息可能部分来自会计信息系统,也可能部分来自其他不同的信息系统。这使得很多企业在管理现代化后并没有赢得任何控制的优势。根据统计,信息系统应用中存在的最大问题就是"信息孤岛"问题。现有的信息系统(如ERP)多是分功能模块进行设计的。企业信息化的过程通常是先上几个功能模块,接着慢慢补充其他模块。同一数据多次重复录入,部门间相互分割,各自为政,"数出多门",加大了业务部门的工作量与出错率。同时,信息传递设备大部分是很多用户一起使用的,也就存在着传递的信息被窃取、篡改的风险。这些都容易导致员工无法及时获取信息,或获取的是不一致的信息,从而不能实现整个企业的有效沟通。

"信息孤岛"现象是不少企业信息系统建设中存在的普遍问题。其根源在于,这些企业往往忽视战略规划的重要性,缺乏整体观念和整合意识,常常陷于头痛医头、脚痛医脚的状态。这就导致有的企业财务管理信息系统、销售管理信息系统、生产管理信息系统、人力资源管理系统、办公自动化系统等各自为政、孤立存在的现象,削弱了信息系统的协同效用,甚至引发系统冲突。在实践中,对项目定义不充分是信息系统失败的最重要的原因之一。在任何一个信息系统或者遗留系统(Legacy System)的开发和实施过程中,对项目计划的明确定义是信息系统成功的一个关键要素。由于遗留系统是一个松散耦合的信息系统,因此对项目的拙劣定义只会影响一些功能性领域。但是,在一个集成的信息系统中,对项目的定义不充分却会影响整个企业。很多企业没有考虑商业目标、实施战略、系统架构(Landscaping)、技术需求、成本等就盲目采纳信息技术(IT),由于缺乏把信息系统与商业战略集成起来的、内在一致的实施战略而导致信息系统失败。

(2) IT系统架构风险和信息技术无法有效满足业务需求的风险。

信息系统的架构非常重要。已故的Green Bay Packers的传奇教练Vince Lombardi说过:"架构不是所有的事情,但是它是唯一的事情。"IT部门也有这样的体会:"电脑程序潮起潮落,不好的架构永远存在。"虽说上述说法不甚精准,但是却说明了一个简单的事实,即IT系统架构不能迅速改变,或者不能被有效地管理,会导致无法支持快速变化的商业模式。

当前IT系统越来越多地对业务经营活动进行自动化处理,这就需要IT提供必要数量的控制程序。如果内部控制呈现的是独立于业务活动、事后反映和检查性特征,而不能与业务活动融为一体,呈现过程监督和预防性特征,则会导致信息技术无法有效满足业务需求的风险。

2. 信息系统自行开发方式的主要风险点

虽然信息系统的开发方式有自行开发、外购调试、业务外包等多种方式,但基本流程大体相似,通常包含项目计划、系统分析、系统设计、编程和测试、上线等环节。

(1) 项目计划环节。

项目计划环节的主要风险是:信息系统建设缺乏项目计划或者计划不当,导致项目进度滞后、费用超支、质量低下。

(2) 系统分析环节。

系统分析环节主要存在可行性研究的风险和需求分析的风险。可行性研究要考虑新的系统对企业原来的管理模式的影响及员工素质的差异。系统分析主要应考虑企业的内部控制节点。如考虑不当将会带来巨大的损失。

系统分析环节的主要风险是:第一,需求本身不合理,对信息系统提出的功能、性能、安全性等方面的要求不符合业务处理和控制的需要。第二,技术上不可行、经济上成本效益倒挂,或与国家有关法规制度存在冲突。第三,需求文档表述不准确、不完整,未能真实、全面地表达企业需求,存在表述缺失、表述不一致甚至表述错误等问题。

(3) 系统设计环节。

系统在设计环节要保证其规范性和适应性。系统设计环节的主要风险是:第一,设计方案不能完全满足用户需求,不能实现需求文档规定的目标。第二,设计方案未能有效控制建设开发成本,不能保证建设质量和进度。第三,设计方案不全面,导致后续变更频繁。第四,设计方案没有考虑信息系统建成后对企业内部控制的影响,导致系统运行后衍生新的风险。

(4) 编程和测试环节。

这一环节的主要风险是:第一,编程结果与设计不符。第二,各程序员编程风格差异大,程序可读性差,导致后期维护困难,维护成本高。第三,缺乏有效的程序版本控制,导致重复修改或修改不一致等问题。第四,测试不充分。单个模块正常运行但多个模块集成运行时出错,开发环境下测试正常而生产环境下运行出错,开发人员自测正常而业务部门用户使用时出错,导致系统上线后可能出现严重问题。

(5) 上线环节。

系统上线是将开发出的系统(可执行的程序和关联的数据)部署到实际运行的计算机环境中,使信息系统按照既定的用户需求来运转,切实发挥信息系统的作用。这一环节的主要风险是:第一,缺乏完整可行的上线计划,导致系统上线混乱无序。第二,人员培训不足,不能正确使用系统,导致业务处理错误,或者未能充分利用系统功能,导致开发成本浪费。第三,初始数据准备设置不合格,导致新旧系统数据不一致、业务处理错误。

3. 其他开发方式的主要风险点

(1) 业务外包方式的主要风险点。

在实践中,由于缺乏 IT 外包管理经验,许多信息系统外包项目由于对风险控制的不善而导致外包失败。一般来说,风险是指损失发生的不确定性。它是不利事件或损失发生的概率及其后果的关联函数。信息系统外包风险是由许多不确定因素造成的。那么,信息系统外包风险系数究竟有多大呢?国内暂时还没有详尽的数据。不过,关于信息系统外包服务的成功率可以作为参考。Gartner 指出:中国的信息系统外包服务市场仍不够成熟,大约 50% 的信息系统外包服务合同是以不能让用户满意的方式提交的。如此高比率的信息系统外包服务合同不能让用户满意,信息系统外包服务风险也不容乐观。因此,信息系统外包不仅仅是一个成本决策,也是有效管理风险的战略决策。企业在进行信息系统外包时,必须正确地评估并努力控制信息系统外包风险。

要实施业务外包,首先要考虑的是外包策略问题。只有制定了合理的外包策略,才能判断外包工作是否有效,是否实现了外包的预期目标。通常有三个策略可供选择:降低成本、高质量的服务、变革与创新。企图在一个外包合同中同时实现多个指标的大幅改善是不可能的。根据企业实际情况制定合理的外包策略,是信息化战略或信息化规划的重要内容。

信息系统外包具有提升核心竞争力、降低管理成本等作用,但也造成了对承包方的事实依赖性,使企业在制定新的经营管理决策时受制于承包方的IT配合程度及IT完成能力。此外,随着合作时间的延长,企业对承包方提供服务的依赖程度不断加大,受其IT服务质量的影响也逐渐增强,会降低企业信息系统管理的自主性和灵活性。

因此,对于企业和CIO而言,必须划清企业的核心业务及可以外包的信息系统范围,避免核心信息系统竞争力随外包流失。企业在制定信息系统外包战略时要确定合适的外包业务,如将附加值较低、成本较高的非核心信息系统业务外包,从而既能获得信息系统外包带来的好处,又能降低对承包方的依赖性风险。因此,确定合适的信息系统外包业务范围是规避风险的第一步。信息系统外包必须首先保证企业的核心技术和信息足够安全,其次才是通过外包降低内部信息系统成本。假如不能达到这些目标,则企业在当前阶段就不宜采用外包策略;否则,外包带来的风险大于成功的几率。因而不能盲目追求"为外包而外包"。

在业务外包方式中,也存在不少风险,其中最大的风险就是失控。执行降低成本策略,但在实际运行过程中成本可能没降;执行服务质量提高策略,但实际上质量不仅没有提高,反而还下降了。这就是失控的风险。业务外包各个环节中的主要风险如下:

① 选择外包服务商。这一环节的主要风险是:由于企业与外包服务商之间本质上是一种委托—代理关系,合作双方的信息不对称容易诱发道德风险,外包服务商可能实施损害企业利益的自利行为,如偷工减料、放松管理、信息泄密等。

怎么找到好的外包商?对于甲方来说,在预算范围内,当然成本越低越好。这是一个比较模糊的说法。更为重要的是,企业一定要知道软件开发这个行业的特点。软件开发采购的是人力资源,而不是一个现成的产品(如杯子、笔记本等产品),采购的是一个要经过人力劳动才能形成的成果。从这个角度来看,软件外包商的规范程度是考核的一个重要标准。如果一家企业做得比较规范,则可以认为他们更可信。另外,要看这个团队的经验怎么样。即使开发商的名气很大,但对一个具体的客户来说,也可能不能配备专业的开发队伍。至于价格,当然是越低越好,但不是要考虑的第一要素。如果把价格作为第一要素来看待,那么对企业来说是有风险的。如果项目失败的话,会损失很多的机会成本。

② 签订外包合同。这一环节的主要风险是:由于合同条款不准确、不完善,可能导致企业的正当权益无法得到有效保障。

③ 持续跟踪评价外包服务商的服务过程。这一环节的主要风险是:企业缺乏外包服务跟踪评价机制或跟踪评价不到位,可能导致外包服务质量水平不能满足企业信息系统开发需求。

(2) 外购调试方式的主要风险点。

① 软件产品选型和供应商选择。在外购调试方式下,软件供应商的选择和软件产品的选型是密切相关的。这一环节的主要风险是:第一,软件产品选型不当,产品在功能、性能、易用性等方面无法满足企业需求。第二,软件供应商选择不当,产品的支持服务能力不足,产品的后续升级缺乏保障。

② 服务提供商选择。大型企业管理信息系统(如ERP系统)的外购实施不仅需要选择合适的软件供应商和软件产品,也需要选择合适的咨询公司等服务提供商,以指导企业将通用软件产品与本企业的实际情况有机结合。这一环节的主要风险是:服务提供商选择不当,削弱了外购软件产品功能的发挥,导致无法有效地满足用户需求。

### (二) 信息系统开发的关键控制措施

1. 系统规划期的关键控制措施

为了规避信息系统面临的重要风险,企业利用信息系统实施内部控制时应当从以下三个方面入手:第一,企业必须制定信息系统开发的战略规划和中长期发展计划,并在每年制订经营计划的同时制订年度信息系统建设计划,促进经营管理活动与信息系统的协调统一。第二,企业在制定信息化战略过程中,要充分调动和发挥信息系统归口管理部门与业务部门的积极性,使各部门广泛参与、充分沟通,提高战略规划的科学性、前瞻性和适应性。第三,信息系统战略规划要与企业的组织架构、业务范围、地域分布、技术能力等相匹配,避免相互脱节。

为了确保信息系统的商业价值和投资回报,满足最终用户期望,进而提高业务盈利能力,必须通过信息系统投资预算管理,持续地改进信息系统的成本有效性。信息系统投资预算管理的内容包括预测并分配预算,根据预测测量并评价业务价值。

2. 自行开发方式的关键控制措施

随着企业信息化的不断深入,信息系统已经成为企业提供有竞争力的产品和服务的一项基础设施。因此,在自行开发时,为保证信息系统的有效运行,必须全力做好信息系统的管理控制工作。CIO 应通过下列手段对信息系统进行管理控制:① 规划。建立一个组织的信息系统的目标。② 组织。筹集、分配实现目标所需的人、财、物资源。③ 控制。对信息系统实施总体控制,如确定系统所需费用、分析系统可创造的价值、控制系统人员的业务活动。

(1) 项目计划环节。

针对项目计划环节的主要风险,应该采取以下措施:第一,企业应当根据信息系统建设整体规划提出分阶段项目的建设方案,明确建设目标、人员配备、职责分工、经费保障和进度安排等相关内容,按照规定的权限和程序审批后实施。第二,企业可以采用标准的项目管理软件(如 Office Project)制订项目计划,并加以跟踪。在关键环节进行阶段性评审,以保证过程可控。第三,项目关键环节编制的文档应参照《计算机软件产品开发文件编制指南(GB 8567—88)》等相关国家标准和行业标准进行,以提高项目计划编制水平。

(2) 系统分析环节。

针对系统分析环节的主要风险,应该采取如下控制措施:第一,信息系统归口管理部门应当组织企业内部各有关部门提出开发需求,加强系统分析人员和有关部门的管理人员、业务人员的交流,经综合分析提炼后形成合理的需求。第二,编制表述清晰、表达准确的需求文档。需求文档是业务人员和技术人员共同理解信息系统的桥梁,必须准确表述系统建设的目标、功能和要求。企业应当采用标准建模语言(如 UML),综合运用多种建模工具和表现手段,参照《计算机软件产品开发文件编制指南(GB 8567—88)》等相关标准,提高系统需求说明书的编写质量。第三,企业应当建立健全需求评审和需求变更控制流程。依据需求文档进行设计(含需求变更设计)前,应当评审其可行性,由需求提出人和编制人签字确认,并经业务部门与信息系统归口管理部门负责人审批。

(3) 系统设计环节。

针对系统设计环节的主要风险,应该采取的控制措施有:第一,系统设计负责部门应当就总体设计方案与业务部门进行沟通和讨论,说明方案对用户需求的覆盖情况;存在备选方案的,应当详细说明各方案在成本、建设时间和用户需求响应上的差异;信息系统归口管理部门和业务部门应当对选定的设计方案予以书面确认。第二,企业应参照《计算机软件产品开发文件编制指南(GB 8567—88)》等相关国家标准和行业标准,提高系统设计说明书的编写质量。第三,企业应建立设计评审制度和设计变更控制流程。第四,在系统设计时应当充分考虑信息系统建成后的控制环境,将生产经营管理业务流程、关键控制点和处理规程嵌入系统程序,实现手工环境下难以实现的控制功能。例如,对于某一财务软件,当输入支出凭证时,可以让计算机自动检查银行存款余额,防止透支。第五,应充分考虑信息系统环境下的新的控制风险。比如,要通过信息系统中的权限管理功能控制用户的操作权限,避免将不相容职务的处理权限授予同一用户。第六,应当针对不同的数据输入方式,强化对进入系统数据的检查和校验功能,比如凭证的自动平衡校对。第七,系统设计时,应当考虑在信息系统中设置操作日志功能,确保操作的可审计性。对异常的或者违背内部控制要求的交易和数据,应当设计由系统自动报告并设置跟踪处理机制。第八,预留必要的后台操作通道,对于必需的后台操作,应当加强管理,建立规范的操作流程,确保足够的日志记录,以保证对后台操作的可监控性。

(4) 编程和测试环节。

针对编程和测试阶段的主要风险,应该采取的控制措施有:第一,项目组应建立并执行严格的代码复查评审制度。第二,项目组应建立并执行统一的编程规范,在标志符命名、程序注释等方面统一风格。第三,应使用版本控制软件系统(如 CVS),保证所有开发人员基于相同的组件环境开展项目工作,协调开发人员对程序的修改。第四,应区分单元测试、组装测试(集成测试)、系统测试、验收测试等不同测试类型,建立严格的测试工作流程,提高最终用户在测试工作中的参与程度,改进测试用例的编写质量,加强测试分析,尽量采用自动测试工具以提高测试工作的质量和效率。具备条件的企业,应当组织独立于开发建设项目组的专业机构对开发完成的信息系统进行验收测试,确保在功能、性能、控制要求和安全性等方面符合开发需求。

(5) 上线环节。

针对系统上线环节的主要风险,应该采取的控制措施有:第一,企业应当制定信息系统上线计划,并经归口管理部门和用户部门审核批准,上线计划一般包括人员培训、数据准备、进度安排、应急预案等内容。第二,系统上线涉及新旧系统切换的,企业应当在上线计划中明确应急预案,保证新系统失效时能够顺利切换回旧系统。第三,系统上线涉及数据迁移的,企业应当制订详细的数据迁移计划,并对迁移结果进行测试。用户部门应当参与数据迁移过程,对迁移前后的数据予以书面确认。

3. 其他开发方式的关键控制措施

在业务外包、外购调试方式下,企业对系统设计、编程、测试环节的参与程度明显低于自行开发方式,因此可以适当简化相应的风险控制措施,但同时也会因开发方式的差异产生一些新的风险,需要采取有针对性的控制措施。

(1) 业务外包方式的关键控制点和主要控制措施。

经济学告诉人们一个道理:术业有专攻,让专业人才专注于做擅长的事情将会收获更大。信息系统项目外包让企业看到了专攻的切实好处,因为这可以让公司集中精力专注于其核心业务。然而,随着信息系统外包项目数量的逐渐增多,风险也会越来越高。任何一个环节出现问题,不但会使整个信息系统项目的进程、质量受到影响,企业的核心业务也因此会被拖累。因此,目前信息系统外包关注的焦点转向了怎样有效地管理和控制信息系统外包项目的实施。在此过程中,如何降低信息系统外包风险,提高外包成功率,成为企业进行信息系统外包的重中之重。作为一种对信息系统信息技术有效管理的最新理念和系统框架,信息系统治理在信息系统外包中的应用正引起业界的广泛关注。

外包必须有特定的人员来负责监督控制,下面介绍的是其关键控制点和主要控制措施。

① 选择外包服务商。针对这一环节的主要风险,应该采取的主要控制措施是:第一,企业在选择外包服务商时要充分考虑服务商的市场信誉、资质条件、财务状况、服务能力、对本企业业务的熟悉程度、既往承包服务成功案例等因素,对外包服务商进行严格筛选。第二,企业可以借助外包业界基准来判断外包服务商的综合实力。第三,企业要严格外包服务审批及管控流程,对信息系统外包业务,原则上应采用公开招标等形式选择外包服务商,并实行集体决策审批。

② 签订外包合同。针对这一环节的主要风险,应该采取的主要控制措施是:第一,企业在与外包服务商签约之前,应针对外包可能出现的各种风险损失,恰当拟订合同条款,对涉及的工作目标、合作范畴、责任划分、所有权归属、付款方式、违约赔偿及合约期限等问题做出详细说明,并由法律部门或法律顾问审查把关。第二,开发过程中涉及商业秘密、敏感数据的,企业应当与外包服务商签订详细的"保密协定",以保证数据安全。第三,在合同中约定付款事宜时,应当选择分期付款方式,尾款应当在系统运行一段时间并经评估验收后再支付。第四,应在合同条款中明确要求外包服务商保持专业技术服务团队的稳定性。

③ 持续跟踪评价外包服务商的服务过程。企业必须有效地管理好开发过程,持续跟踪评价外包服务商的服务过程。对企业来说,开发的源头是企业的需求,是企业的业务。也就是说,企业到底要把什么东西做成企业的信息系统。很多企业认为,既然找到了开发商,就应该由开发商来做需求分析。这是一种错误的理念,因为对开发人员来说,其主要职责是把客户的需求变成代码,而他们对客户的需求并不熟悉。最熟悉业务的还是企业自己,而对于需求是否合理、是否是最优的,开发人员是很难判断的。对企业来说,一定要控制住企业的需求,要明确哪些业务是要信息化的,哪些业务是不要信息化的。另外,开发是一项智力活动。对这个活动的控制不能仅靠一个简单的合同,而是要用过程来控制活动的质量。这个过程是由一系列的子过程组成的。在这个过程中,要设一些检测标准来控制。这里有一个"鞭子效应"。拿一根鞭子一抖,在抖的过程中总的方向是没有错的,但每一节的方向和最终的方向都是不一致的。项目管理用流程控制也是这个道理——可能每个阶段都会有些误差,但只要用流程来控制了,最终的效果和最终的方向就不会有太大的误差。

针对这一环节的主要风险,应该采取的主要控制措施是:第一,企业应当规范外包服务评价工作流程,明确相关部门的职责权限,建立外包服务质量考核评价指标体系,定期对外包服务商进行考评,并公布服务周期的评估结果,实现外包服务水平的跟踪评价。第二,必要时,可以引入监理机制,降低外包服务风险——不断评价外包商的财务能力;监督外包合同条款的执行;通过要求外包供应商定期提供一个第三方的审计报告或由客户的内部审计人员和外部审计人员定期审计其控制,对外包商控制的可靠性进行监督,确保外包商提供安全、可靠的信息系统资源;建立外包灾难恢复控制,并定期评价这些控制。如果外包商发生灾难事项,客户也应设计自己的灾难应对程序。

(2) 外购调试方式的主要控制措施。

在外购调试方式下,一方面,企业面临与委托开发方式类似的问题,企业要选择软件产品的供应商和服务供应商,签订合约,跟踪服务质量,因此,企业可采用与委托开发方式类似的控制措施。另一方面,外购调试方式也有其特殊之处,企业需要有针对性地强化某些控制措施。

① 软件产品选型和供应商选择。针对这一环节的主要风险,应该采取的主要控制措施是:第一,企业应明确自身需求,对比分析市场上的成熟软件产品,合理选择软件产品的模块组合和版本。第二,企业在软件产品选型时应广泛听取行业专家的意见。第三,企业在选择软件产品和服务供应商时,不仅要评价其现有产品的功能、性能,还要考察其服务支持能力和后续产品的升级能力。

② 服务提供商选择。针对这一环节的主要风险,应该采取的主要控制措施是:在选择服务提供商时,不仅要考核其对软件产品的熟悉、理解程度,还要考核其是否深刻理解企业所处行业的特点,是否理解企业的个性化需求,是否有过相同或相近的成功案例。

## 五、信息系统运行与维护的主要风险点及其控制措施

### (一) 信息系统运行与维护的主要风险点

运行阶段是系统发挥作用的阶段,也是系统存续时期最长的阶段,因此容易产生风险,是内部控制的重点。在系统运行阶段存在数据可能不完整、不真实的风险,信息的储存及提供的及时性、合理性的风险。最后,在维护阶段可能产生职权分离、授权方式不当、维护人员不能胜任的风险。

信息系统的运行与维护主要包含四个方面的内容:日常运行维护、系统变更、安全管理和系统终结。

1. 日常运行维护的主要风险点

日常运行维护的目标是保证系统正常运转,其主要工作内容包括系统的日常操作,系统的日常巡检和维修,系统运行状态监控,异常事件的报告和处理等。

这一环节的主要风险是:第一,没有建立规范的信息系统日常运行管理规范,计算机软硬件的内在隐患易于爆发,可能导致企业信息系统出错。第二,没有执行例行检查,导致一些人为恶意攻击会长期隐藏在系统中,可能造成严重损失。第三,企业信息系统数据未能定期备份,可能导致损坏后无法恢复,从而造成重大损失。

[案例 5-8]
新型网络病毒来袭,
我们应该如何应对?

2. 系统变更的主要风险点

系统变更主要包括硬件的升级扩容、软件的修改与升级等。系统变更往往会"牵一发而动全身",硬件升级、软件的任何修改都是非同小可的事情,所以必须得到授权与批准。系统变更是为了更好地满足企业需求,但同时应加强对变更申请、变更成本与进度的控制。

这一环节的主要风险是:第一,企业没有建立严格的变更申请、审批、执行、测试流程,导致系统随意变更。第二,系统变更后的效果达不到预期目标。

3. 安全管理的主要风险点

安全管理问题,应该像每家每户的防火防盗问题一样,做到防患于未然。安全管理的目标是保障信息系统安全。信息系统安全是指信息系统包含的所有硬件、软件和数据受到保护,不因偶然和恶意的原因而遭受破坏、更改和泄露,信息系统能够连续正常运行。

这一环节的主要风险是:第一,硬件设备分布物理范围广,设备种类繁多,安全管理难度大,可能导致设备生命周期短。第二,业务部门信息安全意识薄弱,对系统和信息安全缺乏有效的监管手段。少数员工可能恶意或非恶意滥用系统资源,造成系统运行效率降低。第三,对系统程序的缺陷或漏洞安全防护不够,导致遭受"黑客"攻击,造成信息泄露。第四,对各种计算机病毒防范清理不力,导致系统运行不稳定甚至系统瘫痪。第五,缺乏对信息系统操作人员的严密监控,可能导致舞弊和利用计算机犯罪。

4. 系统终结的主要风险点

系统终结是信息系统生命周期的最后一个阶段。在该阶段,信息系统将停止运行。停止运行的原因通常有企业破产或被兼并、原有信息系统被新的信息系统代替。这一环节的主要风险是:第一,因经营条件发生剧变,数据可能泄密;第二,信息档案的保管期限不够长。

(二)信息系统运营与维护的主要控制措施

1. 日常运行维护的主要控制措施

针对日常运行维护的关键风险点,应该采取如下控制措施:第一,企业应制定信息系统使用操作程序、信息管理制度以及各模块子系统的具体操作规范,及时跟踪、发现和解决系统运行中存在的问题,确保信息系统按照规定的程序、制度和操作规范持续稳定地运行。第二,切实做好系统运行记录,尤其注意系统运行不正常或无法运行的情况,应将异常现象、发生时间和可能的原因做出详细记录。第三,企业要重视系统运行的日常维护。在硬件方面,日常维护主要包括各种设备的保养与安全管理、故障的诊断与排除、易耗品的更换与安装等。这些工作应由专人负责。第四,配备专业人员负责处理信息系统运行中的突发事件,必要时应会同系统开发人员或软硬件供应商共同解决。

2. 系统变更的主要控制措施

针对系统变更的关键风险点,应该采取如下控制措施:第一,企业应当建立标准流程,来实施和记录系统变更,保证变更过程得到适当的授权与管理层的批准,并对变更进行测试。信息系统变更应当严格遵照管理流程进行操作。信息系统操作人员不得擅自进行软件的删除、修改等操作,不得擅自升级、改变软件版本,不得擅自改变软件系统的环境配置。第二,系统变更程序(如软件升级)需要遵循与新系统开发项目同样的验证和测试程序,必要时还应当进行额外测试。第三,企业应加强紧急变更的控制管理。第四,企业应加强对将变更移植到生产环境中的控制管理,包括系统访问授权控制、数据转换控制、用户培训等。

3. 安全管理的主要控制措施

针对信息系统安全的关键风险点,应该采取如下控制措施:

(1) 建立信息系统相关资产的管理制度,保证电子设备的安全。硬件和网络设备不仅是信息系统运行的基础载体,也是价值昂贵的固定资产。企业应在健全设备管理制度的基础上,建立专门的电子设备管控制度。关键信息设备(如银行的核心数据库服务器),未经授权,不得接触。

(2) 企业应成立专门的信息系统安全管理机构,由企业主要领导负总责,对企业的信息安全做出总体规划和全方位的严格管理。具体实施工作可由企业的信息主管部门负责。企业应强化全体员工的安全保密意识,特别要对重要岗位员工进行信息系统安全保密培训,并签署安全保密协议。企业应当建立信息系统安全保密制度和泄密责任追究制度。

(3) 企业应当按照国家相关法律、法规以及信息安全技术标准,制定信息系统安全实施细则。根据业务性质、重要程度、涉密情况等确定信息系统的安全等级,建立不同等级信息的授权使用制度,采用相应技术手段保证信息系统运行安全有序。对于信息系统的使用者和不同安全等级信息之间的授权关系,应在系统开发建设阶段就形成方案并加以设计,在软件系统中预留这种对应关系的设置功能,以便根据使用者岗位、职务的变迁进行调整。

(4) 企业应当有效利用信息系统技术手段,对硬件配置调整、软件参数修改严加控制。例如,企业可利用操作系统、数据库系统、应用系统提供的安全机制,设置安全参数,保证系统访问安全。对于重要的计算机设备,企业应当利用技术手段防止员工擅自安装、卸载软件或者改变软件系统配置,并定期对上述情况进行检查。

(5) 企业委托专业机构进行系统运行与维护管理的,应当严格审查其资质条件、市场声誉和信用状况等,并与其签订正式的服务合同和保密协议。

(6) 企业应当采取安装安全软件等措施防范信息系统受到病毒等恶意软件的感染和破坏。企业应当特别注重加强对服务器等关键部位的防护;存在网络应用的企业,应当综合利用防火墙、路由器等网络设备,采用内容过滤、漏洞扫描、入侵检测等软件技术加强网络安全,严密防范来自互联网的"黑客"攻击和非法侵入。对于通过互联网传输的涉密或者关键业务数据,企业应当采取必要的技术手段,以确保信息传递的保密性、准确性、完整性。

(7) 企业应当建立系统数据定期备份制度,明确备份范围、频度、方法、责任人、存放地点、有效性检查等内容。系统首次上线运行时应当完全备份,然后根据业务频率和数据重要性程度,定期做好增量备份;数据正本与备份应分别存放于不同地点,防止因火灾、水灾、地震等事故产生不利影响。企业可综合采用磁盘、磁带、光盘等备份存储介质。

(8) 企业应当建立信息系统开发、运行与维护等环节的岗位责任制度和不相容职务分离制度,防范利用计算机舞弊和犯罪。一般而言,信息系统不相容职务涉及的人员可以分为三类——系统开发建设人员、系统管理和维护人员、系统操作使用人员。开发人员在运行阶段不能使用信息系统,否则就可能掌握其中的涉密数据,进行非法利用。系统管理和维护人员担任密码保管、授权、系统变更等关键任务。如果允许其使用信息系统,就可能较为容易地篡改数据,从而达到侵吞财产或滥用计算机信息的目的。此外,信息系统使用人员也需要区分不同岗位，包括业务数据录入、数据检查、业务批准等，在他们之间也进行必要的相互牵制。企业应建立用户管理制度，加强对重要业务系统的访问权限管理，避免将不相容职责授予同一用户。企业应当采用密码控制等技术手段进行用户身份识别。重要的业务系统应当采用数字证书、生物识别等可靠性强的技术手段来识别用户身份。对于发生岗位变化或离岗的用户，用户部门应当及时通知系统管理人员调整其在系统中的访问权限或者关闭账号。企业应当定期对系统中的账号进行审阅，避免存在授权不当或非授权账号。对于超级用户，企业应当严格规定其使用条件和操作程序，并对其在系统中的操作全程进行监控或审计。

（9）企业应积极开展信息系统风险评估工作，定期对信息系统进行安全评估，及时发现系统安全问题并加以整改。

4. 系统终结的主要控制措施

针对系统终结环节的关键控制点，应该采取如下主要控制措施：第一，要做好善后工作。不论因何种情况导致系统停止运行，都应将废弃系统中有价值或者涉密的信息进行销毁、转移。第二，严格按照国家有关法规制度和对电子档案的管理规定（如审计准则对审计证据保管年限的要求）妥善保管相关信息档案。

### （三）网络时代的信息沟通

信息与沟通要素有三项原则：识别相关的高质量的信息；确定信息在组织内部的沟通方式；确定组织与外部的沟通方式。所有其他内部控制要素的有效性均依赖于信息与沟通要素是否能提供的相关的高质量信息。组织应获取或生成和使用相关的高质量信息来支持内部控制的持续运行。

1. 识别信息需求

组织的控制活动决定了信息需求。信息的形式可以是报告、控制分析中的数据、显示组织商业结构概况的图表。识别对于内部控制较为重要的信息需求和进行网络风险分析，在风险评估过程是密不可分的。比如，网络风险评估需要的是逐层的信息，通过高层级的信息来引导更为详细的风险评估程序。最终，组织需要明确信息系统及其价值，通过实施与其价值匹配的控制措施保护其不受网络攻击。为了达到该目标，业务人员和信息技术人员（包括外部服务供应商）必须首先对商业结构的整体框架达成共识，包括相关的对组织重要的商业目标和子目标。依据这些信息，组织可以延伸风险评估范围，深入了解可能受到攻击的信息系统及攻击方式。一旦完成风险评估，组织将沟通这些信息，确保所设计的流程和控制能够用来应对这些风险。由于人员、流程和技术会随着组织目标不断发展，组织仍需将信息要求（以及相关的风险分析和应对）记录为正式文档，以帮助确保流程和控制的实施与相关的高质量信息保持一致，从而能够持续反映那些由于组织目标的变化而导致的人员、流程和技术的变化。

2. 将相关数据转化为信息

在当今商业环境下，具有警惕性的组织能够收集到大量的信息系统活动日志数据，安全运营中心每天产生大量预警数据，以及数万至数百万个预警事件。为了对网络风险保持警惕，将原始数据转换成有意义的、可操作的且可靠的信息就变得极其重要。

对很多组织来说,通过识别风险事件的预警模式将原始数据转化为信息是很困难的。每天、每周、每月都会产生大量信息,从中找出预警信息是很有挑战性的。进一步来讲,通过观察单一事件,通常无法识别网络风险事件。往往经过一段时间,从多渠道整合信息,才能识别风险并采取措施处理被发现的网络事件。由于控制依赖于及时的、相关的、高质量的、完整的信息,如果组织无法将原始数据转换成可用于自动或人工控制的可操作信息,组织将无法采取恰当措施。

3. 从内部和外部来源获取数据

如前文所述,对于信息的需求使得信息来源于内部或外部。尽管网络风险分析和控制的主要信息来源会从内部产生,但组织仍需考虑从外部获取数据。下列外部数据来源的示例未必全面,但很可能适用于大多数组织。

(1) 商业或行业的外部数据:从网络角度看,行业中所有公司的发展模式和趋势是类似的。行业中各公司信息系统的价值及运用的技术也是类似的。这种一致性会影响网络攻击者的行为和采取的攻击方式。尽管与外部共享信息需要谨慎,但与可信任的同盟或同行业组织共享信息并讨论网络事件发生趋势,能够帮助组织预防和发现网络风险事件。

(2) 政府机构外部数据:尽管获取政府机构外部信息需要得到政府的安全等级权限,但这些信息对实施控制以应对网络风险具有重要意义。针对日益严峻的网络风险威胁,许多政府部门支持通过提升流程和控制来免受侵害。

(3) 外部服务提供商外部数据:由于组织通常会将某些职能或流程外包给其他服务组织,从这些服务组织获得的网络事件信息可以帮助识别和控制网络风险。为了获得期望的外包服务效益,需要建立信任关系,将双方的信息系统相联接。尽管组织与外部服务供应商基于自身的利益均想保护其信息系统,当网络事件同时威胁到双方及各自的经营目标时,双方都应意识到信息共享的重要性。如果某一方出现了会影响另一方业务运营的风险事件,一定程度的信息透明度和与该风险事件相关信息的共享可以增强双方的快速反应及恢复能力。

4. 在处理过程中确保信息质量

网络时代控制活动的设计依赖于信息,因此组织在实施控制活动时需要考虑信息的质量。正如应当在组织中广泛建立信息管理相关制度,这些制度也应应用于网络风险控制活动中。组织应当明确责任和义务,遵循数据治理相关要求,保护数据和信息避免未经授权的访问和修改,从而保证信息的质量。组织生成并使用用以支持内部控制持续运行的相关的高质量信息的能力依赖于数据治理。在利益相关方中建立共识并由管理层牵头实施,对建立有效的数据治理机制至关重要。一旦组织建立了有效的数据治理项目且能够持续实施该项目,则能够获得高质量的信息。信息质量能够提升组织的内控体系,完善与网络风险相关的内部控制。组织应在内部对内部控制目标和责任等必要信息进行沟通,从而支持内部控制持续运行。

5. 沟通内部控制信息

(1) 全体员工。保持安全性、警惕性、可恢复性是组织的责任,每位员工在保护信息系统安全中扮演不同的角色。尽管某些员工有明确责任负责管理网络风险和控制,组织中的每位员工也应对保护信息系统保持警惕。组织应当制订并实行全组织范围的沟通计划,提升每位员工的网络风险和控制意识。

信息沟通能够帮助加强内控链条中的薄弱点——人。由于人性使然,人成了内控中最薄弱的环节,尤其要考虑人的好奇心带来的后果:当收到被认为是可信任的同事、顾客、供应商或其他商业伙伴的邮件时,人们会怎么做?如果邮件看起来是正式的,仅仅点击一个链接就可能导致网络入侵。当人们发现地上有一个U盘,人们会怎么做?当他们把U盘插到电脑上想查看是谁的U盘时,在U盘中预先加载的程序会导致公司面临网络攻击者的威胁。人性中的好奇心和对他人的信任,为网络攻击者提供了攻击组织内控薄弱点的机会。针对这种情况,比较有效的方式是定期对员工进行培训,提升网络安全意识,降低攻击者从普通员工入手进行网络攻击的可能性。用不同的方式来实现沟通计划,能够最大限度地提升员工网络风险意识和责任感。持续的沟通(如直播会议,全公司范围发送消息)为员工提供相关且及时的信息传递机制。例如,新员工培训和年度培训项目可以帮助组织完成相关信息传递。

(2)对于网络风控有明确管理和监督责任的人员。正如之前控制活动要素中提到的,管理层应当选择、执行和部署内控,以保护信息系统。内控信息应当内部共享,使管理层和员工能够履行网络控制责任。由于网络系统的复杂性,维护正式的网络控制的文档是十分重要的。没有支持内部控制预期的正式文档,组织有效管理网络风险的能力就会急剧降低。组织需要正式的文档来评估控制设计和实施的有效性,以保护组织的信息系统。

(3)董事会。当前,董事会比以往任何时候都需要了解那些可能影响组织实现其目标的网络趋势。董事会在以下方面发挥了重要的作用:通过了解网络风险,保持组织安全性、警惕性和可恢复性;基于已设定的风险容忍度,确定应对网络风险的预防性和发现性控制措施已实施;明确对于管理层所确立的风险应对流程和程序的期望。董事会和管理层(包括高级管理层和运营管理层)的有效沟通,对董事会履行内部控制监督职责至关重要。为了保持董事会层面的有效沟通,复杂的信息技术内容,需要转换成有意义的、可操作的信息。尽管董事会成员或其他下属委员会中有网络和(或)信息技术专家,但大部分董事会成员对于网络和信息技术的相关知识是有限的。董事会成员的这种差异使得对信息需求的解释和定义显得极为重要,以确保董事会能够履行监督职能。根据董事会对信息要求的定义,组织可以利用相关的信息技术框架和标准,从而将技术性很强的内容转换为无论信息技术背景还是业务背景的人员都能够理解的内容。这些框架和标准在上文控制活动要素中有所涉及,包括COBIT、ISO以及NIST发行的网络安全框架等其他近期颁布的框架和标准。尽管董事会层面的定期沟通会涵盖网络方面的讨论,也应当建立其他沟通渠道,以确保及时沟通出现的重要网络事件。当发生影响组织目标实现的重大网络风险事件,且组织可能需要就该事件与外部沟通时,及时与董事会进行沟通,并提供当时可获得的高质量信息,是组织具备快速反应及恢复能力的体现。组织应就影响内部控制持续运行的事项,与外部进行沟通。

(4)外部机构。在网络安全大环境下,政策和标准的应用是有效管理和控制外部沟通的重要手段。外部沟通会涉及股东、所有者、客户、商业伙伴、监管者、金融分析师、政府机构和其他外部机构。就网络风险而言,与外部机构沟通有两个驱动因素:确保由外及内的沟通能够影响网络风险评估和控制;通过由内及外的沟通向外部相关方传递与网络事件、活动相关的信息,或者其他可能影响外部相关方与组织互动的情况。

与外部机构对组织的沟通,组织可以获得有价值的信息。尽管管理层必须确认这些信息的质量,但通常来说,由外对内的沟通会为网络风险评估和内控提供有价值的信息。相反地,由内及外的沟通能够向外部机构提供有价值的信息。这是组织所具备的恢复能力的一种体现。如果没有使用恰当的控制,这种沟通可能会损害组织的利益。当组织向外界提供信息后,组织对于这些信息的控制能力有限,这些信息可能会被其他组织获得且利用。在权衡外部沟通的利弊,并减少其可能导致的对组织的负面影响时,面对名誉损害、股价变动、潜在诉讼致使客户或其他利益相关方受损,甚至是暴露更多机会给网络攻击者等后果,制度与标准对管理风险的重要性就显而易见了。

 复习题

1. 现代科技为信息的传递带来便利的同时带来了哪些风险?
2. 外部沟通需要关注哪些主体?
3. 信息系统存在哪些风险?
4. 如何选择信息系统的开发方式?
5. 内部信息传递的关键风险点有哪些?
6. 信息系统的开发方式及各自的优缺点有哪些?
7. 沟通的主要风险点有哪些?

 练习题

一、单项选择题

1. 企业在管理控制系统中为企业内部各级管理层以定期或者非定期的形式记录和反映企业内部管理信息的各种图表和文字资料的报告是( )。
   A. 财务报告　　　B. 内部报告　　　C. 外部报告　　　D. 内部审计报告
2. 内部报告的使用阶段的起点是内部报告的( )。
   A. 向指定位置和使用者的传递　　　B. 确定报告指标
   C. 搜集整理内外部信息　　　　　　D. 全面评估
3. 内部传递的信息能否满足使用者的需要,取决于信息是否( )。
   A. 安全可靠　　　B. 及时相关　　　C. 有高价值　　　D. 真实准确
4. 内部报告指标体系的设计,最重要的依据是( )。
   A. 社会公众的需求　　　　　　　　B. 企业内部报告使用者的需求
   C. 企业的外部环境　　　　　　　　D. 企业财务状况
5. 关于内部报告的传递过程,下列说法正确的是( )。
   A. 内部报告的传递过程需有严密流程和安全的渠道
   B. 内部报告的传递过程要有公众监督
   C. 内部报告的传递要公开透明

D. 内部报告的传递不需要设置专门的保密措施

6. 信息系统的生命周期中最先形成的报告是（　　）。
A. 系统规划报告、可行性项目建议书　　B. 系统分析报告
C. 系统设计报告　　　　　　　　　　　D. 系统说明书、使用说明书

7. 下列（　　）主要应该考虑实现企业发展战略向信息化流程的转变。
A. 信息系统开发阶段　　　　　　　　　B. 信息系统战略规划阶段
C. 信息系统运行阶段　　　　　　　　　D. 信息系统维护阶段

8. 信息系统开发时，系统实施阶段的任务是（　　）。
A. 建立信息系统的物理模型　　　　　　B. 目标系统逻辑模型
C. 编程和测试　　　　　　　　　　　　D. 用户需求分析

9. 信息系统的（　　）是信息系统生命周期中技术难度最大的环节，直接影响信息系统的成败。
A. 开发建设阶段　　B. 规划阶段　　C. 运行阶段　　D. 维护阶段

10. 下列方式中适用于特殊需求较少的企业，或者市场上已有成熟的商品化软件和系统实施方案的是（　　）。
A. 业务外包方式　　　　　　　　　　　B. 外购调试方式
C. 自行开发方式　　　　　　　　　　　D. 接受赠予

二、多项选择题

1. 内部信息传递至少包括（　　）。
A. 信息输入阶段　　　　　　　　　　　B. 信息输出阶段
C. 信息形成阶段　　　　　　　　　　　D. 信息使用阶段
E. 信息分析阶段

2. 关于内部信息传递的预测性原则，下列说法正确的是（　　）。
A. 预测性原则是指企业传递和使用的经营决策信息需要具备预测性的功能
B. 信息预测性的功能在于提供提高决策水平所需的那种发现差别、分析和解释差别，从而在差别中减少不确定的信息
C. 预测性是说提供给使用者的信息不一定就是真实的未来信息
D. 预测信息与未来的信息必须有着密切的关联，必须具有符合未来变化趋势的可预测的特征，即具有相关性
E. 预测信息要有相关性，同时还要注意排除过多的、相关的冗余信息

3. 提供信息带来的可计量收益包括（　　）。
A. 增加营业收入　　　　　　　　　　　B. 降低人工成本、降低物料成本
C. 改善产品质量　　　　　　　　　　　D. 提高生产能力
E. 降低管理费用、提高资金周转率

4. 内部报告指标体系中应该包含关键信息指标和辅助信息指标，还要根据企业内外环境政策，建立指标的调整和完善机制，使指标体系具有（　　）。
A. 动态性　　　B. 权变性　　　C. 制度性　　　D. 流程性
E. 静态性

5. 在建立内部报告指标环节,主要风险点具体可细分为( )。
   A. 未以企业战略和管理模式为指导设计内部报告及指标体系
   B. 内部报告体系或者指标体系不完整或者过于复杂
   C. 报告指标体系运行过程中的硬件问题
   D. 指标信息难以获得或者成本过高
   E. 指标体系缺乏调整机制

6. 编制内部报告的总体原则是( )。
   A. 信息完整              B. 格式统一
   C. 内容与决策相关        D. 所提供的信息越多越好
   E. 表述便于理解

7. 关于信息系统,以下说法正确的是( )。
   A. 信息系统由计算机硬件、软件、人员、信息流和运行规程等要素组成
   B. 信息系统的实施触发了企业管理模式、生产方式、交易方式、作业流程的变革
   C. 信息系统的实施使企业原有的内部控制开始不适应企业的业务发展和管理的提升
   D. 信息系统在改变企业传统运营模式的同时,并未(要改成也会)对传统的内部控制观点和控制方法产生深远的影响
   E. 信息系统的实施为管理工作的重心从经营成果的反映向经营过程的控制转移创造了技术条件

8. 信息系统的生命周期一般要经过的主要阶段包括( )。
   A. 信息收集期            B. 系统规划期
   C. 系统开发期            D. 使用反馈期
   E. 系统运行与维护期

9. 信息系统开发中,系统设计阶段的任务包括( )。
   A. 设计系统的模块结构,合理划分子系统边界和接口
   B. 选择系统实现的技术路线,确定系统的技术架构,明确系统重要组件的内容和行为特征,以及组件之间、组件与环境之间的接口关系
   C. 数据库设计,包括主要的数据库表结构设计、存储设计、数据权限和加密设计
   D. 设计系统的网络拓扑结构、系统部署方式
   E. 编制程序说明书、设计数据编码规范、设计输入输出界面

10. 外部沟通应重点关注的领域有( )。
    A. 企业与投资者和债权人的沟通      B. 企业与客户的沟通
    C. 企业与供应商的沟通              D. 企业与中介机构的沟通
    E. 企业与监管机构的沟通

### 三、判断题

1. 传递的信息以不同种形式或载体呈现,其中,对于企业最为重要的、最普遍的信息传递形式就是内部报告。( )

2. 内部信息传递流程是根据企业生产经营管理的特点来确定的,虽然(其)形式千差万别,但总有(没有)一个最优的方案。( )

3. 企业做决策时需要提供相关预测性的信息，信息越多越好，不用考虑传递成本等，因为信息无成本。（  ）

4. 根据信息提供的预测性原则，提供给使用者的信息一定是真实的未来信息，才能做出与未来相关的确定的决策。（  ）

5. 内部报告的组成和内容不用配合企业内部管理控制的程序和方法，也可以使得内部报告更好地为企业管理控制服务。（  ）

6. 内部报告指标体系形成以后，要根据企业内外部环境因素的变化进行适时的调整，更好地为企业服务。（  ）

7. 信息系统是由计算机硬件、软件、人员、信息流（和运行规程等要素组成）这四个要素组成的。（  ）

8. 结构化系统分析与设计方法的基本思想是：采用系统工程的思想和工程化的做法，按用户需求至上的原则，结构化、模块化、自顶向下地对系统进行分析与设计。（  ）

9. 在信息系统规划期项目启动阶段，可以先制订一个较为原则性的项目计划，确定项目主要内容和重大事项，然后根据项目的大小和性质以及项目进展情况进行调整、充实和完善。（  ）

10. 在信息系统开发过程中，每个阶段都是相互独立的，所以可以忽略掉其顺序，先完成相对简单的任务。（  ）

## 案例讨论

# 第六章　内部监督

**预习题**

1. 何谓内部监督,内部监督的方式有哪些?
2. 内部控制评价的内容包含哪些方面,如何对内部控制的有效性进行评价?
3. 内部监督与内部控制有怎样的联系与区别?
4. 如何理解内部控制缺陷的类型?
5. 内部控制评价报告的格式是怎样的?

**大唐华银金竹山发电公司强化审计职能发挥监督作用**

2018年3月,大唐华银金竹山火力发电分公司召开会议,重点围绕大唐湖南分公司召开的2018年度审计工作会议和总经理、党委副书记徐永胜的讲话精神进行了学习,并要求全体人员深刻认识到企业内部审计工作的意义,紧紧抓住内部审计揭示问题、评价管理的核心任务,全面提升内部审计工作的管理水平。

会议指出,内部审计是企业的"保健医生",是防范经营风险的"防火墙",目前内部审计职能在不断延伸,审计人员要正确认识企业内部审计工作的重要性,通过审计不断发现问题,解决问题,并通过行之有效的方式、方法,及时提醒、督促生产经营战线上的工作人员不违规、不违纪、不违法,防患于未然,最终达到防范风险、促进发展的目的。

通过认真学习徐总的讲话精神,结合该公司经营管理特点,会议对今后的审计工作提出几点要求:一是加强对员工的培训教育,普及并学习各项规章制度、管理办法,针对各具体岗位制定风险点、风险源以及各项防范措施,定期进行岗位评价。二是定期开展该公司各项生产经营活动进行专项审计、经济责任审计,为企业健康发展全面做好风险监控、保驾护航。

(资料来源:http://chinapower.com.cn/fd/djwh/20211012/106574.html)

思考:

什么是内部监督?企业内部监督的主体有哪些?

## 第一节 内部监督概述

### 一、内部监督的定义

按照《企业内部控制基本规范》的定义,内部监督是企业对内部控制建立与实施情况进行监督检查,评价内部控制的有效性,发现内部控制缺陷,并及时加以改进。

内部控制是一种自我约束、自我监督的自律机制,其自身具有不足和脆弱性,很容易因管理层超越、合伙舞弊等失效,因而特别需要有相对独立于其建立者和执行者的监督体系做保证。例如,2004年"中航油(新加坡)公司巨亏事件",尽管中航油(新加坡)公司有完善的风险管理制度,而且其内部控制制度还是由国际"四大"之一的安永会计师事务所制定的,在风险管理委员会设置、风险控制流程等方面的制度都比较完备,但由于这些制度并未得到有效的遵守,公司与风险管理有关的内部控制系统形同虚设,最终给公司造成了5.5亿美元的灾难性损失。

### 二、内部监督的意义

保持内部控制体系的有效性是内部控制体系建设的难点。这一点从已经建立了一套详尽内控制度,仍出现内控失效的诸多案例中得到了印证。影响内部控制体系有效性的原因有:控制制度没有被有效执行;内部控制设计者自身认识的局限性,控制活动本身有缺陷,重大风险缺乏应有控制;公司经营内外部环境的变化,或者公司经营业务的变化带来新的风险,或使原有控制活动失效,新的控制活动没有及时制定;控制执行人的变化,如新员工加入等。因此,企业内部控制建设的难点及核心在于保持并持续改进其有效性。可见,在内部控制体系建设中运用内部监督对内部控制有效性的持续改进有非常重要的意义。

有效的内部监督能够起到以下三个作用:发现不执行制度或流程的行为,督促制度或流程的有效执行;在控制缺陷造成损失前发现并及时加以改进;在保持和改进内部控制有效性的同时,较容易地满足外部监管的要求。因此,企业一方面应继续加大内部监督这一要素在内部控制体系建立中重要性的宣讲;另一方面加强内部监督在内部控制建设中的实践指导。

### 三、内部监督体系的构成及其职责

我国现行的企业内部监督体系规范主要体现在《公司法》《上市公司治理准则》和《企业内部控制基本规范》三个法律文件中。通过这三个法律文件中的有关规定可以发现,我国企业内部监督体系是由监事会、审计委员会和内部审计共同组成的。

#### (一)监事会的监督职能

监事会在我国企业内部监督体系中占有重要地位。2018年修改后的《公司法》第五十一条规定:"有限责任公司设监事会,其成员不得少于三人。股东人数较少或者规模较小的有限责任公司,可以设一至两名监事,不设监事会。"第五十三条规定,监事会有权"对董事、高级管理人员执行公司职务的行为进行监督,对违反法律、行政法规、公司章程或者股东会决议的董事、高级管理人员提出罢免的建议";"当董事、高级管理人员的行为损害公司的利益时,要求董事、高级管理人员予以纠正"。监事会有权"对董事、高级管理人员提起诉讼"。"监事可以列席董事会会议,并对董事会决议事项提出质询或者建议。""监事会、不设监事会的公司的监事发现公司经营情况异常,可以进行调查;必要时,可以聘请会计师事务所等协助其工作,费用由公司承担。"

2018年《上市公司治理准则》根据上市公司的特殊性,对《公司法》中有关监事会的条款进行了细化和补充。《上市公司治理准则》第四十七条明确规定:"监事会依法检查公司财务。监督董事、高级管理人员履职的合法合规性,行使公司章程规定的其他职权,维护上市公司及股东的合法权益。监事会可以聘请中介机构提供专业意见。"第五十条规定:"监事会发现董事、经理和其他高级管理人员存在违反法律、法规或公司章程的行为,可以向董事会、股东大会反映,也可以直接向证券监管机构及其他有关部门报告。"

我国《企业内部控制基本规范》从内部控制的角度,在第十二条对《公司法》中有关监事会的职能做了补充规定:"监事会对董事会建立与实施内部控制进行监督。"

### (二) 审计委员会的监督职能

审计委员会在企业内部监督体系中居于主导地位。《上市公司治理准则》第三十九条规定:"审计委员会的主要职责是:① 监督及评估外部审计工作,提议聘请或更换外部审计机构;② 监督公司的内部审计制度及其实施,负责内部审计与外部审计之间的沟通;③ 审核公司的财务信息及其披露;④ 监督及评估公司的内部控制;⑤ 负责法律法规,公司章程和董事会授权的其他事项。

《企业内部控制基本规范》第十三条规定:"审计委员会负责审查企业内部控制,监督内部控制的有效实施和内部控制自我评价情况,协调内部控制审计及其他相关事宜等。"审计委员会在企业内部控制建立和实施中承担的职责一般包括:审核企业内部控制及其实施情况,并向董事会做出报告;指导企业内部审计机构的工作,监督检查企业的内部审计制度及其实施情况;处理有关投诉与举报,督促企业建立畅通的投诉与举报途径;审核企业的财务报告及有关信息披露内容;负责内部审计与外部审计之间的沟通协调。

### (三) 内部审计机构的监督职能

内部审计是指企业内部的一种独立客观的监督、评价和咨询活动,通过对经营活动及内部控制的适当性、合法性和有效性进行审查、评价和建议,促进企业改善运行的效率和效果,实现企业发展目标。

《企业内部控制基本规范》第四十四条规定,企业应当明确内部审计机构(或经授权的其他监督机构)和其他内部机构在内部监督中的职责权限,规范内部监督的程序、方法和要求。第十五条规定:"企业应当加强内部审计工作,保证内部审计机构具有相应的独立性。内部审计机构不得置于财会机构的领导之下或者与财会机构合署办公,并配备与履行内部审计职能相适应的人员和工作条件。内部审计机构依照法律规定和企业授权开展审计监督。内部审计机构对审计过程中发现的重大问题,视具体情况,可以直接向审计委员会、董事会或监事会报告。"

[案例6-1] 向辛西娅·库柏致敬

"曾是美国第二大电话服务和数据传输公司的世通公司因财务造假、欺诈投资者而倒闭7个年头,名声却依然显赫",不仅被世界各名牌大学商学院作为经典教学案例,在中国各类企业管理培训班上,也同样被频频提起。

那么,这起美国有史以来最大的财务造假诈骗案是如何暴露的呢?2002年2月,公司审计委员会与"安达信"讨论2001年会计报表时,双方并不存在任何分歧,公司所采用的会计政策也得到"安达信"的认可。出乎意料的是,此案是由不起眼的公司内部审计人员发现的。

在2002年6月的一次例行的资本支出检查中,世通公司内部审计部副总经理辛西娅·库柏在履行审计公务中发现,2002年一季度及2001年资本账户有几笔可疑费用转入,这些转入的成本在公司以前财务报表中是作为当期费用列支的。关于38.52亿美金数额的财务造假,辛西娅·库柏直接向董事会审计委员会主席进行了报告,随即通知了外部审计毕马威(毕马威当时新近接替安达信成为公司的外部审计)。丑闻迅即被揭开,苏利文被解职,Myers主动辞职,安达信收回了2001年的审计意见。美国证券管理委员会(SEC)于2002年6月26日发起对此事的调查,发现在1999年到2001年的两年间,世通公司虚构的营收达到90多亿美元;截至2003年年底,公司总资产被虚增约110亿美元。

2002年6月,美国证券交易管理委员会正式起诉世通公司欺诈投资者,随后世通公司申请破产保护。2005年7月13日案件尘埃落定,前CEO伯尼·艾伯斯以诈骗罪被判25年徒刑;前CFO斯科特·沙利文以同罪被判5年徒刑。而公司10名外部董事(包括独立董事)与原告股东达成协议,赔偿原告1 800万美元,占其除住房和养老金以外资产的20%。

## 四、内部监督的基本要求

### (一)监督主体明确

我国的《公司法》赋予了监事会监督的权利,但并没有对监事会的动作程序做详细规定,而是交给企业自己设计。同时,《公司法》又要求设立独立董事制度,这就引出了公司治理中的第二个监督主体——独立董事及其组成的审计委员会,从而形成了上市公司监事会和审计委员会的双重监控模式。如果公司不能明确监事会与审计委员会的职责权限,可能会导致监督功能重叠、关系模糊,最终有名无实、流于形式。

### (二)监督意识强烈

首先,要强化企业领导班子成员的个人监督意识。从组织领导层面解决内部控制执行不力的问题。负责人是企业的统帅,企业负责人在思想上有了正确的认识,在工作中才可能带头执行。如果其本身都不重视,根本就谈不上内部控制制度的制定和执行。

在企业内部要加强宣传培训并结合考核工作,提高管理层和制度执行相关人员对内部监督制度重要性的认识。使企业各方面、各环节了解内部监督的基本原理和积极作用,从而使强化内部监督成为企业的自觉行动和切身需要,为贯彻实施内部监督制度营造良好的舆论氛围和社会环境。

### (三)具备胜任能力和独立性

负责监督的人员应具有胜任能力和客观性。胜任能力,是监督人员在内部控制和相关流程方面的知识、技能和经验。独立性,是指在不考虑可能的个人后果,而且不会为了追求个人利益或者自我保护而操纵结果时,负责监督的人员执行监督和提供信息的公允程度。一般而言,独立性依自我监督、同级监督、上级监督和完全独立监督而逐级增强。

### (四) 不断完善监督制度

完善审计等部门的职能监督制度。例如,建立并落实企业内部审计制度,针对企业实际,突出审计重点,发现问题及时督促整改,有效扼制经济运行中的不良行为,把问题消灭在萌芽状态。

### (五) 落实举报信访制度

首先,要畅通信访举报渠道,建立信访举报受理、登记、核查制度,对群众举报的重要违规违法线索,及时核查处理;其次,引导群众坚持实事求是地举报,通过合法途径举报,提倡署名举报;最后,注意为举报人保密,确保举报人不受打击报复。

#### [案例 6-2] 南方航空的委托理财

南方航空集团公司在 2004 年 7 月曝出了巨额委托理财投资损失的丑闻,随后,国家审计署广州特派办对南方航空实施了专项审计;广东证监局也在 2005 年 10 月对南方航空股份公司进行了检查。2004 年绩效考核的 179 家中央企业中,南航集团由于重大财务违纪事件,从 B 级降至了 C 级。2006 年 4 月底,在中国香港、纽约和中国上海三地上市的中国南方航空股份有限公司宣布,2005 财年巨亏 17.94 亿元人民币;公司将其归结为航空燃油价格持续暴涨,以及近年收购北方航空、新疆航空两家公司导致的费用攀升。但这显然难以说服市场。

南方航空集团属于国有大型企业,在银行贷款方面具备良好的信誉凭证,不用任何抵押即可以从每个商业银行获得 10 亿~20 亿元的贷款。用银行的钱来进行投资理财,确实是赚钱的商机。南航集团从 2001 年就开始进行委托理财业务;与南航集团有过委托理财业务的有汉唐证券、中关村证券、世纪证券。南航集团调集巨额资金乃至账外资金进行委托理财,其中仅流向深圳世纪证券公司的委托理财资金即达 12 亿元。

南航给世纪证券的委托理财资金基本上被世纪证券用于重仓持有南航集团旗下的南方航空(600029.SH)。南方航空 2003 年 7 月 25 日上市,当时因"非典"的影响,南方航空上市首日收于 3.88 元,是四大上市航空公司中股价最低的。世纪证券在此低位入货,不到 3 个月,南方航空从 4.2 元上涨到 6.8 元,升幅超过 60%,世纪证券也获得了丰厚的账面利润。但随后,在油价不断攀升的压力下,航空股开始萎靡不振,世纪证券因此损失惨重。从世纪证券账面上看,南航委托理财的 12 亿元资产已经无法偿还。也正是由于对南航所形成的巨大债务压力,世纪证券被迫走上重组之路。世纪证券无力归还南航集团 12 亿元委托理财中的 7.15 亿元,南航集团无奈只得将其实行债转股。

2005 年 8 月,南航集团副总裁兼上市公司董事彭安发、南航集团财务部部长陈利明因涉嫌违法,先后被司法机关依法逮捕;2006 年 3 月二人被广东省反贪局移交广州市检察院起诉。2006 年 10 月 16 日,中国南方航空集团原财务部部长陈利明因涉嫌挪用、贪污、受贿等罪,接受广州市中级法院公开审理。据检察机关侦查证实,2001 年 8 月至 2005 年 5 月,陈利明利用经办委托理财的职务便利,采用先办事,后请示或不请示;只笼统汇报理财收益,不汇报合作对象或隐瞒不报等方式,大肆超范围地开展委托理财业务,已侵吞集团部分理财收益,收受回扣;超权限地从银行贷款供个人、朋友注册公司、经营所用;收受汉唐证券、世纪证券、姚壮文贿赂近5400万元,挪用公款近12亿元,贪污公款1200多万元。

南航集团的委托理财业务,实际上是南航集团用自己的钱,借助于证券公司操作自己的股票。从法律法规方面来说,不论是国有资金入股市炒股,还是利用自有资金操作自己的股票,都是被明令禁止的。

从内部控制的角度说,南航集团几十亿元的委托理财业务集中于公司两三个人的运作,企业董事会、监事会、审计委员会、内部审计的监督都没有发挥作用,虽然不能肯定存在管理层纵容,但对重大投资活动的内部监督失效是毋庸置疑的。

(资料来源:http://www.sina.com.cn2016-10-17.中国新闻网)

## 第二节 内部监督的方法

### 一、日常监督

#### (一) 日常监督的定义

《企业内部控制基本规范》将内部监督分为日常监督和专项监督两种方法。日常监督,是指企业对建立与实施内部控制的情况进行常规、持续的监督检查。日常监督通常存在单位基层管理活动之中,能较快地辨别问题,日常监督的程度越大,其有效性就越高,企业所需的专项监督就越少。

日常监督是内部控制实施的重要保证。以"三鹿"案例为例,奶站驻站员的监督检查,是三鹿集团内部控制日常监督中至关重要的一环,对于从源头上保证产品质量意义重大。三鹿集团在养殖区建立奶站,派出驻站员,监督检查养殖区的饲养环境、挤奶设施卫生、挤奶工艺程序的落实等。然而,三鹿集团驻站员的监督检查未能落到实处,也缺乏内部控制的专门监督机构对驻站员的工作进行日常监督,导致在原奶进入三鹿集团的生产企业之前,缺乏对奶站经营者的有效监督。在这方面,蒙牛的做法值得借鉴:派驻奶站的工作人员定期轮岗,并增加"奶台"环节,检测合格后,再运送到加工厂;负责运输的车辆配备卫星定位系统,到了工厂之后进行二次检验,以及不定期地巡回检查。

基本规范中的日常监督相当于COSO报告中的持续性监督。COSO报告中的持续性监督活动主要涉及以下七个方面:

(1) 在日常活动中获得内控执行的证据。在执行日常管理活动时,负责运营的管理层获取内部控制持续发挥功能的证据,这是很重要的一点。在营业报告并入财务报告系统或与该系统核对并持续用于管理企业运营时,很可能会迅速发现重要的不正确的数字或预期结果的例外情况。

(2) 外部反映对内部信息的印证程度。即与外界各方的沟通能够印证内部生成的信息或揭示问题。

(3) 定期核对财务系统数据与实物资产。也就是说,将信息系统所记录的数据与实物资产相比较。

（4）对内、外部审计师关于加强内控的措施做出响应。内部及外部审计师会定期为进一步加强内部控制的方法提供建议。在许多企业,审计人员关注的焦点主要集中在评估内部控制的设计以及测试其有效性；识别潜在的缺陷并向管理层建议采取替代方案；同时提供对做出成本效益决策有用的信息。在监督企业内部控制活动中,内部审计人员或实施类似审核职能的人员能够发挥尤为有效的作用。

（5）培训、会议等对内控有效性的反馈。培训研讨会、计划会议及其会议可以向管理层提供有关内部控制是否有效的重要反馈。这些会议不但可以指出控制中存在的某些问题,还能够增强参与者的内部控制意识。

（6）定期询问员工是否理解并执行了公司的道德准则,员工是否执行了内控活动；定期要求企业员工明确说明他们是否理解并遵守企业的员工行为守则。同样,也可以要求经营及财务人员说明某些内部控制程序是否正常地实施。管理层或内部审计人员可以对这些说明进行核实。

（7）内审活动的有效性。适当的组织结构和监督活动可监督内部控制职能的执行并识别内部控制的缺陷。

### (二) 日常监督的主体

按照监督的主体,一般分为管理层监督、单位(机构)监督、内部控制机构监督、内部审计监督等。

1. 管理层监督

董事会和经理层充分利用内部信息与沟通机制,获取适当的、足够的相关信息来验证内部控制是否有效地设计和运行,并对日常经营管理活动进行持续监督,包括但不限于以下措施：

（1）董事会召开董事会议或专业委员会会议,获取来自经理层的风险评估与控制活动信息,同时董事会可以利用内部审计、外聘专家及外部审计师、政府监管的力量,也可以通过询问非管理层员工、客户(供应商)等方式,持续监督经理层权力的行使情况。

（2）经理层召开经理办公会、生产例会、经济活动分析例会等,收集、汇总内部各机构的经营管理信息,持续监督内部各机构的工作进展、风险评估和控制情况。经理层听取员工的合理化建议,不断完善员工合理化建议机制,明确相应的责任部门的征集方式、评审办法、奖励措施等内容,对员工提出的问题予以及时解决。

（3）董事会(或授权审计委员会)、经理层组织实施内部控制评价,听取内部控制评价报告,获取内部控制设计和运行中存在的缺陷,积极采取整改措施并督促整改,促进实现内部控制目标。

2. 单位(机构)监督

企业所属单位及内部各机构定期对职权范围内的经济活动实施自我监督,向经理层直接负责,包括但不限于以下措施：

（1）企业所属单位及内部各机构召开部门例会或运营分析会等,汇集来自本单位(机构)内外部的有关信息,分析并报告存在的问题,对日常经营管理活动进行监控。

（2）企业所属单位及内部各机构对内部控制设计与运行情况开展自我测评，至少每年检查一次。

（3）企业所属单位及内部各机构对与本单位（机构）环境变化、相关的新增业务单元以及业务性质变化、业务变更等导致重要性改变的业务活动进行跟进确认，进一步评价并完善相关的内部控制。

3. 内部控制机构监督

有条件的企业，应当设置专门的内控机构。内部控制机构结合单位（机构）监督、内外部审计、政府监管部门的意见等情况，根据风险评估结果，对企业认定的重大风险的管控情况及成效开展持续性的监督。

内部控制机构还可以通过控制自我评估的方法，召集有关管理层和员工就企业内控制度设计和执行中存在的特定问题进行面谈和讨论，同时可以通过开展问卷调查和管理结果分析等方式进行监督测试。

4. 内部审计监督

内部审计机构接受董事会或经理层委托，对日常生产经营活动实施审计检查，包括但不限于以下措施：

（1）制订内部审计计划，定期组织生产经营审计、内部控制专项审计和专项调查等，主要对企业董事、高级管理人员和下属单位负责人的廉洁从业状况、管理制度的落实情况，以及内部控制的实际效果等进行监督检查，并向董事会或经理层提出管理建议。

（2）内部审计机构对审计中发现的违反国家法律、法规和企业章程规定的事项提出审计建议，做出审计决定，并对审计建议和审计决定的落实情况进行跟踪监督。

（3）内部审计机构应当接受审计委员会的监督指导，定期或应要求向董事会及其审计委员会、监事会、经理层报告工作。

### （三）日常监督的具体方式

1. 获得内部控制执行的证据

获得内部控制执行的证据，即企业员工在实施日常生产经营活动时，取得必要的、相关的证据证明内部控制系统发挥功能的程度。内部控制执行的证据包括企业管理层搜集汇总的各部门信息、出现的问题，相关职能部门进行自我检查、监督时发现问题的记录及解决方案等。

2. 内外信息印证

内外信息印证，是指来自外部相关方的信息支持内部产生的结果或反映出内部的问题，主要包括来自监管部门的信息和来自客户的信息。来自监管部门的信息，是指企业接受监管部门的监督，汇总、分析监管反馈信息；来自客户的信息，是指企业通过各种方式与客户沟通所搜集的信息。例如，与外部有关监管部门沟通，以验证单位遵循各项法律、法规的情况；定期与客户沟通，以验证单位销售交易处理及采购业务处理是否正确，验证应收、应付账款记录是否完整、正确。

3. 数据记录与实物资产的核对

例如，企业定期将会计记录中的数据与实物资产进行比较并记录存在的差额，对产生差额的原因进行分析。

4. 内外部审计定期提供建议

审计人员评估内部控制的设计以及测试其有效性,识别潜在的缺陷并向管理层建议采取替代方案,同时为做出决策提供有用的信息。

5. 管理层对内部控制执行的监督

管理层主要通过以下渠道进行监督:审计委员会接收、保留及处理各种投诉及举报,并保证其保密性;管理层在培训、会议等活动中了解内部控制的执行情况;管理层审核员工提出的各项合理建议等。

## 二、专项监督

### (一) 专项监督的定义

专项监督,是指在企业发展战略、组织结构、经营活动、业务流程、关键岗位员工等发生较大调整或变化的情况下,对内部控制的某一或者某些方面进行有针对性的监督检查。

为了及时发现内部控制缺陷,修正与完善内部控制系统,专项监督不可或缺。2004年,在追查"大头娃娃"劣质奶粉的过程中,三鹿集团被列入不合格奶粉和劣质奶粉"黑名单"。随后,三鹿婴儿奶粉及系列奶粉在全国遭到"封杀",三鹿集团每天损失超过1 000万元,陷入生存危机。经过快速、灵活、务实的紧急公关,三鹿集团成功化解了此次突发危机,还荣获2003—2004年度危机管理优秀企业称号。但遗憾的是,"大头娃娃"奶粉事件并没有让三鹿集团警醒。三鹿集团看到的只是农村奶粉市场的外部扩张机会,根本没有将注意力放在内部控制机制的完善上。2005年,轰动一时的三鹿"早产奶"事件中,生产厂销售部与仓库人员在经济利益的驱动下,为了缩短物流时间,违背业务流程和相关法规,擅自将正在下线并处在检测过程中的"三鹿原味酸牛奶"提前出厂。三鹿集团本应开展业务流程专项大检查,但除了将销售部门有关人员调离岗位,对三鹿酸奶销售直接负责人做出扣除20%年薪等处理之外,没能从消除内控隐患的角度去解决问题。

### (二) 专项监督的主体

企业内部控制(审计)机构、财务机构和其他内部机构都有权参与专项监督工作,也可以聘请外部中介机构参与其中,但参与专项监督的人员必须具备相关专业知识和一定的工作经验,而且不得参与对自身负责的业务活动的评价监督。

### (三) 专项监督的范围和频率

尽管日常监督可以持续地提供内部控制其他组成要素是否有效的信息,但是对针对重要业务和事项而实施的控制活动进行重点监督也是必不可少的。专项监督的范围和频率应根据风险评估结果以及日常监督的有效性等予以确定。个别评估的范围和频率,应以被控制对象的风险大小及控制的重要性而定。

一般来说,处理风险时顺位排列在前的那些控制,应经常进行评估;在相同顺位中,最不可缺失的那些控制,更要经常进行评估;对整体控制评估的次数,通常要少于对特定控制评估的次数。如有重大策略改变、管理阶层变动、重大的收购或处分、重大的营运方法改变或财务资讯处理方式改变等,就需要对整体内部控制制度进行评估。当管理阶层决定要对单位整体控制制度进行评估时,必须注意内部控制的每个组成要素及其与所有重大活动的关系,同时还要考虑评估的范围受内部控制的影响。

专项监督的范围和频率取决于以下因素:

(1) 风险评估的结果。重要业务事项和高风险领域所需的专项监督频率通常较高;对于风险发生的可能性较低但影响程度大的业务事项(突发事件),进行日常监督的成本很高,为此应更多地依赖专项监督。

(2) 变化发生的性质和程度。当内部控制各要素发生变化,可能对内部控制的有效性产生较大影响的情形下,企业应当组织实施独立的专项监督,专门就该变化的影响程度进行分析研究。

(3) 日常监督的有效性。日常监督根植于企业日常、反复发生的经营活动中,如果日常监督扎实有效,可以迅速应对环境的变化,对专项监督的需要程度就越低;反之,对专项监督的需要程度就越高。

### (四) 专项监督的重点

进行专项监督主要应关注以下两个方面。

#### 1. 高风险且重要的项目

审计部门依据日常监督的结果,对风险较高且重要的项目要进行专项监督。考虑到成本—效益原则,对风险很高但不重要的项目或很重要但是风险很小的项目可以减少个别评估的次数。应该将高风险且重要的项目作为个别评估对象。

#### 2. 内控环境变化

当内控环境发生变化时,要进行专项监督,以确定内部控制是否还能适应新的内控环境。例如,业务流程的改编和关键员工发生变化时,就要进行个别评估,以确保内控体系能正常运行。

### (五) 专项监督的步骤

专项监督一般包括以下三个阶段。

#### 1. 计划阶段

主要任务包括规定监督的目标和范围;确定具有该项监督权力的主管部门和人员;确定监督小组、辅助人员和主要业务单元联系人;规定监督方法、时间、实施步骤;就监督计划达成一致意见。

#### 2. 执行阶段

主要任务包括获得对业务单元或业务流程活动的了解;了解业务单元或流程的内部控制程序是如何设计运作的;应用可比、一致的方法评价内部控制程序;通过与企业内部审计标准的比较来分析结果,并在必要时采取后续措施;记录内部控制缺陷和拟订纠正措施;与适当的人员复核并验证调查结果。

#### 3. 报告和纠正措施阶段

主要任务包括与业务单元或业务流程的管理人员以及其他适当的管理人员复核结果;从业

务单元或业务流程的管理人员处获得情况说明和纠正措施;将管理反馈写入最终的评价报告。

总之,日常监督和专项监督应当有机结合。前者是后者的基础,后者是前者的有效补充。如果发现某些专项监督活动需要经常性地开展,那么企业有必要将其纳入日常监督中,以便进行持续的监控。通常,二者的某种组合会确保企业内部控制在一定时期内保持其有效性。

### (六) 书面记录

一个单位把内部控制制度作为书面文件的程度,因单位规模的大小、复杂程度的高低及其他因素影响而异。规模大的单位通常有书面的政策手册、正式的组织构图、书面的工作说明、操作指令及资讯系统流程图等;而规模小的单位则其书面文件通常较少。许多控制虽非正式,也无书面文件,但仍有规律地执行,并且有效,因而也可视同有书面文件一样进行测试。某项内部控制虽未做成书面文件,并非意味其无效,或无法进行评估。不过,内部控制以适当的书面文件反映,不但有助于提高评估效率,而且可以帮助员工了解控制制度如何运行,以及员工自己所扮演的角色,同时也方便对内部控制制度的修订。

评估者应该将自己的评估过程做成书面记录,记录评估过程中所进行的测试、分析及测试结果,有必要时还可以进行有关系统文件的补充。还有的评估者在原有的书面文件上进行批注,但仅仅依靠这种批注不是一种好的方法。

当内部控制制度的声明或评估结果要给较多的单位使用时,将会要求书面记录的内容更加具体。书面记录应该有利于证实内部控制有效性声明的所有内容,以防止日后有人对声明的可靠性产生怀疑。

### (七) 行动计划

单位首先评估内部控制制度时,负责评估工作的高层管理人员应制订必要的行动计划。

(1) 根据目标的类别、内部控制的组成要素,以及欲讨论的活动来界定评估的范围。
(2) 根据持续监督活动中发现的应予评估的事项。
(3) 分析内部审计人员所执行的评估和考察外部检查人员的发现,决定有关评估的内容。
(4) 对必须注意的高风险区域,应按单位别、组成要素别或其他类别排列先后顺序。
(5) 根据上述分析结果,制定评估计划,并做评估时间长短安排。
(6) 集中将参与评估的人员,一起研究评估的范围、时程、使用的方法和工具、内部审计人员及主管机关所提供的资讯、预期报道评估发现及做成书面记录的方法等。
(7) 监督评估的进度,复核评估的发现。
(8) 必要时,修改评估计划的后续部分。

上述工作,可由评估负责人授权他人进行,如果由其本人独自管理全过程,将会更加有效。

## 第三节 内部监督的程序

### 一、建立健全内部监督制度

随着企业的不断壮大,主体结构或发展方向、员工人数及素质、生产技术或流程等方面会相应地发生变化。企业风险管理的有效性受其影响,曾经有效的风险应对策略可能变得不相关,控制活动可能不再有效甚至不被执行。面对这些变化,企业管理层需要实施必要的监督检查来确保内部控制的持续和有效运行。为此,企业需要首先建立健全内部监督制度。内部监督制度的主要内容包括但不限于明确监督的组织架构、岗位设置、岗位职责、相关权限、工作方法、信息沟通的方式以及各种表格及报告样本等。

## 二、制定内部控制缺陷标准

具有内部控制监督职能的部门在执行监督和检查工作之前,首先是要明确监督的目的和要求。监督的直接目的是检验内部控制制度的执行效果,最终结果是服务于内部控制目标;内部监督的基本要求是查找内部控制缺陷,因此,明确内部控制缺陷的认定标准是内部监督工作的关键步骤,它直接影响内部监督工作的效率和效果。

内部控制缺陷,是指内部控制的设计存在漏洞,不能有效防范错误与舞弊,或者内部控制的运行存在弱点和偏差,不能及时发现并纠正错误与舞弊的情形。内部控制缺陷的认定大致可以分为三个层次:有无内部控制缺陷、有无重要内部控制缺陷、有无重大内部控制缺陷。以上三个层次是按照内部控制缺陷的重要程度来划分的。

按照内部控制缺陷影响整体控制目标实现的严重程度,内部控制缺陷分为一般缺陷、重要缺陷和重大缺陷。重大缺陷是指一个或多个一般缺陷的组合,可能严重影响内部控制整体的有效性,进而导致企业无法及时防范或发现严重偏离整体控制目标的情形。重要缺陷是指一个或多个一般缺陷的组合。重要缺陷的严重程度低于重大缺陷,但导致企业无法及时防范或发现偏离整体控制目标的严重程度依然重大,必须引起企业管理层关注。除重要缺陷和重大缺陷以外的其他缺陷为一般缺陷。

按照缺陷的来源,内部控制缺陷可分为设计缺陷与执行缺陷。所谓设计缺陷,是指缺少为实现控制目标所必需的控制,或现存内部控制设计不适当、即使正常运行也难以实现控制目标而形成的内部控制缺陷,即建立的内部控制不能充分实现内部控制目标而形成的内部控制缺陷。所谓运行缺陷,是指现存设计完好的控制没有按设计意图运行,或执行者没有获得必要授权或缺乏胜任能力以有效实施控制而产生的内部控制缺陷,即内部控制不能按照建立阶段的意图运行,或运行中错误很多,或实施内部控制的人员不能正确理解内部控制的内容和目标等而产生的内部控制缺陷。某一企业的内部控制体系虽然设计得很完善,但如果实施过程中发生偏差,就会导致内部控制运行缺陷产生。内部控制的缺陷可以是单项的缺陷,也可以是多项组合的缺陷。

在内部监督过程中,监督部门要对缺陷的种类、性质和重要程度进行初步认定。

## 三、实施监督

对内部控制建立情况与实施情况进行监督检查,最直接的动机是查找出企业内部控制存在的问题和薄弱环节。一方面,针对已经存在的内部控制缺陷,及时采取应对措施,减少控制缺陷可能给企业带来的损害。比如,在监督检查中发现销售人员直接收取货款的控制缺陷,应采取对客户进行核查和对应收账款进行分析等方法加以补救。另一方面,针对潜在的内部控制缺陷,采取相应的预防性控制措施,尽量限制缺陷的产生,或者当缺陷发生时,尽可能降低风险和损失。比如，在监督检查中发现企业对汇率风险缺少控制，经理层应及时设立外汇交易止损系统，预防风险扩大。

对于为实现单个或整体控制目标而设计与运行的控制不存在重大缺陷情形的，企业应当认定针对这些整体控制目标的内部控制是有效的。内部控制的有效性，是指企业的内部控制政策和措施应符合国家法律、法规的相关规定，同时内部控制制度也要设计得完整、合理，在企业生产过程中能够得到有效的贯彻执行，并实现内部控制的目标。有效性以其完整性与合理性为基础，内部控制的完整性和合理性则以其有效性为目的。

对于为实现某一整体控制目标而设计与运行的控制存在一个或多个重大缺陷的情形，企业应当认定针对该项整体控制目标的内部控制是无效的。内部控制的无效性，是指企业的内部控制政策和措施可能有与法律、法规相抵触的地方，或者内部控制制度的设计不够完整、合理，在企业生产过程中没有得到有效的贯彻执行，从而无法实现内部控制的目标。

### 四、记录和报告内部控制缺陷

《企业内部控制基本规范》第四十七条规定："企业应当以书面或者其他适当的形式，妥善保存内部控制建立与实施过程中的相关记录或者资料，确保内部控制建立与实施过程的可验证性。"也就是说，内部控制建立与实施过程应当"留有痕迹"。

按照内部控制要素分类，相关文档记录包括以下方面：① 内部环境文档，一般包括组织结构图、权限体系表、岗位职责说明、员工守则等；② 风险评估文档，一般包括风险评估流程、风险评估过程记录、风险评估报告等；③ 控制活动文档，一般包括系列应用指引中的各项流程控制文档；④ 信息与沟通文档，一般包括客户调查问卷、财务报告、经营分析报告、董事会、经理办公会等主要会议纪要；⑤ 内部监督文档，一般包括往来询证函、资产盘点报告、审计计划、审计项目计划、审计意见书、整改情况说明书、员工合理化建议记录、专项监督实施方案和过程记录、专项监督报告等。

企业应制定相关的管理规定，明确缺陷报告的职责、报告的内容，对缺陷报告程序及跟进措施等方面进行规范。例如，企业下属业务部门和其他控制人员在工作中发现内部控制的缺陷，及时以书面形式向其上级主管部门和内部控制主管部门报告；内部控制主管部门向管理层随时或定期汇报新出现的风险，或业务活动中存在的风险控制缺陷，涉及重要风险的控制方案及重大整改事项由内部控制委员会审查；内部控制主管部门在对企业内部控制体系进行评价的基础上，编制企业内部控制综合评价报告，经内部控制委员会审核确认后报董事会审议。

内部控制缺陷的报告对象至少应包括与该缺陷直接相关的责任单位、负责执行整改措施的人员、责任单位的上级单位。针对重大缺陷，内部监督机构有权直接上报董事会及其审计委员会和监事会。

### 五、内部控制缺陷整改

通过内部监督，可以发现内部控制在建立与实施中存在的问题和缺陷，进而采取相应的整改计划和措施，切实落实整改，促进内部控制系统的改进。

[案例 6-3]
BJNY 集团基于风险导向的内部监督

 复习题

1. 内部监督的主体及其各自的职责有何不同？
2. 内部监督的方法有哪些？
3. 内部控制缺陷有哪几种不同的类型，有何区别？
4. 日常监督的主要内容有哪些方面？
5. 专项监督的重点包括哪些？
6. 内部监督的程序有哪几个主要步骤？

 练习题

一、单项选择题

1. 内部监督的意义不包括（　　）。
A. 内部监督可以节约企业运营成本
B. 内部监督以内部环境为基础，并与内部环境有极强的互动关系
C. 内部监督与风险评估、控制活动形成了三位一体的闭环控制系统
D. 内部监督离不开信息与沟通的支持

2. 我国企业内部监督体系的构成不包括（　　）。
A. 审计委员会　　B. 监事会　　C. 股东大会　　D. 内部审计机构

3. 内部监督时需关注关键控制点，其中不包括（　　）。
A. 复杂程度高的控制和需要高度判断力的控制
B. 已知的控制失效且无法及时识别的控制
C. 相关人员缺少实施某一控制所需的资质或经验
D. 某项实施成本过高的控制

4. 对识别并实施关键控制所需的相关信息质量的要求不包括（　　）。
A. 相关性　　B. 可靠性　　C. 充分性　　D. 适当性

5. 对内部控制无效性理解错误的是（　　）。
A. 内部控制政策和措施有与法律法规相抵触的地方
B. 内部控制制度设计得不完整、不合理
C. 在企业生产过程中没有得到有效的贯彻执行
D. 因设计和执行内部控制的成本过高而无法实施

6. 内部控制缺陷报告对象不包括（　　）。
A. 与该缺陷直接相关的责任单位　　B. 公司的经营情况

C. 负责执行整改措施的人员　　　　D. 责任单位的上级单位
7. 日常监督中的内部审计监督不包括(　　)。
A. 制订内部审计计划,定期组织生产经营审计、内部控制专项审计和专项调查等
B. 内部审计机构应当接受审计委员会的监督指导,应定期或应按照要求向董事会及其审计委员会、监事会、经理层报告工作
C. 根据风险评估结果,对企业认定的重大风险的管控情况及成效开展持续性的监督
D. 对审计中发现的违反国家法律法规和企业章程规定的事项提出审计建议,做出审计决定,并对审计建议和审计决定的落实情况进行跟踪监督
8. 内部控制执行的证据不包括(　　)。
A. 管理层搜集汇总的各部门信息
B. 定期与客户沟通,以验证应收、应付账款记录是否完整正确
C. 管理层搜集汇总的各部门出现的问题
D. 相关职能部门进行自我检查、监督时对发现问题的记录及解决方案
9. 专项监督的范围和频率的决定因素不包括(　　)。
A. 内部控制环境的强弱　　　　　　B. 风险评估的结果
C. 变化发生的性质和程度　　　　　D. 日常监督的有效性
10. 管理层对内部控制执行的监督渠道不包括(　　)。
A. 审计委员会接收、保留及处理的各种投诉及举报
B. 外部审计机构出具的审计报告
C. 管理层参加的培训、会议
D. 管理层审核的员工提出的各项合理建议

## 二、多项选择题

1. 内部控制的一套严密、高效的闭环控制系统的因素包括(　　)。
A. 内部监督　　B. 风险评估　　C. 信息与沟通　　D. 控制活动
E. 内部环境
2. 审计委员会的监督职责包括(　　)。
A. 提议聘请或更换外部审计机构并审查公司的内部控制制度
B. 监督公司的内部审计制度及其实施
C. 负责内部审计与外部审计之间的沟通
D. 审核公司的财务信息及其披露
E. 审核企业内部控制及其实施情况,并向董事会做出报告
3. 内部监督的基本要求包括(　　)。
A. 监督人员应具有独立性　　　　　B. 监督人员应具有胜任能力
C. 关注关键控制　　　　　　　　　D. 监督人员应评估相应的风险水平
E. 进行常规、持续的监督检查
4. 内部监督的程序包括(　　)。
A. 建立健全内部监督制度并制定内部控制缺陷标准
B. 制定内部控制缺陷标准

C. 实施监督

D. 记录和报告内部控制缺陷

E. 内部控制缺陷整改

5. 按照内部控制缺陷的重要程度来划分,内部控制缺陷可以分为(　　)。

A. 一般缺陷　　　　B. 重要缺陷　　　　C. 重大缺陷　　　　D. 执行缺陷

E. 系统缺陷

6. 日常监督的监督主体包括(　　)。

A. 管理层　　　　B. 单位(机构)　　　　C. 内部控制机构　　　　D. 内部审计机构

E. 外部审计机构

7. 日常监督的具体方式包括(　　)。

A. 获得内部控制执行的证据并对内外信息进行印证

B. 数据记录与实物资产的核对

C. 内外部审计定期提供建议

D. 管理层对内部控制执行的监督

E. 内外信息印证

8. 在考虑信息的充分性时,应增加监督样本量的情况包括(　　)。

A. 近期频繁出现偏差的控制和发生频率不固定的控制

B. 执行监督的人员不熟悉控制程序和需要运用重大判断的控制

C. 因惯性执行控制可能弱化控制效果的控制

D. 较为复杂的控制

E. 涉及舞弊或管理层凌驾风险的控制

9. 专项监督需要重点关注的有(　　)。

A. 高风险的项目　　　　　　　　B. 成本较高的项目

C. 重要的项目　　　　　　　　　D. 内部控制环境变化

E. 经常发生的项目

10. 内部监督所需的相关的间接信息包括(　　)。

A. 控制运行的统计数据　　　　　B. 关键风险指标

C. 关键绩效指标　　　　　　　　D. 行业同比数据

E. 重要财务指标

### 三、判断题

1. 内部监督是企业对内部控制建立与实施情况进行监督检查,评价内部控制的有效性,发现内部控制缺陷,并及时加以改进。(　　)

2. 内部控制自我评价是内部监督的直接依据和底稿来源,而内部监督是内部控制自我评价的成果表现。(　　)

3. 监事会有权对董事、高级管理人员执行公司职务的行为进行监督,但是无权对董事、高级管理人员提起诉讼。(　　)

4. 监事会发现公司经营情况异常,可以进行调查;必要时,可以聘请会计师事务所等协助其工作,费用由监事会承担。(　　)

5. 按照缺陷的来源,内部控制缺陷可以分为设计缺陷与执行缺陷。(　　)

6. 日常监督通常存在于单位基层管理活动之中,能较快地辨别问题,日常监督的程度越小,其有效性就越高,则企业所需的专项监督就越少。 （  ）

7. 专项监督是指在企业发展战略、组织结构、经营活动、业务流程、关键岗位员工发生较大调整或变化的情况下,对内部控制的某一或者某些方面进行有针对性的监督检查。
（  ）

8. 如果日常监督扎实有效,可以迅速应对环境的变化,对专项监督的需要程度就较低;反之,对专项监督的需要程度就较高。 （  ）

9. 为保证内部监督的客观性,内部监督应由独立于内部控制执行的机构进行内部监督。
（  ）

10. 内部审计机构对审计过程中发现的问题,不可以直接向审计委员会或者董事会报告。 （  ）

 案例讨论

# 第三篇　企业内部控制层次篇

# 第七章　业务活动控制

## 预习题

1. 资金活动的关键风险点都有哪些？
2. 采购业务控制的总体要求是什么？
3. 简要描述资产管理的基本流程。
4. 销售业务的关键风险点有哪些？如何进行控制？
5. 简要描述研究与开发项目立项环节存在的主要风险。
6. 在工程项目管理中，哪些不相容岗位应分离？
7. 不予担保的情形有哪些？
8. 什么叫业务外包？在企业中哪些业务通常可以外包？
9. 财务报告对外提供前应经过哪些人员的审核？他们审核的目的分别是什么？

## 引　例

某公司最高权力机关是董事会，指定财务部为预算管理机构。2017年年初董事会根据上年度的生产经营状况，结合对未来各种因素的合理估计，制定当年的年度预算方案，并将内容详细的预算下发给内部各单位执行。到2017年10月，年度经营实际执行只完成了预计的一半。销售部门认为下半年属于销售淡季，全年任务肯定不能完成，因此向预算管理机构（财务部）提出调整经营预算。财务部认为，既然实际销售情况和预算相去甚远，预算不能发挥应有的作用，那么就将预算中销售收入调整为原来的2/3。年末，预算管理机构向董事会报告，全面完成全年经营预算。

（资料来源：http://shangxue.com/ask/10333265.html）

思考：
从内部控制活动的角度分析该公司在预算控制过程中存在哪些问题？应该采取哪些措施？

前面第一章我们已经介绍了企业的内部控制由高到低可分为公司治理层、管理控制层,而作为基础的层次是公司的业务活动控制。本章将分别介绍公司的主要业务活动的控制要点。

# 第一节 资金活动控制

## 一、资金活动控制概述

资金被视为企业生产经营的血液,是企业生存和发展的重要基础,决定着企业的竞争能力和可持续发展能力,一直受到企业的高度重视。资金活动是企业筹资活动、投资活动和资金营运活动等的总称。

### (一)资金活动控制的意义

加强资金活动的内部控制是为了维护资金的安全完整、防范资金活动的风险、提高资金的使用效益,促进企业健康发展。

1. 加强资金活动的内部控制事关企业生死存亡

一方面,资金活动与企业生产经营过程密不可分,企业生产经营活动的开展,总是依赖于一定形式的资金支持;生产经营的过程和结果,也是通过一定形式的资金活动体现出来。

另一方面,由于影响企业资金活动的因素很多,涉及面很广、不确定性很强,企业资金活动的管理和控制面临的困难很大。做好资金活动的风险管控,既需要企业对自身业务活动做出科学的、准确的定位,又需要对企业所处的政治、经济、文化和技术等环境做出客观的、清晰的判断,同时还需要企业相机抉择,合理处理自身与外界的各种关系和矛盾。资金活动及其内部控制对企业生产经营影响巨大,加强和改进资金活动内部控制,是企业生存和发展的内在需要。

2. 加强企业资金活动的内部控制有利于企业可持续发展

首先,资金活动贯穿企业生产经营的全过程,企业内部各部门、企业外部相关单位和个人都直接或间接参与企业资金活动,其中任何一个环节、任何一个机构和个人出现差错,都可能危及资金安全,导致企业损失。加强资金活动内部控制,有利于企业及时发现问题,防范并化解有关风险。其次,有利于企业资金的合理使用,提高资金使用效率。企业生产经营活动的有效开展,依赖于资金所具有的合理存量和流量。加强资金活动的内部控制,能够正确评价企业的资源条件和未来前景,科学地进行筹资和投资,并对生产经营中的资金余缺进行合理调剂,有利于资金均衡流动、提高资金的使用效率,获得更好的经济效益。最后,由于资金活动与企业生产经营活动紧密结合,加强资金活动的内部控制,实际上是从资金流转的角度对生产经营过程进行控制,有利于促使企业规范地开展业务活动、实现长期可持续发展。

### (二)资金活动控制的总体要求

企业应当科学确定投融资目标和规划,完善资金的管控制度,对资金活动实施内部控制,需要建立健全相应的内部控制制度,即根据国家和地方有关法律、法规和监管制度的要求,结合企业生产经营的实际需要,设计科学合理、重点突出、便于操作的业务流程,同时还要针对关键控制点及主要风险来源采取相应的控制措施。

1. 科学确定资金管控目标

推进资金管理信息化建设,将资金预算管理与资金适时监控相结合,及时准确地反映资金运行状况和风险,可以提高决策的科学性,提高资金管理的及时性。具体来说,企业应当根据自身发展战略,综合考虑宏观经济政策、市场环境、环保要求等因素,结合本企业发展实际,科学确定投融资目标和规划。如果目标不明确,决策不正确,控制措施就难以执行到位,资金活动将难以顺利进行。

2. 建立健全资金的管控制度

制度是企业经营管理各项活动顺利开展的基础性保障,企业应当依据《会计法》《企业内部控制基本规范》《企业内部控制应用指引第6号——资金活动》等法律、法规的要求,结合企业自身的管理需要,建立和完善严格的资金授权、批准、审验等相关管控制度,加强资金活动的集中归口管理,明确筹资、投资、营运等各环节的职责权限和不相容岗位相互分离的要求,建立严格的监督检查和项目后评价制度,跟踪资金活动内部控制的实际运行情况,据以修正制度、改善控制效果。

3. 合理设计资金业务流程

对资金活动实施内部控制,也是对资金业务的控制。企业资金活动内部控制的重点在于科学合理地设计业务流程,确定每一个环节、每一个步骤的工作内容和应该履行的程序,并将其落实到具体部门和人员。由于很多资金业务是伴随企业生产经营活动而开展的,因此,在设计资金活动业务流程的同时,要充分考虑相关生产经营活动的特征,根据生产经营活动的流程设计合理的资金控制流程。

4. 抓住关键控制点

在资金活动较为复杂的情况下,资金活动的内部控制不可能面面俱到。因此,企业必须识别并关注主要风险来源和关键风险控制点,以提高内部控制的效率。

具体而言,企业应当针对流程中的每一个环节、每一个步骤认真细致地进行分析,根据不确定性的大小、危害性的严重程度,明确关键的业务、关键的程序、关键的人员和岗位等,从而确定关键的风险控制点;然后针对关键风险控制点制定有效的控制措施,集中精力管控住关键风险。

5. 实行资金集中管理

对于规模较大的企业,应首选资金集中管控模式。无论是企业相对其内部部门和分支机构,还是企业集团相对其子公司,都应该加强资金的集中统一管控。企业可以通过建立资金结算中心、财务公司等资金集中管控模式,依托现代化的网络信息技术,实现资金的统一筹集、统一调配、统一管理,及时掌握资金的收入、支出、营运和结存情况,实行有效监督,降低整体资金成本,避免资金沉淀,提高资金使用效率。

6. 严格执行资金的管控制度

设计再科学、再完善的制度,如果得不到严格的执行,也只能流于形式而无法发挥实效。

因此，制度的执行到位与否是事关整个资金活动内部控制能否取得实效的关键，只有严格执行资金的各项管理制度，才能保证资金活动控制目标的实现。为了加强对资金活动的管控，促使资金活动内部控制制度得到切实有效的实施，企业财务部门应当负责资金活动的日常管理，参与投融资方案等的可行性研究。总会计师或分管会计工作的负责人应当参与投融资决策过程。

［案例7-1］
M集团股份有限公司的
资金集中管理

## 二、筹资活动控制

筹资是企业根据自身发展战略和生产经营状况，通过一定的渠道，采取适当的方式，获取所需的资金。企业筹资活动是资金活动的起点，也是企业整个经营活动的基础。通过筹资活动，企业取得投资和日常生产经营活动所需的资金，从而使企业投资、生产经营活动能够顺利进行。

筹资活动控制不仅决定着企业能不能顺利筹集生产经营和未来发展所需要的资金，而且决定着企业能以什么样的筹资成本筹集资金，能以什么样的筹资风险筹集资金，并决定着企业所筹集资金最终的使用效益，进而影响到企业的可持续发展。

### （一）筹资活动控制的目标

第一，遵循国家的法律、法规，合法筹集资金。企业的筹资活动应严格按照《公司法》《证券法》等相关法律、法规的要求，依法履行法律、法规和筹资合同约定的责任，依法披露信息，维护各方的合法权益。

第二，合理确定资金需要量、安排筹资时间，确保资金供需平衡。企业要准确测算出资金的需要量，合理安排筹资时间，使筹资与用资在时间上衔接，在数量上平衡，并考虑资金市场上的供应能力。

第三，降低筹资成本，控制筹资风险。在筹资过程中，企业要合理选择和优化资本结构。合理的资本结构能够有效控制筹资风险。资本结构是由债务资本和自有资本构成，企业要综合考察各种筹资渠道和筹资方式的难易程度、资金成本，做到长期债务资本与短期债务资本、债务资本与自有资本的最优组合，才能有效地规避和降低筹资中各种不确定性因素给企业带来损失的可能性。

### （二）筹资活动的业务流程

企业筹资活动的内部控制应当根据筹资活动的业务流程，区分不同的筹资方式，针对业务流程中不同环节可能面临的风险，采取相应的控制措施加以控制。企业的筹资活动通常包括提出筹资方案、筹资方案论证、筹资方案审批、筹资计划编制与执行、筹资活动的评价与责任追究等环节。

1. 提出筹资方案

企业一般由财务部门根据企业经营战略、预算情况与资金现状等因素,提出初始筹资方案。筹资方案主要包括筹资金额、筹资形式、利率、筹资期限、资金用途等内容,要对筹资成本和潜在风险做出充分估计,境外筹资还应考虑所在地的政治、经济、法律、市场等因素。提出筹资方案的同时还应与生产经营相关业务部门沟通协调,保证资金筹集和使用的相互协调。

2. 筹资方案论证

企业应当对初始筹资方案进行充分的可行性论证,重大筹资方案应当形成可行性研究报告,全面反映风险评估情况。企业应当组织相关专家对筹资项目进行可行性论证。可行性论证是筹资活动内部控制的重要环节,一般可以从三个方面进行可行性论证。

第一,筹资方案的战略性评估。一是要评估筹资方案是否符合企业整体发展战略。企业应对筹资方案是否符合企业整体战略方向进行严格审核,只有符合企业发展需要的筹资方案才具有可行性。二是要评估筹资规模是否适当。在筹资规模上,一方面不能过于贪多求大,资金充裕是企业发展的重要保障,然而任何资金都是有成本的,企业在筹集资金时一定要有战略考虑,防止盲目筹集过多的资金而给企业造成沉重的债务负担;另一方面要防止因资金不足,而使企业丧失投资机会或造成经营困难。

第二,筹资方案的经济性评估。主要分析筹资方案是否符合经济性要求,是否以最低的筹资成本获得了所需的资金,是否还有降低筹资成本的空间以及更好的筹资方式,筹资期限是否经济合理,利息、股息等水平是否在企业可承受的范围之内。例如,筹集相同的资金,选择股票方式与选择债券方式就会面临不同的筹资成本,选择不同的债券种类或者期限结构也会面临不同的成本,所以企业必须认真评估筹资成本,并结合收益与风险进行筹资方案的经济性评估。

第三,筹资方案的风险性评估。对筹资方案面临的风险进行分析,特别是对利率、汇率、货币政策、宏观经济走势等重要条件进行预测分析,对筹资方案面临的风险做出全面评估,并有效地应对可能出现的风险。例如,若选择债权方式筹资,其按期还本付息对于企业来说是一种刚性负担,带给企业的现金流压力较大;若选择股权筹资方式,在股利的支付政策上,企业有较大的灵活性,且无须还本,因而企业的现金流压力较小,但股权筹资的成本也是比较高的,而且股权筹资可能会使得企业面临较大的控制权风险。因此,企业应在不同的筹资风险之间进行权衡。

3. 筹资方案审批

筹资方案的审批人员与编制人员、可行性论证人员应适当分离。通过可行性论证的筹资方案,需要在企业内部按照分级授权审批的原则进行严格审批,重点要关注筹资用途的可行性和相应的偿债能力。对于重大的筹资方案,应当按照规定的权限和程序,实行集体决策审批或者联签制度。筹资方案需经有关管理部门批准的,应当履行相应的报批程序。筹资方案发生重大变更的,应当重新进行可行性研究以及履行相应审批程序。

4. 筹资计划编制与执行

企业应根据审核批准的筹资方案,编制较为详细的筹资计划,经过财务部门批准后,严格按照相关程序筹集资金。

通过银行借款方式筹资的,应当与有关金融机构进行洽谈,明确借款规模、利率、期限、担保、还款安排、相关的权利义务和违约责任等内容。双方达成一致意见后签署借款合同,据此办理相关借款业务。

通过发行债券方式筹资的,应当合理选择债券种类,如普通债券还是可转换债券等,并对还本付息方案做出系统安排,确保按期、足额偿还到期本金和利息。

通过发行股票方式筹资的,应当依照《证券法》等有关法律、法规和证券监管部门的规定,优化企业组织架构,进行业务整合,并选择具备相应资质的中介机构,如证券公司、会计师事务所、律师事务所等协助企业做好相关工作,确保符合股票发行的条件和要求。同时,企业应当选择合理的股利支付方式,兼顾投资者的近期利益与长远利益,调动投资者的积极性,避免分配不足或过度;股利分配方案最终应当经股东大会审批通过,如果是上市公司还必须按信息披露要求进行公告。

此外,企业应通过及时足额还本付息,合理分配和支付股利,保持企业良好的信用记录,这对于企业顺利进行再融资具有重要意义。

5. 筹资活动的评价与责任追究

企业要加强对筹资活动的检查监督,严格按照筹资方案确定的用途使用资金,确保款项的收支,利息和股息的支付,债券和股票的保管等符合有关规定。由于市场环境变化等确实需要改变资金用途的,应当履行相应的审批程序,严禁擅自改变资金用途。筹资活动完成后要按规定进行筹资后评价,对存在违规现象的,严格追究其责任。

## 三、筹资活动的主要风险及其控制措施

### (一) 筹资活动的主要风险

企业筹资活动可能面临的重要风险类型较多,至少应当关注六个方面的风险。

1. 缺乏完整的筹资战略规划导致的风险

在企业具体的筹资活动中,应贯彻既定的资金战略,以目标资本结构为指导,协调企业的资金来源、期限结构、利率结构等。如果忽视战略导向,缺乏对目标资本结构的清晰认识,很容易导致盲目筹资,使得企业资本结构、资金来源结构、利率结构等处于频繁变动中,给企业的生产经营带来巨大的财务风险。

2. 缺乏对企业资金现状的全面认识导致的风险

为了合理规划筹资活动,企业在筹资之前应先全面了解资金现状,并在此基础上结合企业战略和宏观、微观形势等提出筹资方案。如果资金预算和资金管控工作不到位,使得企业无法全面了解资金现状,将使得企业无法正确评估资金的实际需要和期限等,很容易导致筹资过度或者筹资不足。特别是对于大型企业集团来说,如果没有对整个集团的资金现状做一个深入完整的了解,很可能出现一部分企业资金结余,而其他企业仍然对外筹资,使得集团的资金利用效率低下,增加不必要的财务成本。

3. 缺乏完善的授权审批制度导致的风险

筹资方案必须经过完整的授权审批流程方可正式实施,这一流程既是企业上下沟通的一

个过程,也是各个部门、各个管理层对筹资方案进行审核的重要风险控制程序。在审批流程中,每一个审批环节都应对筹资方案的风险控制等问题进行评估,并认真履行审批职责。完善的授权审批制度有助于对筹资风险进行管控,如果忽略这一完善的授权审批制度,则有可能忽视筹资方案中的潜在风险,使得筹资方案草率决策、仓促上马,给企业带来严重的潜在风险。

4. 缺乏对筹资合同的认真审核导致的风险

企业在筹资活动中要签订相应的筹资合同、协议等法律文件。筹资合同一般应载明筹资数额、期限、利率、违约责任等内容。企业应认真审核、仔细推敲筹资合同的具体条款,防止因合同条款不当而给企业带来潜在的不利影响,使得企业在未来可能发生的经济纠纷或诉讼中处于不利地位。企业可以借助专业的法律中介机构对合同文本进行审核。

5. 因无法保证支付筹资成本导致的风险

任何筹资活动都需要支付相应的筹资成本。债权筹资的成本是固定的利息费用,作为对资金提供者的报酬,是刚性成本,企业必须按期足额支付;如果企业不能按期支付筹资利息,将会导致法律诉讼,信誉受损。股权筹资虽然没有固定的利息费用,也没有还本的压力,但是企业不能忽视对投资者的投资回报,应认真制定好股利支付方案,包括股利金额、支付时间、支付方式等,如果因股利支付不足,或者对股东报酬不足,将会导致股东抛售股票,从而使得企业股价下跌,给企业的经营带来重大不利影响。

6. 缺乏严密的跟踪管理制度导致的风险

企业筹资活动的流程很长,不仅包括资金的筹集到位,还包括资金使用过程中的利息、股利等筹资费用的计提支付,以及最终的还本工作。筹资流程一般贯穿企业整个经营活动的始终,是企业的一项常规管理工作。企业在筹资跟踪管理方面应制定完整的管理制度,包括资金到账、资金使用、利息支付、股利支付等,并时时监控资金的动向。如果缺乏严密的跟踪管理,可能会使企业资金管理失控,因资金被挪用而导致财务损失,也可能因此导致利息没有及时支付而被银行罚息,这些都会使得企业面临不必要的财务风险。

## (二) 筹资活动的关键控制点及控制措施

筹资活动的流程较长,企业应根据筹资业务流程找出其中的关键风险控制点进行风险控制,提高风险管控的效率。一般来说,筹资活动的关键控制点及控制措施包括六个方面的内容。

1. 筹资方案论证

筹资方案的内容是否完整、考虑是否周密、测算是否准确等,直接决定筹资决策的正确性,关系到整个筹资活动的效率和风险。

2. 筹资方案审批

相关责任部门拟订筹资方案并进行可行性论证以后,股东(大)会或者董事会、高管层应对筹资方案履行严格的审批责任。审批中应实行集体决策审议或者联签制度,避免一人说了算或者"拍脑袋"行为。

3. 筹资计划编制

根据批准的筹资方案,财务部门应制订严密细致的筹资计划,通过筹资计划对筹资活动进行周密安排和控制,使筹资活动在严密控制下高效、有序进行。

4. 筹资计划执行

筹资计划经层层授权审批之后,就应付诸实施。在实施筹资计划的过程中,企业必须认真做好筹资合同的签订,资金的划拨、使用和跟踪管理等工作,保证筹资活动按计划进行,妥善管理所筹集的资金,保证资金的安全性。

5. 筹资活动评价与责任追究

筹集资金到位以后,企业应该做好筹资费用的计提、支付和会计核算等工作。对于债券类筹资,企业应按时计提并及时支付债务利息,保持良好的信用记录;对于股权类筹资,企业应制订科学合理并能让股东满意的股利支付方案,并严格按方案支付股利。筹资费用的管理事关资金提供者的积极性,对培养企业良好的筹资环境极为重要。

6. 筹资活动的会计系统控制

为了如实反映企业筹资状况,建立有效的筹资会计系统控制,要从以下四个方面入手:一是准确核算筹资业务。企业应按照国家统一的会计准则,对筹资业务进行准确的会计核算与账务处理,通过相应的账户准确地进行筹集资金核算、本息偿付、股利支付等经济业务。二是妥善保管筹资业务的会计凭证。企业的财务部门应当妥善保管筹资合同、收款凭证、入库凭证等会计凭证,与筹资活动相关的合同、协议、凭证等重要文件需登记造册、妥善保管,以备查用。三是搞好资金管理,掌握资金情况。企业的财务部门应当编制贷款申请表、内部资金调拨审批表等,严格管理筹资程序和手续;财务部门应通过编制借款存量表、借款计划表、还款计划表等,掌握贷款资金的动向;财务部门还应与资金提供者定期核对账目,以确保资金及时到位与资金安全。四是控制筹资成本。财务部门要协调好企业筹资的利率结构、期限结构等,最大限度地控制筹资费用,降低企业的资金成本。

筹资活动内部控制的关键控制点、控制目标与控制措施如表 7-1 所示。

**表 7-1 筹资活动内部控制的关键控制点、控制目标与控制措施**

| 关键控制点 | 控制目标 | 控制措施 |
| --- | --- | --- |
| 筹资方案论证 | 对筹资方案进行可行性论证 | (1) 进行筹资方案的战略性评估,包括是否与企业发展战略相符合,筹资规模是否适当。<br>(2) 进行筹资方案的经济性评估,如筹资成本是否最低,资本结构是否恰当,筹资成本与资金收益是否匹配。<br>(3) 进行筹资方案的风险性评估,如筹资方案面临哪些风险,风险大小是否适当、可控,是否与收益匹配 |
| 筹资方案审批 | 选择批准最优筹资方案 | (1) 根据分级授权审批制度,按照规定程序严格审批经过可行性论证的筹资方案。<br>(2) 审批中应实行集体审议或联签制度,保证决策的科学性 |
| 筹资计划编制 | 制订切实可行的具体筹资计划,科学规划筹资活动,保证低成本、高效率筹资 | (1) 根据筹资方案,结合当时经济金融形势,分析不同筹资方式的资金成本,正确选择筹资方式和不同方式的筹资数量,财务部门或资金管理部门制订具体筹资计划。<br>(2) 根据授权审批制度报有关部门批准 |

续表

| 关键控制点 | 控制目标 | 控制措施 |
|---|---|---|
| 筹资计划执行 | 保证筹资活动正确、合法、有效进行 | (1) 根据筹资计划进行筹资。<br>(2) 签订筹资协议,明确权利和义务。<br>(3) 按照岗位分离与授权审批制度,各环节和各责任人正确履行审批监督责任,实施严密的筹资程序控制和岗位分离控制。<br>(4) 按照筹资合同或协议,正确计提、支付利息或股利。<br>(5) 做好严密的筹资记录,发挥会计控制的作用 |
| 筹资活动评价与责任追究 | 保证筹集资金的正确有效使用,维护筹资信用 | (1) 促成各部门严格按照确定的用途使用资金。<br>(2) 监督检查,督促各环节严密保管未发行的股票、债券。<br>(3) 监督检查,督促正确计提、支付利息。<br>(4) 加强债务偿还和股利支付环节的监督管理。<br>(5) 评价筹资活动过程,追究违规人员责任 |

## 四、投资活动控制

投资活动是筹资活动的延续,也是筹资的重要目的之一。投资活动作为企业的一种营利活动,对于筹资成本补偿和企业利润创造,具有举足轻重的意义。

### (一) 投资活动内部控制目标

(1) 投资活动应当符合国家的法律、法规。企业选择的投资项目必须符合国家的相关法律、法规,绝不能做国家明令禁止的投资项目。投资过程必须严格执行国家的法律、法规,各种投资活动的合同、协议、程序及其会计核算都要合法。

(2) 科学决策,严格审批程序。投资活动具有不确定性强、财务风险高的特点,一旦投资决策失误,引发盲目扩张或丧失发展机遇,可能导致资金链断裂或资金使用效益低下。因此,在决策前必须从发展战略、技术、市场、经济等方面进行充分的可行性研究,并按照分级授权审批的原则对投资方案进行严格审批。

(3) 确保投资资产的安全完整。企业应以投资项目为对象设立核算账户,规范投资项目核算的方法、内容与程序,定期核对有关投资账目,保护投资资产的安全完整。

### (二) 投资活动的业务流程

企业投资活动的内部控制应当根据投资活动的业务流程,按照业务流程中不同环节面临的风险,采取不同的具体措施加以控制。通常企业的投资活动包括以下主要环节。

1. 拟订投资方案

企业应当根据其发展战略、宏观经济环境、市场状况等因素,提出本企业的投资项目规划。在对投资规划进行筛选的基础上,确定投资项目。

2. 投资方案可行性论证

企业应对投资项目进行严格的可行性研究与论证,以防范投资的风险。可行性研究要对投资目标、规模、方式、资金来源以及风险和收益等做出客观的评价,重点关注投资战略是否符合企业的发展战略,是否有可靠的资金来源,能否取得稳定的投资收益,投资风险是否处于可控或可承受范围内,以及投资活动的技术可行性、市场容量与前景等内容。

3. 投资方案决策

企业按照规定的权限和程序对投资项目进行决策审批,要通过分级审批,集体决策来进行,决策者应与投资方案制定者适当分离。重点审查投资方案是否可行,投资项目是否符合投资战略目标和规划,是否具有相应的资金能力,投入资金能否按时收回,预计收益能否实现,以及投资和并购风险是否可控等。对于重大的投资项目,应当报经董事会或股东(大)会批准。投资方案需要经过有关管理部门审批的,应当履行相应的报批程序。

4. 投资计划编制与审批

企业根据审批通过的投资方案,编制详细的投资计划,落实不同阶段的资金投资数量、投资具体内容、项目进度、完成时间、质量标准与要求等,并按程序报经有关部门批准,签订投资合同。

5. 投资计划实施

投资项目往往周期较长,企业需要指定专门机构或人员对投资项目进行跟踪管理,进行有效管控。在投资项目执行过程中,必须加强对投资项目的管理,密切关注投资项目的市场条件和政策变化,做好投资项目的会计记录和处理。企业应及时收集被投资方经审计的财务报告等相关资料,定期组织投资效益分析,关注被投资方的财务状况、经营成果、现金流量及投资合同履行情况,发现异常情况的,应当及时报告并妥善处理。同时,在项目实施中,还必须根据各种条件准确地对投资的价值进行评估,根据投资项目的公允价值进行会计记录。如果发生投资减值,应及时提取减值准备。

6. 投资项目的到期处置

对已到期投资项目的处置同样要经过相关审批流程,妥善处置并实现企业最大的经济收益。企业应加强投资收回和处置环节的控制,对投资收回、转让、核销等决策和审批程序做出明确规定。重视投资到期本金的回收;转让投资应当由相关机构或人员合理确定转让价格,报授权批准部门批准,必要时可委托具有相应资质的专门机构进行评估;核销投资应当取得不能收回投资的法律文书和相关证明文件。

(三) 投资活动的主要风险及其控制措施

1. 投资活动的主要风险

企业的投资活动至少应当关注五个方面的风险。

第一,盲目投资的风险。发展战略是企业投资活动、生产经营活动的指南和方向。企业投资活动应该以企业发展战略为导向,正确选择投资项目,合理确定投资规模,恰当权衡收益与风险。要突出主业,谨慎从事股票或衍生金融工具等高风险投资,妥善选择并购目标,控制并购风险。盲目投资会出现贪大求快,乱铺摊子,以及投资无所不及、无所不能的现象,难以形成企业的核心竞争力。

第二,资金短缺的风险。投资活动是筹资活动的延续,投资与筹资在资金数量、期限、成本与收益上应相互匹配。不同的筹资方式下,可筹集资金的数量、偿还期限、筹资成本不一样,这就要求投资应量力而行,不能超过企业资金实力和筹资能力进行投资;投资的现金流量在数量和时间上要与筹资的现金流量保持一致,以避免财务危机;投资收益要与筹资成本相匹配,保证筹资成本的足额补偿和投资的盈利性。

第三,忽略资产结构与流动性的风险。企业的投资活动会形成特定资产,并由此影响企业的资产结构与资产流动性。对企业而言,资产流动性和盈利性是一对矛盾,这就要求企业在投资中要恰当处理资产流动性和盈利性的关系,通过投资保持合理的资产结构,在保证企业资产适度流动性的前提下追求最大盈利性,这也就是投资风险与收益均衡问题。

第四,缺乏严密的授权审批制度和不相容职务分离制度的风险。授权审批制度是保证投资活动合法性和有效性的重要手段,不相容职务分离制度则通过相互监督与牵制,保证投资活动在严格控制下进行,是堵塞漏洞、防止舞弊的重要手段。没有严格的授权审批制度和不相容职务分离制度,企业投资就会呈现出随意、无序、无效的状况,导致投资失误和企业生产经营失败。同时,企业还应建立严密的责任追究制度,使责权利得到统一。

第五,缺乏严密的投资资产保管与会计记录的风险。投资是直接使用资金的行为,也是形成企业资产的过程,容易发生各种舞弊行为。在严密的授权审批制度和不相容职务分离制度以外,是否有严密的投资资产保管制度和会计控制制度,是避免投资风险、决定投资成败的重要因素。企业应建立严密的资产保管制度,明确保管责任,建立、健全账簿体系,严格账簿记录,通过账簿记录对投资资产进行详细、动态反映和控制。

2. 投资活动的关键控制点及控制措施

一般而言,投资活动的关键控制点及控制措施主要包括六个方面的内容。

第一,投资方案论证。企业应当加强对投资方案的可行性论证,论证投资方案是否符合企业发展战略,是否突出主业;论证投资规模、方向和时机是否适当;论证投资方案技术、市场、财务的可行性,深入分析项目的技术可行性与先进性、市场容量与前景,以及项目预计现金流量、风险与报酬,比较或评价不同项目的可行性。对于重大的投资项目必须委托具有相应资质的专业机构进行可行性研究,提供独立的可行性研究报告。

第二,投资方案审批。为了选择批准最优投资方案,企业应当明确审批人对投资业务的授权批准方式、权限、程序和责任,不得越权审批。企业应当重点审查投资方案是否可行,投资项目是否符合国家的产业政策和相关法律、法规的规定,是否有足够的资金支持,投资能否按时收回,投资风险是否可控等。对于重大的投资项目,应当按照规定的权限和程序实行集体决策或者联签制度。投资方案批准后要与有关被投资方签署投资合同或协议,在投资合同或协议中明确出资时间、金额、方式、双方权利义务与违约责任等内容。

第三,投资计划编制。企业应当根据审批通过的投资方案编制切实可行的具体投资计划,确定不同阶段的资金投放数量、项目进度、完成时间、质量标准与要求等,作为项目投资的控制依据,并根据授权审批权限报有关部门审批。

第四,投资方案实施。为了保证投资活动按计划合法、有序、有效进行,企业应当采取以下控制措施:一是根据投资计划进度,严格分期,按进度适时投放资金,严格控制资金流量和时间;二是以投资计划为依据,按照职务分离制度和授权审批制度,各环节和各责任人正确履行审批监督责任,对投资项目实施过程进行监督和控制,防止各种舞弊行为,保证项目建设的质量和进度要求;三是做好跟踪分析工作,及时评价投资的进展,将分析和评价的结果反馈给决策层,以便及时调整投资策略或制定投资退出策略。

第五,投资资产处置控制。为确保投资资产的处理符合企业的利益,企业应当采取以下控制措施:一是严格按照法定程序处置投资资产,转让投资应当通过专业中介机构,选择相应的资产评估方法,客观评估投资价值,同时确定处置策略;二是投资资产的处置必须经过董事会的授权批准。

第六,投资活动的会计系统控制。企业应当按照会计准则的规定,准确进行投资活动的会计处理。具体控制措施包括以下四个方面:一是准确核算投资业务。企业财务部门必须按照会计准则的要求,对投资项目进行准确的会计核算、记录与报告,确定合理的会计政策,准确反映企业投资的真实状况。二是妥善保管投资合同、凭证等文件资料。企业财务部门对于投资合同、协议、备忘录、出资证明等重要的法律文书应当登记造册、妥善保管,以备查用。三是建立投资管理台账。企业财务部门应当建立投资管理台账,详细记录投资对象、金额、期限等情况,作为企业重要的档案资料以备查用。四是关注投资项目的营运情况。企业应当密切关注投资项目的营运情况,一旦出现财务状况恶化、市价大幅下跌等情形,必须按会计准则的要求,合理计提减值准备。企业必须准确合理地对减值情况进行估计,而不应滥用会计估计,把减值准备作为调节利润的手段。

## 五、资金营运活动控制

资金营运活动是指企业日常生产经营中合理组织和调度各类资金,保证各类资金正常循环周转的活动。资金营运活动有广义和狭义之分。广义的资金营运活动是指企业筹资活动取得资金以后,进而使用资金营利的过程;狭义的资金营运活动是指与企业投资活动相对立的,是企业投资形成项目或资产以后,有效组织项目或资产营运、获取收益的过程。以制造业企业为例,包括采购、生产、销售等环节,资金形态从货币资金开始,依次转化为储备资金、生产资金、成品资金,到经过销售收回货币资金,进行成本补偿和利润分配的全过程。本章的资金营运指的是狭义的资金营运概念。

企业的投资活动为企业生产经营确定了方向和目标,而营运活动则是企业投资形成项目或资产以后,通过合理组织和使用资金来保证投资活动预期目标的达成。因此,营运活动是投资目标能否实现的保证,是投资活动的自然延续。

### (一) 资金营运活动的控制目标

1. 保持资金动态平衡

资金平衡是资金营运活动内部控制的基本目标,企业通过加强对营运活动全过程的管理,统筹协调企业内部各部门在生产经营过程中的资金需求,切实做好资金在采购、生产、销售等各环节的综合平衡,做到资金流在数量和时间上的合理配置,保证资金循环周转的顺畅进行,全面提升资金营运效率。

2. 加强资金预算管理

企业应当充分发挥全面预算管理在资金综合平衡中的作用,严格按照全面预算要求组织协调资金调度,确保资金及时收付,实现资金的合理占用和良性循环,严禁资金的"体外循环",防范资金营运中的财务风险。

### 3. 提高资金使用效率

资金只有在不断流动的过程中才能带来价值增值。加强资金营运的内部控制,就是要努力促使资金正常周转,为短期资金寻找适当的投资机会,避免出现资金闲置和沉淀等低效现象。

### 4. 确保资金安全

资金营运活动大多与货币资金相关,货币资金流动性强,出现错弊的可能性较大,因此,应当采取有效的内部控制措施,防止贪污、侵占、挪用等违法行为的发生,保护企业资金的安全完整。

## (二) 资金营运活动的业务流程

资金营运活动是一种价值运动,为保证资金价值运动的安全、完整、有效,企业资金营运活动应按照设计严密的流程进行控制。资金流入企业从货币资金开始,到销售收回货币资金、成本补偿确定利润、部分资金流出企业为止,形成资金营运的一个完整循环。一个循环结束,下一个新的循环又重新开始。资金的不断循环,构成企业的资金周转。资金营运活动大多与货币资金相关,货币资金是企业流动性最强、盈利性最低的资金占用,是企业资金营运的起点和终点。货币资金收付的业务流程包括以下步骤。

### 1. 收付申请

企业资金收付需要以业务发生为基础,应该有根有据,不能凭空收款或付款。所有收款或者付款需求,都由特定的业务引起,因此,有真实的业务发生,是资金收付的基础。

### 2. 收付审批

收款方应该向对方提交相关业务发生的票据或者证明,收取资金。资金支付涉及企业经济利益流出,应严格履行授权分级审批制度。不同责任人应该在自己授权范围内,审核业务的真实性、金额的准确性,以及申请人提交票据或者证明的合法性,严格监督资金支付。

### 3. 收付复核

财务部门收到经过企业授权部门审批签字的相关凭证或证明后,应再次复核业务的真实性、金额的准确性和相关票据的齐备性,以及相关手续的合法性和完整性,并签字认可。

### 4. 资金收付

企业应当严格规范资金的收支条件、程序和审批权限。企业在生产经营活动和其他业务活动中取得的资金收入应当及时入账,不得账外设账,严禁收入不入账和设立"小金库"。企业办理资金支付业务,应当明确指出款项的用途、金额、预算、限额、支付方式等内容,并附原始单据或相关证明,履行严格的授权审批程序后,方可安排资金支出。企业办理资金收付业务,应当遵循现金和银行存款管理的有关规定,不得由一人办理货币资金全过程的业务,严禁将办理资金收付业务的相关印章和票据集中一人保管。

## (三) 货币资金收付的主要风险及其控制措施

### 1. 货币资金收付的主要风险

企业货币资金收付,应当关注货币资金调度不合理和管控不严的风险。货币资金调度不合理，营运不畅，可能导致企业陷入财务困境或资金冗余。货币资金管控不严，措施不力，可能导致企业资金被挪用、侵占、抽逃或遭受欺诈。

2. 货币资金收付的关键控制点及控制措施

货币资金收付的关键控制点及控制措施主要包括七个方面。

第一，审批控制。把收支审批作为关键控制点，是为了控制企业资金的流入和流出。审批权限的合理划分是资金营运活动业务顺利开展的前提条件。审批活动的关键点：制定资金的限制接近措施，经办人员进行业务活动时应该得到授权审批，任何未经授权的人员不得办理资金收支业务；使用资金的部门应提出用款申请，记载用途、金额、时间等事项；经办人员在原始凭证上签章；经办部门负责人、主管经理和财务部门负责人也应按程序和权限审批并签章。

第二，复核控制。复核控制是减少错误和舞弊的重要措施。根据企业内部层级的隶属关系可以划分为纵向复核和横向复核这两种类型。其中：纵向复核是指上级主管对下级活动的复核；横向复核是指平级或无上下级关系人员的相互核对，如财务系统内部的核对。复核关键点：资金营运活动会计主管审查原始凭证反映的收支业务是否真实、合法，经审核通过并签字盖章后才能填制原始凭证；凭证上的主管、审核、出纳和制单等印章是否齐全。

第三，收付控制。资金的收付导致资金流入流出，反映资金的来龙去脉。收付的控制点：出纳按照审核后的原始凭证收付款，对已完成收付的凭证加盖戳记，并登记日记账；主管会计人员及时准确地记录在相关账簿中，定期与出纳的日记账进行核对。

第四，记账控制。资金的凭证和账簿是反映企业资金流入流出的信息源，如果记账环节漏洞，很容易导致整个会计信息处理结果失真。记账的控制点包括出纳根据资金收付凭证登记日记账，会计根据相关凭证登记有关明细分类账；主管会计登记分类账。

第五，对账控制。对账是账簿记录系统的最后一个环节，也是报表生成的基础，对保证的真实性起到重要作用。对账的控制点包括账证核对、账账核对、账表实核对等。需要强调的是，银行对账单的领取、银行存款余额调节表的编制应当授权出纳以外的会计进行。

第六，银行账户管理控制。企业应当严格按照《支付结算办法》等国家有关规定，加强银行账户的管理，按规定开立账户，办理存款、取款和结算。企业在银行开立的账户，只用于业务经营范围内的资金收付，不准出借、出租或转让给其他单位和个人使用。企业在银行的账户必须用足够的资金保证支付，不准签发空头的支付凭证和远期的支付凭证，不准利用账户进行非法活动。银行账户管理的关键控制点包括银行账户的开立、使用和撤销是否有授权，下属企业或单位是否有"账外账"。

第七，票据与印章管理控制。企业应当加强与货币资金相关的票据的管理，明确各种票据购买、保管、领用、背书转让、注销等环节的职责权限和程序，并专设登记簿进行记录，防止空白票据的遗失和被盗用。印章是明确责任、表明业务执行及完成情况的标记，经济业务的审批、执行、监督都要留下印章的印迹，因此应加强印章的管理。印章的保管要贯彻不相容职务分离的原则，企业应当加强银行预留印鉴的管理。预留印鉴就是企业把财务专用章、企业法人章，盖在开户银行的空白纸张上留存印记。开户银行收到企业开出的支票，与预留印鉴核对无误后办理付款业务。严禁将办理资金支付业务的相关印章和票据集中一人保管，印章要与空白票据分管，财务专用章要与企业法人章分管。委托他人保管个人印章的要办理授权手续。

货币资金收付的关键控制点、控制目标及控制措施如表7-2所示。

表7-2 货币资金收付的关键控制点、控制目标及控制措施

| 关键控制点 | 控制目标 | 控制措施 |
| --- | --- | --- |
| 审批 | 合法性 | 未经授权不得经办资金收付业务；明确不同级别管理人员的审批权限与责任 |
| 复核 | 真实性与合法性 | 会计人员对相关凭证进行横向复核和纵向复核 |
| 收付 | 收入入账完整，支出手续完备 | 出纳根据审核后的相关收付款原始凭证收款和付款，并加盖戳记 |
| 记账 | 真实性 | 出纳根据资金收付凭证登记日记账；会计根据相关凭证登记有关明细分类账；主管会计登记总分类账 |
| 对账 | 真实性和财产安全 | 账证核对、账表核对与账实核对 |
| 银行账户管理 | 防范小金库；加强业务管控 | 开设、使用与撤销的授权，是否有账外账 |
| 票据与印章管理 | 财产安全 | 票据统一印制或购买；票据由专人保管；印章与空白票据分管；财务专用章与企业法人章分管 |

[案例7-2]
银行账户管理中的
主要风险与内控应对

## 第二节 采购活动控制

采购，是指购买物资（或接受劳务）及支付款项等相关活动。采购环节是企业生产经营活动的起点，是企业"实物流"的重要组成部分，同时又与"资金流"密切相关。企业采购业务涉及请购、审批、供应商选择、物资质量和价格、采购合同订立、验收和支付等众多环节，出现差错和舞弊的风险较大，决定了企业的生存和可持续发展。企业应根据《企业内部控制应用指引第7号——采购业务》的规定，梳理采购流程，明确采购业务的关键风险点，提出针对性的控制措施。

### 一、采购活动的总体要求

#### （一）完善采购管理制度

企业应当结合实际情况，全面梳理采购业务流程，完善采购业务相关管理制度，统筹安

排采购计划,明确请购、审批、购买、验收、付款、采购后评估等环节的职责和审批权限。确保管理流程科学合理,能够较好地保证物资和劳务供应顺畅。

（二）严格执行与监控

企业各部门按照规定的审批权限和程序办理采购业务,落实责任制,建立价格监督机制,定期检查和评价采购过程中的薄弱环节,采取有效控制措施,确保物资和劳务采购能够经济、高效地满足企业的生产经营需要。

## 二、采购活动流程

采购活动流程主要涉及编制需求计划和采购计划,请购,选择供应商,确定采购价格,订立框架协议或采购合同,管理供应过程,验收,付款,退货,会计系统控制等环节。

## 三、采购活动的关键风险点及控制措施

### （一）编制需求计划和采购计划

采购业务从计划（或预算）开始,包括需求计划和采购计划。企业实务中,需求部门一般根据生产经营需要向采购部门提出物资需求计划,采购部门根据该需求计划归类汇总平衡现有库存物资后,统筹安排采购计划,并按规定的权限和程序审批后执行。该环节的主要风险是:需求或采购计划不合理,不按实际需求安排采购或随意超计划采购,甚至与企业生产经营计划不协调等。

主要管控措施:① 生产、经营、项目建设等部门,应当根据实际需求准确、及时地编制需求计划。需求部门提出需求计划时,不能指定或变相指定供应商。对独家代理、专有、专利等特殊产品应提供相应的独家、专有资料,经专业技术部门研讨后,经具备相应审批权限的部门或人员审批。② 采购计划是企业年度生产经营计划的一部分,在制订年度生产经营计划过程中,企业应当根据发展目标实际需要,结合库存和在途情况,科学安排采购计划,防止采购过高或过低。③ 采购计划应纳入采购预算管理,经相关负责人审批后,作为企业刚性指令严格执行。

### （二）请购

请购是指企业生产经营部门根据采购计划和实际需要提出的采购申请。该环节的主要风险是:缺乏采购申请制度,请购未经适当审批或超越授权审批,可能导致采购物资过量或短缺,影响企业正常生产经营。

主要管控措施:① 建立采购申请制度,依据购买物资或接受劳务的类型,确定归口管理部门,授予相应的请购权,明确相关部门或人员的职责权限及相应的请购程序。企业可以根据实际需要设置专门的请购部门,对需求部门提出的采购需求进行审核,并进行归类汇总,统筹安排企业的采购计划。② 具有请购权的部门对于预算内采购项目,应当严格按照预算执行进度办理请购手续,并根据市场变化提出合理采购申请。对于超预算和预算外采购项目,应先履行预算调整程序,由具备相应审批权限的部门或人员审批后,再行办理请购手续。③ 具备相应审批权限的部门或人员审批采购申请时,应重点关注采购申请内容是否准确、完整,是否符合生产经营需要,是否符合采购计划,是否在采购预算范围内等,对不符合规定

的采购申请,应要求请购部门调整请购内容或拒绝批准。

### (三) 选择供应商

选择供应商,也就是确定采购渠道。它是企业采购业务流程中非常重要的环节。该环节的主要风险是:供应商选择不当,可能导致采购物资质次价高,甚至出现舞弊行为。

主要管控措施:① 建立科学的供应商评估和准入制度,对供应商资质信誉情况的真实性和合法性进行审查,确定合格的供应商清单,健全企业统一的供应商网络。企业新增供应商的市场准入、供应商新增服务关系以及调整供应商物资目录,都要由采购部门根据需要提出申请,并按规定的权限和程序审核批准后,纳入供应商网络。企业可委托具有相应资质的中介机构对供应商进行资信调查。② 采购部门应当按照公平、公正和竞争的原则,择优确定供应商,在切实防范舞弊风险的基础上,与供应商签订质量保证协议。③ 建立供应商管理信息系统和供应商淘汰制度,对供应商提供物资或劳务的质量、价格、交货及时性、供货条件及其资信、经营状况等进行实时管理和考核评价,根据考核评价结果,提出供应商淘汰和更换名单,经审批后对供应商进行合理选择和调整,并在供应商管理系统中做出相应记录。

### (四) 确定采购价格

如何以最优"性价比"采购到符合需求的物资,是采购部门的永恒主题。该环节的主要风险是:采购定价机制不科学,采购定价方式选择不当,缺乏对重要物资品种价格的跟踪监控,引起采购价格不合理,可能造成企业资金损失。

主要管控措施:① 健全采购定价机制,采取协议采购、招标采购、询比价采购、动态竞价采购等多种方式,科学合理地确定采购价格。对标准化程度高、需求计划性强、价格相对稳定的物资,通过招标、联合谈判等公开、竞争方式签订框架协议。② 采购部门应当定期研究大宗通用重要物资的成本构成与市场价格变动趋势,确定重要物资品种的采购执行价格或参考价格。建立采购价格数据库,定期开展重要物资的市场供求形势及价格走势商情分析并合理利用。

### (五) 订立框架协议或采购合同

框架协议是企业与供应商之间为建立长期物资购销关系而做出的一种约定。采购合同是指企业根据采购需要、确定的供应商、采购方式、采购价格等情况与供应商签订的具有法律约束力的协议,该协议对双方的权利、义务和违约责任等情况做出了明确规定(企业向供应商支付合同规定的金额、结算方式,供应商按照约定时间、期限、数量与质量、规格交付物资给采购方)。该环节的主要风险是:框架协议签订不当,可能导致物资采购不顺畅;未经授权对外订立采购合同,合同对方主体资格、履约能力等未达要求,合同内容存在重大疏漏和欺诈,可能导致企业合法权益受到侵害。

主要管控措施:① 对拟签订框架协议的供应商的主体资格、信用状况等进行风险评估;框架协议的签订应引入竞争制度,确保供应商具备履约能力。② 根据确定的供应商、采购方式、采购价格等情况,拟订采购合同,准确描述合同条款,明确双方权利、义务和违约责任,按照规定权限签署采购合同。对于影响重大、涉及较高专业技术或法律关系复杂的合同,应当组织法律、技术、财会等专业人员参与谈判,必要时可聘请外部专家参与相关工作。③ 对重要物资验收量与合同量之间允许的差异,应当做出统一规定。

### (六) 管理供应过程

该环节的主要风险有缺乏对采购合同履行的跟踪管理,运输工具和方式选择不当,忽视投保等,造成采购物资损失或无法保证供应。

主要控制措施:第一,企业应建立严格的采购合同跟踪制度,依据采购合同中确定的主要条款跟踪合同的履行情况,对有可能影响生产或工程进度的异常情况,出具书面报告并及时提出解决方案。第二,评价供应商供货情况,并根据生产建设进度和采购物资特性,选择合理的运输工具和运输方式,办理运输投保,尽可能地降低采购物资损失,保证物资及时供应。第三,对采购过程实行全程登记制度,确保各项责任可追究。

### (七) 验收

该环节的主要风险有缺乏验收制度、验收程序不规范、验收标准不明确,对验收过程中的异常情况未做处理等,可能造成采购损失或影响生产。

主要控制措施:① 企业应当建立严格的采购验收制度,明确验收程序和验收标准,确定检验方式,由专门的验收机构或验收人员对采购项目的品种、规格、数量、质量等相关内容进行验收,出具验收证明。涉及大宗和新、特物资采购的,还应进行专业测试。② 对于验收过程中发现的异常情况,负责验收的机构或人员应当立即向企业有权管理的相关机构报告,相关机构应当查明原因并及时处理。③ 对于不合格物资,采购部门依据检验结果办理让步接收(如降级使用、挑选使用、返工使用等)、退货、索赔等事宜。

### (八) 付款

该环节的主要风险有付款审核不严、付款不及时、付款方式不当、预付款项损失等,可能造成企业资金损失或信用损失。

主要控制措施:① 企业应当加强采购付款的管理,完善付款流程,明确付款审核人的责任和权力,严格审核采购预算、合同、相关单据凭证、审批程序等,审核无误后按照合同规定及时办理付款。② 严格审查采购发票的真实性、合法性和有效性。发现虚假发票的,应查明原因,及时报告处理。③ 重视采购付款的过程控制和跟踪管理。发现异常情况的,应当拒绝付款,避免出现资金损失和信用受损。④ 合理选择付款方式,并严格遵循合同规定,防范付款方式不当带来的法律风险,保证资金安全。超过转账起点金额的采购应通过银行办理转账。⑤ 加强预付账款和定金的管理。对涉及大额或长期的预付款项,应当定期进行追踪核查,综合分析预付账款的期限、占用款项的合理性、不可收回风险等情况。发现有疑问的预付款项,应当及时采取措施。

### (九) 退货

该环节的主要风险有缺乏退货管理制度、退货不及时等,给企业造成损失。

主要控制措施:企业应当建立退货管理制度,对退货条件、退货手续、货物出库、退货货款回收等做出明确规定,并在与供应商的合同中明确退货事宜,及时收回退货货款。涉及符合索赔条件的退货,应在索赔期内及时办理索赔。

### （十）会计系统控制

该环节的主要风险有缺乏有效的采购会计系统控制，会计记录、采购记录与仓储记录不一致，会计处理不准确、不及时等，导致未能如实反映采购业务以及采购物资和资金损失。

主要控制措施：① 企业应当加强对购买、验收、付款业务的会计系统控制，详细记录供应商情况、请购申请、采购合同、采购通知、验收证明、入库凭证、商业票据、款项支付等情况，确保会计记录、采购记录与仓储记录一致。② 指定专人通过函证等方式，定期与供应商核对应付账款、应付票据、预付账款等往来款项。

#### [案例 7-3]　致命玩偶，祸起疏漏

2007年8月2日，美国最大玩具商美泰公司（Mattel Inc.）向美国消费者安全委员会提出召回佛山利达生产的96.7万件塑胶玩具，理由是"召回的这批玩具表漆含铅量超标，对儿童的脑部发展会造成很大影响，美国环保组织塞拉俱乐部认为危及儿童安全"。致命玩偶一度成为人们谈论的热点问题。最终，佛山利达被出入境检验检疫部门要求整改。中国国家质量监督管理总局宣布暂停其产品的出口。佛山利达被迫停产，2 500名工人几乎无事可做。佛山利达公司合伙人张树鸿承受不了重大压力，最终一死了之。

造成这次事件最大的问题在于玩具所使用的有毒油漆的采购。此次不达标油漆是由与利达公司仅有一墙之隔的东兴公司提供的。该公司老板是张树鸿多年的好友梁仪彬。

2007年4月初，东兴公司生产油漆的黄色色粉短缺。为尽快采购，东兴公司在网上查找到东莞众鑫色粉厂。该厂向东兴公司提供了无铅色粉证书、认证资料、相关执照等，东兴公司便于4月10日进货。按规定，采购的色粉要到检测机构认定，但佛山没有相关的检测机构，只能到广州检验，并需要5～10个工作日才能做出检测结果。东兴公司为了尽快给利达公司供货，就省略了检测的环节。没有料到，正是这批色粉含铅量超标。众鑫公司当初提供的无铅色粉证书、认证资料等都是假的。然而，利达公司员工的描述是：为方便合作，利达公司和东兴公司两家企业选择相邻建厂。合作4年多，两家工厂就如同一家，使用的油漆都是通过两家企业的内部通道运入利达公司的，根本不用走工厂大门。

可见，致命玩偶的出现充分暴露出东兴公司和利达公司在采购业务内部控制中的问题。首先，东兴公司在供应商的选择和采购验收方面出现了很大的漏洞。企业应当建立科学的供应商评估和准入制度，对供应商提供物资或劳务的质量、价格、交货及时性、供货条件及其资信、经营状况等进行实时管理和综合评价，并根据评价结果对供应商进行合理选择和调整。企业还应建立严格的采购验收制度，确定检验方式，由专门的验收机构或验收人员对采购项目的品种、规格、数量、质量等相关内容进行验收，并出具验收证明。供应商选择不当和检测环节的忽略，使他们接收了含铅量超标的色粉。其次，利达公司在采购验收方面也存在漏洞。利达公司和东兴公司两家企业为方便合作而相邻建厂，两家工厂如同一家，使用的油漆都是通过两家企业的内部通道运入利达公司，根本不用走工厂大门。毫无疑问，利达公司采购的验收控制程序对东兴公司来说是形同虚设的。

## 第三节 销售活动控制

### 一、销售业务控制的总体要求

#### （一）全面梳理销售业务流程

企业应当结合实际情况，全面梳理销售业务流程。企业的销售业务流程包括销售计划管理、客户开发、信用管理、销售定价、订立销售合同、发货、收款、售后服务等环节。企业应确保管理流程科学合理，保证销售顺畅进行。

#### （二）完善相关管理制度

企业应当完善销售业务的相关管理制度，包括销售、发货、收款等方面的制度，有效防范经营风险。

#### （三）查清薄弱环节

在全面梳理相关业务流程的基础上，定期检查、分析销售过程的薄弱环节，采取有效控制措施，确保实现销售目标。应重点关注以下风险：销售政策和策略不当，市场预测不准确，销售渠道管理不当等，可能导致销售不畅、库存积压、经营难以为继；客户信用管理不到位、结算方式选择不当、账款回收不力等，可能导致销售款项不能收回或遭受欺诈；销售过程存在舞弊行为，可能导致企业利益受损。

### 二、销售业务流程

销售业务的基本流程包括销售计划管理，客户信用管理，确定定价机制和信用方式，销售业务谈判，订立销售合同，发货，收款，客户服务，收款，会计系统控制等。

### 三、销售业务的关键风险点及控制措施

#### （一）销售计划管理

企业应结合销售预测和生产能力，设定销售总体目标额以及不同产品的销售目标额，并据此制定销售方案，实现销售目标。该环节的主要风险包括销售计划缺乏或不合理，未经授权审批等，导致产品结构和生产安排不合理，库存积压。

主要控制措施：第一，企业应根据发展战略，结合销售预测、生产能力以及客户订单情况，制订年度、月度销售计划。第二，根据实际情况，及时调整销售计划，并按程序进行审批。

#### （二）客户信用管理

该环节的主要风险包括客户信用档案不健全、缺乏对客户资信的持续评估，可能造成客户选择不当、款项不能及时收回甚至遭受欺诈，影响企业现金流和正常经营。

主要控制措施：第一，企业应当建立和不断更新、维护客户信用动态档案，关注重要客户

的资信变动情况,采取有效措施,防范信用风险。第二,对于境外客户和新开发客户,应当建立严格的信用保证制度。

### (三) 确定定价机制和信用方式

该环节的主要风险包括定价不合理、销售价格未经适当审批或存在舞弊、信用方式不当等,造成销售受损,损害企业经济利益或企业形象。

主要控制措施:第一,企业应当加强市场调查,合理确定定价机制和信用方式,根据市场变化及时调整销售策略,灵活运用销售折扣、销售折让、信用销售、代销和广告宣传等多种策略和营销方式,促进销售目标的实现,不断提高市场占有率。第二,产品基础价格以及销售折扣、销售折让等政策的制定应按规定程序与权限进行审核批准。

### (四) 订立销售合同

该环节的主要风险包括销售价格、结算方式、收款期限等不符合企业销售政策,导致企业经济利益受损;合同内容存在重大疏漏或欺诈、订立合同未经授权,导致企业的合法权益受到了侵害。

主要控制措施:第一,企业在销售合同订立前,应当结合企业的销售政策,与客户进行业务洽谈、磋商或谈判,关注客户的信用状况、销售定价、结算方式等相关内容。重大的销售业务谈判应当吸收财会、法律等专业人员参加,并形成完整的书面记录。第二,销售合同应当明确双方的权利和义务,审批人员应当对销售合同草案进行严格审核。对于重要的销售合同,应当征询法律顾问或专家的意见。

### (五) 发货

该环节的主要风险包括未经授权发货、发货不符合合同约定或者发货程序不规范,可能造成货物损失或发货错误,引发销售争议,影响货款收回。

主要控制措施:第一,企业销售部门应当按照经批准的销售合同开具相关销售通知。发货和仓储部门应当对销售通知进行审核,严格按照所列项目组织发货,确保货物的安全发运。第二,企业应当严格按照发票管理规定开具销售发票,严禁开具虚假发票。

### (六) 客户服务

该环节的主要风险包括服务水平低,影响客户满意度和忠诚度,造成客户流失。

主要控制措施:第一,根据企业自身状况与行业整体情况,企业应当完善客户服务制度(包括服务内容、方式、标准等),加强客户服务和跟踪,提升客户满意度和忠诚度。第二,做好客户回访工作,建立客户投诉制度,不断改进产品质量和服务水平。第三,企业应当加强销售退回管理,分析销售退回原因,并及时妥善处理。

### (七) 收款

该环节的主要风险包括结算方式选择不当、账款回收不力、票据审查不严和管理不善,使企业经济利益受损。

主要控制措施:第一,企业应结合销售政策和信用政策,选择恰当的结算方式。第二,企业应当完善应收款项管理制度,落实责任,严格考核,实行奖惩制度。销售部门负责应收款项的催收,妥善保存催收记录(包括往来函电);财会部门负责办理资金结算并监督款项回收。第三,企业应当加强商业票据管理,明确商业票据的受理范围,严格审查商业票据的真实性和合法性,防止票据欺诈,并关注商业票据的取得、贴现和背书,对已贴现但仍承担收款风险的票据以及逾期票据,进行追索监控和跟踪管理。

### (八) 会计系统控制

该环节的主要风险包括销售业务会计记录和处理不及时、不准确,造成企业账实不符、账账不符、账证不符等,不能反映企业利润和经济资源的真实情况。

主要控制措施:第一,企业应当加强对销售、发货、收款业务的会计系统控制,详细记录销售客户、销售合同、销售通知、发运凭证、商业票据、款项收回等情况,确保会计记录、销售记录与仓储记录核对一致。第二,建立应收账款清收核查制度,指定专人通过函证等方式定期与客户核对应收账款、应收票据、预收账款等往来款项。第三,加强应收款项坏账的管理。应收款项全部或部分无法收回的,应当查明原因,明确责任,并严格履行审批程序,按照国家统一的会计准则和制度处理。

[案例 7-4] **客户信用失控案例**

据2003年5月20日的《新民晚报》报道,2003年4月初,上海火车站附近的一家电脑公司,在正常的营销业务中接到一笔生意,一家自称上海可旭科贸有限公司要购买他们所经销的电脑产品,并要求星期五下午送货上门,以支票的形式付款。然而就在一切交易手续办理完毕后不久,却发生了意想不到的事情。3天后,该电脑公司接到银行通知,支票为空头支票。价值45 800元的6台电脑就这样被骗走了。无独有偶,一天后上海徐家汇的另一家电脑公司与一家名为凌玉科技有限公司签订了一份购销电脑合同。当天12时左右,电脑公司将价值17 300元的两台笔记本电脑送了过去,支票解缴到银行。第二天下午银行通知支票在银行无法兑现,支票上所有印章与支票应该所属的单位不符,是张空头支票。被骗单位立即向警方报案。徐家汇警方便展开了缜密的侦查。经过多天的侦查,最终将诈骗团伙的骨干成员韦某和苏某抓获,随后设套追捕其他同伙,一举摧毁了这个诈骗团伙。原来这个诈骗团伙自2002年以来流窜于上海市各个区,共作案10余起。每次行骗前,每个人按事先商定的分工开始"工作"。不法分子先化名找到房子后哄骗房东,先付少量定金,几天后再签合同付房租。然后以打扫卫生和搬家具为名,从房东手中骗得钥匙。随后,有专人负责刻假图章和购买办公用品。一切准备就绪后,不法分子就开始用假身份证联系客户了。根据广告,他们找到电脑公司,由对IT行业较为熟悉的同伙与电脑公司销售人员进行接触,同电脑公司利用传真签订购货合同,然后要求电脑公司先发货,货到给支票。电脑一旦到手,他们便逃之夭夭。

本案中不法分子精心策划好的骗局,造成了多家电脑经销公司受骗。如果企业能够在自己的销售环节有完善的内部控制的话,相信不法分子不会轻松得手。先来看看一般企业的赊销业务。企业对于赊销业务应该制定授权批准制度。只有通过了赊销业务的信用批准,企业销售部门才能够接受客户的订单;否则,只能拒绝客户赊销。企业应对每个新客户进行信用调查,要求信用管理部门人员在销售单上签署赊销意见。设计信用批准控制的目的是为了降低坏账风险。如果信用管理部门对新客户评价后,决定不授予信用额度,那么对于该新客户只能现销。此外,销售合同的签订在企业里也应该有专门的内部控制程序。单位在销售合同订立前,应当指定专门人员就销售价格、信用政策、发货及收款方式等具体事项与客户进行谈判。虽然本案中所涉及的货物金额较小,但简化程序的后果将是不必要的损失,企业应该引起注意。本案给我们敲了警钟,企业销售要认真审核买方的信用状况,更要防止买方在票据上造假。

## 第四节　资产管理控制

资产是企业生产经营活动的物质基础。《企业内部控制应用指引第8号——资产管理》中所称的资产是指企业拥有或控制的存货、固定资产和无形资产。资产管理贯穿企业生产经营的全过程,是企业生产经营活动平稳有序进行的重要保障。企业的资产管理不仅包括防范资产被偷被盗、非法占用,还包括提高资产使用效能等。加强各项资产管理,保证资产安全完整,提高资产使用效能,对于维持企业正常生产经营以及促进企业发展战略的实现有重要的意义。

### 一、资产管理的总体要求

#### (一) 全面梳理资产管理流程

企业应当加强各项资产管理,全面梳理资产管理流程,包括各类存货、固定资产和无形资产"从进入到退出"的各个环节(如对于固定资产,可以从取得、验收、登记造册、投保、运行维护、更新改造、盘点、处置等环节进行梳理),确保管理流程科学合理、管理要求有效落实。

#### (二) 查找管理薄弱环节

通过全面梳理资产管理流程,及时发现资产管理中的薄弱环节,采取切实有效的措施加以改进。在资产管理中,应重点关注下列风险:存货积压或短缺,可能导致流动资金占用过量、存货价值贬损或生产中断;固定资产更新改造不够、使用效能低下、维护不当、产能过剩,可能导致企业缺乏竞争力、资产价值贬损、安全事故频发或资源浪费;无形资产缺乏核心技术、权属不清、技术落后、存在重大技术安全隐患,可能导致企业法律纠纷、缺乏可持续发展能力。

#### (三) 重视投保

企业应当重视和加强各项资产的投保工作,采用招标等方式确定保险人,降低资产损失风险,同时要防范资产投保舞弊。

### 二、存货管理

存货包括原材料、周转材料、在产品、半成品、产成品或商品等。企业代管、代销、暂存、受托加工的存货也应纳入本企业的存货管理。

## （一）存货管理的业务流程

存货管理的业务流程主要有存货取得、验收入库、存货保管、领用发出盘点清查、以及销售处置等。

## （二）存货管理的关键风险点及控制措施

1. 存货取得

存货取得方式有外购、委托加工、自制等。该环节的主要风险有：存货预算编制不科学、采购计划不合理，可能造成存货积压或短缺；取得方式不合理，不符合成本效益原则。

主要控制措施：第一，企业应当根据各种存货采购间隔期和当前库存，综合考虑企业生产经营计划、市场供求等因素，充分利用信息系统，合理确定存货采购日期和数量，确保存货处于最佳库存状态。第二，企业应当本着成本—效益原则，确定不同类型存货的取得方式。

2. 验收入库

该环节的主要风险有验收程序和方法不规范、标准不明确，可能造成账实不符、质量不合格等问题。

主要控制措施：企业应当重视存货验收工作，规范存货验收程序和方法，对入库存货的数量、质量、技术规格等方面进行查验，验收无误方可入库。企业应针对不同的存货取得方式，关注不同的验收重点：① 外购存货的验收，应当重点关注合同、发票等原始单据与存货的数量、质量、规格等的核对是否一致。涉及技术含量较高的货物，必要时可委托具有检验资质的机构或聘请外部专家协助验收。② 自制存货的验收，应当重点关注产品质量。只有通过检验合格的半成品、产成品才能办理入库手续；不合格品应及时查明原因、落实责任、报告处理。③ 其他方式取得存货的验收，应当重点关注存货来源、质量状况、实际价值是否符合有关合同或协议的约定。

3. 存货保管

该环节的主要风险有存货储存保管方式不当、监管不严，可能造成存货被盗、流失、变质损坏、贬损、浪费等。

主要控制措施：企业应当建立存货保管制度，定期对存货进行检查。重点关注下列事项：企业内部除存货管理、监督部门及仓储人员外，其他部门和人员接触存货，应当经过相关部门特别授权；存货在不同仓库之间流动时应当办理出入库手续；应当按仓储物资所要求的储存条件贮存，并健全防火、防洪、防盗、防潮、防病虫害和防变质等管理规范；加强生产现场的材料、周转材料、半成品等物资的管理，防止浪费、被盗和流失；对代管、代销、暂存、受托加工的存货，应单独存放和记录，避免与本单位存货混淆；结合企业实际情况，加强存货的保险投保，保证存货安全，合理降低意外事件造成的存货损失风险。

4. 领用发出

该环节的主要风险有存货领用发出审核不严、程序不规范，造成存货流失。

主要控制措施：第一，企业应当明确存货发出和领用的审批权限，大批存货、贵重商品或危险品的发出应当实行特别授权。第二,仓储部门应当根据经审批的销售(出库)通知单发出货物。第三,仓储部门应当详细记录存货入库、出库及库存情况,做到存货记录与实际库存相符,并定期与财会等部门进行核对。

**[案例 7-5]　存货管控,赢在完善**

ABC 公司是工程机械行业的大型企业,其存货占总资产的比重为 40% 左右,主要分为原材料、在产品、产成品三大类。产成品占比比较高,并呈上升趋势。ABC 公司存货内控存在以下问题:① 生产过程缺乏监管。公司几乎所有的部门都会为生产"让道"。零件需求紧急,马上采购。车间领料,立即发放。久而久之,在生产厂积压了大量的原材料、低值易耗品。此外,出现了因盲目备货导致过量的资金占用。② 存货不能合理计价。内部价格制定不及时,造成信息流、实物流不同步,实物在体外循环。在新产品的试制方面,由于缺乏图纸等核价资料,有些零件的价格难以及时确定。③ 存货积压原因复杂。ABC 公司在内部生产工艺更改和外部竞争压力的双重影响下,存货积压的主要原因有:第一,设计、工艺的更改。第二,采购量缺少控制,备货不合理,机型停产。第三,替代材料、生产机床设备更改。第四,经理层绩效考核导致资产管理部门对积压存货数据填报不准确或处理不及时。第五,在工作变动时工作交接缺少监管及责任追究,存在前任留下积压物资不断累积的现象,具体造成积压的责任部门、人员难以确定。④ 存货业务控制制度有待完善。公司财务部制定的《存货内部控制》只是一个框架,缺乏统一的具体的执行标准和评价办法。

因此,ABC 公司当务之急是通过制度规范存货的业务操作流程,针对业务流程中主要风险点和关键环节,建立和完善存货内部控制制度,明确各事业部、各资产管理单位的权责范围,以提高存货质量,规避"存货负债"风险。

5. 盘点清查

存货盘点清查既要关注数量,又要关注存货质量。该环节的主要风险有盘点清查制度不完善、盘点计划不合理以及执行不严等,造成盘点工作流于形式,无法查清存货的真实情况。

主要控制措施:第一,企业应当建立存货盘点清查制度,结合本企业的实际情况确定盘点周期、盘点方法、盘点流程等相关内容。第二,企业至少应当于每年年度终了开展全面盘点清查,存货盘点前要拟订详细的盘点计划,确定盘点方法、时间、人员等。第三,严格按照盘点计划进行盘点清查,核查存货数量,及时发现存货减值迹象。盘点清查结果应当形成书面报告。盘点清查中发现的存货盘盈、盘亏、毁损、闲置以及需要报废的存货,应当查明原因,落实并追究责任,按照规定权限批准后处置。

6. 销售处置

销售处置是指存货的正常对外销售以及存货因变质、毁损等进行的处置。存货报废处置环节的主要风险有处置责任不明确、审批不严等,可能导致企业利益受损。

主要控制措施:企业应定期对存货进行检查,及时了解存货的存储状态,对于存货变质、毁损、报废或流失,要分清责任,分析原因,并编制存货处置单,报经批准后及时处置。

#### 7. 会计系统控制

该环节的主要风险有会计记录和处理不及时、不准确，不能反映存货的实际情况，不能起到加强存货管理的作用。

主要控制措施：财务部门应根据原始凭证对各环节存货数量和金额及时登记；定期与仓储部门等其他相关部门核对，确保账实相符；对于账实不符或减值现象，及时做出账务处理。

[案例 7-6] **康佳的存货管理**

一、背景回顾

康佳集团是一家以生产经营彩色电视机、数字移动电话以及液晶显示器等网络产品为主，兼营电冰箱、空调器、洗衣机、无绳电话及其配套产品等的企业。2001 年是康佳剧痛的一年，出现了自 1992 年上市以来的首次亏损，且数额较大，年度亏损达到 69 979.15 万元，其中清理彩电及其他库存产品形成的跌价损失就占亏损总额的 55.49%。

二、案例分析

康佳集团的存货以电视机为主，从 1995—2001 年康佳集团的存货变化中我们可以分析其在销售情况变化下的存货策略变化(见图 1)。

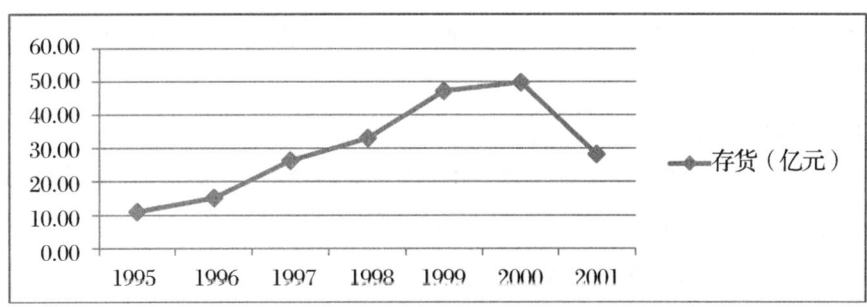

图 1　存货变化图

1995 年，公司销售收入出现大幅增长，消化历史存货量较大，于是 1996 年、1997 年公司加大了存货投资，1997 年年底的存货账面金额已经比 1995 年翻了一番多，明显高于销售收入的增长。由于企业存货政策的惯性，无法及时根据销售市场的变化进行大幅调整，在 1999 年销售收入同比增幅已经大大滑坡的情况下，存货规模仍然以 42% 的速度增加。

2000 年，公司虽然开始意识到问题的严重性，但此时销售收入已经转为负增长，而存货仍在积累。结果，这种前期对市场乐观的情绪带来的存货大量积压，加上彩电的跌价，导致了企业经营的困境。为了渡过难关，公司在 2001 年对存货进行大清理，直接造成 2001 年度报表出现巨大亏损。

我们从周转率的分析中也可以认识企业的产销矛盾(见图 2)。自 1996 年起，公司的存货周转率一直呈现下降走势，从 1995 年的 1.41 到 2000 年的 0.77，显示了在销售收入增长的同时存货以更大的幅度增加，表示产品的积压不可避免。另一方面，由于彩电市场竞争激烈，缩短了产品生命周期，库存原材料包括彩管、半导体等价格持续下调，造成企业存货跌价损失严重，出现了巨大亏损。

虽然康佳集团2001年通过清理存货使指标数据得到改善，企业断臂求生，经营上意味着新的开始，而且后来康佳集团也通过业务重整进入了新的发展阶段，但其在彩电存货上的教训无疑是深刻的。

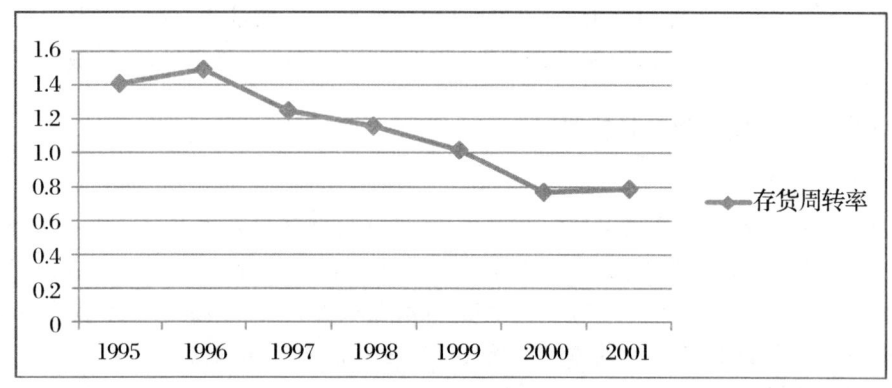

图2　存货周转率变化图

### 三、固定资产管理

企业的固定资产主要包括为生产商品、提供劳务、出租或经营管理目的持有的房屋、建筑物、机器设备以及运输工具等。

#### （一）固定资产管理的业务流程

固定资产管理的业务流程主要包括资产取得、资产验收、登记造册、资产投保、运行维护、更新改造、盘点清查、抵押质押、淘汰处置以及会计系统控制等。

#### （二）固定资产管理的关键风险点及控制措施

1. 资产取得

固定资产的取得方式有投资者投入、外购、自行建造、非货币性资产交换以及捐赠等。该环节的主要风险有固定资产预算不科学、审批不严等，造成固定资产购建不符合企业发展战略、利用率不高等问题。

主要控制措施：第一，企业应建立固定资产预算制度，固定资产的购建应符合企业的发展战略和投资计划。第二，对于固定资产建造项目应开展可行性研究，提出项目方案，报经批准后确定工程立项。

2. 资产验收

不同取得方式以及不同类型的固定资产，其验收程序和技术要求也不同。该环节的主要风险有固定资产验收程序不规范，可能造成资产质量不合要求，影响资产正常运作。

企业应当建立严格的固定资产交付验收制度，确保固定资产数量、质量、规格等符合使用要求。固定资产交付使用的验收工作应由固定资产管理部门、使用部门及建造部门共同实施。主要控制措施：第一，外购固定资产验收时应重点关注固定资产的品种、数量、规格、质量等是否与合同、供应商的发货单一致，并出具验收单或验收报告。第二，自行建造固定资产应由建造部门、固定资产管理部门和使用部门联合验收,编制书面验收报告,并在验收合格后填制固定资产移交使用单,移交使用部门投入使用。第三,对于需要安装的固定资产,收到固定资产经初步验收后要进行安装调试,安装完成后须进行第二次验收。第四,对于未通过验收的固定资产,不得接收,应按照合同等有关规定办理退货等弥补措施。验收合格的固定资产应及时办理入库、编号、建卡、调配等手续。第五,对于具有权属证明的资产,取得时必须有合法的权属证书。

3. 登记造册

企业取得资产后应编制固定资产目录,建立固定资产卡片。该环节的主要风险有固定资产登记内容不完整,造成固定资产流失、信息失真等问题。

主要控制措施:企业应当制定固定资产目录,对每项固定资产进行编号,按照单项资产建立固定资产卡片,详细记录各项固定资产的来源、验收、使用地点、责任单位和责任人、运转、维修、改造、折旧、盘点等相关内容。

4. 资产投保

该环节的主要风险有固定资产投保制度不健全,造成应投保资产未投保、投保舞弊、索赔不力等问题。

主要控制措施:第一,企业应健全固定资产投保制度,根据固定资产的性质和特点,确定固定资产投保范围和政策。投保范围和政策应足以应对固定资产因各种原因发生损失的风险。第二,严格执行固定资产投保政策和投保范围,对应投保的固定资产项目按规定程序进行审批,及时办理投保手续。第三,对重大投保项目,应考虑采取招标方式确定保险人,防范投保舞弊。第四,已投保资产发生损失的,应及时调查原因,办理相关索赔手续。

5. 运行维护

该环节的主要风险有固定资产操作不当、维修保养不到位,造成固定资产运作不良、使用效率低下、产品残次率高、生产停顿,甚至出现生产事故等。

主要控制措施:第一,企业应对固定资产实行归口管理和分级管理,坚持"谁使用、谁管理、谁负责"的原则。第二,企业应当强化对关键设备运转的监控,严格操作流程,实行岗前培训和岗位许可制度,确保设备安全运转。第三,严格执行固定资产日常维修和大修理计划,定期对固定资产进行维护保养,切实消除安全隐患。

6. 更新改造

该环节的主要风险有固定资产更新改造不及时、技术落后,造成设备落后、市场竞争力下降。

主要控制措施:第一,企业应当定期对固定资产的技术先进性进行评估,结合企业发展的需要,提出技改方案,并经审核批准后执行。第二,根据发展战略,充分利用国家有关自主创新政策,加大技改投入,不断促进固定资产技术升级,淘汰落后设备,切实做到保持本企业固定资产技术的先进性和企业发展的可持续性。第三,管理部门需对技改方案实施过程适时监督,加强管理,有条件的企业可以建立技改专项资金并进行定期或不定期审计。

7. 盘点清查

该环节的主要风险有清查制度不完善,造成固定资产流失、毁损等账实不符与资产贬值等问题。

主要控制措施:第一,企业应当建立固定资产清查制度,至少每年进行一次全面清查。第二,清查结束后应编制清查报告,对清查中发现的问题,应当查明原因,追究责任,妥善处理。

8. 抵押质押

该环节的主要风险有固定资产抵押制度不完善,可能导致抵押资产价值低估和资产流失。

主要控制措施:加强固定资产抵押、质押的管理,明晰固定资产抵押、质押流程,规定固定资产抵押、质押的程序和审批权限等,确保资产抵押、质押经过授权审批及适当程序。同时,应做好相应记录,保障企业资产安全。财务部门办理资产抵押时,如需要委托专业中介机构鉴定评估固定资产的实际价值,应当会同金融机构有关人员、固定资产管理部门、固定资产使用部门现场勘验抵押品,对抵押资产的价值进行评估。对于抵押资产,应编制专门的抵押资产目录。

9. 淘汰处置

该环节的主要风险有处置制度不完善、处置方式不合理、处置定价不恰当等,可能给企业造成损失。

主要控制措施:企业应建立健全固定资产处置制度,加强固定资产处置的控制,按规定程序对处置申请进行严格审批,关注固定资产处置中的关联交易和处置定价,防范资产流失。第一,对于使用期满、正常报废的固定资产,应由固定资产使用部门或管理部门填制固定资产报废单,经本单位授权部门或人员批准后对该固定资产进行报废清理。第二,对于使用期限未满、非正常报废的固定资产,应由固定资产使用部门提出报废申请,注明报废理由、估计清理费用以及可回收残值、预计出售价值等。单位应组织有关部门进行技术鉴定,按规定程序审批后进行报废清理。第三,对于拟出售或投资转出的固定资产,应由有关部门或人员提出处置申请,对固定资产价值进行评估,并出具固定资产评估报告,报经企业授权部门或人员批准后予以出售或转让。企业应特别关注固定资产处置中的关联交易和处置定价。

10. 会计系统控制

该环节的主要风险有会计记录和处理不及时、不准确,不能反映固定资产实际情况。

主要控制措施:财务部门应及时对固定资产增加、处置等变动情况进行会计记录和处理,根据固定资产的实际使用情况合理地确定计提折旧、减值准备的方法,并定期对折旧和减值进行复核。

[案例 7-7] 处置审批,名存实亡

SCC公司在组织固定资产盘点抽查时,发现下属某市分公司存在问题。2007年年初,由于当地市政府修建立交桥需要拆除该分公司的一幢办公楼。该分公司在电话请示SCC公司工程建设部之后,即与市政府指定的拆迁公司进行了房屋拆迁及安置的协商谈判。直到2008年6月底,由于市政府通知该分公司尽快将办公楼进行拆迁,该分公司才将拆迁合同上报SCC公司审批。财务部门在合同审批时才发现该房屋的拆迁处理并未按规定上报省公司审批。在向省公司补办审批手续时,省公司以未按规定事先报批、补偿价过低且评估机构不符合集团公司的相关规定等为由,不同意该拆迁安置方案,并要求重新委托集团公司资产评估机构备选库中的评估机构进行评估后,再按评估价值重新与对方协商谈判拆迁补偿及安置方案,造成该公司与当地政府的关系非常被动,严重影响了该公司今后在当地的工作。

上述案例反映出SCC公司固定资产管理中存在的问题主要是执行不严。SCC公司已建立了完整的固定资产处置制度,而下属市公司并未按照规定行事。因此,公司在内部控制中应当加大制度的执行力,避免形式主义和做表面文章。

## 四、无形资产管理

企业的无形资产包括品牌、商标、专利、专有技术和土地使用权等。

### (一)无形资产管理的业务流程

无形资产管理的业务流程主要包括无形资产的取得与验收,资产的使用与保护,技术升级和更新换代,无形资产处置等。

### (二)无形资产管理的关键风险点及控制措施

1. 无形资产的取得与验收

该环节的主要风险包括无形资产购建审批不严、没有自主权、取得的资产不具先进性、无形资产权属不清等,造成购建不符合发展战略、竞争力不强、浪费企业资源、引发法律诉讼等问题。

主要控制措施:第一,无形资产购建应符合企业的发展战略,并进行可行性研究。第二,建立严格的无形资产交付验收制度,全面梳理外购、自行开发以及其他方式取得的各类无形资产的权属关系,及时办理产权登记手续。权属关系发生变动时,应按规定及时办理权证转移手续。第三,企业购入或者以支付土地出让金等方式取得的土地使用权,应当取得土地使用权的有效证明文件。

2. 无形资产的使用与保护

该环节的主要风险包括无形资产使用效率低下;缺乏严格的保密措施,导致商业秘密泄露;其他企业的侵权行为损害企业利益等。

主要控制措施:第一,企业应当加强对品牌、商标、专利、专有技术、土地使用权等无形资产的管理,分类制定无形资产管理办法,落实无形资产管理责任制,促进无形资产有效利用,充分发挥无形资产对提升企业核心竞争力的作用。第二,企业应加强对无形资产所有权的保护,防范侵权行为和法律风险。第三,无形资产具有保密性质的,应当采取严格的保密措施,严防泄露商业秘密。

3. 技术升级和更新换代

该环节的主要风险包括无形资产未及时更新换代,造成技术落后、自主创新能力低或存在重大技术安全隐患以及忽视品牌建设、社会认可度低等。

主要控制措施:第一,企业应当定期对专利、专有技术等无形资产的先进性进行评估,淘汰落后技术,加大研发投入,促进技术更新换代,不断提升自主创新能力,努力做到核心技术处于同行业领先水平。第二,企业应当重视品牌建设,加强商誉管理,通过提供高质量产品和优质服务等多种方式不断打造和培育主业品牌,切实维护和提升企业品牌的社会认可度。

4. 无形资产处置

该环节的主要风险包括缺乏处置制度、无形资产处置不当等,造成企业资产流失。

主要控制措施:第一,企业应建立无形资产处置的相关制度,明确处置程序、审批权限等。第二,合理确定处置价格,按规定程序对处置进行严格审批。第三,重大无形资产的处置应委托具有资质的中介机构进行资产评估。

5. 会计系统控制

该环节的主要风险包括会计记录和处理不及时、不准确,不能反映无形资产的实际情况。

主要控制措施:财务部门应对无形资产增加、摊销、处置等及时进行账务处理,及时发现减值情况并进行处理。

[案例7-8] "王老吉"商标纠纷案

1828年清道光年间,广东鹤山人王泽邦(乳名"阿吉")在广州开设首间"王老吉凉茶铺",经营水碗凉茶,从此建立"王老吉"品牌根基,并在华南地区乃至海外产生深远影响。1949年,"王老吉"因政局变化一分为二。在香港的"王老吉"由王氏后人继续经营,而广州的"王老吉"被收归国有,与另外八间中药厂合并,称为王老吉联合制药厂。后又于1968年改名为广州中药九厂。广州中药九厂即为后来的广州羊城药业股份有限公司,隶属于广州医药集团有限公司,是现在的广州王老吉药业股份有限公司的前身。

陈鸿道向国家知识产权局申请名为"饮料盒标贴"的外观设计专利,并于1997年1月4日获得授权,后因未缴纳年费,1998年12月18日专利权终止。1996年6月5日,陈鸿道向专利局申请名为"罐贴"的外观设计专利,并于1997年6月14日获得授权,后因该专利与"饮料盒标贴"专利相同,丧失新颖性,于2004年6月22日被宣告无效。

1997年广药集团与加多宝投资方鸿道集团签订了商标许可使用合同。2000年双方第二次签署合同,鸿道集团对"王老吉"商标的租赁期限至2010年5月2日到期。据了解,2002年及2003年,加多宝母公司鸿道集团董事长陈鸿道三次行贿共300万港元,在商标许可合同还有8年才到期的情况下,分别补签了《"王老吉"商标许可补充协议》和《关于"王老吉"商标使用许可合同的补充协议》。广药集团对此认为,该补充协议无效,商标租赁期限于2010年5月到期。且"王老吉"商标一直被"严重贱租"——2000—2010年,红罐"王老吉"已从2亿元销售额增加到160亿元,而同期加多宝给广药集团的年商标使用费仅从450万元增加到506万元,即便到2020年也只有537万元。公开数据显示,加多宝2002年打出了"怕上火,喝王老吉"的广告词。在精确广告加成功营销手段的助推下,加多宝旗下红罐王老吉销售业绩迅速飙升,2002—2008年销售额从2亿元上升到140亿元,创造了中国饮料的奇迹。同时品牌运作存在巨大差异:出租前广药下的王老吉年销售额约1亿~2亿元;出租后加多宝经营下的王老吉销售额140亿元,成为中国饮料第一品牌,1 080亿元的品牌价值加多宝功不可没。

从 2008 年开始,广药集团与鸿道集团交涉,但一直没有结果。2008 年 8 月,广药集团向鸿道集团发出律师函,称补充协议无效。2010 年 11 月广药集团启动"王老吉"商标评估程序,其品牌价值为 1 080 亿元。2011 年 4 月广药集团向中国国际经济贸易仲裁委员会提出仲裁请求。2011 年 12 月 29 日此案进入仲裁程序。2012 年 5 月中国国际经济贸易仲裁委员会做出裁决书,要求加多宝集团停止使用"王老吉"商标。2012 年 7 月 16 日广州药业公告,广药集团已经收到北京市第一中级人民法院的民事裁定书,法院驳回了加多宝母公司鸿道集团提出的撤销"王老吉"商标仲裁裁决的申请。

## 第五节 其他业务活动控制

### 一、研发活动控制

研发活动,即研究与开发,是指企业为获取新产品、新技术、新工艺等所开展的各种研发活动。随着市场竞争的加剧,能否创新已成为企业成败的关键。但是,研发活动具有投入大、周期长、不确定性高的特点,因此研发活动的成败对企业生产经营影响较大。加强研发活动控制,有利于促进企业自主创新、增强核心竞争力、有效控制研发风险以及实现发展战略。

#### (一)研究与开发控制的总体要求

1. 以战略为导向

根据《企业内部控制应用指引第 10 号——研究与开发》的要求,企业应当重视研发工作,根据发展战略,结合市场开拓和技术进步的要求,科学制订研发计划,强化研发全过程管理,规范研发行为。

2. 注重研发成果的转化

企业研发的目的,最终是研发成果转化为促进企业发展的动力。企业应促进研发成果的转化和有效利用,不断提升企业的自主创新能力。

#### (二)研究与开发的业务流程

研究与开发业务的基本流程主要包括立项、研究过程管理、验收、研究成果开发与保护、研发活动评估等。

#### (三)研究与开发业务的关键风险点及控制措施

1. 立项

立项主要包括立项申请、评审和审批。该环节的主要风险包括研发项目与国家或企业的科技发展战略不符,项目评审和审批不严,可能造成项目创新不足、项目必要性不大或资源浪费等。

主要控制措施:第一,企业应当结合发展战略、实际需要以及技术现状,制订研发计划,提出研究项目立项申请,开展可行性研究,编制可行性研究报告。第二,企业可以组织独立于申请及立项审批之外的专业机构和人员进行评估论证,出具评审意见。第三,研究项目应当按照规定的权限和程序进行审批。重大研究项目应当报经董事会或类似权力机构集体审议决策。审批时应当重点关注研究项目促进企业发展的必要性、技术的先进性以及成果转化的可行性。

2. 研究过程管理

研发可以通过自主研发和研发外包。

(1) 自主研发。

自主研发是指企业依靠自身的人力、物力和财力，独立完成科研项目。该环节的主要风险：研发人员配备不合理，导致研发成本过高或者研发失败；缺乏对研发项目的跟踪管理，造成费用失控或项目未能按期、保质完成。

主要控制措施：第一，企业应当加强对研究过程的管理，合理配备专业人员，严格落实岗位责任制，确保研究过程高效、可控。第二，跟踪检查研究项目的进展情况，评估各阶段研究成果，确保项目按期、保质完成。第三，建立研发费用报销制度，加强费用控制。第四，开展阶段性评估。需适当调整研发计划的，经批准，应及时予以调整。

(2) 研发外包。

根据外包程度不同，研发外包可以分为委托研发和合作研发。委托研发是指企业委托具有研发能力的企业或机构等开展研发工作，委托人全额承担研发经费、受托人交付研发成果的研发形式。合作研发是指企业联合其他企业或机构共同开展研发工作，合作方共同参与、共享效益、共担风险的研发形式。

该环节的主要风险包括外包单位选择不当、未签订外包合同、合同内容存在重大疏漏或欺诈等，给企业带来知识产权风险与法律诉讼风险等。

主要控制措施：第一，企业应遵循技术互补性原则、成本最低原则、诚信原则等甄选合作伙伴。第二，对于委托研发，企业应同受托方签订外包合同，主要约定研究成果的产权归属、研究进度和质量标准等相关内容。第三，合作研发，企业与合作方签订书面合作研究合同，主要明确双方投资、分工、权利义务、研究成果的产权归属等。

3. 验收

该环节的主要风险包括验收制度不完善；验收人员的技术、能力、独立性等的缺乏，造成验收结果与事实不符；测试与鉴定投入不足，造成测试与鉴定不充分。

主要控制措施：第一，企业应当建立和完善研究成果验收制度，组织专业人员对研究成果进行独立评审和验收。第二，加大测试和鉴定阶段的投入，切实降低技术失败的风险。第三，对于通过验收的研究成果，可以委托相关机构进行审查，确认是否申请专利或作为非专利技术、商业秘密等进行管理。企业对于需要申请专利的研究成果，应当及时办理有关专利申请手续。

4. 核心研发人员的管理

该环节的主要风险：缺乏核心研发人员管理制度；研发人员不勤勉或泄露核心技术等职业道德风险；核心研发人员离职，影响研发活动的进行；未签订劳动合同或劳动合同有重大疏漏，如对研发成果归属和离职后的保密义务等规定不清，给企业造成损失。

主要控制措施：第一，企业应当建立严格的核心研发人员管理制度，明确界定核心研究人员的范围和名册清单,签署国家有关法律、法规要求的保密协议,从制度上约束核心研发人员可能出现的道德风险。第二,应实施合理、有效的研发绩效管理,如采取股权分享方式对研发人员进行持续激励,减少离职现象。第三,企业与核心研究人员签订劳动合同时,应当特别约定研究成果归属、离职条件、离职移交程序、离职后的保密义务、离职后的竞业限制年限及违约责任等内容。

5. 研究成果开发

研发成果开发是技术研究的目的。如果开发成功,就可以获取技术优势,促进企业发展和盈利。但是,研究成果开发也存在失败的风险。该环节的主要风险:第一,技术风险。例如,科学技术发展速度较快,新产品开发速度赶不上科技发展速度,使新产品在开发过程中夭折;在研究成果开发中由于技术能力有限,遇到技术障碍,延误开发时机。第二,市场风险。例如,对产品性能验证不够,开发过快,但产品市场潜力不大。

主要控制措施:第一,企业应当加强研究成果的开发,形成科研、生产、市场三位一体的自主创新机制,促进研究成果转化。第二,加强技术管理,攻克关键技术障碍。第三,研究成果的开发应当分步推进,通过试生产,充分验证产品性能,经过市场认可后方可进行批量生产。

6. 研发成果保护

该环节的风险主要有:第一,立项时的风险。例如,立项时未进行专利信息的详细检索,自主开发的成果却不能使用。第二,研发过程中的风险。由于研发人员泄密、离职等,使阶段性成果被竞争对手获得。第三,研发成功后的风险。例如,对新开发的技术或产品未进行有效保护,而竞争对手抢先申请专利保护,导致自主开发成果被限制使用;合作研发中未明确产权归属,导致自树竞争对手。

主要控制措施:第一,立项申请、评估和审批阶段都应详细检索专利信息,以防自主研发成果不能使用。第二,加强研发人员管理,签订保密协议,在劳动合同中明确离职后的保密义务等。第三,合作研发合同中明确产权归属。第四,建立研究成果保护制度,加强对专利权、非专利技术、商业秘密及在研发过程中形成的各类涉密图纸、程序、资料的管理,严格按照制度规定借阅和使用,禁止无关人员接触研究成果,以及依靠法律保护合法权益。

7. 研发活动评估

研发活动评估是指在研发项目通过验收一定时间之后,对立项与研究、开发与保护等过程进行全面评估,衡量研发价值,总结经验,查清薄弱环节,以不断提高研发水平。该环节的主要风险包括缺乏对研发活动的评估,对评估不重视,评估指标过于片面而导致评估失败等。

主要控制措施:第一,企业应当建立研发活动评估制度,加强对立项与研究、开发与保护等过程的全面评估,认真总结研发管理经验,分析研发管理的薄弱环节,完善相关制度和办法,不断改进和提升研发活动的管理水平。第二,增强管理者对评估作用的认可。第三,在人员和经费方面给予保证。第四,根据不同类型的项目分别构建评估指标体系。

[案例7-9] 闭门造车,咎由自取

1987年,摩托罗拉公司开始了一项通信史上前所未有的浩大工程:"铱星系统"计划。整个工程预计经过11年完成,累计耗资50多亿美元。铱星公司的目标是利用66颗卫星组成一个包围地球的"卫星圈",从而使无线通信网络覆盖全世界的每个角落,包括两极与各大海域。11年后,它的梦想得以实现。这是世界上第一个大型低轨卫星通信系统,也是全球最大的无线通信网络。当年,它被美国的《大众科学》列为年度百项最佳科技成果之一。

然而,当摩托罗拉公司费尽千辛万苦,终于在1998年11月1日正式将铱星系统投入使用时,命运却和摩托罗拉公司开了一个很大的玩笑——传统的手机已经完全占领了市场。由于无法形成稳定的客户群,铱星公司亏损巨大,连借款利息都偿还不起。摩托罗拉公司不得不将曾一度辉煌的铱星公司申请破产保护,在回天无力的情况下,只好宣布终止铱星服务。

"铱星计划"的失败,除了管理决策构架臃肿、不能做出有效的市场开发决策以及市场运营构架缺乏效率外,还有以下两个重要原因:第一,铱星定位远离市场需求。企业在开展研发活动前,应当根据实际需要,结合计划,开展可行性研究。摩托罗拉在研发前未能很好地权衡收益与成本,致使铱星系统的建设与维护成本高昂,将高科技与"贵族科技"画上了等号。铱星手机每部售价高达3 000美元,通话费亦贵出普通手机数倍。过高的费用吓跑了许多崇尚高科技的手机消费者,未能很好地促进研发成果转化,致使摩托罗拉利益受损。第二,铱星研发的前导期过长,待系统运营时,已经失去市场机会。"铱星计划"无疑是先进的,而摩托罗拉当初未考虑替代技术的发展。地面移动通讯技术的成熟已大大挤压了铱星系统的市场空间。

## 二、担保活动控制

《企业内部控制应用指引第12号——担保业务》中所称担保是指企业作为担保人按照公平、自愿、互利的原则与债权人约定,当债务人不履行债务时,依照法律规定和合同协议承担相应法律责任的行为。担保有利于债务人的融资,但是也应该看到,因为担保陷入担保圈和诉讼的案件层出不穷,对外担保的风险是很大的。加强企业担保业务管理,防范担保业务风险,对于维护企业利益和维持正常经营有重要的意义。

### (一)担保业务控制的总体要求

1. 完善担保业务管理制度

企业应当依法制定和完善担保业务政策及相关管理制度,如调查评估制度、审批制度、担保合同管理制度等,明确担保的对象、范围、方式、条件、程序、担保限额和禁止担保等事项。

2. 规范各环节工作流程

企业应规范调查评估、审核批准、担保执行等环节的工作流程,按照政策、制度、流程办理担保业务,定期检查担保政策的执行情况及效果,切实防范担保业务风险。

### (二)担保业务流程

担保业务的基本流程包括受理担保申请、调查评估、审批、订立担保合同、担保合同执行与监控等。

### (三) 担保业务的关键风险点及控制措施

1. 受理申请

受理申请是办理担保业务的第一步,是控制的起点。该环节的主要风险包括企业担保政策和相关管理制度不健全,不能规范担保申请的受理;受理申请审查不严。

主要控制措施:第一,企业应依法制定和完善担保业务政策及相关管理制度,明确担保的对象、范围、方式、条件、程序、担保限额和禁止担保等事项。第二,受理人员应严格按照担保政策和相关管理制度对担保申请进行审查,如对与本企业有密切业务关系的企业、有潜在重要业务关系的企业、子公司等提出的申请可予受理;反之,则必须慎重处理。

2. 调查评估

企业应当指定相关部门负责办理担保业务,对担保申请人进行资信调查和风险评估。该环节的主要风险包括资信调查和风险评估不深入、不细致,造成担保决策失误,给企业带来担保损失。

主要控制措施:

第一,企业在对担保申请人进行资信调查和风险评估时,应当重点关注以下事项:① 担保业务是否符合国家法律、法规和本企业担保政策的相关要求。② 担保申请人的资信状况,一般包括基本情况、资产质量、经营情况、偿债能力、盈利水平、信用程度、行业前景等。③ 担保申请人用于担保和第三方担保的资产状况及其权利归属。④ 企业要求担保申请人提供反担保的,还应当对与反担保有关的资产状况进行评估。

第二,明确不予担保的情况。对于以下几种情形不予担保:① 担保项目不符合国家法律、法规和本企业担保政策的。② 已进入重组、托管、兼并或破产清算程序的。③ 财务状况恶化、资不抵债、管理混乱、经营风险较大的。④ 与其他企业存在较大经济纠纷,面临法律诉讼且可能承担较大赔偿责任的。⑤ 与本企业已经发生过担保纠纷且仍未妥善解决的,或不能及时足额交纳担保费用的。

第三,委派具备胜任能力的专业人员开展调查和评估,调查评估人员与担保业务审批人员应当分离,调查评估结果应出具书面报告。企业也可委托中介机构对担保业务进行资信调查和风险评估工作。

3. 审批

该环节的主要风险:授权审批制度不完善,造成担保审批不规范;审批不严或越权审批,可能导致企业担保决策失误或遭受欺诈;对关联方的担保审批不规范等。

主要控制措施:第一,企业应当建立担保授权和审批制度,规定担保业务的授权批准方式、权限、程序、责任和相关控制措施,在授权范围内进行审批,不得超越权限审批。对于审批人超越权限审批的担保业务,经办人员应当拒绝办理。第二,重大担保业务,应当报经董事会或类似权力机构批准。第三,企业为关联方提供担保的,与关联方存在经济利益或近亲属关系的有关人员在评估与审批环节应当回避。第四,加强对变更担保的管理。被担保人要求变更担保事项的,企业应当重新履行调查评估与审批程序。

4. 订立担保合同

该环节的主要风险包括未经授权订立担保合同、未订立担保合同、担保合同存在重大疏漏或欺诈,增加了担保风险。

主要控制措施:第一,企业应当根据审核批准的担保业务订立担保合同。担保合同应明确被担保人的权利、义务、违约责任等相关内容,并要求被担保人定期提供财务报告与有关资料,及时通报担保事项的实施情况;担保申请人同时向多方申请担保的,企业应当在担保合同中明确约定本企业的担保份额和相应的责任。第二,实行担保合同会审联签。应鼓励担保业务经办单位会同企业法律部门、财会部门、内审部门进行担保合同会审联签,以降低担保合同存在重大疏漏或欺诈的风险。第三,加强对身份证明和印章的管理,杜绝身份证明和印章被盗用而进行对外担保,从而造成担保损失。第四,规范担保合同记录、传递和保管过程,确保担保合同运转轨迹清晰完整、有案可查。

5. 日常管理

该环节的主要风险包括缺乏对担保合同的跟踪管理或监控不力,无法对被担保人出现的异常情况及时地进行报告和处理,给企业造成损失。

主要控制措施:第一,加强担保合同的日常管理。定期监测被担保人的经营情况和财务状况,对被担保人进行跟踪和监督,了解担保项目的执行、资金的使用、贷款的归还、财务运行及风险等情况,确保担保合同有效履行。第二,及时报告和处理被担保人的异常情况。在担保合同的履行过程中,如果被担保人出现经营困难等异常情况,应当及时向有关管理人员报告,并妥善处理。

6. 会计系统控制

该环节的主要风险包括会计记录和处理不及时、不准确,不利于对担保业务的日常监控,或者披露不符合有关监管要求,遭受行政处罚。

主要控制措施:第一,及时、足额收取担保费用,建立担保事项台账,详细记录担保对象、金额、期限、用于抵押和质押的物品或权利以及其他有关事项。第二,企业财会部门应当及时收集、分析被担保人担保期内经审计的财务报告等相关资料,持续关注被担保人的财务状况、经营成果、现金流量以及担保合同的履行情况,积极配合担保经办部门防范担保业务风险。第三,及时进行会计记录、会计处理以及相关披露。对于被担保人出现财务状况恶化、资不抵债、破产清算等情形,企业应当根据国家统一的会计准则和制度规定,合理确认预计负债和损失。属于上市公司的,应根据相关制度对担保事项进行公告。

7. 反担保财产管理

该环节的主要风险包括对反担保的权利凭证保管不善、缺乏对反担保财产的有效监控等。

主要控制措施:企业应当加强对反担保财产的管理,妥善保管被担保人用于反担保的权利凭证,定期核实财产的存续状况和价值,发现问题及时处理,确保反担保财产安全、完整。

8. 责任追究

该环节的主要风险包括缺乏担保业务责任追究制度,或者制度执行流于形式。

主要控制措施：企业应当建立担保业务责任追究制度，对在担保中出现重大决策失误、未履行集体审批程序或不按规定管理担保业务的部门及人员，应当严格追究其责任。

9. 及时终止担保关系或代为清偿、权利追索

该环节的主要风险：未及时终止担保关系，使担保展期等；违背担保合同约定不履行代偿义务，被起诉，影响企业形象；代为清偿后对权利追索不力，造成经济损失。

主要控制措施：第一，企业应当在担保合同到期时，全面清查用于担保的财产、权利凭证，按照合同约定及时终止担保关系，并妥善保管担保合同、与担保合同相关的主合同、反担保函或反担保合同，以及抵押、质押的权利凭证和有关原始资料，切实做到担保业务档案完整无缺。第二，自觉承担代为清偿义务，维护企业形象和信誉。第三，利用法律武器向被担保人追索赔偿；依法处置反担保财产，减少企业损失。

[案例7-10] 华鼎担保案 引发"大地震"

华鼎担保有限公司（以下简称"华鼎公司"）于2008年8月成立，注册资本为人民币7.6亿元，总部设在广州，并在广州、佛山、东莞等地成立了分支机构，为广东省首批"中小企业信用担保机构示范单位"，曾是广东民营担保公司的"领头羊"。

但是好景不长，华鼎公司从事违法经营，使得被担保企业的贷款资金非法流向了中国香港两家上市公司和一家美国公司，导致17亿元贷款无法收回。2012年2月华鼎公司因涉嫌骗取贷款罪被公安机关立案侦查，多名高管被刑拘，公司无法正常运营。受此影响的中小企业达400余家，400余家企业中的绝大部分无法按照银行的要求提前偿还贷款，于是有数百家企业面临破产，并因此形成一系列连锁反应，波及社会金融秩序，引发了广东担保业的"大地震"。

华鼎公司以区区7.6亿元的注册资本，在成立仅几年时间里却累计提供了超过140亿元的担保额度，业务涉及2 000多家企业客户，"杠杆"之高令人咋舌。该事件发人深省，值得进一步追问的问题是，引发"华鼎事件"的违法行为包括哪些？谁该为这些行为承担责任？

华鼎公司在担保业务的操作过程中主要存在以下问题：第一，华鼎公司除了充当贷款担保人外，还扮演着理财者（贷款使用者）的角色，由于大多数企业抱有投机心理，将被担保资金部分或者全部交由华鼎公司进行投机活动，这给予了华鼎公司私自挪用资金的可乘之机。第二，华鼎公司自身在拓展业务时未认真对客户和项目经营管理能力进行尽职调查和跟踪管理，从而酿成了灭顶之灾。第三，业务整体风险评估水平不足。华鼎公司从业人员非常欠缺担保风险识别和管控能力，存在较大的操作风险和道德风险，专业知识欠缺，素质偏低。第四，华鼎公司没有按照国家有关法律、法规和信息披露规定进行担保业务。

## 三、业务外包控制

业务外包，是指企业利用专业化分工优势，将日常经营中的部分业务委托给本企业以外的专业服务机构或其他经济组织（以下简称"承包方"）完成的经营行为。外包业务通常包括研发、资信调查、可行性研究、委托加工、物业管理、客户服务、IT服务等。加强业务外包管理，对于规范业务外包行为和防范业务外包风险有重要意义。

### (一)业务外包控制的总体要求

1. 完善业务外包管理制度

根据《企业内部控制应用指引第 13 号——业务外包》的要求,企业应当建立和完善业务外包管理制度,规定业务外包的范围、方式、条件、程序和实施等内容,明确相关部门和岗位的职责权限。

2. 强化监控

强化业务外包全过程的监控,包括对制订外包实施方案、审核批准、选择承包方、签订业务外包合同、外包过程管理、验收等环节的监控,防范外包风险,充分发挥业务外包的优势。

3. 避免核心业务外包

企业应当权衡利弊,避免核心业务外包。

### (二)业务外包流程

业务外包的基本流程包括制订业务外包实施方案、审批、选择承包商、签订业务外包合同、外包合同执行与监控、验收及付款等。

### (三)业务外包的关键风险点及控制措施

1. 制定业务外包实施方案

制定业务外包实施方案是指根据年度生产经营计划和业务外包管理制度,结合确定的业务外包范围,拟订实施方案。

该环节的主要风险:缺乏业务外包管理制度,无法指导业务外包实施方案的制定;外包范围不明确,出现将核心业务外包的风险;实施方案不合理,可能导致业务外包失败。

主要控制措施:第一,建立和完善业务外包管理制度。规定业务外包的范围、方式、条件、程序和实施等相关内容,明确相关部门和岗位的职责权限。第二,企业应当权衡利弊,避免核心业务外包。第三,结合年度生产经营计划,拟订实施方案,对外包业务的成本和风险、外包方式等重要方面进行深入评估和复核,确保方案的可行性。

2. 审核批准

该环节的主要风险包括审批制度不健全,审批程序不规范;审批不严,如未对业务外包的成本和风险进行深入权衡等,造成业务外包决策失误。

主要控制措施:第一,建立和完善审核批准制度。明确审核批准的权限、程序等,规范审核批准工作。第二,总会计师或分管会计工作的负责人应当参与重大业务外包的决策。重大业务外包方案应当提交董事会或类似权力机构审批。第三,在对业务外包实施方案进行审查和评价时,应当着重对比分析该业务项目在自营与外包情况下的风险和收益,确定外包的合理性和可行性。

3. 选择承包方

该环节的主要风险包括:承包方不具备相应条件,如不具备相应专业资质、技术及经验水平达不到本企业要求等;外包价格不合理,成本过高,不符合成本—效益原则;存在收受贿赂、回扣等舞弊行为,导致企业相关人员涉案。

主要控制措施：

第一，选择的承包方至少应当具备下列条件：① 承包方是依法成立和合法经营的专业服务机构或其他经济组织，具有相应的经营范围和固定的办公场所。② 承包方应当具备相应的专业资质，其从业人员符合岗位要求和任职条件，并具有相应的专业技术资格。③ 承包方的技术及经验水平符合本企业业务外包的要求。

第二，综合考虑内外部因素，合理确定外包价格，严格控制业务外包成本，切实做到符合成本—效益原则。

第三，引入竞争机制，遵循公开、公平、公正的原则，采用适当的方式，择优选择外包业务的承包方。

第四，建立严格的回避制度和监督处罚制度，避免企业及相关人员在选择承包方的过程中收受贿赂、回扣或者索取其他好处等行为。

4. 签订业务外包合同

该环节的主要风险：合同内容存在重大疏漏或欺诈；业务外包需要保密的，承包方的保密义务和责任不明确。

主要控制措施：第一，与承包方签订业务外包合同，明确外包业务的内容和范围，双方权利和义务，服务和质量标准，保密事项，费用结算标准和违约责任等事项。第二，企业外包业务需要保密的，应当在业务外包合同或者另行签订的保密协议中明确规定承包方的保密义务和责任，要求承包方向其从业人员提示保密要求和应承担的责任。

5. 外包合同的执行与监控

该环节的主要风险：与承包方的对接工作不到位，沟通协调不力；缺乏对承包方履约能力的持续评估及应急机制，造成业务外包失败和生产经营活动中断；对承包方的索赔不力。

主要的控制措施：第一，严格按照业务外包制度、工作流程和相关要求，组织开展业务外包，并采取有效的控制措施，确保承包方严格履行业务外包合同。第二，做好与承包方的对接工作，加强与承包方的沟通与协调，及时搜集相关信息，发现和解决外包业务日常管理中存在的问题。第三，对承包方的履约能力进行持续评估，有确凿证据表明承包方存在重大违约行为、导致业务外包合同无法履行的，应当及时终止合同。对于重大业务外包，应建立相应的应急机制，避免业务外包失败造成本企业生产经营活动中断。第四，承包方违约并造成企业损失的，企业应当按照合同对承包方进行索赔，并追究责任人的责任。

6. 验收

该环节的主要风险包括验收标准不明确、验收程序不规范、对验收中异常情况的处理不及时，给企业造成损失。

主要控制措施：业务外包合同执行完成后需要验收的，企业应当组织相关部门或人员对完成的业务外包合同进行验收，并出具验收证明；验收过程中发现异常情况的，应当立即报告，查明原因，及时处理。

7. 会计系统控制

该环节的主要风险：会计记录和处理不及时、不准确，不能全面、真实地反映业务外包环节的资金流和实物流情况，导致财务报告信息失真；结算审核不严格、结算方式不当等，给企业造成资金损失。

主要控制措施：第一，根据国家统一的会计准则和制度，对业务外包及时地进行会计记录和处理。第二，严格按照合同约定，做好业务外包费用的结算工作。

## 四、工程项目控制

工程项目是指企业自行或者委托其他单位进行的建造、安装工程。工程项目体现着企业发展战略，对企业提高生产能力、促进产业升级和技术进步有重要作用。同时，由于工程项目一般投入大，周期长，涉及环节和部门单位多，出现问题的可能性也较大，因而对企业的发展影响重大。加强工程项目管理，可以提高工程质量、保证工程进度、控制工程成本、防范商业贿赂等舞弊行为，从而对实现企业战略和中长期发展规划有重要意义。

### （一）工程项目控制的总体要求

1. 全面梳理工程项目工作流程

根据《企业内部控制应用指引第11号——工程项目》的要求，企业应全面梳理各个环节可能存在的风险点，规范工作流程，确保流程设计符合法规要求，保证工程项目工作顺畅进行。

2. 明确职责权限和不相容岗位分离

工程项目业务复杂，不仅涉及众多内部职能部门，如规划发展部门、工程管理部门、设计部门、物资采购部门、财会部门等，还涉及外包施工单位、监理单位等外部相关主体。应当明确相关部门和岗位的职责权限，做到可行性研究与决策、概预算编制与审核、项目实施与价款支付、竣工决算与审计等不相容职务相互分离。

3. 完善工程项目的各项管理制度

结合业务流程、职责权限、工程项目运行中的薄弱环节以及管理要求，形成具有规范性和约束力的工程项目管理制度，可以更好地实行管控职能。企业应当建立和完善工程项目质量控制制度、进度控制制度、预算控制制度、招投标制度、物资采购制度等，并强化工程建设全过程的监控，以确保制度的有效执行，保证工程项目的质量、进度和资金安全。

### （二）工程项目的业务流程

工程项目的基本流程包括工程立项、工程设计和造价、工程招标、工程建设、工程验收和项目后评估六大环节。

### （三）工程项目的关键风险点及控制措施

1. 工程立项

工程立项阶段主要包括编制项目建议书、可行性研究、立项评审和立项决策四个环节。

（1）编制项目建议书。

项目建议书主要对拟建项目提出框架性总体设想。项目建议书的主要内容包括项目的必要性和依据，产品方案，拟建规模，建设地点，投资估算，资金筹措，项目进度安排，经济效果和社会效益的估计，环境影响的初步评价等。

该环节的主要风险有工程项目与企业发展战略与国家产业政策不符；项目建议书内容

不完整、不合规,如拟建规模不明确以及投资估算、资金筹措与项目进度安排不协调等。

主要控制措施:第一,企业应当指定专门机构归口管理工程项目,并根据发展战略和年度投资计划,结合国家产业政策,提出项目建议书。第二,应规定项目建议书的主要内容和编制要求,对项目建议书的内容充分地进行分析论证。

(2) 可行性研究。

可行性研究是对建设项目在技术、财务、经济、政策支持、外部协作等方面进行全面分析,为立项决策提供依据。可行性研究报告的内容主要包括项目概况,项目建设的必要性,市场预测,项目建设选址及建设条件论证,建设规模和建设内容,项目外部配套建设,环境保护,劳动保护与卫生防疫,消防、节能、节水,总投资及资金来源,经济、社会效益,项目建设周期及进度安排以及《中华人民共和国招投标法》规定的相关内容等。

该环节的主要风险包括缺乏可行性研究、可行性研究流于形式或深度不够等,无法为立项决策提供充分、可靠的依据,盲目上马,可能导致难以实现预期效益或项目失败。

主要控制措施:第一,企业应当明确可行性研究报告的内容和编制要求,对项目可行性进行深入分析。第二,可以委托具有相应资质的专业机构开展可行性研究,并按照有关要求形成可行性研究报告。

(3) 立项评审。

企业应当组织规划、工程、技术、财会、法律等部门的专家对项目建议书和可行性研究报告进行充分论证和评审,出具评审意见,作为项目决策的重要依据。

该环节的主要风险包括项目评审流于形式、评审不科学等,可能造成决策失误。

主要控制措施:第一,在项目评审过程中,应当重点关注项目投资方案、投资规模、资金筹措、生产规模、投资效益、布局选址、技术、安全、设备、环境保护等方面,核实相关资料的来源和取得途径是否真实、可靠和完整。第二,企业可以委托具有相应资质的专业机构对可行性研究报告进行评审,并出具评审意见。第三,从事项目可行性研究的专业机构不得再从事可行性研究报告的评审。

(4) 立项决策。

企业应当按照规定的权限和程序对工程项目进行决策。

该环节的主要风险包括决策程序不规范,造成决策失误;缺乏责任追究制度等。

主要控制措施:第一,按规定权限和程序对工程项目进行决策。决策过程应有完整的书面记录。第二,重大工程项目的立项应当报经董事会或类似权力机构集体审议批准。总会计师或分管会计工作的负责人应当参与项目决策。任何个人不得单独决策或者擅自改变集体决策意见。工程项目决策失误应当实行责任追究制度。第三,企业应当在工程项目立项后、正式施工前,依法取得建设用地、城市规划、环境保护、安全、施工等方面的许可,并核实取得材料的合法合规性。

2. 工程设计和造价

工程立项后,要进行工程设计。设计阶段是影响工程投资最主要的阶段,一般可分为初步设计和施工图设计两个阶段。

(1) 初步设计。

初步设计是整个设计构思基本形成的过程,主要明确建设的技术可行性和经济合理性,同时确定主要技术方案、工程总造价等。编制初步设计概算是初步设计阶段的一项重要工作,即计算从筹建到竣工验收、交付使用的预期造价。

该环节的主要风险有:设计单位资质达不到项目要求;审计人员研究不透彻,设计出现较大疏漏;未进行多方案比选;设计深度不够,影响施工。

主要控制措施:第一,应选择有资质、有经验的设计单位,可以外聘设计单位。第二,应当向招标确定的设计单位提供详细的设计要求和基础资料,进行有效的技术、经济交流,并在此基础上,采用先进的设计管理实务技术,进行多方案对比。第三,建立严格的初步设计审查和批准制度,确保评审质量。

(2) 施工图设计。

施工图设计是通过图纸把设计者的意图和设计结果呈现出来,作为施工的依据。与施工图设计关联的是施工图预算。施工图预算是施工单位投标报价的重要参考依据。

该环节的主要风险有:预算严重脱离实际,可能导致项目投资失控;设计深度不足、设计缺陷,造成施工组织、工期、工程质量、投资失控以及生产运行成本过高;工程设计与后续施工衔接不当,导致技术方案未得到有效落实。

主要控制措施:第一,企业应当建立严格的概预算编制与审核制度。应当组织工程、技术、财会等部门的相关专业人员或委托具有相应资质的中介机构对编制的概预算进行审核,重点审查编制依据、项目内容、工程量的计算、定额套用等是否真实、完整和准确,确保概预算的科学合理。第二,建立严格的施工图设计管理制度和交底制度,且按项目要求的进度交付施工图设计深度及图纸,提高设计质量,防止设计深度不足或设计缺陷带来的问题。第三,建立设计变更管理制度。设计单位应当提供全面、及时的现场服务,避免设计与施工相脱节的现象发生。因过失造成设计变更的,应当进行责任追究。

3. 工程招标

企业的工程项目一般应当采用公开招标的方式,择优选择具有相应资质的承包单位和监理单位。招标过程包括招标,投标,开标、评标和定标,签订施工合同四个主要环节。

(1) 招标。

招标工作包括招标前期准备、招标公告和资格预审公告的编制与发布等。

该环节的主要风险包括违背工程施工组织设计和招标设计计划,将工程"肢解",投标资格不公平、不合理,违法违规泄露标底等。

主要控制措施:第一,不得违背工程施工组织设计和招标设计计划,将应由一个承包单位完成的工程肢解为若干部分发包给几个承包单位。第二,遵循公开、公正、平等竞争的原则,发布招标公告,提供包含招标工程的主要技术要求、主要合同条款、评标的标准和方法以及开标、评标、定标的程序等内容的招标文件。第三,严格根据项目特点确定投标人的资格要求,做到公平合理。第四,企业可以根据项目特点决定是否编制标底;需要编制标底的,标底编制过程和标底应当严格保密。

(2) 投标。

投标阶段包括现场考察、投标预备会以及投标文件的编制和送达。

该环节的主要风险有:招标人与投标人串通投标或投标人之间串通舞弊;投标人资质不符合要求、以他人名义投标等,影响工程质量。

主要控制措施:第一,在确定中标人前,企业不得与投标人就投标价格、投标方案等实质性内容进行谈判。第二,对投标人的信息采取严格的保密措施,防止投标人之间串通舞弊。第三,按照招标公告或资格预审文件中的投标人资格条件对投标人进行严格审查,预防假资质中标或借资质串标。

(3) 开标、评标和定标。

企业应当依法组建评标委员会。评标委员会应当按照招标文件确定的标准和方法对投标文件进行评审和比较,择优选择中标候选人,及时向中标人发出中标通知书。

该环节的主要风险有:评标委员会专业水平差,出现定标失误;评标委员会与投标人之间存在舞弊行为,损害建设单位利益。

主要控制措施:第一,企业应当依法组织工程招标的开标、评标和定标,并接受有关部门的监督。第二,评标委员会应由企业的代表和有关技术、经济方面的专家组成,应客观、公正地提出评审意见,并对评审意见承担责任。第三,评标委员会成员和参与评标的有关工作人员不得透露对投标文件的评审和比较、中标候选人的推荐情况以及与评标有关的其他情况,不得私下接触投标人,不得收受投标人的财物或者其他好处。

(4) 签订施工合同。

该环节的主要风险包括合同内容不完整、不清楚,或者订立了背离招标文件实质性内容的合同。

主要控制措施:第一,企业应当在规定的期限内与中标人订立书面合同,明确双方的权利、义务和违约责任,如质量、进度、结算方式等。第二,企业和中标人不得再行订立背离合同实质性内容的其他协议。

4. 工程建设

工程建设阶段包括的重要工作有工程物资采购、工程监理、工程价款结算、工程变更。

(1) 工程物资采购。

工程物资采购分为自行采购和承包单位采购。

该环节的主要风险:采购控制不力,质次价高;对承包单位采购物资监督不足,影响工程质量与进度。

主要控制措施:第一,企业自行采购工程物资的,可以参照采购活动控制的相关内容办理。重大设备和大宗材料的采购应当根据有关招标采购的规定执行。第二,由承包单位采购工程物资的,企业应当加强监督,确保工程物资采购符合设计标准和合同要求。严禁不合格工程物资投入工程项目建设。

(2) 工程监理。

该环节的主要风险包括监理单位监督不力,流于形式,不利于确保工程的进度、质量和安全。

主要控制措施:第一,工程监理单位应当依照国家法律、法规及相关技术标准、设计文件和工程承包合同,对承包单位在施工质量、工期、进度、安全和资金使用等方面实施监督。第二,工程监理人员应当具备良好的职业操守,客观公正地执行监理任务。发现工程施工不符合设计要求、施工技术标准和合同约定的,应当要求承包单位改正;发现工程设计不符合建筑工程质量标准或者合同约定的质量要求的,应当报告企业,要求设计单位改正。第三,未经工程监理人员签字,不得在工程上使用或者安装工程物资,不得进行下一道施工工序,不得拨付工程价款,不得进行竣工验收。

(3) 工程价款结算。

该环节的主要风险有:建设资金使用管理混乱、项目资金不落实,影响工程进度;工程进度计算不准确、价款结算不及时等。

主要控制措施:第一,建立成本费用支出审批制度,对建设资金的使用进行管理。第二,资金筹集应与工程进度协调一致,以免影响工程进度。第三,企业财会部门应当加强与承包单位的沟通,准确掌握工程进度,开展工程项目核算,并根据合同约定,按照规定的审批权限和程序办理工程价款结算,不得无故拖欠。第四,施工过程中,如果工程的实际成本突破了工程项目预算,建设单位应当及时分析原因,按照规定的程序予以处理。

(4) 工程变更。

该环节的主要风险有工程变更频繁、变更程序不规范、变更缺乏审核或审核不严等。

主要控制措施有:第一,企业应当建立严格的工程变更审批制度,严格控制工程变更。确需变更的,应当按照规定的权限和程序进行审批。第二,重大的项目变更应当按照项目决策和概预算控制的有关程序和要求重新履行审批手续。第三,因工程变更等原因造成价款支付方式及金额发生变动的,应当提供完整的书面文件和其他相关资料,并对工程变更价款的支付进行严格审核。第四,对人为原因导致的工程变更,应当追究当事单位和人员的责任。

5. 工程验收

企业收到承包单位的工程竣工报告后,应当及时编制竣工决算,开展竣工决算审计,组织设计、施工、监理等有关单位进行竣工验收。该环节的主要风险有:竣工验收不规范,竣工决算审核不严,如质量检验不严或者相关资料不齐全等;竣工决算失真,如虚报项目投资完成额、虚列建设成本等。

主要控制措施:第一,企业应当组织审核竣工决算,重点审查决算依据是否完备、相关文件资料是否齐全、竣工清理是否完成、决算编制是否正确。第二,未实施竣工决算审计的工程项目,不得办理竣工验收手续。第三,交付竣工验收的工程项目,应当符合规定的质量标准,有完整的工程技术经济资料,并具备国家规定的其他竣工条件。第四,应当按照国家有关档案管理的规定,及时收集、整理工程建设各环节的文件资料,建立完整的工程项目档案。

6. 项目后评估

企业应当建立完工项目后评估制度,在项目完成并运行一段时间后,对项目执行过程、效益等进行系统、客观的分析,重点评价工程项目预期目标的实现情况和项目投资效益等,并以此作为绩效考核和责任追究的依据。

## 五、财务报告控制

财务报告,是指反映企业某一特定日期财务状况和某一会计期间经营成果、现金流量的文件。加强财务报告内部控制有助于提高会计信息质量,确保财务报告的真实完整,满足财务报告使用者的需求,还有助于确保财务报告的合法合规,防范和化解企业的法律责任。总之,加强财务报告控制,确保财务报告的真实、完整,对于改进经营管理、促进资本市场稳定等至关重要。

### （一）财务报告控制的总体要求

1. 规范财务报告控制流程

按照《企业内部控制应用指引第14号——财务报告》的要求，企业应当严格执行国家相关会计法律法规，加强对财务报告编制、对外提供和分析利用全过程的管理，明确相关工作流程和要求，落实责任制。总会计师或分管会计工作的负责人负责组织领导财务报告的编制、对外提供和分析利用等相关工作。企业负责人对财务报告的真实性、完整性负责。

2. 健全各环节的授权批准制度

企业应健全财务报告编制、对外提供和分析利用全过程的授权批准制度，如重大会计事项的审批、会计政策与会计估计的审批等。

3. 加强信息核对

企业应建立日常信息核对制度，保证账证相符、账账相符、账实相符、账表相符等，确保会计记录真实、完整。

4. 充分利用信息技术

企业应当充分利用信息技术，提高工作效率和工作质量，减少或避免编制差错和人为调整因素。同时，企业也应当注意防范信息技术所带来的特有风险。

### （二）财务报告业务流程

财务报告业务流程主要包括制定财务报告编制方案、确定重大事项的会计处理、查实资产和负债、编制财务报告、财务报告的对外提供以及分析利用等。

### （三）财务报告的关键风险点及控制措施

1. 制定财务报告编制方案

财会部门应在财务报告编制前制定财务报告编制方案，明确财务报告编制方法、编制程序、职责分工以及时间安排等。

该环节的主要风险有：会计政策和会计估计使用不当或不符合法律、法规；重要会计政策、会计估计变更未经审批；各部门职责分工不清，时间安排不明确，延误编制进度等。

主要控制措施：第一，按照国家最新会计准则和制度，结合企业实际情况，选择恰当的会计政策和会计估计方法。第二，重要会计政策和会计估计的调整要按照规定的权限审批。第三，明确各部门职责分工。总会计师或分管会计工作的领导负责组织领导，财会部门负责编制，相关部门负责提供所需信息；合理安排编制时间，保证编制进度。

2. 确定重大事项的会计处理

该环节的主要风险包括对重大事项，如债务重组、收购兼并等的会计处理不合理，未经过审批，影响会计信息质量。

主要控制措施包括对财务报告产生重大影响的交易和事项的处理应当按照规定的权限和程序进行审批，审批后下达给各相关单位执行。

#### 3. 查实资产和负债

该环节的主要风险包括资产、负债账实不符,如虚增或虚减资产、负债,未进行减值测试等。

主要控制措施:第一,制定资产、负债核实计划,明确人员配备、时间进度、方法等。第二,核实资产、负债。进行银行对账、现金盘点、固定资产盘点,明确资产权属,与债权债务单位通过函证等进行结算款项核查。第三,对于清查中发现的问题,应分析原因,提出处理意见。

#### 4. 编制个别财务报告

该环节的主要风险有:报表数据不完整、不真实;附注内容不完整、不真实等。

主要控制措施:第一,各项资产计价方法不得随意变更,如有减值,应当合理计提减值准备,严禁虚增或虚减资产。第二,各项负债应当反映企业的现时义务,不得提前、推迟或不确认负债,严禁虚增或虚减负债。第三,所有者权益应当反映企业资产扣除负债后由所有者享有的剩余权益,由实收资本、资本公积、留存收益等构成。企业应当做好所有者权益的保值增值工作,严禁虚假出资、抽逃出资、资本不实等。第四,各项收入的确认应当遵循规定的标准,不得虚列或者隐瞒收入,推迟或提前确认收入。第五,各项费用、成本的确认应当符合规定,不得随意改变费用、成本的确认标准或计量方法,虚列、多列、不列或者少列费用、成本。第六,利润由收入减去费用后的净额、直接计入当期利润的利得和损失等构成。不得随意调整利润的计算、分配方法,编造虚假利润。第七,企业财务报告列示的各种现金流量由经营活动、投资活动和筹资活动的现金流量构成,应当按照规定划清各类交易和事项的现金流量的界限。第八,附注是财务报告的重要组成部分,对反映企业财务状况、经营成果、现金流量的报表中需要说明的事项做出真实、完整、清晰的说明。企业应当按照国家统一的会计准则和制度编制附注。

#### 5. 编制合并财务报告

该环节的主要风险包括合并范围不完整,合并方法不正确,内部交易和事项不完整,合并抵消处理不正确等。

主要控制措施:第一,按照会计准则和制度明确合并财务报表的合并范围和合并方法。第二,财会部门制定内部交易和事项的核对表,报财会部门负责人审批后,下发给纳入合并范围的各单位进行核对。第三,合并抵消分录编制应有相应的文件和证据支持,并提交复核人审核,保证其正确性。

#### 6. 财务报告的对外提供

(1) 财务报告对外提供前的审核。

财务报告对外提供前,财务部门负责人需要审核财务报告的准确性;总会计师或分管会计工作的负责人需要审核财务报告的真实性、完整性、合法合规性;企业负责人需要审核财务报告整体的合法合规性,并分别签名盖章。该环节的主要风险包括对外提供前,对财务报告内容的真实性、完整性以及合规性等审核不充分。

主要控制措施包括企业财务报告编制完成后,应当装订成册,加盖公章,由财会部门负责人、总会计师或分管会计工作的负责人、企业负责人审核后,签名并盖章。

(2) 财务报告对外提供前的审计。

财务报告须经注册会计师审计的,注册会计师及其所在的事务所应出具审计报告,并随同财务报告一并提供。该环节的主要风险包括未按有关规定接受审计,审计机构与被审单位串通舞弊等。

主要的控制措施:第一,财务报告须经注册会计师审计的,应聘请符合资质的会计师事务所对财务报告进行审计,出具审计报告,并将其与财务报告一同提供。第二,企业不得影响审计人员的独立性,应加强与审计人员的沟通,及时落实审计人员的意见。

7. 财务报告的分析利用

该环节的主要风险包括不重视财务报告的分析和利用,财务分析不全面,财务分析报告内容不完整,财务分析报告未经审核,财务分析报告中的意见未落实等。

主要控制措施:

第一,企业应当重视财务报告的分析工作,定期召开财务分析会议,充分利用财务报告反映的综合信息全面分析企业的经营管理状况和存在的问题,不断提高经营管理水平。企业财务分析会议应吸收有关部门负责人参加。总会计师或分管会计工作的负责人应当在财务分析和利用工作中发挥主导作用。

第二,企业应当分析自身的资产分布、负债水平和所有者权益结构,通过资产负债率、流动比率、资产周转率等指标分析企业的偿债能力和营运能力;分析企业净资产的增减变化,了解和掌握企业规模和净资产的不断变化过程;企业应当分析各项收入、费用的构成及其增减变动情况,通过净资产收益率、每股收益等指标,分析企业的盈利能力和发展能力,了解和掌握当期利润增减变化的原因和未来发展趋势;企业应当分析经营活动、投资活动、筹资活动现金流量的运转情况,重点关注现金流量能否保证生产经营过程的正常运行,防止现金短缺或闲置。

第三,财务分析报告结果应当及时传递给企业内部有关管理层级,并根据分析报告的意见,明确各部门的职责,予以落实。财务部门负责监督责任部门的落实情况。

## 六、合同管理

### (一) 合同管理概述

合同是企业与自然人、法人及其他组织等平等主体之间设立、变更、终止民事权利和义务关系的协议。加强合同管理,有利于规范、约束市场主体交易行为,优化资源配置,维护市场秩序。企业需要建立合同分级管理制度、统一归口管理制度、考核与责任追究制度等一系列制度体系和机制保障,促进合同管理的作用得到有效发挥。企业应当根据经济业务性质、组织机构设置和管理层级安排,建立合同分级管理制度。属于上级管理权限的合同,下级单位不得签署。对于重大投资类、融资类、担保类、知识产权类、不动产类合同,上级部门应加强管理。下级单位认为确有需要签署涉及上级管理权限的合同,应当提出申请,并经上级合同管理机构批准后办理。上级单位应当加强对下级单位合同订立、履行情况的监督检查。企业可以根据实际情况指定法律部门等作为合同归口管理部门,对合同实施统一规范管理,具体负责制定合同管理制度,审核合同条款的权利和义务对等性,管理合同标准文本,管理合同专用章,定期检查和评价合同管理中的薄弱环节,采取相应控制措施,促进合同的有效履行等。企业应当健全合同管理考核与责任追究制度,开展合同后评估,对合同订立、履行过程中出现的违法违规行为,应当追究有关机构或人员的责任。在合同管理过程中,公司各业务部门作为合同的承办部门负责在职责范围内承办相关合同,并履行合同调查、谈判、订立、履行和终结责任,公司财会部门侧重于履行对合同的财务监督职责。

### (二)合同业务的一般流程

合同管理从大的方面可以划分为合同订立阶段和合同履行阶段。合同订立阶段包括合同调查、合同谈判、合同文本拟定、合同审核、合同签署等环节;合同履行阶段涉及合同履行,合同补充和变更,合同解除,合同结算,合同登记等。

### (三)合同业务中的主要风险点及控制措施

合同管理内部控制薄弱、管理松弛会导致合同纠纷甚至经济犯罪案件,这些薄弱环节体现在合同管理的始终,也就是说,在合同管理的每一个流程中均可能存在风险。《企业内部控制应用指引第16号——合同管理》指出,在合同管理中较为主要和典型的风险有以下几类:第一,未订立合同(口头合同),未经授权对外订立合同,合同对方主体资格未达要求,合同内容存在重大疏漏和欺诈,可能导致企业合法权益受到侵害。第二,合同未全面履行或者监控不当,可能导致企业诉讼失败,经济利益受损。例如,墨西哥的漏油事件,英国公司说买的水泥有问题,水泥已经无法查证,导致经济利益受到侵害。第三,合同纠纷处理不当,可能损害企业利益、信誉和形象。市场经济复杂化,人员关系变得复杂化,不可避免发生合同的纠纷,可能损害企业利益、信誉和形象。

具体合同业务中的主要风险点可以分阶段来分析。

1. 合同订立阶段

(1)合同调查。

合同订立前,企业应当进行合同调查,充分了解合同对方的主体资格、信用状况等有关情况,确保对方当事人具备履约能力。

该环节的主要风险有:忽视被调查对象的主体资格审查,准合同对象不具有相应民事权利能力和民事行为能力或不具备特定资质,与不具备代理权或越权代理的主体签订合同,导致合同无效,或引发潜在风险;在合同签订前错误判断被调查对象的信用状况,或在合同履行过程中没有持续关注对方的资信变化,致使企业蒙受损失;对被调查对象的履约能力给出不当评价,将不具备履约能力的对象确定为准合同对象,或将具有履约能力的对象排除在准合同对象之外。

企业通常采用的控制措施主要有:

第一,审查被调查对象的身份证件、法人登记证书、资质证明、授权委托书等证明原件,必要时,可通过发证机关查询证书的真实性和合法性,关注授权代理人的行为是否在其被授权范围内,在充分收集相关证据的基础上评价主体资格是否恰当。

第二,获取调查对象经审计的财务报告、以往交易记录等财务和非财务信息,分析其获利能力、偿债能力和营运能力,评估其财务风险和信用状况,并在合同履行过程中持续关注其资信变化,建立和及时更新合同对方的商业信用档案。

第三,对被调查对象进行现场调查,实地了解和全面评估其生产能力、技术水平、产品类别和质量等生产经营情况,分析其合同履约能力。

第四,与被调查对象的主要供应商、客户、开户银行、主管税务机关和工商管理部门等沟通,了解其生产经营、商业信誉、履约能力等情况。

(2) 合同谈判。

初步确定准合同对象后,企业内部的合同承办部门将在授权范围内与对方进行合同谈判,按照自愿、公平原则,磋商合同内容和条款,明确双方的权利义务和违约责任。

该环节的主要风险有:忽略合同重大问题或在重大问题上做出不当让步;谈判经验不足,缺乏技术、法律和财务知识的支撑,导致企业利益损失;泄露本企业谈判策略,导致企业在谈判中处于不利地位。

企业通常采用的控制措施主要有:

第一,收集谈判对手资料,充分熟悉谈判对手情况,做到知己知彼;研究国家相关法律法规、行业监管政策和产业政策、同类产品或服务价格等与谈判内容相关的信息,正确制定本企业谈判策略。

第二,关注合同核心内容、条款和关键细节,具体包括合同标的的数量、质量或技术标准,合同价格的确定方式与支付方式,履约期限和方式,违约责任和争议的解决方法,合同变更或解除条件等。

第三,对于影响重大、涉及较高专业技术或法律关系复杂的合同,组织法律、技术、财会等专业人员参与谈判,充分发挥团队智慧,及时总结谈判过程中的得失,研究确定下一步谈判策略。

第四,必要时可聘请外部专家参与相关工作,并充分了解外部专家的专业资质、胜任能力和职业道德情况。

第五,加强保密工作,严格责任追究制度。

第六,对谈判过程中的重要事项和参与谈判人员的主要意见,予以记录并妥善保存,作为避免合同舞弊的重要手段和责任追究的依据。

(3) 合同文本拟定。

企业在合同谈判后,根据协商谈判结果,拟定合同文本。

该环节的主要风险有:选择不恰当的合同形式;合同与国家法律法规、行业产业政策、企业总体战略目标或特定业务经营目标发生冲突;合同内容和条款不完整,表述不严谨准确,或存在重大疏漏和欺诈,导致企业合法利益受损;有意拆分合同规避合同管理规定等;对于合同文本须报经国家有关主管部门审查或备案的,未履行相应程序。

企业通常采用的控制措施主要有:

第一,企业对外发生经济行为,除采取即时结清方式外,应当订立书面合同。

第二,严格审核合同需求与国家法律法规、产业政策、企业整体战略目标的关系,保证其协调一致;考察合同是否以生产经营计划、项目立项书等为依据,确保完成具体业务经营目标。

第三,合同文本一般由业务承办部门起草,法律部门审核;重大合同或法律关系复杂的特殊合同应当由法律部门参与起草。国家或行业有合同示范文本的,可以优先选用,但对涉及权利和义务关系的条款应当进行认真审查,并根据实际情况进行适当修改。各部门应当各司其职,保证合同内容和条款的完整准确。

第四,通过统一归口管理和授权审批制度,严格合同管理,防止通过化整为零等方式故意规避招标的做法和越权行为。

第五,由签约对方起草的合同,企业应当认真审查,确保合同内容准确反映企业诉求和谈判达成的一致意见,特别留意"其他约定事项"等需要补充填写的栏目,如不存在其他约定事项时注明"此处空白"或"无其他约定",防止合同后续被篡改。

第六,合同文本须报经国家有关主管部门审查或备案的,应当履行相应程序。

(4) 合同审核。

合同文本拟定完成后,企业应进行严格的审核。

该环节的主要风险有:合同审核人员因专业素质或工作态度原因未能发现合同文本中的不当内容和条款;审核人员虽然通过审核发现问题但未提出恰当的修订意见;合同起草人员没有根据审核人员的改进意见修改合同,导致合同中的不当内容和条款未被纠正。

企业通常采用的控制措施主要有:

第一,审核人员应当对合同文本的合法性、经济性、可行性和严密性进行重点审核,关注合同的主体、内容和形式是否合法,合同内容是否符合企业的经济利益,对方当事人是否具有履约能力,合同权利和义务、违约责任和争议解决条款是否明确等。

第二,建立会审制度,对影响重大或法律关系复杂的合同文本,组织财会部门、内部审计部、法律部、业务关联的相关部门进行审核,内部相关部门应当认真履行职责。

第三,慎重对待审核意见,认真分析研究,对审核意见准确无误地加以记录,必要时对合同条款做出修改并再次提交审核。

(5) 合同签署。

企业经审核同意签订的合同,应当与对方当事人正式签署并加盖企业合同专用章。

该环节的主要风险是:超越权限签订合同,合同印章管理不当,签署后的合同被篡改,因手续不全导致合同无效等。

企业通常采用的控制措施主要有:

第一,按照规定的权限和程序与对方当事人签署合同。正式对外订立的合同应当由企业法定代表人或由其授权的代理人签名或加盖有关印章。授权签署合同的,应当签署授权委托书。

第二,严格合同专用章保管制度,合同经编号、审批及企业法定代表人或由其授权的代理人签署后,方可加盖合同专用章。用印后保管人应当立即收回,并按要求妥善保管,以防止他人滥用。保管人应当记录合同专用章使用情况以备查,如果发生合同专用章遗失或被盗现象,应当立即报告公司负责人并采取妥善措施,如向公安机关报案、登报声明作废等,以最大限度地消除可能带来的负面影响。

第三,采取恰当措施,防止已签署的合同被篡改,如在合同各页码之间加盖骑缝章、使用防伪印记、使用不可编辑的电子文档格式等。

第四,按照国家有关法律、行政法规规定,需办理批准、登记等手续之后方可生效的合同,企业应当及时按规定办理相关手续。

2. 合同履行阶段

(1) 合同履行。

合同订立后,企业应当与合同对方当事人一起遵循诚实信用原则,根据合同的性质、目的和交易习惯履行通知、协助、保密等义务。

该环节的主要风险是:本企业或合同对方当事人没有恰当地履行合同中约定的义务;合同生效后,对合同条款未明确约定的事项没有及时协议补充,导致合同无法正常履行;在合同履行过程中,未能及时发现已经或可能导致企业利益受损情况,或未能采取有效措施;合同纠纷处理不当,导致企业遭受外部处罚、诉讼失败,损害企业利益、信誉和形象等。

企业通常采用的控制措施主要有:

第一,强化对合同履行情况及效果的检查、分析和验收,全面适当执行本企业义务,敦促对方积极执行合同,确保合同全面有效履行。

第二,对合同对方的合同履行情况实施有效监控,一旦发现有违约可能或违约行为,应当及时提示风险,并立即采取相应措施将合同损失降到最低。

第三,根据需要及时补充、变更甚至解除合同。一是对于合同没有约定或约定不明确的内容,通过双方协商一致对原有合同进行补充;无法达成补充协议的,按照国家相关法律法规、合同有关条款或者交易习惯确定。二是对于显失公平、条款有误或存在欺诈行为的合同,以及因政策调整、市场变化等客观因素已经或可能导致企业利益受损的合同,按规定程序及时报告,并经双方协商一致,按照规定权限和程序办理合同变更或解除事宜。三是对方当事人提出中止、转让、解除合同的,造成企业经济损失的,应向对方当事人书面提出索赔。

第四,加强合同纠纷管理,在履行合同过程中发生纠纷的,应当依据国家相关法律法规,在规定时效内与对方当事人协商并按规定权限和程序及时报告。合同纠纷经协商一致的,双方应当签订书面协议;合同纠纷经协商无法解决的,根据合同约定选择仲裁或诉讼方式解决。企业内部授权处理合同纠纷,应当签署授权委托书。在纠纷处理过程中,未经授权批准,相关经办人员不得向对方当事人做出实质性答复或承诺。

(2) 合同结算。

合同结算是合同执行的重要环节,既是对合同签订的审查,也是对合同执行的监督,一般由财会部门负责办理。

该环节的主要风险有:违反合同条款,未按合同规定期限、金额或方式付款;疏于管理,未能及时催收到期合同款项;在没有合同依据的情况下盲目付款等。

企业通常采用的控制措施主要有:

第一,财会部门应当在审核合同条款后办理结算业务,按照合同规定付款,及时催收到期欠款。

第二,未按合同条款履约或应签订书面合同而未签订的,财会部门有权拒绝付款,并及时向企业有关负责人报告。

(3) 合同登记。

合同登记管理制度体现合同的全过程封闭管理,合同的签署、履行、结算、补充或变更、解除等都需要进行合同登记。

该环节的主要风险有合同档案不全,合同泄密,合同滥用等。

企业通常采用的控制措施主要有：

第一，合同管理部门应当加强合同登记管理，充分利用信息化手段，定期对合同进行统计、分类和归档，详细登记合同的订立、履行和变更、终结等情况。合同终结应及时办理销号和归档手续，以实行合同的全过程封闭管理。

第二，建立合同文本统一分类和连续编号制度，以防止或及早发现合同文本的遗失。

第三，加强合同信息安全保密工作，未经批准，任何人不得以任何形式泄露合同订立与履行过程中涉及的国家或商业秘密。

第四，规范合同管理人员职责，明确合同流转、借阅和归还的职责权限和审批程序等有关要求。

[案例7-11] 长春长生内部控制合同管理的缺陷

2018年长生生物披露的上一年度内部控制评价报告被认定为内部控制整体有效。然而，2018年7月，国家药监局称，查获到一批属于长生生物的生产记录造假的狂犬疫苗，其被责令立刻停止生产。假疫苗事件瞬间将其推向风口浪尖，也让人们对先前长生生物披露的内部控制整体有效产生怀疑。

回顾长生生物退市始末，造成其退市的核心原因有两个。

一、违法违规，危害社会公共利益

2017年11月6日长生生物发布公告称，子公司长春长生生产的百白破联合疫苗在中国食品药品检定研究院的药品抽样检验中被检出效价指标不符合标准规定。2018年7月20日，公司收到《吉林省食品药品监督管理局行政处罚决定书》，因长春长生所产的百白破联合疫苗违反了《中华人民共和国药品管理法》第四十九条第一款"禁止生产、销售劣药"的规定，公司被行政处罚，百白破生产车间被停产。2018年7月16日，公司公告称国家药品监督管理局披露通告指出，经对长春长生的飞行检查，发现其冻干人用狂犬病疫苗生产存在记录造假等严重违反《药品生产质量管理规范》行为，收回《药品GMP证书》并责令停产。

长生生物作为医药生产企业，产品质量的安全可靠关系到社会公众的健康安全，却未能严格执行生产规范，导致主要产品接连出现质量问题，影响面广泛，引发社会公共安全危机，最终导致公司发生巨大的经营风险，并使投资者遭受巨大损失。

二、公司治理存在缺陷，信息披露不完整、不充分

根据中国证监会《行政处罚决定书》，长生生物存在未按规定披露相关产品抽验不合格、全面停产及召回的信息，以及相关产品有关情况的公告存在误导性陈述及重大遗漏；未披露被吉林省食药监局调查的信息；未披露长春长生相关产品GMP证书失效和重新获得GMP证书，以及2015年至2017年年报及内部控制自我评价报告存在虚假记载等问题。2017年11月6日，公司披露子公司百白破疫苗相关情况时，在该疫苗被检出效价指标不符合标准、全面停产并召回、相关药品监管部门已介入的情况下，仅以不合格批次疫苗销售收入占公司销售收入总额比例较小为由，披露疫苗抽验不合格对公司目前经营无重大影响，而未将公司对该疫苗全面停产、启动召回程序、相关监管部门介入及可能产生的其他影响向投资者完整披露。上述行为以避重就轻的方式淡化市场关注，严重误导投资者，侵害了投资者权益，扰乱了正常的市场秩序。

作为内部控制的重要组成部分,企业应该在合同管理方面更加重视。企业合同管理应关注的风险主要有合同内容存在重大疏漏,合同履行不力或监控不当。为了上市,长春长生签订阴阳合同,属于合同监控不当。由于合同管理系统不仅仅是指代合同内容本身,还包括与合同有关的有关活动流程的环节控制。可以看出,长春长生阴阳合同一案不仅仅是在合同文本上做文章,同时还涉及销售部门开具假的销售发票来应对税务机关的检查。另外,也有财务部门记录假的销售业绩来虚增利润以达到上市的目的,仓库管理人员就收发情况相应地也会做虚假收发记录等。公司的合同影响公司的多个环节,一个环节出现问题,其他环节也相应出现漏洞。公司在合同的签订和履行过程中的重大违规操作行为是内部控制缺陷的重要表现。

长春长生在合同管理方面的问题是为了上市,美化业绩,编造阴阳合同。其根本原因在于合同监管不当,公司应该在合同审批环节多加重视,明确合同审批的执行者,公司中应该指派特定的人对销售等部门订立的书面合同进行审批,若面对的合同金额较大,则影响尤其重要,或涉及较为复杂的专业领域问题,可考虑向上申请组织专业人员给予参考意见。而且,最重要的是一个业务只能对应一个合同,避免出现一对多的情况产生。对于合同审批环节的注重,能够有效防止公司再继续进行阴阳合同的签订。

## 复习题

1. 筹资、投资和资金营运活动的关键风险点有哪些?
2. 采购业务的关键风险点及控制措施有哪些?
3. 存货管理的关键风险点及控制措施有哪些?
4. 无形资产管理的关键风险点及控制措施有哪些?
5. 担保业务的关键风险点及控制措施有哪些?
6. 财务报告控制的关键风险点及控制措施有哪些?
7. 研究与开发项目立项环节的关键风险点及控制措施有哪些?
8. 财务报告活动的关键风险点及控制措施有哪些?

## 练习题

### 一、单项选择题

1. 企业筹资、投资和资金营运等活动的总称是(　　)。
   A. 资金活动　　　B. 资产管理　　　C. 担保业务　　　D. 工程项目
2. 资金活动中的采购环节、生产环节、销售环节这三个环节具体属于(　　)。
   A. 投资活动　　　B. 营运活动　　　C. 筹资活动　　　D. 经营活动
3. 缺乏对采购合同履行的跟踪管理,运输工具和方式选择不当,忽视投保等,造成采购物资损失或无法保证供应这是(　　)的主要风险。
   A. 订立采购活动　　　　　　　B. 确定采购方式和采购价格
   C. 管理供应过程　　　　　　　D. 验收

4. 以下不属于固定资产管理业务流程的是( )。
   A. 资产取得　　　　　　　　　B. 登记造册
   C. 运行维护　　　　　　　　　D. 技术升级和更新换代

5. 在固定资产管理的业务流程中,可能出现固定资产抵押制度不完善风险的环节是( )。
   A. 资产投保　　B. 更新改造　　C. 抵押、质押　　D. 登记造册

6. 除全面梳理资产管理流程、查找薄弱环节外,资产管理的总体要求还包括( )。
   A. 重视投保　　　　　　　　　B. 严格执行与监控
   C. 完善相关管理制度　　　　　D. 以战略为导向

7. 以下不属于销售业务风险点的是( )。
   A. 销售计划管理　　　　　　　B. 销售过程管理
   C. 客户信用管理　　　　　　　D. 订立销售合同

8. 销售业务中收款环节存在的主要风险不包括( )。
   A. 结算方式选择不当
   B. 账款回收不力
   C. 销售业务会计记录和处理不及时
   D. 票据审查和管理不善,使企业经济利益受损

9. 以下属于研究与开发阶段中立项阶段的是( )。
   A. 研究过程跟踪管理　　　　　B. 阶段性评估
   C. 研究成果验收　　　　　　　D. 评审与审批

10. 企业委托具有研发能力的企业或机构等开展研发工作,委托人全额承担研发经费,受托人交付研发成果的研发形式属于( )。
    A. 委托研发　　B. 合作研发　　C. 自主研发　　D. 研发外包

## 二、多项选择题

1. 实施资金活动内部控制的总体要求包括( )。
   A. 建立科学决策机制　　　　　B. 实行资金集中管控
   C. 合理设计流程　　　　　　　D. 抓住关键控制点
   E. 查找薄弱环节

2. 采购业务流程包括( )。
   A. 请购　　B. 审批　　C. 购买　　D. 验收
   E. 付款

3. 下列选项中属于无形资产的是( )。
   A. 品牌　　B. 商标　　C. 专利　　D. 专有技术
   E. 土地使用权

4. 销售业务的流程包括( )。
   A. 销售计划管理　　　　　　　B. 客户信用管理
   C. 确定定价机制和信用方式　　D. 销售谈判以及订立销售合同
   E. 发货、收款、客户服务等

5. 在研究与开发业务活动中,对于研究成果开发风险点所采取的控制措施包括(    )。
A. 合作研发合同中明确产权归属,这是研究过程管理的研发外包措施
B. 形成科研、生产、市场三位一体的自主创新机制,促进研究成果转化
C. 加强研发人员管理,这是核心研发人员的管理
D. 加强技术管理,攻克关键技术障碍
E. 研究成果的开发应当分步推进

6. 下列选项中属于工程项目控制的总体要求的是(    )。
A. 规范各环节工作流程
B. 强化监控
C. 全面梳理工程项目工作流程
D. 明确责任权限和不相容岗位分离
E. 完善工程项目各项管理制度

7. 担保业务流程包括(    )。
A. 担保申请   B. 调查评估   C. 审批   D. 订立担保合同
E. 担保合同执行与监控等

8. 受理申请是担保业务的一个关键风险点,其主要风险包括(    )。
A. 企业担保政策和相关管理制度不健全   B. 担保申请受理不规范
C. 受理审查不严   D. 资信调查不深入
E. 风险评估不细致

9. 业务外包控制的总体要求是(    )。
A. 完善业务外包管理制度   B. 强化监控
C. 加强信息核对   D. 避免核心业务外包
E. 健全各环节的授权批准制度

10. 下列属于业务外包的控制措施的是(    )。
A. 对比分析业务项目在自营与外包情况下的风险和收益,确定外包的合理性和可行性
B. 建立严格的回避制度和监督处罚制度
C. 做好与承包方的对接工作,加强与承包方的沟通与协调
D. 结合在日常绩效评价基础上对外业务质量是否达到预期目标的基本评价,确定验收标准
E. 施工过程中,如果工程的实际成本突破了工程项目预算,建设单位应当及时分析原因,按照规定的程序予以处理

### 三、判断题

1. 投资活动是指企业日常生产经营中各类资金的组织和调度,保证资金正常运转的活动。                                                            (    )
2. 编制需求预算和采购预算、选择供应商、管理供应过程是采购业务的关键风险点。                                                          (    )
3. 《企业内部控制应用指引第8号——资产管理》中所称资产是存货、固定资产、无形资产。                                                      (    )

4. 企业代管、代销、暂存、受托加工的存货,不应纳入本企业的存货管理。（  ）

5. 规范销售行为、防范销售风险,可以促进企业扩大销售、拓宽销售渠道、提高市场占有率,对于增加收入、实现企业经营目标和发展战略有重要意义。（  ）

6. 销售合同草案经审批同意后,企业应授权有关人员与客户签订正式销售合同。（  ）

7. 未经授权发货、发货不符合合同约定或者发货程序不规范,可能造成货物损失或发货错误,引发销售争议,影响货款收回。（  ）

8. 研发活动具有投入大、周期短、不确定性高的特点,因此研发活动的成败对企业生产经营影响较大。（  ）

9. 重大工程项目的立项,应当报经董事会或类似权力机构集体审议批准,总会计师或分管会计工作的负责人应当参与项目决策。（  ）

10. 企业也可委托中介机构对担保业务进行资信调查和风险评估工作。（  ）

**案例讨论**

# 第四篇 企业内部控制绩效篇

# 第八章 企业内部控制评价

**预习题**

1. 董事会、经理层和内部控制评价机构在内部控制评价中发挥怎样的作用？
2. 内部控制缺陷是如何分类的？
3. 内部控制缺陷的认定标准有哪些？
4. 内部控制评价的主要内容包括哪些？
5. 内部控制评价报告的主要内容有哪些？

 引 例

### 内部控制评价在TL石油公司的应用

**一、背景介绍**

TL石油服务公司，是我国一家大型石油企业的下属子公司，成立于1997年，经过十多年的不断努力，已发展成为一家具有丰富作业经验的石油服务公司。公司的服务涉及石油及天然气勘探、开发及生产的各个阶段，从最初的主要为集团内其他石油公司提供设备租赁及技术服务业务，发展到与国内其他石油服务企业竞标项目，独立经营、自负盈亏，其业务分为钻井服务、油井技术服务、船舶服务、物探勘察服务四大板块，业务范围遍及全国各地。

目前公司具有一套内部质量控制制度，其内部控制制度为公司成立之初，参照集团公司的内部控制制度制定，其操作规程都较为粗放，缺乏详尽的、具有很强操作性的岗位操作流程。在进行此次内部控制自我评价之前，公司的内部控制是由集团公司的内审人员与本公司内审人员于每年年末评价一次。

随着公司的业务开展，公司规模不断地发展壮大，负责的项目也越来越多。公司管理层

逐渐认识到,提高管理水平,发现内部控制中的不足,改善内部控制制度是公司发展和治理的需要。

TL石油服务公司由于其业务的特殊性,面临的经营风险和操作风险也比较大,企业的风险意识并没有提到应有的高度,缺乏有效的风险管理机制,因此,对风险进行管理和控制是至关重要的。公司管理层决定在2008年3月份,对内部控制进行一次全面系统的自我评价。

## 二、实施过程

首先,由公司的高层管理人员同外部审计顾问共同研究,设计了一份内部控制调查问卷。问卷的第一部分问题主要围绕公司的控制环境、风险评估、控制活动、信息与沟通、监督这五个方面,第二部分是有针对性地提出问题。

在公司的各个部门下发,问卷的问题较为简单,要求员工按自己的观察和了解回答"是""否""有""无"即可,公司有将近70%的人员完成并提交了问卷。

注册会计师对公司的财务记账流程、资产管理流程、人员服务流程等进行了穿行测试,公司管理层和审计人员根据收集到的问卷和穿行测试的结果确定了本次需重点评价的部门——工程服务部、财务部和人力资源部。

评价小组由审计顾问、公司高层管理人员、关键控制点的工作人员组成。工作人员中有半数以上来自本次需要重点评价的三个部门。考虑到初次实施内部控制自我评价,在召开研讨会前,审计顾问对评价小组的其他成员召开了一次培训会议,主要讲解了内部控制评价方法的理念、实施过程、需要注意的问题及在实施过程中各成员积极参与的重要作用。管理人员在会议上明确表示,希望大家能够积极配合,各抒己见,切实发挥本次自我评价的作用,及时发现问题,并找到解决问题的方案。

研讨会由审计顾问担当引导者,在每次召开研讨会前,都会向参加人员提供本次讨论需要关注的重要问题,同时审计顾问和管理人员根据本次会议讨论发现的问题,对下次的讨论计划做适当调整。会议安排专人进行记录,首先由审计顾问发言,介绍本次会议的讨论方向和关注点,引导小组成员进行讨论。讨论后,每位成员就讨论的问题进行一次总结发言。为避免某些敏感问题小组成员不敢提出或发现问题的成员没有机会参加研讨会,公司在会议室外设了一个意见箱,员工可以用匿名的方式反映所发现的问题。

本次研讨会中重点关注两个层次的问题,一个是控制层面的,一个是业务流程层面的,大家针对高风险区域及控制的薄弱环节展开讨论。讨论过程中,小组成员就自己所熟悉的业务、发现的问题相互交流,并对某些问题提出看法和解决方案。这不仅是一个发现问题,解决问题的过程,也是一个大家学习的过程。通过讨论,小组成员对企业的控制及业务流程方面更加熟悉,也有利于管理者对以后改进措施的推广实施。企业在实施内部控制自我评价的过程中,充分尊重员工的意见,调动了大家的积极性,员工的归属感大大增强。

研讨会结束后,评价小组根据讨论的情况出具了内部控制自我评价报告,将风险分为A、B、C、D、E五个等级,A为最高风险等级,E为最低风险等级。评价小组针对讨论的几个方面分别划分适当的风险等级,并将讨论的改进措施落实到具体的责任人及整改时间。

整改措施的落实是企业实行内部控制自我评价的最终意义所在,为促进整改措施的落实,审计人员会对以后的落实情况进行追踪调查,同时企业也保留了意见箱,鼓励公司员工积极反映工作中发现的问题,并为完善企业的制度措施献计献策。

### 三、工作成果

企业通过实施内部控制自我评价,确实发现了很多内控的不足,经过讨论,评价小组修改和健全了企业内部控制制度,并针对发现的问题提出了解决方案。例如,公司目前没有独立的审计部门,内审人员隶属财务部,甚至兼任财务工作,内部审计人员的独立性较差,随着企业的壮大,迫切需要建立一个独立的内部审计部门,内部审计部门独立于管理层,归公司董事会直接领导。财务部门从企业成立之初,除人员变动外,没有实行过轮岗制度。目前公司在保证岗位牵制和不相容岗位分离的前提下,在财务部有计划地实行轮岗制度并安排好财务人员的培训。工程服务部的人员也提出了不少问题,如在交接岗位时,后接班的人员对工作进展情况缺少了解,进展情况一般是工作人员之间的口头传达,仪器设备的调整变更情况不能及时传达给全部的工作人员,这会导致操作风险加大。解决方案是取消口头传达,工作人员在交接时要填写操作情况报告,仪器设备的调整要记录在案并及时更新,变动要通知到所有有关的工作人员。人力资源部与工程部合作,派有经验的工程师参与新入职工人员的培训工作,同时为了确保安全,工作经验不满两年的新人佩戴橙色安全帽,区别于工程师的红色安全帽。

**思考:**
TL石油服务公司是如何进行内部控制评价的,效果如何?

# 第一节 内部控制评价概述

## 一、内部控制评价的定义

内部控制评价作为优化内部控制自我监督机制的一项重要制度安排,是内部控制体系的重要组成部分。依据《企业内部控制评价指引》第二条相关规定,企业内部控制评价,是指企业董事会或类似权力机构对内部控制的有效性进行全面评价、形成评价结论、出具评价报告的过程。对于这一定义,可从三个角度进行理解。

### (一)内部控制评价的主体是董事会或类似权力机构

内部控制评价的主体是董事会或类似的权力机构,也就是说董事会或类似的权力机构是内部控制设计和运行的责任主体。董事会可指定审计委员会来承担对内部控制评价的组织、领导、监督职责,并通过授权内部审计部门或独立的内部控制评价机构执行内部控制评价的具体工作,但董事会仍对内部控制评价承担最终的责任,对内部控制评价报告的真实性负责。对内部控制的设计和运行的有效性进行自我评价并对外披露是管理层解除受托责任的一种方式,董事会可以聘请会计师事务所对其内部控制的有效性进行审计,但其承担的责任不能因此减轻或消除。

### (二)内部控制评价的对象是内部控制的有效性

内部控制评价的对象是内部控制的有效性。所谓内部控制的有效性,是指企业建立与实施内部控制对实现控制目标提供合理保证的程度。

从控制过程的不同角度来看,内部控制的有效性可分为内部控制设计的有效性和内部控制运行的有效性。内部控制设计的有效性,是指为实现控制目标所必需的内部控制程序都存在并且设计恰当,能够为控制目标的实现提供合理保证;内部控制运行的有效性,是指在内部控制设计有效的前提下,内部控制能够按照设计的内部控制程序被正确地执行,从而为控制目标的实现提供合理保证。内部控制运行的有效性离不开设计的有效性,如果内部控制在设计上存在漏洞,即使这些内部控制制度能够得到一贯的执行,也不能认为其运行是有效的。当然,如果评价证据表明内部控制的设计是有效的,但是没有按照设计的那样得到一贯执行,那么就可以得出其不符合运行有效性的结论。

评价内部控制设计的有效性,可以考虑三个方面:① 内部控制的设计是否做到了以内部控制的基本原理为前提,以我国《企业内部控制基本规范》及其配套指引为依据。② 内部控制的设计是否覆盖了所有关键的业务与环节,对董事会、监事会、经理层和员工具有普遍的约束力。③ 内部控制的设计是否与企业自身的经营特点、业务模式以及风险管理要求相匹配。

评价内部控制运行的有效性,也可以从三个方面进行考察:① 相关控制在评价期内是如何运行的。② 相关控制是否得到了持续一致的运行。③ 实施控制的人员是否具备必要的权限和能力。

从控制目标的角度来看,内部控制的有效性可分为合规目标内部控制的有效性、资产目标内部控制的有效性、报告目标内部控制的有效性、经营目标内部控制的有效性、战略目标内部控制的有效性。其中,合规目标内部控制的有效性,是指相关的内部控制能够合理保证企业遵循国家相关法律、法规,不进行违法活动或违规交易;资产目标内部控制的有效性,是指相关的内部控制能够合理保证资产的安全与完整,防止资产流失;报告目标内部控制的有效性,是指相关的内部控制能够防止、发现并纠正财务报告的重大错报;经营目标内部控制的有效性,是指相关的内部控制能够合理保证经营活动的效率和效果及时被董事会和经理层所了解或控制;战略目标内部控制的有效性,是指相关的内部控制能够合理保证董事会和经理层及时了解战略定位的合理性、实现程度,并适时进行战略调整。

需要说明的是,由于受内部控制固有局限(如评价人员的职业判断、成本—效益原则等)的影响,内部控制评价只能为内部控制目标的实现提供合理保证,而不能提供绝对保证。

### (三) 内部控制评价是一个过程

内部控制评价是一个过程,是指内部控制评价要遵照一定的流程来进行。内部控制评价工作不是一蹴而就的,它是一个涵盖计划、实施、编报等多个阶段,包含多个步骤的动态过程。关于内部控制评价流程的内容,详见本章第二节。

## 二、内部控制评价的作用

企业内部控制评价是对企业内部控制制度的完整性、合理性和有效性进行分析和评定的工作,作为内部控制体系的重要组成部分,对于企业来说,内部控制评价有着重要的意义。

### (一) 内部控制评价有助于企业自我完善内控体系

内部控制评价是通过评价、反馈、再评价,报告企业在内部控制建立与实施中存在的问题,并持续地进行自我完善的过程。通过内部控制评价查找、分析内部控制缺陷并有针对性地督促落实修改,可以及时堵塞管理漏洞,防范偏离目标的各种风险,并举一反三,从设计和执行等全方位健全优化管控制度,从而促进企业内控体系的不断完善。

### (二) 内部控制评价有助于提升企业市场形象和公众认可度

企业开展内部控制评价,需形成评价结论,出具评价报告。通过自我评价报告,将企业的风险管理水平、内部控制状况以及与此相关的发展战略、竞争优势、可持续发展能力等公布于众,树立诚信、透明、负责任的企业形象,有利于增强投资者、债权人以及其他利益相关者的信任度和认可度,为自己创造更为有利的外部环境,促进企业的长远可持续发展。

### (三) 内部控制评价有助于实现与政府监管的协调互动

政府监管部门有权对企业内部控制的建立与实施的有效性进行监督检查。事实上,有关政府部门在审计机关开展的国有企业负责人离任经济责任审计中,就已将企业内部控制的有效性,以及企业负责人组织领导内控体系的建立与实施情况纳入审计范围,并日益成为十分重要的一个部分。尽管政府部门实施企业内控监督检查有其自身的做法和特点,但监督检查的重点部位是基本一致的,比如大多数涉及重大经营决策的科学性、合规性以及重要业务事项管控的有效性等。实施企业内控自我评价,能够通过自查及早排查风险、发现问题,并积极整改,有利于在配合政府监管中赢得主动,并借助政府监管成果进一步改进企业内控实施和评价工作,促进自我评价工作,促进自我评价与政府监管的协调互动。

## 三、内部控制评价的内容

内部控制评价的内容是内部控制对象的具体化。上一部分已经述及,内部控制评价的对象是内部控制的有效性,而内部控制的有效性,是企业建立与实施内部控制,对实现控制目标提供合理保证的程度。内部控制的目标包括合规目标、资产目标、报告目标、经营目标和战略目标。因此,内部控制评价的内容应是对以上五个目标的内控有效性进行全面评价。具体地说,内部控制评价应紧紧围绕内部环境、风险评估、控制活动、信息与沟通、内部监督五要素进行。

### (一) 内部环境评价

企业组织开展内部环境评价,应当以组织架构、发展战略、人力资源、企业文化、社会责任等应用指引为依据。其中,组织架构评价可以重点从组织架构的设计和运行等方面进行;发展战略评价可以重点从发展战略的合理制定、有效实施和适当调整三个方面进行;人力资源评价应当重点从企业人力资源引进结构的合理性、开发机制、激励约束机制等方面进行;企业文化评价应从建设和评估两个方面进行;社会责任可以从安全生产、产品质量、环境保护与资源节约、促进就业、员工权益保护等方面进行。

### (二) 风险评估评价

企业组织开展风险评估评价,应当以《企业内部控制基本规范》有关风险评估的要求,以及各项应用指引中所列主要风险为依据,结合本企业的内部控制制度,对日常经营管理过程中的目标设定、风险识别、风险分析、应对策略等进行认定和评价。

### (三) 控制活动评价

企业组织开展控制活动评价,应当以《企业内部控制基本规范》和各项应用指引中的控制措施为依据,结合本企业的内部控制制度,对相关控制措施的设计和运行情况进行认定和评价。

### (四) 信息与沟通评价

企业组织开展信息与沟通评价,应当以内部信息传递、财务报告、信息系统等相关指引为依据,结合本企业的内部控制制度,对信息收集、处理和传递的及时性,反舞弊机制的健全性,财务报告的真实性,信息系统的安全性,以及利用信息系统实施内部控制的有效性进行认定和评价。

### (五) 内部监督评价

企业组织开展内部监督评价,应当以《企业内部控制基本规范》有关内部监督的要求,以及各项应用指引中有关日常管控的规定为依据,结合本企业的内部控制制度,对于内部监督机制的有效性进行认定和评价,重点关注监事会、审计委员会、内部审计机构等是否在内部控制设计和运行中有效发挥监督作用。

具体的内部控制评价内容可通过设计内部控制评价指标体系来确定,评价指标是对内部控制要素的进一步细化,评价指标可以有多个层级,大体可分为核心评价指标和具体评价指标两大类,企业可根据其实际情况进行细分。具体的评价内容确定之后,内部控制评价工作应形成工作底稿,详细记录企业执行评价工作的内容,包括评价要素,评价指标,评价标准,评价和测试的方法,主要风险点,采取的控制措施,有关证据资料以及认定结果等。工作底稿可以是通过一系列评价表格加以实现,通过对每个要素核心指标的分别、评价,最终汇总出评价结果。

## 四、内部控制评价的原则与方法

内部控制评价的原则与方法是内部控制评价工作的方法论基础。内部控制评价的原则是开展评价工作应该遵循的要求与准则;内部控制评价的方法是执行内部控制评价工作时具体采用的技术手段。

### (一) 内部控制评价的原则

与内部控制的原则不完全相同,企业对内部控制评价至少应当遵循三项原则。

1. 全面性原则

全面性原则强调的是内部控制评价的涵盖范围应当全面,具体来说,是指内部控制评价工作应当包括内部控制的设计与运行,涵盖企业及其所属单位的各种业务和事项。

2. 重要性原则

重要性原则强调内部控制评价应当在全面性的基础之上,着眼于风险,突出重点。具体来说,主要体现在制定和实施评价工作方案、分配评价资源的过程之中,它的核心要求主要包括两个方面:① 要坚持风险导向的思路,着重关注那些影响内部控制目标实现的高风险领域和风险点;② 要坚持重点突出的思路,着重关注那些重要的业务事项和关键的控制环节,以及重要的业务单位。

2012年9月,财政部等五部委印发的《企业内部控制规范体系实施中相关问题解释第2号》中指出,集团性企业在确认内部控制评价范围时,应当遵循全面性、重要性、客观性原则,在对集团总部及下属不同业务类型、不同规模的企业进行全面、客观评价的基础上,关注重要业务单位、重大事项和高风险业务。

重要业务单位一般以资产、收入、利润等作为判定标准,包括集团总部、资产占合并资产总额比例较高的分公司和子公司,营业收入占合并营业收入比例较高的分公司和子公司以及利润占合并利润比例较高的分公司和子公司等。

重大事项一般是指重大投资决策项目,兼并重组、资产调整、产权转让项目,期权、期货等金融衍生业务,融资、担保项目,重大的生产经营安排,重要设备和技术引进,采购大宗物资和购买服务,重大工程建设项目,年度预算内大额度资金调动和使用,以及其他大额度资金运作事项等。

高风险业务一般是指经过风险评估后确定为较高或高风险的业务,也包括特殊行业及特殊业务,国家法律、法规有特殊管制或监管要求的业务等。

3. 客观性原则

客观性原则强调内部控制评价工作应当准确地揭示经营管理的风险状况,如实反映内部控制设计和运行的有效性。只有在内部控制评价工作方案制定、实施的全过程中始终坚持客观性,才能保证评价结果的客观性。

(二)内部控制评价方法

《企业内部控制评价指引》第十五条规定,内部控制评价工作组对被评价单位进行现场测试时,可以单独或者综合运用个别访问、调查问卷、专题讨论、穿行测试、实地查验、抽样和比较分析等方法,充分收集被评价单位内部控制设计和运行是否有效的证据,按照评价的具体内容,如实填写评价工作底稿,研究分析内部控制缺陷。

1. 个别访问法

个别访问法主要用于了解公司内部控制的现状,在企业层面评价及业务层面评价的了解阶段经常使用。访问前应根据内部控制评价需求形成访谈提纲,撰写访问纪要,记录访问的内容。为了保证访谈结果的真实性,应尽量访谈不同岗位的人员以获得更可靠的证据。例如,分别访问人力资源部主管和基层员工,公司是否建立了员工培训长效机制,培训是否能满足员工和业务岗位需要。

2. 调查问卷法

调查问卷法主要用于企业层面评价。调查问卷应尽量扩大对象范围,包括企业各个层级员工,应注意事先保密性,题目尽量简单易答(如答案只需为"是""否""有""没有"等)。比如,你对企业的核心价值观是否认同;你对企业未来的发展是否有信心;等等。

3. 穿行测试法

穿行测试法,是指在内部控制流程中任意选取一笔交易作为样本,追踪该交易从最初起源直到最终在财务报表或其他经营管理报告中反映出来的过程,即该流程从起点到终点的全过程,以此了解控制措施设计的有效性,并识别出关键控制点。例如,针对销售交易,选取一批订单,追踪从订单处理—核准信用状况及赊销条款—填写订单并准备发货—编制货运单据—订单运送/递送追踪至客户或由客户提货—开具销售发票—复核发票的准确性并邮寄/送至客户—生成销售明细账—汇总销售明细账并过账至总账和应收账款明细账等交易的整个流程,考虑之前对相关控制的了解是否正确和完整,并确定相关控制是否得到执行。

4. 抽样法

抽样法分为随机抽样和其他抽样。随机抽样,是指按随机原则从样本库中抽取一定数量的样本;其他抽样,是指人工任意选取或按某一特定标准从样本库中抽取一定数量的样本。使用抽样法时,首先要确定样本库的完整性,即样本库应包含符合控制测试的所有样本;其次要确定所抽取样本的充分性,即样本的数量应当能检验所测试的控制点的有效性;最后要确定所抽取样本的适当性,即获取的证据应当与所测试控制点的设计和运行相关,并能可靠地反映控制的实际运行情况。

5. 实地查验法

实地查验法主要针对业务层面控制,它通过使用统一的测试工作表,与实际的业务、财务单证进行核对的方法进行控制测试,如实地盘点某种存货。

6. 比较分析法

比较分析法,是指通过数据分析,识别评价关注点的方法。数据分析可以是与历史数据、行业(公司)标准数据或行业最优数据等进行比较。比如针对具体客户的应收账款周转率进行横向或纵向比较,分析存在异常的应收客户款,进而对这些客户的赊销管理控制进行检查。

7. 专题讨论法

专题讨论法主要是集合有关专业人员就内部控制执行情况或控制问题进行分析,既可以是控制评价的手段,也可以是形成缺陷整改方案的途径。对于同时涉及财务、业务、信息技术等方面的控制缺陷,往往需要由内部控制管理部门组织召开专题讨论会议,综合内部各机构、各方面的意见,研究确定缺陷整改方案。

在实际评价工作中,以上这些方法可以配合使用。此外,还可以使用观察、检查、重新执行等方法,也可以利用信息系统开发检查的方法,或利用实际工作的检查测试经验。对于企业通过系统采用自动控制、预防控制的,应在方法上注意与人工控制、发现性控制的区别。

## 第二节 内部控制评价的组织与实施

内部控制评价是合理保证内部控制有效性的关键步骤,而内部控制评价工作的组织方式的合理性则直接关系到内部控制工作能否科学、有序开展。组织方式的得当与否,取决于两个方面:其一,合理的组织机构;其二,科学、精简、高效的内部控制评价程序。

## 一、内部控制评价的组织机构

内部控制评价的组织机构大致可以分为三个层次：内部控制评价的责任主体、内部控制评价的实施主体、其他相关部门。

### （一）内部控制评价的责任主体及其职责

董事会是内部控制评价的责任主体，对内部控制评价承担最终的责任，对内部控制评价报告的真实性负责。董事会可以通过审计委员会来承担对内部控制评价的组织、领导、监督职责。董事会或审计委员会应听取内部控制评价报告，审定内控重大缺陷、重要缺陷整改意见，对内部控制部门在督促整改中遇到的困难，积极协调，排除障碍。

### （二）内部控制评价的具体组织实施主体及其职责

内部控制评价工作的具体组织实施主体一般为内部审计机构或专门的内部控制评价机构。企业可根据自身的经营规模、机构设置、经营性质、制度状况等特点，决定是否单独设置专门的内部控制评价机构。内部控制评价机构必须具备一定的设置条件：① 具备独立性，即能够独立地行使对内部控制系统建立与运行过程及结果进行监督的权力；② 具备与监督和评价内部控制系统相适应的专业胜任能力和职业道德素质；③ 与企业其他职能机构就监督与评价内部控制系统方面应当保持协调一致，在工作中相互配合、相互制约，在效率效果上满足企业对内部控制系统进行监督与评价所提出的有关要求；④ 能够得到企业董事会和经理层的支持，有足够的权威性来保证内部控制评价工作的顺利开展。对于单独设有专门内部控制机构的企业，可由内部控制机构来负责内部控制评价的具体组织实施工作，但为了保证评价的独立性，负责内部控制设计和评价的部门应适当分离。

企业内部控制评价部门应当拟订评价工作方案，明确评价范围、工作任务、人员组织、进度安排和费用预算等相关内容，报经董事会或其授权机构审批后实施。对于评价过程中发现的重大问题，应及时与董事会、审计委员会或经理层沟通，并认定内部控制缺陷，拟订整改方案，编写内部控制评价报告，及时向董事会、审计委员会或经理层报告；沟通外部审计师，督促各部门、所属企业对内控评价进行整改；根据评价和整改的具体情况拟订内部控制考核方案。

在实践中，也有组织成立非常设内部控制评价结构，比如组成内部控制评价小组。评价工作小组应当吸收企业内部相关机构熟悉情况的业务骨干参加。评价工作小组成员对本部门的内部控制评价工作应当实行回避制度。

企业也可以委托会计师事务所等中介机构实施内部控制评价，但中介机构受托为企业实施内部控制评价是一种非保证服务，内部控制评价报告的责任仍然应由企业董事会承担。另外，为保证审计的独立性，为企业提供内部控制审计的会计师事务所，不得同时为同一家企业提供内部控制评价服务。

### （三）其他相关部门及其职责

1. 经理层

经理层负责组织实施内部控制评价工作，一方面授权内部控制评价机构组织实施；另一方面积极支持和配合内部控制评价的开展，为其创造良好的环境和条件。经理层应结合日常掌握的业务情况,为内部控制评价方案提出应重点关注的业务或事项,审定内部控制评价方案和听取内部控制评价报告,对于内部控制评价中发现的问题或报告的缺陷,要按照董事会或审计委员会的整改意见积极采取有效措施予以整改。

2. 各专业部门

各专业部门负责组织本部门的内控自查、测试和评价工作,对发现的设计和运行缺陷提出整改方案及具体整改计划,积极整改,并报送内部控制机构复核,配合内控机构(部门)及外部审计师开展企业层面的内控评价工作。

3. 企业所属单位

各所属单位也要逐级落实内部控制评价责任,建立日常监控机制,开展内控自查、测试和定期检查评价,发现问题并认定内部控制缺陷,需拟订整改方案和计划,报本级管理层审定后,督促整改,编制内部控制评价报告,对内部控制的执行和整改情况进行考核。

4. 监事会

监事会作为内部监督机制的重要组成部分,在内部控制评价过程中起监督作用。监事会审议内部控制评价报告,对董事会建立与实施内部控制进行监督。

## 二、内部控制评价程序

内部控制评价程序一般包括制定评价工作方案、组成评价工作组、实施现场检查测试、汇总评价结果、编制企业内控评价报告、报告反馈与追踪等。这些程序环环相扣、相互衔接、相互作用,构成了内部控制评价的基本流程。

### (一)制订评价工作方案

内部控制评价机构应当以内部控制目标为依据,结合企业内部监督情况和管理要求,分析企业经营管理过程中影响内部控制目标实现的高风险领域和重要业务事项,确定检查评价方法,制定科学合理的评价工作方案,经董事会批准后实施。评价工作方案应当明确评价主体范围、工作任务、人员组织、进度安排和费用预算等相关内容。评价工作方案既可以以全面评价为主,又可以根据需要采用重点评价的方式。一般而言,内部控制建立与实施初期,实施全面综合评价有利于推动内部控制工作的深入有效展开;内部控制系统趋于成熟后,企业可在全面评价的基础上,更多地采用重点评价或专项评价,以提高内部控制评价的效率和效果。

### (二)组成评价工作组

评价工作组是在内部控制评价机构领导下,具体承担内部控制检查评价任务。内部控制评价机构根据经批准的评价方案,挑选具备独立性、业务胜任能力和职业道德素养的评价人员实施评价。评价工作组成员应当吸收企业内部相关机构熟悉情况、参与日常监控的负责人或业务骨干参加。企业应根据自身条件,尽量建立长效的内部控制评价培训机制,培养内部控制评价专业人员,熟悉内部控制专业知识及相关规章制度、业务流程及需要重点关注的问题、评价工作流程、检查评价方法、工作底稿填写要求、缺陷认定标准、评价人员的权利和义务等内容。

### (三)实施现场检查测试

首先是充分了解企业文化和发展战略、组织机构设置及职责分工、领导层成员构成及分工等基本情况;在此基础上,评价工作组根据掌握的情况进一步确定评价范围、检查重点和抽样数量,并结合评价人员的专业背景进行合理分工(检查重点和分工情况可以根据需要进行适当调整);然后,评价工作组根据评价人员分工,综合运用各种评价方法对内部控制设计与运行的有效性进行现场检查测试,按要求填写工作底稿、记录相关测试结果,并对发现的内部控制缺陷进行初步认定。评价人员应遵循客观、公正、公平原则,如实反映检查测试中发现的问题,并及时与被评价单位进行沟通。由于内部控制从纵向检查测试流程,因此工作中各成员之间应注意互相沟通、协调,以获得更有价值的发现。

### (四)汇总评价结果

评价工作组汇总评价人员的工作底稿,初步认定内部控制缺陷。评价工作底稿应进行交叉复核签字,并由评价工作组负责人审核后签字确认。评价工作组将底稿评价结果及现场评价的结果向被评价单位进行通报,由被评价单位相关责任人签字确认后,提交企业内部控制评价机构。

### (五)编制企业内控评价报告

内部控制评价机构汇总各评价工作组的评价结果,对工作组现场初步认定的内部控制缺陷进行全面复核、分类汇总,对缺陷的成因、表现形式及风险程度进行定量或定性的综合分析,按照对控制目标的影响程度判定缺陷等级;内部控制评价机构以汇总的评价结果和认定的内部控制缺陷为基础,综合内部控制工作整体情况,客观、公正、完整地编制内部控制评价报告,并报送企业经理层、董事会和监事会,由董事会最终审定后对外披露。

### (六)报告反馈与追踪

对于认定的内部控制缺陷,内部控制评价机构应当结合董事会和审计委员会要求,提出整改建议,要求责任单位及时整改,并跟踪其整改落实情况;已经造成损失或负面影响的,企业应当追究相关人员的责任。

## 第三节　内部控制缺陷的认定

### 一、内部控制缺陷的定义和种类

内部控制缺陷是内部控制在设计和运行中存在的漏洞,这些漏洞将不同程度地影响内部控制的有效性,影响控制目标的实现。内部控制缺陷的评估与认定是内部控制评价的重点。衡量内部控制有效性的关键步骤就是查找内部控制在设计或运行环节中是否存在重大缺陷。因此,内部控制缺陷的认定通常被视作判断内部控制有效性的一个负向维度。企业开展内部控制评价,主要工作内容之一就是要找出内部控制缺陷并有针对性地进行整改。

内部控制缺陷按照不同的标准可以有不同的分类。一般来说,内部控制缺陷可按照以下标准分类。

**(一) 按照内部控制缺陷的成因分类**

按照内部控制缺陷的成因分类,内部控制缺陷包括设计缺陷和运行缺陷。设计缺陷,是指企业缺少为实现控制目标所必需的控制措施,或现存控制设计不适当,即使正常运行也难以实现控制目标。运行缺陷,是指设计有效(合理且适当)的内部控制由于运行不当(包括由不恰当的人执行、未按设计的方式运行、运行的时间或频率不当、没有得到一贯有效运行等)而影响控制目标的实现所形成的内部控制缺陷。内部控制存在设计缺陷和运行缺陷,会影响内部控制的设计有效性和运行有效性。

**(二) 按照内部控制缺陷的性质分类**

按照内部控制缺陷的性质即影响内部控制目标实现的严重程度分类,内部控制缺陷分为重大缺陷、重要缺陷和一般缺陷。重大缺陷,是指一个或多个控制缺陷的组合,可能导致企业严重偏离控制目标。当存在任何一个或多个内部控制重大缺陷时,应当在内部控制评价报告中做出内部控制无效的结论。重要缺陷,是指一个或多个控制缺陷的组合,其严重程度低于重大缺陷,但仍有可能导致企业偏离控制目标。重要缺陷的严重程度低于重大缺陷,不会严重危及内部控制的整体有效性,但也应当引起董事会、经理层的充分关注。一般缺陷,是指除重大缺陷、重要缺陷以外的其他控制缺陷。

**(三) 按照内部控制缺陷的形式分类**

按照具体影响内部控制目标的具体表现形式,还可以将内部控制缺陷分为财务报告缺陷和非财务报告缺陷。财务报告内部控制缺陷是指有关企业财务报告可靠性的内部控制制度方面的缺陷,这些缺陷的存在使企业不能保证财务报告的可靠性,或者不能防止或及时发现纠正财务报告错报。非财务报告内部控制缺陷是指除财务报告内部控制缺陷外的内部控制缺陷。

## 二、内部控制缺陷的认定标准

对内部控制缺陷的认定是对内部控制缺陷的重要程度进行识别和确定的过程,即判定一项缺陷属于重大缺陷、重要缺陷还是一般缺陷的过程。内部控制缺陷一经认定为重大缺陷,内部控制评价报告中将会被出具"否定意见",而被认定为存在重大缺陷的企业内部控制系统是不能被投资者等利益相关者所相信的。此外,内部控制缺陷,尤其是重大缺陷,代表着内部控制的薄弱环节,是未来内部控制修补和完善的重点。因此,对内部控制缺陷所属的类型进行认定十分重要,它直接关系到外界的利益相关者对企业的认可度以及企业今后内部控制工作的重点所在,而对内部控制缺陷进行正确认定的关键是有一套系统、可行的认定标准。

2012年,财政部会同证监会、审计署、银监会、保监会制定了《企业内部控制规范体系实施中相关问题解释第1号》,对于内部控制缺陷的认定,文件中指出,查找并纠正企业内部控制设计和运行中的缺陷,是开展企业内部控制评价的一项重要工作,是不断完善企业内部控制的重要手段。由于企业所处行业、经营规模、发展阶段、风险偏好等存在差异,《企业内部控制基本规范》及其配套指引没有对内部控制缺陷的认定标准进行统一规定。企业可以根据《企业内部控制基本规范》及其配套指引,结合企业规模、行业特征、风险水平等因素,研究确定适合本企业的内部控制重大缺陷、重要缺陷和一般缺陷的具体认定标准。企业确定的内部控制缺陷标准应当从定性和定量的角度综合考虑,并保持相对稳定。通过不断的实践,总结经验,形成一套行之有效的内部控制缺陷认定方法。

企业在开展内部控制监督检查过程中,对发现的内部控制缺陷,应当及时分析缺陷性质和产生原因,并提出整改方案,采取适当形式向董事会、监事会或者管理层报告。对于重大缺陷,企业应当在内部控制评价报告中进行披露。

由于内部控制缺陷的重要性和影响程度是相对于内部控制目标而言的。按照对财务报告目标和其他内部控制目标实现影响的具体表现形式,区分财务报告内部控制缺陷和非财务报告内部控制缺陷,并分别阐述内部控制缺陷的认定标准。

### (一) 财务报告内部控制缺陷的认定标准

与财务报告内部控制相关的内部控制缺陷所采用的认定标准直接取决于由于该内部控制缺陷的存在可能导致的财务报告错报的重要程度。其中,所谓"重要程度"主要取决于两个方面的因素:① 该缺陷是否具备合理可能性,导致企业的内部控制不能及时防止(或发现)并纠正财务报告错报。② 该缺陷单独或连同其他缺陷可能导致的潜在错报金额的大小。一般而言,如果一项内部控制缺陷单独或连同其他缺陷具备合理可能性,导致不能及时防止(或发现)并纠正财务报告中的重大错报,就应将该缺陷认定为重大缺陷。一项内部控制缺陷单独或连同其他缺陷具备合理可能性,导致不能及时防止(或发现)并纠正财务报告中错报的金额,虽然未达到和超过重要性水平,但仍应引起董事会和管理层重视,就应将该缺陷认定为重要缺陷。不构成重大缺陷和重要缺陷的内部控制缺陷,应认定为一般缺陷。

一旦企业的财务报告内部控制存在一项或多项重大缺陷,就不能得出该企业的财务报告内部控制有效的结论。因此,财务报告内部控制重大缺陷的认定十分关键,而区分一项内部控制缺陷是否构成了重大缺陷的分水岭是重要性水平,重要性水平之上的为重大错报,重要性水平之下的为重要错报或者一般错报。重要性水平的确定有两种方法:绝对金额法和相对比例法。绝对金额法即直接将某一绝对金额作为重要性水平,如将 10 000 元作为重要性水平,则错报金额超过 10 000 元的应该被认定为重大错报;相对比例法是将某一总体金额的一定比例作为重要性水平,如错报金额超过收入总额的 1% 的错报应当被认定为重大错报。

然而,重大缺陷、重要缺陷的界定是相对的,对于有下属单位的集团公司,如果下属单位存在重大缺陷,并不能表明集团公司存在重大缺陷,但至少应作为重要缺陷向董事会、管理层汇报,而下属单位的重要缺陷则应视对整个集团的影响及普遍程度确定是否属于集团重要缺陷,但下属单位重要缺陷至少应该向经理层汇报。

出现以下迹象之一的,通常表明财务报告内部控制可能存在重大缺陷:① 董事、监事和高级管理人员舞弊;② 企业更正已公布的财务报告;③ 注册会计师发现当期财务报告存在重大错报,而内部控制在运行过程中未能发现该错报;④ 企业审计委员会和内部审计机构对内部控制的监督无效。

需要说明的是，内部控制缺陷的严重程度并不取决于是否实际发生了错报，而是取决于该控制不能及时防止（或发现）并纠正潜在缺陷的可能性，即只要存在这种合理可能性，不论企业的财务报告是否真正发生了错报，都意味着财务报告内部控制存在缺陷。

### （二）非财务报告内部控制缺陷的认定标准

非财务报告内部控制缺陷，是指除财务报告目标之外的与其他目标相关的内部控制缺陷，包括战略内部控制缺陷、经营内部控制缺陷、合规内部控制缺陷、资产内部控制缺陷。非财务报告目标内部控制缺陷的认定具有涉及面广、认定难度大的特点，尤其是战略内部控制缺陷和经营内部控制缺陷。这是因为战略目标和经营目标的实现往往受到企业不可控的诸多外部因素的影响，所设计的内部控制只能合理保证董事会和经理层了解这些目标的实现程度。因此，在认定与这些目标相关的内部控制缺陷时，不能只考虑最终的结果，而应主要考察企业制定战略、开展经营活动的机制和程序是否符合内部控制要求，以及不适当的机制和制度对战略目标和经营目标的实现可能造成的影响。

非财务报告内部控制缺陷的认定可以采用定性和定量的认定标准，企业可以根据风险评估的结果，结合自身的实际情况、管理现状和发展要求合理确定。定量标准（即涉及金额的大小）既可以根据造成直接财产损失的绝对金额制定，也可以根据直接损失占本企业资产、销售收入及利润等的比率确定；定性标准（即涉及业务性质的严重程度）可根据其直接或潜在负面影响的性质、影响的范围等因素确定。

以下迹象通常表明非财务报告内部控制可能存在重大缺陷：① 违反法律、法规；② 除政策性亏损原因外，企业连年亏损，持续经营受到挑战；③ 缺乏制度控制或制度系统性失效，如企业财务部、销售部控制点全部不能执行；④ 并购重组失败，或新扩充下属单位的经营难以为继；⑤ 子公司缺乏内部控制建设，管理散乱；⑥ 企业管理层人员纷纷离开或关键岗位人员流失严重；⑦ 被媒体频频曝光负面新闻；⑧ 内部控制评价的结果特别是重大或重要缺陷未得到整改。

财务报告缺陷和非财务报告缺陷其实难以做严格的区分，如内部环境、重大安全事故等。如果对一项缺陷应属于财务报告缺陷还是非财务报告缺陷难以准确区分，制定标准时应本着是否影响财务报告目标的原则来区分。

## 三、内部控制缺陷的认定步骤

### （一）财务报告内部控制缺陷的认定步骤

结合财务报告内部控制缺陷的认定标准，财务报告内部控制缺陷的认定有五个步骤。

第一步，结合财务报告内部控制缺陷的迹象，判断是否可能存在财务报告内部控制缺陷。

第二步，确定重要性水平和一般水平，以此作为判断缺陷类型的临界值。可采用绝对金额法或者相对比例法进行确定。

第三步，抽样。按照业务发生频率的高低和账户的重要性确定抽样数量。

第四步，计算潜在错报金额。根据控制点错报样本数量和样本量，在潜在错报率对照表中查找对应的潜在错报率，之后统计出相应账户的同向累计发生额，计算控制点潜在错报金额。其计算公式为：

潜在错报金额＝潜在错报率×相应账户的同向累计发生额

第五步,如果重要性水平和一般水平是绝对金额,那么可直接将潜在错报金额合计数与其进行比较,判断缺陷类型;如果重要性水平和一般水平是相对数,需进一步计算错报指标再进行比较判断。错报指标的计算公式如下,其中,分母所选用的指标应与确定重要性水平的指标保持一致。

$$错报指标 = \frac{潜在错报金额合计数}{当期主营业务收入（或期末资产）}$$

### （二）非财务报告内部控制缺陷的认定步骤

第一步,结合相关迹象,判断是否可能存在非财务报告内部控制缺陷。

第二步,采用定性或者定量的方法确定认定标准。比如,某公司制定的非财务报告缺陷认定标准,如表8-1所示。

表8-1 公司的非财务报告缺陷认定标准

| 缺陷认定等级 | 直接财产损失金额 | 重大负面影响 |
| --- | --- | --- |
| 一般缺陷 | 10万元(含10万元)～500万元 | 或受到省级(含省级)以下政府部门处罚,但未对本公司定期报告披露造成负面影响 |
| 重要缺陷 | 500万元(含500万元)～10 000万元 | 或受到国家政府部门处罚,但未对本公司定期报告披露造成负面影响 |
| 重大缺陷 | 10 000万元及以上 | 或已经对外正式披露并对本公司定期报告披露造成负面影响 |

第三步,根据标准分别对每起事故进行认定。

[案例8-1]
北大荒公司的重大缺陷与重要缺陷

## 四、内部控制缺陷的处理办法

内部控制缺陷按照成因分为设计缺陷和运行缺陷。对于设计缺陷,应从企业内部的管理制度入手查找原因,需要更新、调整、废止的制度要及时进行处理,并同时改进内部控制体系的设计,弥补设计缺陷的漏洞。对于运行缺陷,则应分析出现的原因,查清责任人,并有针对性地进行整改。

内部控制缺陷按照影响程度分为重大缺陷、重要缺陷和一般缺陷。对于重大缺陷,应当由董事会予以最终认定,企业要及时采取应对策略,切实将风险控制在可承受范围之内。对于重要缺陷和一般缺陷,企业应当及时采取措施,避免发生损失。企业应当编制内部控制缺陷认定汇总表,结合实际情况对内部控制缺陷的成因、表现形式和影响程度进行综合分析和全面复核,提出认定意见和改进建议,确保整改到位,并以适当形式向董事会、监事会或者经理层报告。

对于因内部控制缺陷造成经济损失的,企业应当查明原因,追究相关部门和人员的责任。

## 第四节　内部控制评价工作底稿与报告

企业内部控制评价部门应根据日常监督与专项监督的工作,结合内部控制缺陷的认定与整改结果,形成一系列评价底稿,最终形成内部控制评价报告。内部控制评价报告是内部控制评价的最终体现。

### 一、内部控制评价底稿

内部控制评价工作底稿是内部控制工作的载体,也是内部控制评价报告形成的基础。在实际工作中,评价底稿一般是通过一系列的评价表格来实现的。一般来说,评价底稿包括业务流程评价表、控制要素评价表、内部控制评价汇总表三个层次。其中,业务流程评价表形成控制要素评价表的"控制活动要素评价"部分,控制要素评价表连同内部控制缺陷汇总表一起构成内部控制评价汇总表,内部控制评价汇总表是形成内部控制报告的直接依据。

#### (一)业务流程评价表

企业的经营活动涉及多个业务流程,包括采购业务流程、销售业务流程、工程项目流程、担保业务流程等。企业应根据其自身业务特点,设计合理的业务流程模块,由相对独立的评价小组对每个业务流程进行测试与评价,形成业务流程评价表。各类业务流程评价应包括设计有效性和运行有效性。各业务流程评价表应包括评价指标(对控制点的描述)、评价标准(检查是否符合控制要求)、评价证据(如××规定或实施办法或抽取的样本对应的凭证号等)、评价结果(评价得分)、未有效执行的原因等。

#### (二)控制要素评价表

控制要素评价表包括内部环境评价表、风险评估评价表、控制活动评价表、信息与沟通评价表、内部监控评价表。其中,内部环境评价表、风险评估评价表、信息与沟通评价表、内部监控评价表都是根据现场评价结果直接形成的,而控制活动评价表是在对各业务流程评价表的基础上汇总而成的。内部控制要素评价表的内容包括评价指标、评价标准、评价结果、评价得分等。

#### (三)内部控制评价汇总表

内部控制评价汇总表包括以下几个部分:内部环境评价及其评分,风险评估评价及其评分,控制活动评价及其评分,信息与沟通评价及其评分,内部监控评价及其评分,缺陷的认定,综合评价得分。内部控制评价汇总表是在内部控制五大要素评价表的基础上汇总形成的,并将缺陷的认定单列项目,作为最后评价得分的减项。为了更清楚地了解缺陷的基本情况,应分类反映缺陷数量、等级等项目。

## 二、内部控制评价报告

### (一)内部控制评价报告的内容

根据《企业内部控制评价指引》第二十一条和第二十二条的相关规定,内部控制评价报告一般包括以下内容。

1. 董事会声明

声明董事会及全体董事对报告内容的真实性、准确性、完整性承担个别及连带责任,保证报告内容不存在任何虚假记载、误导性陈述或重大遗漏。

2. 内部控制评价工作的总体情况

明确企业内部控制评价工作的组织、领导体制、进度安排,是否聘请会计师事务所对内部控制有效性进行独立审计。

3. 内部控制评价的依据

说明企业开展内部控制评价工作所依据的法律、法规和规章制度。

4. 内部控制评价的范围

描述内部控制评价所涵盖的被评价单位,以及纳入评价范围的业务事项,以及重点关注的高风险领域。内部控制评价的范围有所遗漏的,应说明原因及其对内部控制评价报告真实完整性产生的重大影响等。

5. 内部控制评价的程序和方法

描述内部控制评价工作遵循的基本流程,以及评价过程中采用的主要方法。

6. 内部控制缺陷及其认定

描述适用本企业的内部控制缺陷具体认定标准,并声明与以前年度保持一致或做出的调整及相应的原因;根据内部控制缺陷认定标准,确定评价期末存在的重大缺陷、重要缺陷和一般缺陷。

7. 内部控制缺陷的整改情况

对于评价期间发现、期末已完成整改的重大缺陷,说明企业有足够的测试样本显示,与该重大缺陷相关的内部控制设计合理且运行有效。针对评价期末存在的内部控制缺陷,公司拟采取的整改措施及预期效果。

8. 内部控制有效性的结论

对不存在重大缺陷的情形,出具评价期末内部控制有效的结论;对存在重大缺陷的情形,不得做出内部控制有效的结论,并需描述该重大缺陷的性质及其对实现相关控制目标的影响程度,以及可能给公司未来生产经营带来相关风险。自内部控制评价报告基准日至内部控制评价报告发出日,发生重大缺陷的,企业须责成内部控制评价机构予以核实,并根据核查结果对评价结论进行相应的调整,说明董事会拟采取的措施。

### (二)内部控制评价报告的编制要求

内部控制评价报告可分为对内报告和对外报告,对外报告是为了满足外部信息使用者的需求,需要对外披露,在时间上具有强制性,披露内容和格式强调符合披露要求;对内报告主要是为了满足管理层或治理层改善管控水平的需要,不具有强制性,内容、格式和披露时间由企业自行决定。

企业因其外部环境和内部条件的变化,其内部控制系统不可能是固定的、一成不变的,而是一个不断更新和自我完善的动态体系,因此对内部控制需要经常展开评价,在实际工作中可以采用定期与不定期相结合的方式。

对外报告一般采用定期的方式,即企业至少应该每年进行一次内部控制评价并由董事会对外发布内部控制报告。年度内部控制评价报告应当以12月31日为基准日。值得说明的是,如果企业在内部控制评价报告年度内发生了特殊的事项且具有重要性,或因为具有了某种特殊原因(如企业因目标变化或提升),企业需要针对这种特殊事项或原因及时编制内部控制评价报告并对外发布。这种类型的内部控制评价报告属于非定期的内部控制报告。

内部报告一般采用不定期的方式,即企业可以持续地开展内部控制的监督与评价,并根据结果的重要性随时向董事会(审计委员会)或经理层报送评价报告。从广义上讲,企业针对发现的重大缺陷等向董事会(审计委员会)或经理层报送的内部报告(内部控制缺陷报告)也属于非定期的报告。

根据《企业内部控制基本规范》《企业内部控制评价指引》的要求,财政部等五部委制定了企业内部控制评价报告的格式,供企业编制评价报告时参考,企业也可以根据实际情况对具体的报告方式做适当调整,但有关内容原则上应体现在年度报告中。根据《企业内部控制规范体系实施中相关问题解释第1号》的规定,内部控制评价报告的格式如下,括号中为内容填报说明。

## ××公司××年度内部控制评价报告

××公司全体股东:

根据《企业内部控制基本规范》及其配套指引的规定和要求,结合本公司(以下简称公司)内部控制制度和评价办法,在内部控制日常监督和专项监督的基础上,我们对公司内部控制的有效性进行了自我评价。

### 一、董事会声明

公司董事会及全体董事保证本报告内容不存在任何虚假记载、误导性陈述或重大遗漏,并对报告内容的真实性、准确性和完整性承担个别及连带责任。

建立健全并有效实施内部控制是公司董事会的责任;监事会对董事会建立与实施内部控制进行监督;经理层负责组织领导公司内部控制的日常运行。

公司内部控制的目标是:(一般包括合理保证经营合法合规、资产安全、财务报告及相关信息真实完整,提高经营效率和效果,促进实现发展战略)。由于内部控制存在固有局限性,故仅能对实现上述目标提供合理保证。

### 二、内部控制评价工作的总体情况

公司董事会授权内部审计机构(或其他专门机构)负责内部控制评价的具体组织实施工作,对纳入评价范围的高风险领域和单位进行评价(描述评价工作的组织领导体制,一般包括评价工作组织结构图、主要负责人及汇报途径等)。

公司(是/否)聘请了专业机构(中介机构名称)提供内部控制咨询服务;公司(是/否)聘请了专业机构(中介机构名称)协助开展内部控制评价工作;公司(是/否)聘请会计师事务所(会计师事务所名称)对公司内部控制进行独立审计。

### 三、内部控制评价的范围

内部控制评价的范围涵盖了公司及其所属单位的主要业务和事项（列明评价范围占公司总资产比例或占公司收入比例等），重点关注下列高风险领域：

（列示公司根据风险评估结果确定的内部控制前"十大"主要风险）

纳入评价范围的单位包括：

（不是罗列单位名称，而是描述纳入评价范围单位的行业性质、层级等）

纳入评价范围的业务和事项包括（根据实际情况调整，未尽事项可以充实）：

（一）组织架构

（二）发展战略

（三）人力资源

（四）社会责任

（五）企业文化

（六）资金活动

（七）采购业务

（八）资产管理

（九）销售业务

（十）研究与开发

（十一）工程项目

（十二）担保业务

（十三）业务外包

（十四）财务报告

（十五）全面预算

（十六）合同管理

（十七）内部信息传递

（十八）信息系统

上述业务和事项的内部控制涵盖了公司经营管理的主要方面，不存在重大遗漏。

（如存在重大遗漏）公司本年度未能对以下构成内部控制重要方面的单位或业务（事项）进行内部控制评价：

[逐条说明未纳入评价范围的重要单位或业务（事项），包括单位或业务（事项）描述、未纳入的原因、对内部控制评价报告真实完整性产生的重大影响等]

### 四、内部控制评价的程序和方法

内部控制评价工作严格遵循基本规范、评价指引及公司内部控制评价办法规定的程序执行（描述公司开展内部控制检查评价工作的基本流程）。

评价过程中，我们采用了（个别访谈、调查问题、专题讨论、穿行测试、实地查验、抽样和比较分析）等适当方法，广泛收集公司内部控制设计和运行是否有效的证据，如实填写评价工作底稿，分析、识别内部控制缺陷（说明评价方法的适当性及证据的充分性）。

### 五、内部控制缺陷及其认定

公司董事会根据基本规范、评价指引对重大缺陷、重要缺陷和一般缺陷的认定要求，结合公司规模、行业特征、风险偏好和风险承受度等因素，研究确定了适用本公司的内部控制缺陷具体认定标准,并与以前年度保持了一致(描述公司内部控制缺陷的定性及定量标准),或做出了调整(描述具体调整标准及原因)。

根据上述认定标准,结合日常监督和专项监督情况,我们发现报告期内存在(数量)个缺陷,其中重大缺陷(数量)个,重要缺陷(数量)个。重大缺陷分别为:(对重大缺陷进行描述,并说明其对实现相关控制目标的影响程度)。

### 六、内部控制缺陷的整改情况

针对报告期内发现的内部控制缺陷(含上一期间未完成整改的内部控制缺陷),公司采取了相应的整改措施(描述整改措施的具体内容和实际效果)。对于整改完成的重大缺陷,公司有足够的测试样本显示,与重大缺陷(描述该重大缺陷)相关的内部控制设计且运行有效(运行有效的结论需提供90天内有效运行的证据)。

经过整改,公司在报告期末仍存在(数量)个缺陷,其中重大缺陷(数量)个,重要缺陷(数量)个。重大缺陷分别为:(对重大缺陷进行描述)。

针对报告期末未完成整改的重大缺陷,公司拟进一步采取相应措施加以整改(描述整改措施的具体内容及预期达到的效果)。

### 七、内部控制有效性的结论

公司已经根据基本规范、评价指引及其他相关法律法规的要求,对公司截至20××年12月31日的内部控制设计与运行的有效性进行了自我评价。

(存在重大缺陷的情形)报告期内,公司在内部控制设计与运行方面存在尚未完成整改的重大缺陷(描述该缺陷的性质及其对实现相关控制目标的影响程度)。由于存在上述缺陷,可能会给公司未来生产经营带来相关风险(描述该风险)。

(不存在重大缺陷的情形)报告期内,公司对纳入评价范围的业务与事项均已建立了内部控制,并得以有效执行,达到了公司内部控制的目标,不存在重大缺陷。

自内部控制评价报告基准日至内部控制评价报告发出日之间(是/否)发生对评价结论产生实质性影响的内部控制的重大变化:(如存在,描述该事项对评价结论的影响及董事会拟采取的应对措施)。

我们注意到,内部控制应当与公司经营规模、业务范围、竞争状况和风险水平等相适应,并随着情况的变化及时加以调整。(简要描述下一年度内部控制工作计划)未来期间,公司将继续完善内部控制制度,规范内部控制制度执行,强化内部控制监督检查,促进公司健康、可持续发展。

董事长:(签名)

××公司

×年×月×日

### (三)内部控制评价报告的披露与报送

在我国,随着《企业内部控制基本规范》以及配套指引的陆续推出,内部控制信息披露已经逐渐步入强制性阶段。《企业内部控制评价指引》规定,企业编制的内部控制评价报告应当报经董事会或类似权力机构批准后对外披露或报送相关部门。企业应以每年的12月31日为年度内部控制评价报告的基准日,于基准日后4个月内报出内部控制评价报告。对于委托注册会计师对内部控制的有效性进行审计的公司,应同时将内部控制审计报告对外披露或报送。对于自内部控制评价报告基准日至内部控制评价报告报出日发生的影响内部控制有效性的因素,内部控制评价部门应予以关注,并根据其性质和影响程度对评价结论进行相应调整。企业内部控制评价报告应按规定报送有关监管部门,对于国有控股企业,应按要求报送国有资产监督管理部门和财政部门;对于金融企业,应按规定报送银行业监督管理部门和保险监督管理部门;对于公开发行证券的企业应报送证券监督管理部门。

[案例8-2]
中国远洋控股股份有限公司
内部控制自我评价报告分析

# 复习题

1. 谈谈你对内部控制评价定义的理解。
2. 在开展内部控制评价工作时,全面性和重要性哪个更重要?二者应如何权衡?
3. 内部控制评价具体内容有哪些?试说出几种常见的内部控制评价方法。
4. 内部控制的缺陷有几种类型?财务报告内部控制缺陷的认定标准是什么?
5. 根据《企业内部控制基本规范》及其评价指引,内部控制报告的内容与格式有哪些具体要求?

# 练习题

## 一、单项选择题

1. 企业内部控制评价的主体是( )。
   A. 政府机关              B. 会计师事务所
   C. 董事会或类似权力机构   D. 财务部门
2. 企业内部控制评价的对象是( )。
   A. 内部控制规章制度   B. 内部控制有效性
   C. 财务报告的公允性   D. 内部控制环境
3. 对内部控制评价承担最终责任的内部控制评价责任主体是( )。
   A. 董事会    B. 经理层    C. 监事会    D. 审计委员会
4. 企业内部控制评价工作的起点是( )。
   A. 明确内部控制目标      B. 制定内部控制评价方案
   C. 组成评价工作组        D. 确定评价方法
5. 内部控制评价工作的最终表现为( )。
   A. 财务报告              B. 审计报告
   C. 内部控制评价工作底稿  D. 内部控制评价报告
6. 企业年度内部控制评价报告报出的时限是基准日后( )。
   A. 一个月    B. 两个月    C. 三个月    D. 四个月

7. 审议内部控制评价报告,对董事会建立与实施内部控制进行监督的机构是( )。
   A. 经理层　　　　B. 各专业部门　　　C. 监事会　　　　D. 企业所属单位
8. 适当分离内部控制设计部门与内部控制评价部门是为了保证内部控制评价工作的( )。
   A. 全面性　　　　B. 重要性　　　　　C. 客观性　　　　D. 独立性
9. 一般而言,如果一项内部控制缺陷单独或连同其他缺陷具备合理可能性导致不能及时防止或发现并纠正财务报告中的重大错报,就应将该缺陷认定为( )。
   A. 重大缺陷　　　B. 重要缺陷　　　　C. 一般缺陷　　　D. 严重缺陷
10. 下列有关内部控制评价的说法中错误的是( )。
    A. 内部控制评价应紧紧围绕内部环境、风险评估、控制活动、信息与沟通、内部监督五要素进行
    B. 内部控制的有效性是指企业建立与实施内部控制对实现控制目标提供合理保证的程度
    C. 企业实施内部控制评价,仅包括对内部控制设计有效性的评价,不包括运行有效性的评价
    D. 董事会可以通过审计委员会来承担对内部控制评价的组织、领导、监督职责

## 二、多项选择题

1. 从控制目标的角度来看,内部控制的有效性可分为( )。
   A. 合规目标内部控制的有效性　　　B. 资产目标内部控制的有效性
   C. 报告目标内部控制的有效性　　　D. 经营目标内部控制的有效性
   E. 战略目标内部控制的有效性
2. 企业对内部控制评价至少应当遵循的原则包括( )。
   A. 全面性原则　　B. 重要性原则　　C. 客观性原则　　D. 有效性原则
   E. 时效性原则
3. 《企业内部控制评价指引》第十五条规定,内部控制评价工作组对被评价单位进行现场测试时,可以单独或者综合运用的方法有( )。
   A. 个别访问　　　B. 调查问卷　　　C. 专题讨论　　　D. 穿行测试
   E. 实地查验
4. 按照内部控制缺陷的性质即影响内部控制目标实现的严重程度分类,内部控制缺陷分为( )。
   A. 重大缺陷　　　B. 重要缺陷　　　C. 一般缺陷　　　D. 设计缺陷
   E. 运行缺陷
5. 可认定为内部控制存在运行缺陷的情况有( )。
   A. 由不恰当的人执行　　　　　　　B. 未按设计的方式运行
   C. 运行的时间或频率不当　　　　　D. 没有得到一贯有效运行
   E. 制度设计存在漏洞
6. 内部控制评价方法包括( )。
   A. 个别访问　　　B. 调查问卷　　　C. 观察　　　　　D. 抽样
   E. 实地查验

7. 个别访谈具体的运用流程包括( )。
A. 集合有关专业人员　　　　　　　B. 形成访谈提纲
C. 撰写访问纪要　　　　　　　　　D. 记录访问的内容
E. 任意选取一笔交易作为样本
8. 内部控制评价的内容主要包括( )。
A. 内部环境评价　B. 风险评估评价　C. 控制活动评价　D. 信息与沟通评价
E. 内部监督评价
9. 内部控制缺陷按其成因分为( )。
A. 重大缺陷　　　B. 重要缺陷　　　C. 一般缺陷　　　D. 设计缺陷
E. 运行缺陷
10. 企业在内部控制评价报告中披露的内容包括( )。
A. 董事会声明　　　　　　　　　　B. 内部控制评价工作的总体情况
C. 内部控制评价的依据　　　　　　D. 内部控制缺陷及其认定
E. 内部控制缺陷的整改情况

### 三、判断题

1. 董事会可以聘请会计师事务所对其内部控制的有效性进行审计,但其承担的责任不能因此减轻或消除。　　　　　　　　　　　　　　　　　　　　　　　　　( )
2. 内部控制评价能为内部控制目标的实现提供绝对保证。　　　　　　　( )
3. 为节省成本,为企业提供内部控制审计的会计师事务所,可以同时为同一家企业提供内部控制评价服务。　　　　　　　　　　　　　　　　　　　　　　( )
4. 内部控制缺陷一经认定为重大缺陷,内部控制评价报告将会被出具"否定意见"。( )
5. 对于有下属单位的集团公司,如果下属单位存在重大缺陷,并不能表明集团公司存在重大缺陷。　　　　　　　　　　　　　　　　　　　　　　　　　　　( )
6. 内部控制缺陷的严重程度并不取决于该控制不能及时防止或发现并纠正潜在缺陷的可能性,而是取决于是否实际发生了错报。　　　　　　　　　　　　　( )
7. 内部控制评价报告可分为对内报告和对外报告。对外报告一般采用定期的方式,内部报告一般采用不定期的方式。　　　　　　　　　　　　　　　　　　( )
8. 对于自内部控制评价报告基准日至内部控制评价报告报出日之间发生的影响内部控制有效性的因素,内部控制评价部门可以不予关注。　　　　　　　　　( )
9. 企业内部控制缺陷认定一般可采用绝对金额法或者相对比例法确定重要性水平和一般水平,以此作为判断缺陷类型的临界值。　　　　　　　　　　　　　( )
10. 如果对一项缺陷应属于财务报告缺陷还是非财务报告缺陷难以区分,制定标准时应本着是否影响财务报告目标的原则来区分。　　　　　　　　　　　　　( )

### 案例讨论

# 第九章 内部控制审计

**预习题**

1. 什么是内部控制审计？
2. 注册会计师如何在内部控制审计报告中反映企业内部控制缺陷？
3. 内部控制审计与财务报表审计的联系与区别是什么？
4. 如何进行内部控制审计？
5. 什么是内部控制审计自上而下的方法？

 引 例

### "万达集团"审计部大揭秘

**一、万达的审计定位主要是反腐败**

为什么万达会将审计定位为反腐败，这主要源于两点原因。第一，房地产行业本身是一个腐败高发的行业，尤其像万达这种布局全国、以资金管理为核心、周期长、链条长的企业更是如此。正所谓人性本恶，如果没有审计作为强大的腐败震慑，很难保证人们不会铤而走险。第二，万达本身是民营企业。民营的企业产权明晰，所有者与经营者之间存在明确的委托代理关系，道德风险和逆向选择的公司治理问题最为明显，更何况人员众多，控制措施和制度的有效性检查自然成为民营企业家关注的重点。当然，腐败更是零容忍。事情就是这样，勿以善小而不为，勿以恶小而为之。定位为反腐败也是众多民营企业家给内部审计部门的定位，它就好比"东厂""西厂"，王健林指到哪里，审计就要跟到哪里，他可不会管审计的定义是怎么定义的，管用，就是实效所追求的。

当然，万达审计部门查出的问题不是就事论事，而是注重从制度及组织架构上全盘考虑，从根上杜绝腐败的发生。也就是说，审计虽然是定位为腐败，但更重要的是如何通过审计的预防并力求在企业内部杜绝腐败，以促进制度与体制的健全和完善。

**二、内部审计部门具有超然的独立性和权威性**

与华为一样，内部审计部门成为董事长王健林直接管理的唯一部门。无论是审计计划、审计问题、审计结论还是审计建议都需要直接向王健林本人直接汇报。就连众多的审计项目通知书都是由王健林本人亲自签发。审计自身独立性很强，没有具体业务，没有利益相关，不受任何人干扰。王健林本人对审计师是极其重视的，已经在万达形成一种文化。王健林本人信奉审计是一种哲学，没有约束，人性本不善。因此，正是这种重视程度，和审计部门

超然的独立性造就了审计的权威性,审计工作不存在领导不重视的问题,就怕无所作为。

### 三、审计部门不断培训,树立终身学习理念

正是由于领导重视程度极高,相信在万达这种公司里做审计的技术压力是相当大的。既要有专业知识,还要懂业务,更更要的是你必须全能。尤其是面对不断创新、不断产生新业务的万达,审计人员更是需要终身学习,不断培训。于是,每年年底万达审计做得最重要的一件事就是充电学习。做法是邀请各个系统的总经理授课,介绍行业特点和具体管理措施,审计部门借此研究如何监管。此外,每年还会聘请国家各个部委专家就最新的政策变化进行授课,以避免合规风险。

### 四、及时沟通宣传审计职能及审计案例,发挥警示作用

万达的审计人员的必修课就是沟通,沟通的另外一面是营销和影响被审计单位。每次的审计预备会议,万达要求连打扫卫生的阿姨都要参加,主要讲解审计的作用、审计的依据、审计的大案要案。这本身就是对审计的一种宣传和营销,也起到了敲山震虎的警示作用。

### 五、万达的审计部门对于新媒体、信息化应用很普遍

万达的信息系统相当发达,信息化覆盖了整个集团。借助这些软件,审计人员足不出户就可以实施审计。例如,审计部门在对酒店会员积分管理系统进行数据分析时,发现有三家酒店在餐饮消费上存在高额、异常的积分记录,于是审计人员立刻实施现场审计,最终证实这三家酒店存在餐饮员工利用客人消费为自己积分的舞弊行为,数额巨大,其中一家酒店整个餐厅的员工每个人都参与了舞弊。非现场的远程审计与现场审计相互结合构成了万达审计的特色,其实也是大数据化下如何实施审计的一个典型,这样大大提高了审计效率,审计的精度也大大地提高了。

这就是万达的审计。一个企业的成功和可持续发展是有原因的。万达之所以成功,与管理者重视审计不无关系。一个企业重视管理,就必须重视控制,一个企业重视控制就必须重视审计。中国的企业在面对国家新常态的背景下,迎来了降低成本、加强管控、完善流程的新时期,如果不重视审计在这其中发挥的作用,企业是不可能得到转型和可持续发展的。

(资料来源:首席审计官."万达集团"审计部大揭秘.2016－02－27.http://156181.bluemp.cn/Home/Search/preview? wid＝156181&url＝％2FPortal％2Farticle％2Faid％2F68560.html)

**思考:**
企业应该如何通过审计来控制企业的风险?

# 第一节　审计范围与审计目标

## 一、内部控制审计的定义

内部控制审计,是指会计师事务所接受委托,对特定基准日内部控制设计与运行的有效性进行审计。

鉴证业务按照保证程度的不同分为合理保证和有限保证。合理保证鉴证业务的目标是

注册会计师将鉴证业务风险降至该业务环境下可接受的低水平,以此作为以积极方式提出结论的基础。依据《基本规范》和《企业内部控制审计指引》(以下简称《企业内部控制审计指引》),我国的内部控制审计,是注册会计师针对被审计单位的内部控制实施合理保证(高水平保证)的鉴证业务。有限保证的目标是注册会计师将鉴证业务风险降到该业务环境下可接受的水平,以此作为以消极方式提出结论的基础。

鉴证业务分为基于责任方认定的业务和直接报告业务。在直接报告业务中,注册会计师直接对鉴证对象进行评价或计量,从责任方获取对鉴证对象评价或计量的认定,而该认定无法为预期使用者获取,预期使用者只能通过阅读鉴证报告获取鉴证对象的信息。我国的内部控制审计基本上属于直接报告业务。

## 二、内部控制审计的依据

财政部、审计署、证监会、银监会和保监会制定的《企业内部控制基本规范》是内部控制审计的重要依据。依据沪深两市的上市公司内部控制指引,沪深两市鼓励上市公司董事会开展内部控制自我评估,在披露年报时披露内部控制自我评估报告,并且同时披露负责年报审计的会计师事务所的审核评价意见。具体的依据如下:

(1)《证券法》(中华人民共和国主席令〔2005〕第 43 号)第 149 条;

(2)《企业内部控制基本规范》(财会〔2008〕7 号);

(3)《证券公司管理办法》(中国证券监督管理委员会令〔2001〕第 5 号)第 31 条;

(4)《证券公司客户资产管理业务试行办法》(中国证券监督管理委员会令〔2003〕第 17 号);

(5)《公开发行证券的公司信息披露内容与格式准则第 2 号——年度报告的内容与格式》(证监公司字〔2007〕212 号)第 9 条;

(6)《上海证券交易所上市公司内部控制指引》(2006 年);

(7)《深圳证券交易所上市公司内部控制指引》(2006 年)。

## 三、内部控制审计的业务范围界定

内部控制审计的范围问题,主要指注册会计师是对企业财务报告内部控制进行审计,还是对企业所有内部控制进行审计。

财务报告内部控制,是指企业为了合理保证财务报告及相关信息的真实完整而设计和运行的内部控制,以及用于保护资产安全的内部控制中与财务报告可靠性目标相关的控制。

非财务报告内部控制,是指除财务报告内部控制之外的其他控制。它通常是指为了合理保证除财务报告及相关信息、资产安全外的其他控制目标的实现而设计和运行的内部控制。

内部控制审计的范围,决定了注册会计师的工作范围,也决定着审计的质量、成本和责任,以及审计的可行性。为了遏制内部控制各种可能的外部性,为财务报表使用者提供尽可能多的附加信息,促进被审计单位全面加强内部控制建设,内部控制审计应当以整个内部控制为审计范围。但是,由于内部控制是一个内容广泛的概念,边界模糊,因此以整个内部控制作为内部控制审计的范围,既不明确又不经济,审计的可行性差。

如何确定内部控制审计的范围,需要考虑四个因素。

### (一) 注册会计师的胜任能力

注册会计师的专长领域主要在会计、审计、税法、财务成本管理、公司战略、财务报告内部控制等方面。其他领域的内部控制,如生产安全内部控制、产品质量内部控制、环境保护内部控制等,超出了注册会计师的知识、技能和经验范围,需要其他领域的专家进行鉴证。

### (二) 成本效益的约束

美国公众公司会计监督委员会(以下简称"PCAOB")通过对《审计准则第 2 号——与财务报表审计相关的财务报告内部控制审计》(以下简称"AS2")实施情况的研究表明,注册会计师对财务报告内部控制的审计带来了巨大的效益,推进了公司治理和内部控制的完善,提高了财务报告质量;但巨大的收益伴随着巨大的成本,执行财务报告内部控制审计的费用超出了预期,大幅增加了企业的成本。因此,PCAOB 对 AS2 的要求进行了修改,简化了程序,提出了新的第 5 号审计准则《与财务报表审计整合的财务报告内部控制审计》(以下简称"AS5")。如果将内部控制审计的范围扩展至其他方面,势必进一步加剧审计的成本效益矛盾。

### (三) 投资者的需求

注册会计师对内部控制进行审计的主要目的是满足投资者等信息使用者的需求,保护投资者权益。如果财务报告内部控制有效,可以使投资者对上市公司财务报告的可靠性有更多的信心,从而帮助投资者进行投资决策。并且,如果注册会计师认为财务报告内部控制没有问题,则意味着财务报表有重大问题的可能性大大降低,这在逻辑上是一致的,给投资者的信息也是一致的。

### (四) 对非财务报告内部控制审计的做法

从国外的情况看,内部控制审计主要局限在财务报告内部控制上。目前国际上尚未形成对非财务报告内部控制有效性进行评价的依据或标准,在判断上存在较大的主观因素,其结果缺乏可比性,对投资者的作用也很不确定。

综合考虑国外的成功经验、注册会计师的胜任能力、审计的标准、成本和效益、投资者需求等因素,内部控制审计只能重点解决内部控制弱化可能产生虚假财务信息的问题。目前,国内外已颁布的内部控制审计相关规范普遍规定,内部控制审计范围应当限于与财务报告有关的内部控制。

但是,如果企业仅关注财务报告内部控制,不利于内部控制规范的全面实施以及企业风险管控能力的提升,因此,《企业内部控制审计指引》第四条第二款规定,注册会计师应当对财务报告内部控制的有效性发表审计意见,并对内部控制审计过程中注意到的非财务报告内部控制的重大缺陷,在内部控制审计报告中增加"非财务报告内部控制重大缺陷描述段"予以披露。

可见,我国内部控制审计的定位主要针对的是财务报告内部控制,但是也合理涵盖了非财务报告内部控制。

## 四、内部控制审计的时间范围界定

内部控制审计时间的确定,主要有三种方式。

方式一:对特定基准日内部控制的有效性进行审计,针对特定时点的相关内部控制的有效性发表意见。

方式二：对特定时期内部控制的有效性进行审计，针对特定时期的相关内部控制的有效性发表意见。

方式三：对特定时期内部控制设计与运行的有效性进行审计，针对特定基准日的相关内部控制的有效性发表意见。

我国《企业内部控制审计指引》从三种方式的互动中寻求平衡，从程序上要求注册会计师应在特定期间对内部控制进行了解和有限测试，从结果上要求注册会计师针对特定时点的内部控制的有效性发表意见。

因此，注册会计师基于基准日（如每年的12月31日）内部控制的有效性发表意见，而非对财务报表涵盖的整个期间（如1年）的内部控制有效性发表意见。但这并不意味着注册会计师只关注企业基准日当天的内部控制，而是要考察企业一个时期内（足够长的一段时间）内部控制的设计和运行情况。例如，注册会计师可能在5月份对企业的内部控制进行测试，发现问题后提请企业进行整改，如6月份整改，企业的内部控制在整改后要运行一段时间（假设至少需要1个月），8月份注册会计师再对整改后的内部控制进行测试。因此，虽然是对企业12月31日（基准日）内部控制的设计和运行发表意见，但这里的基准日不是一个简单的时点概念，而是体现内部控制这个过程向前的延续性。注册会计师所采用的内部控制审计的程序和方法，也体现了这种延续性。

## 五、内部控制审计的目标

内部控制审计的目标是检查并评价内部控制的合法性、充分性、有效性及适宜性。内部控制的合法性、充分性、有效性及适宜性，具体表现为其能够保障资产、资金的安全，即保障资产、资金的存在、完整、所有权、金额正确、处于增值状态。所以，我们可以将内部控制审计的具体目标概括为：检查并评价内部控制能否确保资产、资金的安全，即检查并评价内部控制能否保障资产、资金的存在、完整、所有权、金额正确、处于增值状态。

内部控制审计目标与财务报表审计目标有一定的联系。内部控制审计的前四个目标实际就是财务报表审计的具体目标。企业管理层向外提供一张资产负债表，表上反映有多少资产，其明示或暗示了这样几个声明：资产负债表上反映的资产是存在的，是完整的，是属于自身的，金额是正确的。相应地，外部财务报表审计的具体目标也就是鉴证企业管理层的这些声明是否属实。

内部控制的评价标准总体来说是适当、合理、有效的。在进行内部控制审计时评价标准有两个层面：① 判断组织已有标准的适当性；② 基于组织利益最大化原则选择标准。

内部审计和外部审计在进行内部控制审计时，其目的和标准有所不同，如表9-1所示。

表9-1 内部审计和外部审计的内部控制审计不同

| 评价主体 | 评价目的 | 评价标准 |
| --- | --- | --- |
| 内部审计 | 促进实现组织目标，强化内部制度建设 | 合理、适当、有效性 |
| 外部审计 | 评估控制风险，确定细节测试的重点 | 健全、有效性 |

财务报告内部控制的有效性也可以根据其目标来理解，即如果公司的财务报告内部控

制为财务报告的可靠性和对外财务报表的编制符合公认会计原则提供了合理保证,就可认为是有效的。一般来说,财务报告内部控制的有效性包括设计和执行两个方面。

### (一)设计有效性

设计有效性是指公司是否适当地设计了能够防止或发现财务报表中存在重大错报的有关控制政策和程序。设计有效的财务报告内部控制,有助于防止或及时发现引起财务报表产生重大错报的错误或舞弊,使合理保证财务报表公允性的所有控制政策和程序都处在其位并由称职的人执行和监督。当缺乏实现控制目标的必要控制或即使按照设计的控制运行仍无法实现控制目标时,财务报告内部控制的设计就存在缺陷。

设计有效性的根本判断标准是设计出来的内部控制制度是否能为内部控制目标的实现提供合理保证。

### (二)执行有效性

执行有效性是指有关的控制政策和程序是否能够如其设计的一样发挥机能,它涉及公司是如何运用这些控制政策和程序和谁来执行这些政策和程序等。当设计合理的控制没有按照设计要求运行,或者执行控制者没有必要的授权或资格,财务报告内部控制的运行就存在缺陷。

具体而言,在评价内部控制的执行有效性时,应当着重考虑以下几个方面:① 内部控制在所评价期间内的不同时点是如何运行的;② 内部控制是否得到了一贯执行;③ 内部控制由谁执行;④ 内部控制以何种方式执行(如手工控制还是自动控制)。

## 六、内部控制审计中注册会计师的责任

### (一)被审计单位的内部控制责任

我国《企业内部控制审计指引》指出,建立健全和有效实施内部控制,评价内部控制的有效性是企业董事会的责任。换言之,内部控制本身有效与否是被审计单位的责任。

### (二)会计师事务所的内部控制审计责任

按照《企业内部控制审计指引》的要求,在实施审计工作的基础上对内部控制的有效性发表审计意见,是注册会计师的责任。即是否遵循《企业内部控制审计指引》开展内部控制审计并发表恰当的审计意见,才是注册会计师的责任。

但是,注册会计师应当对发表的审计意见独立承担责任,其责任不因为利用企业内部审计人员、内部控制评价人员和其他相关人员的工作而减轻。

因此,注册会计师在实施内部控制审计之前,应当在业务约定书中明确双方的责任;在发表内部控制审计意见之前,应当取得有关内部控制的管理层声明书。

内部控制审计对审计人员的专业判断能力提出了更高的要求,也加大了审计人员的风险、责任。因此,在面临这样一项全新的任务时,审计人员需要重新学习,以迎接前所未有的机会和挑战。

## 七、内部控制审计与财务报告审计的关系

### (一)内部控制审计与财务报告审计的联系

《企业内部控制审计指引》规定,注册会计师可以将内部控制审计与财务报表审计整合

进行(即整合审计),也可以单独进行内部控制审计。

财务报告内部控制审计与财务报表审计通常使用相同的重要性(或重要性水平),而且,审计准则所要求的风险导向审计与内部控制规范体系所要求的风险评估,在理念和方法上是趋于一致的,因此,整合审计具有较强的经济性与可行性。

实务中,注册会计师可以利用在一种审计中获得的结果为另一种审计中的判断和拟实施的程序提供信息。例如,注册会计师在审计财务报表时需获得的信息,在很大程度上依赖注册会计师对内控有效性得出的结论。

整合审计的目的,就是在内部控制审计中获取充分、适当的证据,支持注册会计师在财务报表审计中对内部控制的风险评估结果;同时,在财务报表审计中获取充分、适当的证据,支持注册会计师在内部控制审计中对内部控制的有效性发表意见。

### (二)内部控制审计与财务报告审计的区别

内部控制审计与财务报告审计在审计目标等方面存在一定的区别,如表9-2所示。

表9-2 内部控制审计与财务报表审计的比较

| 比较项目 | 内部控制审计 | 财务报表审计 |
| --- | --- | --- |
| 了解和测试内部控制的目的 | 了解和测试内部控制的直接目的是对内部控制设计和运行的有效性发表意见 | 财务报表审计按风险导向审计模式进行,了解内部控制是为了评估重大错报风险,测试内部控制是为了进一步证明了解内部控制时得出的初步结论,了解和测试内部控制的最终目的是服务于对财务报表发表审计意见的目的 |
| 测试范围 | 对所有重要账户、各类交易和列报的相关认定,都要了解和测试相关内部 | 在财务报表审计过程中,只有在以下两种情况下才强制要求对内部控制进行测试:(1)在评估认定存在重大错报风险时,预期控制的运行是有效的;(2)仅实施实质性程序并不能提供认定存在充分、适当的审计证据。在其他情况下,注册会计师可以不测试内部控制 |
| 测试时间 | 对特点基准日内部控制的有效性发表意见,不需要测试整个会计期间,但要测试足够长的期间 | 一旦确定需要测试,则需要测试内部控制在整个审计期间的运行有效性 |
| 测试样本量 | 对结论可靠性的要求高,测试的样本量大 | 对结论可靠性要求取决于计划从控制测试中得到的保证程度。样本量相对要小 |
| 报告结果 | 对外披露以正面、积极的方式,对内部控制是否有效发表审计意见 | (1)通常不披露内部控制的情况,除非是内部控制影响到对财务报表发表的审计意见;(2)以管理建议书的方式向管理层或治理层报告财务报表审计过程中发现的内部控制重大缺陷,但注册会计师没有义务专门实施审计程序,以发现和报告内部控制重大缺陷 |

[案例 9-1] 中国铁建内部审计的成功经验

中国铁建历史悠久,前身是中国人民解放军铁道兵,现为国务院国资委管理的特大型建筑企业。2021年《财富》"世界500强企业"排名第42位,"全球250家最大承包商"排名第3位,"中国企业500强"排名第12位。中国铁建系审计署内部审计指导监督司"央企内部审计创新发展联系点",长期以来,其内部审计机构坚持服务大局,赋能主责主业,积极履职尽责,在提升企业治理中发挥了重要作用。特别是近年来,确立了"最、高、先、全、集、少"六字工作目标,紧紧围绕企业打造"品质铁建"的奋斗目标,多措并举,成效显著,连续六次被评为全国内部审计先进单位,有力助推企业实现高质量发展。

一、强化顶层设计

中国铁建始终坚持"内部审计监督必须在中国共产党的集中统一领导下,才能更好地发挥保障中央企业稳健发展的作用"这一原则不动摇。2021年1月,公司成立党委审计委员会,由党委书记、董事长担任委员会主任,不断强化对内部审计工作的顶层设计和统筹协调。2021年,审计委员会召开6次专题会议,听取审计工作汇报,加强对内部审计重要事项的管理与指导。目前,公司所属二级单位基本建立了审计委员会或审计领导小组,审计工作的独立性、权威性和有效性不断增强,在"有为有位"中彰显内部审计价值。

二、强化制度引领

中国铁建以完善治理体系、提高治理能力为突破点,以健全上下贯通和全面覆盖工作机制为着力点,以强化科学规范与务实管用为落脚点,坚持与时俱进,积极完善中国铁建内部审计制度体系。中国铁建内部审计,从规范审计目标、范围、重点、方法、标准、流程等方面入手,持续完善"规定+办法+内部审计指南"制度体系,先后制定印发了《中国铁建经济责任审计指南》《中国铁建工程承包板块审计指南》《建筑企业境外审计指南》《企业投资项目内部审计指南》《物资物流企业内部审计指南》等,为审计工作规范开展提供了制度保障,也为同行业其他企业提供了有力参考。

三、推进试点先行

2018年,国务院国资委印发《关于在中央企业开展总审计师试点工作的通知》,并选择中国铁建等8家企业进行试点,总结经验。中国铁建制定《总审计师试点工作实施方案》,坚持试点先行,统筹推进,截至目前,公司已有17家二级试点单位和58家三级试点单位,设立总审计师76位。开展总审计师试点工作以来,内部审计在加强风险防控、推进全面覆盖、强化整改追责、完善内部控制、提高审计质量等方面成效显著提升。通过推进总审计师试点工作,不断完善体制机制,切实发挥了总审计师在加强国有资产监督、提高监督效能等方面的重要作用。

四、强化质量控制

按照"统筹谋划、全程管控、突出重点、保障质量"的总方针,中国铁建聚焦审计规划、计划、实施、报告、整改、追责、成果运用等环节,实施内部审计质量提升基础年、巩固年和提升年三年行动。以检查制度办法落实为抓手,从企业、内部审计机构和审计项目三个层面对内部审计工作进行全面体检,坚持高位推进、多维发力,着力建立健全审计方案协商会商审核机制、线上与线下相结合的审计督导机制、完善审计底稿多级复核机制、审计报告业务专题集中审议评分机制、审计报告审计委员会审议机制,压紧压实内部审计监督责任,稳步推进内部审计质量提升。

### 五、增强监督合力

中国铁建构建了"总部(审计监事部＋西安、长沙中心)＋二级审计机构＋三级审计机构"的审计组织体系,强化总部对系统内部审计工作的统领与管控。通过统一制定审计计划、统一工作体系、统一调配资源、统一审计标准、统一信息平台,推进联动审计、交叉审计、非现场审计,形成上下贯通、统一高效的内部审计监督体系。同时,中国铁建及所属二级单位将监事会办公室设在审计监事部,审计监事部成为监事会工作支持机构,增强监事会、审计与风险管理委员会、外部会计师事务所监督合力,提升企业治理能力。

### 六、覆盖重点领域

中国铁建内部审计机构,着力开展国家重大政策措施和企业重大决策部署落实情况跟踪审计,确保企业目标和政策目标协调一致,保障企业发展方向。系统开展勘察设计板块、资本运营项目、房地产项目、海外项目、亏损项目整治、物资贸易等专项审计调查,实现主要业务板块审计调查全覆盖。同步开展经济责任审计和绩效复核审计,深入实施重大工程项目专项审计,对新建项目开展前期工作合规性专项审计,创新开展科研专项审计、信息系统审计,固定资产审计已成常规动作。实施的各类审计项目,已覆盖企业经营管理各领域、各环节,确保无监管盲区和死角。

### 七、狠抓问题整改

针对审计发现问题及风险,树立"整改不力是失职,不抓整改是渎职"观念,以"踏石留印、抓铁有痕"的勇气,坚持依法整改、系统整改和源头整改,聚力制度整改、跟踪整改、协同整改、问责整改和文化整改,推动"三表一单"制度落实落细,在解决问题上求实效、见真章。企业建立了"序列督导与审计回头看"工作联动机制,定期开展"回头看"审计,目前达到整改期限的问题已全部整改到位。2021年,内部审计机构提出的整合系统资源、减少从事房地产开发子公司数量、杜绝三级公司从事房地产业务等建设性意见被公司采纳,审计价值彰显。

### 八、强化风险管控

中国铁建充分发挥内部审计优势,以内部审计牵头推动职能监督和专职监督深度融合、有效协同,切实增强监督合力,形成"大监督"格局,在立足查错纠弊,促进依法合规经营的同时,强化从源头防范风险,查缺补漏,未"病"先防,推动完善内部控制和公司治理,夯实企业高质量发展根基。企业按照"战略＋管控型"总部机关定位,成立"大监督"工作委员会,统筹建立和落实"大监督"协调机制、追责机制、专报机制、考核机制等,强化对重点领域、关键环节和关键岗位的全程实时监督,切实增强了监督的全面性、连续性、实效性和权威性,在防范权力失控、管理失职、监督失效等方面发挥了重要作用。

### 九、强化人才兴审

中国铁建全系统共有242家单位设立独立的内部审计机构,实现应设尽设。专职审计人员1055人,占职工总数比例超过3‰。审计人员赓续铁道兵精神,按照习近平总书记关于"以审计精神立身、以创新规范立业、以自身建设立信"的总要求,加强作风建设,始终保持实事求是、客观公正的工作态度,坚持在审计一线锤炼过硬本领,不断提高综合能力,做到忠诚、干净、担当,做到依法、文明、廉洁审计。公司不断完善交流学习机制,实现年度培训全覆盖,坚持"迎进来、走出去"方针,加强与国家审计、中央企业的座谈交流,集思广益、借鉴经验,倾力打造一支信念坚定、服务企业、业务精通、作风优良、敢于担当、清正廉洁的高素质专业化内部审计队伍。蓝图在前、使命在肩。中国铁建内部审计紧跟新时代审计工作步伐,以习近平新时代中国特色社会主义思想为指导,认真落实党中央、国务院总体部署,以及国务院国资委和审计署各项具体工作要求,紧紧围绕公司"十四五"战略与发展规划各项目标,全面加强自身建设,赋能主业、赋智未来,以高质量内部审计助力中国铁建开启新征程。

(资料来源:汪建平,夯实"压舱石",锚定"航向标",2022年4月8日,中国审计)

## 第二节　计划审计工作

审计人员根据所掌握的控制环境及其对财务报告完整性的影响,制订审计计划,确定项目负责人和项目团队成员,界定角色、责任和资源,制订项目计划、方法和报告要求。同时,将对风险的考虑贯穿整个计划过程,并考虑利用其他相关人员的工作。

### 一、审计业务约定书

只有当内部控制审计的前提条件得到满足,并且会计师事务所符合独立性要求,具备专业胜任能力时,会计师事务所才能接受或保持内部控制审计业务。

#### (一)内部控制审计的前提条件

在确定内部控制审计的前提条件是否得到满足时,注册会计师应当做到以下两点:
(1)确定被审计单位采用的内部控制标准是否适当;
(2)就被审计单位认可并理解其责任与治理层和管理层达成一致意见。
被审计单位的责任包括以下三点:
(1)按照适用的内部控制标准,建立健全和有效实施内部控制,以使财务报表不存在由于舞弊或错误导致的重大错报;
(2)对内部控制的有效性进行评价并编制内部控制评价报告;
(3)向注册会计师提供必要的工作条件,包括允许注册会计师接触与内部控制审计相关的所有信息(如记录、文件和其他事项),允许注册会计师在获取审计证据时不受限制地接触其认为必要的内部人员和其他相关人员等。

#### (二)签订单独的内部控制审计业务约定书

如果决定接受或保持内部控制审计业务,会计师事务所应当与被审计单位签订单独的内部控制审计业务约定书。业务约定书应当至少包括下列内容:
(1)内部控制审计的目标和范围;
(2)注册会计师的责任;
(3)被审计单位的责任;
(4)指出被审计单位采用的内部控制标准;

（5）提及注册会计师拟出具的内部控制审计报告的形式和内容，以及对在特定情况下出具的内部控制审计报告可能不同于预期形式和内容的说明；

（6）审计收费。

## 二、人员安排

《企业内部控制审计指引》第六条指出，注册会计师应当恰当地计划内部控制审计工作，配备具有专业胜任能力的项目组，并对助理人员进行适当的督导。

在计划审计工作时，项目合伙人需要统筹考虑审计工作，挑选相关领域的人员组成项目组，同时对项目组成员进行培训和督导，以合理安排审计工作。在整合审计中项目组人员的配备比较关键。

审计项目小组成员应当符合以下要求：

（1）具有性质和复杂程度类似的内部控制审计经验；

（2）熟悉企业内部控制相关规范和指引要求；

（3）掌握《企业内部控制审计指引》和中国注册会计师执业准则的相关要求；

（4）拥有与被审计单位所处行业相关的指示；

（5）具有职业判断能力。

## 三、评估重要事项及其影响

在计划审计工作时，注册会计师需要评价下列事项对财务报表和内部控制是否有重要影响，以及有重要影响的事项将如何影响审计工作：

（1）与企业相关的风险，包括在评价是否接受与保持客户和业务时，注册会计师了解的与企业相关的风险情况以及在执行其他业务时了解的情况；

（2）相关法律、法规和行业概况；

（3）企业组织结构、经营特点和资本结构等相关重要事项；

（4）企业内部控制最近发生变化的程度；

（5）与企业沟通过的内部控制缺陷；

（6）重要性、风险等与确定内部控制重大缺陷的相关因素；

（7）对内部控制有效性的初步判断；

（8）可获取的、与内部控制有效性相关的证据的类型和范围。

此外，注册会计师还需要关注与财务报表发生重大错报的可能性和内部控制有效性相关的公开信息，以及企业经营活动的相对复杂程度。评价企业经营活动的相对复杂程度时，企业规模并非唯一指标，因为不只是规模较小的企业经营活动比较简单，一些规模较大和较复杂的企业，其某些业务单元或流程也可能比较简单。以下列示的是表明企业经营活动比较简单的因素：① 经营范围较小；② 经营流程及财务报告系统较简单；③ 会计职能较集中；④ 高级管理人员广泛参与日常经营活动；⑤ 管理层级较少，每个层级都有较大的管理范围。

## 四、贯彻风险评估原则

风险评估贯穿整个审计过程。

按照《企业内部控制审计指引》第八条规定,在内部控制审计中,注册会计师应当以风险评估为基础,确定重要账户、列报及其相关认定,选择拟测试的控制,以及确定针对所选定控制所需收集的证据。

风险评估的理念及思路应当贯穿整个审计过程的始终。实施风险评估时,可以考虑固有风险及控制风险。在计划审计工作阶段,对内部控制的固有风险进行评估,作为编制审计计划的依据之一。根据对控制风险评估的结果,调整计划阶段对固有风险的判断,这是个持续的过程。

通常,对企业整体风险的评估和把握由富有经验的项目管理人员完成。风险评估结果的变化将体现在具体审计步骤及关注点的变化中。

内部控制的特定领域存在重大缺陷的风险越高,给予该领域的审计关注就越多。内部控制不能防止或发现并纠正由于舞弊导致的错报风险,通常高于其不能防止或发现并纠正错误导致的错报风险。注册会计师应当更多地关注高风险领域,而没有必要测试那些即使有缺陷,也不可能导致财务报表重大错报的控制。

在进行风险评估以及确定审计程序时,企业的组织结构、业务流程或业务单元的复杂程度可能产生的重要影响均是注册会计师应当考虑的因素。

### 五、总体审计策略

注册会计师应当在总体审计策略中体现下列内容:

(1) 确定内部控制审计业务特征,以界定审计范围。例如,被审计单位采用的内部控制标准、注册会计师预期内部控制审计工作涵盖的范围、对组成部分注册会计师工作的参与程度、注册会计师对被审计单位内部控制评价工作的了解以及拟利用被审计单位内部相关人员工作的程度等。

对于按照权益法核算的投资,内部控制审计范围应当包括针对权益法下相关会计处理而实施的内部控制,但通常不包括针对权益法下被投资方的内部控制。

内部控制审计范围应当包括被审计单位在内部控制评价基准日(最近一个会计期间截止日,以下简称基准日)或在此之前收购的实体,以及在基准日作为终止经营进行会计处理的业务。注册会计师应当确定是否有必要对与这些实体或业务相关的控制实施测试。

如果法律法规的相关豁免规定允许被审计单位不将某些实体纳入内部控制评价范围,注册会计师可以不将这些实体纳入内部控制审计的范围。

(2) 明确内部控制审计业务的报告目标,以计划审计的时间安排和所需沟通的性质。例如,被审计单位对外公布或报送内部控制审计报告的时间、注册会计师与管理层和治理层讨论内部控制审计工作的性质、时间安排和范围、注册会计师与管理层和治理层讨论拟出具内部控制审计报告的类型和时间安排以及沟通的其他事项等。

(3) 根据职业判断,考虑用以指导项目组工作方向的重要因素。例如,财务报表整体的重要性和实际执行的重要性、初步识别的可能存在重大错报的风险领域、内部控制最近发生变化的程度、与被审计单位沟通过的内部控制缺陷、对内部控制有效性的初步判断、信息技术和业务流程的变化等。

(4) 考虑初步业务活动的结果,并考虑对被审计单位执行其他业务时获得的经验是否与内部控制审计业务相关（如适用）。

（5）确定执行内部控制审计业务所需资源的性质、时间安排和范围。例如，项目组成员的选择以及对项目组成员审计工作的分派，项目时间预算等。

## 六、具体审计计划

注册会计师应当在具体审计计划中体现下列内容：
（1）了解和识别内部控制程序的性质、时间安排和范围；
（2）测试控制设计有效性程序的性质、时间安排和范围；
（3）测试控制运行有效性程序的性质、时间安排和范围。

## 七、对舞弊风险的考虑

在计划和实施内部控制审计工作时，注册会计师应当考虑财务报表审计中对舞弊风险的评估结果。在识别和测试企业层面控制以及选择其他控制进行测试时，注册会计师应当评价被审计单位的内部控制是否足以应对识别出的、由于舞弊导致的重大错报风险，并评价为应对管理层和治理层凌驾于控制之上的风险而设计的控制。

被审计单位为应对这些风险可能设计的控制包括以下内容：
（1）针对重大的非常规交易的控制，尤其是针对导致会计处理延迟或异常交易的控制；
（2）针对期末财务报告流程中编制的分录和做出的调整的控制；
（3）针对关联方交易的控制；
（4）与管理层的重大估计相关的控制；
（5）能够减弱管理层和治理层伪造或不恰当操纵财务结果的动机和压力的控制。

如果在内部控制审计中识别出旨在防止或发现并纠正舞弊的控制存在缺陷，注册会计师应当按照《中国注册会计师审计准则第1141号——财务报表审计中与舞弊相关的责任》的规定，在财务报表审计中制定重大错报风险的应对方案时考虑这些缺陷。

## 八、利用其他相关人员的工作

在计划审计工作时，注册会计师需要评估是否利用他人（包括企业的内部审计人员、内部控制评价人员、其他人员以及在董事会及其审计委员会指导下的第三方）的工作以及利用的程度，以减少可能本应由注册会计师执行的工作。

### （一）利用内部审计人员的工作

如果决定利用内部审计人员的工作，注册会计师应当按照《中国注册会计师审计准则第1411号——利用内部审计人员的工作》的规定办理。

### （二）利用他人的工作

如果拟利用他人的工作，注册会计师则需要评价该人员的专业胜任能力和客观性。专业胜任能力即具备某种专业技能、知识或经验，有能力完成分派的任务；客观性则是公正、诚实地执行任务的能力。专业胜任能力和客观性越高，可利用程度就越高，注册会计师就可以越多地利用其他工作。当然，无论人员的专业胜任能力如何，注册会计师都不应利用那些客观程度较低的人员的工作。同样地,无论人员的客观程度如何,注册会计师都不应利用那些专业胜任能力较低的人员的工作。通常认为,企业的内部控制审计人员拥有更多的专业胜任能力和客观性,注册会计师可以考虑更多地利用这些人员的相关工作。

在内部控制审计中,注册会计师利用他人工作的程度还受到与被测试控制相关的风险的影响。与某项控制相关的风险越高,可利用他人工作的程度就越低,注册会计师就需要更多地对该项控制亲自进行测试。

如果其他注册会计师负责审计企业的一个或多个分部、分支机构、子公司等组成部分的财务报表和内部控制,注册会计师应当按照《中国注册会计师准则第1401号——对集团财务报表审计的特殊考虑》的规定,确定是否利用其他注册会计师的工作。

### 九、编制审计工作底稿

内部控制审计工作底稿,是注册会计师对制订的审计计划、实施的审计程序、获取的相关审计证据,以及得出的审计结论等的记录。注册会计师编制审计工作底稿可以为审计工作提供充分、适当的记录,作为出具审计报告的基础。同时,也为注册会计师证明其按照"指引"的规定执行了审计工作提供证据。

由于内部控制审计更多的是建立在整合审计的基础上,如何形成内部控制审计工作底稿成为实施指引的关键。目前有两种看法:一种看法是,将内部控制审计工作底稿并入财务报表审计工作底稿,形成一套工作底稿。另一种看法是,无论是否实施整合审计,内部审计工作底稿单独归档,形成独立的工作底稿。

《企业内部控制审计指引》采取了后一种做法,即如果企业聘请两家会计师事务所分别对其内部控制和财务报表进行审计,毫无疑问,两家会计师事务所应当分别形成内部控制审计工作底稿和财务报表审计工作底稿。如果由一家会计师事务所同时对其内部控制和财务报表进行审计,那么注册会计师还是应当分别形成内部控制审计工作底稿和财务报表审计工作底稿,只不过整合审计部分形成的工作底稿既可以归档到内部控制审计工作底稿中,又可以归档到财务报表审计工作底稿中,两套工作底稿之间建立交叉索引,以减轻注册会计师编制工作底稿的负担。

注册会计师应当按照我国相关审计准则以及《企业内部控制审计指引》的规定,编制内部控制审计工作底稿,完整地记录审计工作情况。

《中国注册会计师审计准则第1131号——审计工作底稿》规定,注册会计师应当在审计工作底稿中记录下列内容:

(1) 内部控制审计计划及重大修改情况;
(2) 相关风险评估和选择拟测试的内部控制的主要过程及结果;
(3) 测试内部控制设计与运行有效性的程序及结果;
(4) 对识别的控制缺陷的评价;
(5) 形成的审计结论和意见;
(6) 其他重要事项。

## 第三节 实施审计工作

在实施审计工作阶段,按照自上而下的方法,注册会计师的工作主要包括识别企业层面控制,识别重要账户、列报及其相关认定,了解错报的可能来源,选择拟测试的控制,测试控制设计的有效性,测试控制运行的有效性。

### 一、自上而下的审计方法

下面讲述的是自上而下的审计方法各步骤的具体内容。

#### (一)从财务报表层次初步了解内部控制整体风险

如何对内部控制进行审计,涉及内部控制审计的基本思路。《企业内部控制审计指引》第十条规定,注册会计师应当按照自上而下的方法实施审计工作。自上而下的方法是注册会计师识别风险、选择拟测试控制的基本思路。

在财务报告内部控制审计中,自上而下的方法始于财务报表层次,以注册会计师对财务报告内部控制整体风险的了解开始;然后,注册会计师将关注重点放在企业层面的控制上,并将工作逐渐下移至重大账户、列报及相关的认定。这种方法引导注册会计师将注意力放在显示有可能导致财务报表及相关列报发生重大错报的账户、列报及认定上。然后,注册会计师验证其了解到的业务流程中存在的风险,并就已评估的每个相关认定的错报风险,选择足以应对这些风险的业务层面控制进行测试。

在非财务报告内部控制审计中,自上而下的方法始于企业层面控制,并将审计测试工作逐步下移到业务层面控制。

自上而下的审计方法,描述了注册会计师在识别风险以及拟测试的控制时的连续思维过程,但并不一定是注册会计师执行审计程序的顺序。

#### (二)识别、了解和测试企业层面控制

注册会计师应当识别、了解和测试对内部控制有效性有重要影响的企业层面控制。注册会计师对企业层面控制的评价,可能增加或减少本应对其他控制进行的测试。

1. 企业层面控制对其他控制及其测试的影响

不同的企业层面控制在性质和精确度上存在差异,注册会计师应当从三个方面考虑这些差异对其他控制及其测试的影响。

(1)某些企业层面控制,如与控制环境相关的控制,对及时防止或发现并纠正相关认定的错报的可能性有重要影响。虽然这种影响是间接的,但这些控制仍然可能影响注册会计师拟测试的其他控制,以及测试程序的性质、时间安排和范围。

(2)某些企业层面控制旨在识别其他控制可能出现的失效情况,能够监督其他控制的有效性,但还不足以精确到及时防止或发现并纠正相关认定的错报。当这些控制运行有效

时,注册会计师可以减少对其他控制的测试。

(3) 某些企业层面控制本身能够精确到足以及时防止或发现并纠正相关认定的错报。如果一项企业层面控制足以应对已评估的错报风险,注册会计师就不必测试与该风险相关的其他控制。

2. 企业层面控制的内容

企业层面控制包括下列内容:

(1) 与控制环境(即内部环境)相关的控制;
(2) 针对管理层和治理层凌驾于控制之上的风险而设计的控制;
(3) 被审计单位的风险评估过程;
(4) 对内部信息传递和期末财务报告流程的控制;
(5) 对控制有效性的内部监督(即监督其他控制的控制)和内部控制评价。

此外,集中化的处理和控制(包括共享的服务环境)、监控经营成果的控制以及针对重大经营控制及风险管理实务的政策也属于企业层面控制。

3. 对期末财务报告流程的评价

期末财务报告流程对内部控制审计和财务报表审计有重要影响,注册会计师应当对期末财务报告流程进行评价。期末财务报告流程包括下列内容:

(1) 将交易总额登入总分类账的程序;
(2) 与会计政策的选择和运用相关的程序;
(3) 总分类账中会计分录的编制、批准等处理程序;
(4) 对财务报表进行调整的程序;
(5) 编制财务报表的程序。

注册会计师应当从下列方面评价期末财务报告流程:

(1) 被审计单位财务报表的编制流程,包括输入、处理及输出;
(2) 期末财务报告流程中运用信息技术的程度;
(3) 管理层中参与期末财务报告流程的人员;
(4) 纳入财务报表编制范围的组成部分;
(5) 调整分录及合并分录的类型;
(6) 管理层和治理层对期末财务报告流程进行监督的性质及范围。

**(三) 识别重要账户、列报及其相关认定**

注册会计师应当基于财务报表层次识别重要账户、列报及其相关认定。如果某账户或列报可能存在一个错报,该错报单独或连同其他错报将导致财务报表发生重大错报,则该账户或列报为重要账户或列报。判断某账户或列报是否重要,应当依据其固有风险,而不应考虑相关控制的影响。如果某财务报表认定可能存在一个或多个错报,这些错报将导致财务报表发生重大错报,则该认定为相关认定。判断某认定是否为相关认定,应当依据其固有风险,而不应考虑相关控制的影响。

为识别重要账户、列报及其相关认定,注册会计师应当从下列方面评价财务报表项目及附注的错报风险因素：
(1) 账户的规模和构成；
(2) 易于发生错报的程度；
(3) 账户或列报中反映的交易的业务量、复杂性及同质性；
(4) 账户或列报的性质；
(5) 与账户或列报相关的会计处理及报告的复杂程度；
(6) 账户发生损失的风险；
(7) 账户或列报中反映的活动引起重大或有负债的可能性；
(8) 账户记录中是否涉及关联方交易；
(9) 账户或列报的特征与前期相比发生的变化。

在识别重要账户、列报及其相关认定时，注册会计师还应当确定重大错报的可能来源。注册会计师可以通过考虑在特定的重要账户或列报中错报可能发生的领域和原因，确定重大错报的可能来源。

在内部控制审计中，注册会计师在识别重要账户、列报及其相关认定时应当评价的风险因素，与财务报表审计中考虑的因素相同。因此，在这两种审计中识别的重要账户、列报及其相关认定应当相同。

如果某账户或列报的各组成部分存在的风险差异较大，被审计单位可能需要采用不同的控制以应对这些风险，注册会计师应当分别予以考虑。

[案例 9-2] **银行如何避免洗钱问题？**

据美联社报道，荷兰合作银行的加利福尼亚子公司承认了串谋诈骗美国的罪名，并将支付 3.69 亿美元来解决墨西哥毒贩非法收益的收费问题。据美国监管机构称，2009 年至 2012 年期间，毒品贩子在墨西哥边境的两个城镇的荷兰合作银行全国协会的分行至少存入 3.69 亿美元。这样做是为了绕过墨西哥政府对该国银行现金存款规模的限制。监管机构称当这些城镇银行的存款增加 20% 时，其应该知道这些钱与毒品贩运和有组织犯罪有关。与此相反的是，在举报人向他们举报后，银行高管试图掩盖这些可疑活动。荷兰合作银行全国协会同意与美国官员合作，以避免额外的刑事指控。

荷兰合作银行如何来掩盖如此大规模的洗钱活动？毋庸置疑的是，银行可以做更多的工作来检测和预防这些活动的发生，尽管已经有大量的相关规定和指导详细地说明了对银行的期望。

以下是内部审计师的一些考虑事项：

首先，所有受监管的美国金融机构都必须向联邦存款保险机构定期提供财务信息和其他信息。所要求的报告之一就是反映状况与成果的季度合并报告，该报告披露了银行相关的财务状况和经营成果的财务数据。不过，所要求的报告类别并不包括与反洗钱特别相关的任何内容。尽管这可能包含在更广泛的类别中，如来自外国办事处的收入。有一份表格列出了多达四位负责反洗钱活动的银行官员，但在我检查的两份公开可用的荷兰合作银行报告样本中，这项被标记为"机密"。

其次,2016年,美国货币审计局(OCC)发布了一本长达150页的主计长手册——"内部和外部审计"小册子,供OCC审查员检查和监督国家银行和联邦储蓄协会时使用。本文件包含有关外部审计的作用和程序,管理层的监督责任,风险管理和有效控制以及报告事项的有用信息。令人惊讶的是,鉴于银行所有权和经营权的日益国际化,它几乎没有特别针对洗钱的指导,无论是对于风险还是审计实务中的重点。

再次,人们可能会怀疑荷兰合作银行的管理声明,如在其网站上,美国货币审计局已经认识到"银行对其(银行保密法/反洗钱)合规计划的重大改进"。其中包括负责反洗钱调查的副总裁在内的高级管理层似乎已经在一些系统性的勾结中掩盖了这种欺诈行为多年。

最后,内外审在哪里?内审虽然在工作和报告方面独立,但仍然是组织管理结构的一部分。荷兰合作银行高管层的掩盖活动阻碍了早期可能揭露的问题的信息。银行的信息系统也有可能被利用来掩人耳目。例如,如果交易没有使用银行的核心系统完成,内部审计师将很少有机会发现差异,除非他们每天仔细检查每个操作的每个方面以找到鲜为人知的或隐藏的系统。此外,还存在银行内部审计师是否进行了必要的培训来发现洗钱活动的问题。

(资料来源:首席审计官. 跨境掩盖罪行. https://mp.weixin.qq.com/s/GpDAwmkspk_Bhmu8TjIsEg)

### (四)了解潜在错报的来源并识别相应的控制

注册会计师应当实现下列目标,以进一步了解潜在错报的来源,并为选择拟测试的控制奠定基础。

(1)了解与相关认定有关的交易的处理流程,包括这些交易如何生成、批准、处理及记录;

(2)验证注册会计师识别出的业务流程中可能发生重大错报(包括由于舞弊导致的错报)的环节;

(3)识别被审计单位用于应对这些错报或潜在错报的控制;

(4)识别被审计单位用于及时防止或发现并纠正未经授权的,导致重大错报的资产取得、使用或处置的控制。

注册会计师应当亲自执行能够实现上述目标的程序,或对提供直接帮助的人员的工作进行督导。

穿行测试通常是实现上述目标的最有效方式。穿行测试是指追踪某笔交易从发生到最终被反映在财务报表中的整个处理过程。注册会计师在执行穿行测试时,通常需要综合运用询问、观察、检查相关文件及重新执行等程序。在执行穿行测试时,针对重要处理程序发生的环节,注册会计师可以询问被审计单位员工对规定程序及控制的了解程度。实施询问程序连同穿行测试中的其他程序,可以帮助注册会计师充分了解业务流程,识别必要控制设计无效或出现缺失的重要环节。为有助于了解业务流程处理的不同类型的重大交易,在实施询问程序时,注册会计师不应局限于关注穿行测试所选定的单笔交易。

### (五)选择拟测试的控制

注册会计师应当针对每一相关认定获取控制有效性的审计证据,以便对内部控制整体的有效性发表意见,但没有责任对单项控制的有效性发表意见。

注册会计师应当对被审计单位的控制是否足以应对评估的每个相关认定的错报风险形成结论。因此,注册会计师应当选择对形成这一评价结论具有重要影响的控制进行测试。

对特定的相关认定而言,可能有多项控制用以应对评估的错报风险。反之,一项控制也可能应对评估的多项相关认定的错报风险。注册会计师没有必要测试与某项相关认定有关的所有控制。

在确定是否测试某项控制时,注册会计师应当考虑该项控制单独或连同其他控制,是否足以应对评估的某项相关认定的错报风险,而不论该项控制的分类和名称如何。

## 二、测试控制的有效性

下面讲述的是对控制有效性测试的具体内容和方法。

### (一)测试控制设计的有效性

注册会计师应当测试控制设计的有效性。如果某项控制由拥有有效执行控制所需的授权和专业胜任能力的人员按规定的程序和要求执行,能够实现控制目标,从而有效地防止或发现并纠正可能导致财务报表发生重大错报的错误或舞弊,则表明该项控制的设计是有效的。

### (二)测试控制运行的有效性

注册会计师应当测试控制运行的有效性。如果某项控制正在按照设计运行、执行人员拥有有效执行控制所需的授权和专业胜任能力,能够实现控制目标,则表明该项控制的运行是有效的。

如果被审计单位利用第三方的帮助完成一些财务报告工作,注册会计师在评价负责财务报告及相关控制的人员的专业胜任能力时,可以一并考虑第三方的专业胜任能力。

注册会计师获取的有关控制运行有效性的审计证据包括控制在所审计期间的相关时点是如何运行的、控制是否得到一贯执行、控制由谁或以何种方式执行。

### (三)测试控制有效性的程序

注册会计师通过测试控制有效性获取的审计证据,取决于其实施程序的性质、时间安排和范围的组合。此外,就单项控制而言,注册会计师应当根据与控制相关的风险对测试程序的性质、时间安排和范围进行适当的组合,以获取充分、适当的审计证据。

注册会计师测试控制有效性的程序,按其提供审计证据的效力,由弱到强排序通常为:询问、观察、检查和重新执行。询问本身并不能为得出控制是否有效的结论提供充分、适当的审计证据。

测试控制有效性的程序,其性质在很大程度上取决于拟测试控制的性质。某些控制可能存在反映控制有效性的文件记录,而另外一些控制,如管理理念和经营风格,可能没有书面的运行证据。

对缺乏正式的控制运行证据的被审计单位或业务单元,注册会计师可以通过询问并结合运用其他程序,如观察活动、检查非正式的书面记录和重新执行某些控制,获取有关控制是否有效的充分、适当的审计证据。

注册会计师在测试控制设计的有效性时,应当综合运用询问适当人员、观察经营活动和检查相关文件等程序。注册会计师执行穿行测试通常足以评价控制设计的有效性。

注册会计师在测试控制运行的有效性时,应当综合运用询问适当人员、观察经营活动、检查相关文件以及重新执行等程序。

### (四)控制测试的涵盖期间

对控制有效性的测试涵盖的期间越长,提供的控制有效性的审计证据越多。单就内部控制审计业务而言,注册会计师应当获取内部控制在基准日之前一段足够长的期间内有效运行的审计证据。在整合审计中,控制测试所涵盖的期间应当尽量与财务报表审计中拟信赖内部控制的期间保持一致。

注册会计师执行内部控制审计业务旨在对基准日内部控制有效性出具报告。如果已获取有关控制在期中运行有效性的审计证据,注册会计师应当确定还需要获取哪些补充审计证据,以证实剩余期间控制的运行情况。在将期中测试结果更新至基准日时,注册会计师应当考虑下列因素以确定需要获取的补充审计证据:

(1) 基准日之前测试的特定控制,包括与控制相关的风险、控制的性质和测试的结果;
(2) 期中获取的有关审计证据的充分性和适当性;
(3) 剩余期间的长短;
(4) 期中测试之后,内部控制发生重大变化的可能性。

### (五)控制测试的时间安排

对控制有效性测试的实施时间越接近基准日,提供的控制有效性的审计证据越有力。为了获取充分、适当的审计证据,注册会计师应当在下列两个因素之间做出平衡,以确定测试的时间。

(1) 尽量在接近基准日实施测试;
(2) 实施的测试需要涵盖足够长的期间。

整改后的内部控制需要在基准日之前运行足够长的时间,注册会计师才能得出整改后的内部控制是否有效的结论。因此,在接受或保持内部控制审计业务时,注册会计师应当尽早与被审计单位沟通这一情况,并合理安排控制测试的时间,留出提前量。

### (六)评估控制风险并获取相关证据

在测试所选定控制的有效性时,注册会计师需要根据与控制相关的风险,确定所需获取的证据。与控制相关的风险包括控制可能无效的风险和因控制无效而导致重大缺陷的风险。与控制相关的风险越高,注册会计师需要获取的证据就越多。

与某项控制相关的风险受下列因素的影响:
(1) 该项控制拟防止或发现并纠正的错报的性质和重要程度;
(2) 相关账户、列报及其认定的固有风险;
(3) 相关账户或列报是否曾经出现错报;
(4) 交易的数量和性质是否发生变化,进而可能对该项控制设计或运行的有效性产生不利影响;
(5) 企业层面控制(特别是对控制有效性的内部监督和自我评价的有效性);

(6) 该项控制的性质及其执行频率;

(7) 该项控制对其他控制(如内部环境或信息技术一般控制)有效性的依赖程度;

(8) 该项控制的执行或监督人员的专业胜任能力,以及其中的关键人员是否发生变化;

(9) 该项控制是人工控制还是自动化控制;

(10) 该项控制的复杂程度,以及在运行过程中依赖主观判断的程度。

针对每一项相关认定,注册会计师都需要获取控制有效性的证据,以便对内部控制整体的有效性单独发表意见,但注册会计师没有责任对单项控制的有效性发表意见。

对于控制运行偏离设计的情况(即控制偏差),注册会计师需要考虑该偏差对相关风险评估、需要获取的证据以及控制运行有效性结论的影响。

例如,注册会计师在测试某项关于现金支付的控制有效性时,在抽取的 25 个样本中发现某样本没有按照该项控制的设计要求由适当层级的人员签字。此时,注册会计师通常会要求企业的相关人员予以解释,并判断解释的合理性,同时相应地扩大样本量,如果没有再发现控制偏差,则认为该控制偏差并不构成控制缺陷。

注册会计师通过测试控制有效性获取的证据,取决于实施程序的性质、时间安排和范围的组合。就单项控制而言,注册会计师应当根据与该项控制相关的风险,适当确定实施程序的性质、时间安排和范围,以获取充分、适当的证据。

## 第四节　评价控制缺陷

如果某项控制的设计、实施或运行不能及时防止或发现并纠正财务报表错报,则表明内部控制存在缺陷。如果企业缺少用以及时防止或发现并纠正财务报表错报的必要控制,同样表明存在内部控制缺陷。

### 一、内部控制缺陷的认定

《企业内部控制审计指引》第二十条指出,内部控制缺陷按其成因分为设计缺陷和运行缺陷,按其影响程度分为重大缺陷、重要缺陷和一般缺陷(具体见第八章)。注册会计师应当评价其识别的各项内部控制缺陷的严重程度,以确定这些缺陷单独或组合起来,是否构成重大缺陷。注册会计师需要评价其注意到的各项控制缺陷的严重程度,以确定这些缺陷单独或组合起来,是否构成重大缺陷。但是,在计划和实施审计工作时,不要求注册会计师寻找单独或组合起来不构成重大缺陷的控制缺陷。

注册会计师不仅要评价财务内部控制的有效性并发表意见,还要关注在内部控制审计过程中发现的非财务报告内部控制重大缺陷,在内部控制审计报告中增加"非财务报告内部控制重大缺陷描述段"并予以披露。

财务报告内部控制缺陷的严重程度取决于:① 控制缺陷导致账户余额或列报错报的可能性;② 因一个或多个控制缺陷的组合导致潜在错报的金额大小。控制缺陷的严重程度与账户余额或列报是否发生错报无必然对应关系,而取决于控制缺陷是否可能导致错报。评价控制缺陷时,注册会计师需要根据财务报表审计中确定的重要性水平,支持对财务报告控制缺陷重要性的评价。注册会计师需要运用职业判断,考虑并衡量定量和定性因素。同时要对整个思考判断过程进行记录,尤其是详细记录关键判断和得出结论的理由。而且,对于"可能性"和"重大错报"的判断,在评价控制缺陷严重性的记录中,注册会计师需要给予明确考量和陈述。

在确定一项内部控制缺陷或多项内部控制缺陷的组合是否构成重大缺陷时,注册会计师应当评价补偿性控制(替代性控制)的影响。企业执行的补偿性控制应当具有同样的效果。

## 二、内部控制缺陷的处理

### (一)财务报告内部控制缺陷的处理

注册会计师在已执行的有限程序中发现财务报告内部控制存在重大缺陷的,应当在内部控制审计报告中对重大缺陷做出详细说明。

### (二)非财务报告内部控制缺陷的处理

注册会计师对在审计过程中注意到的非财务报告内部控制缺陷,应当区别具体情况予以处理。

(1)注册会计师认为非财务报告内部控制缺陷为一般缺陷的,应当与企业进行沟通,提醒企业加以改进,但无须在内部控制审计报告中说明。

(2)注册会计师认为非财务报告内部控制缺陷为重要缺陷的,应当以书面形式与企业董事会和经理层沟通,提醒企业加以改进,但无须在内部控制审计报告中说明。

(3)注册会计师认为非财务报告内部控制缺陷为重大缺陷的,应当以书面形式与企业董事会和经理层沟通,提醒企业加以改进。同时,应当在内部控制审计报告中增加"非财务报告内部控制重大缺陷描述段",对重大缺陷的性质及其对实现相关控制目标的影响程度进行披露,提示内部控制审计报告使用者注意相关风险。

[案例9-3] 某公司内控设计缺陷审计案例

H公司是一个新成立的综合性集团公司,下属十几家企业的管控模式成为管理者的头等大事。适时而改的事业部制运营型管控模式,是否存在风险?各公司运行情况如何?权力下放是否产生效益?审计部带着疑问查看了权限和流程的执行情况,通过典型事例,总结管理经验,辐射全集团,以规范管理,降低成本,增加效率与效益。

经审计,发现整个业务中多项流程不清、权限不明的事例,提出审计建议后,相关部门进行整改,对应的管理制度、操作流程、作业规程得到完善。

### 一、案例背景

H公司诞生于199×年,是一家从事汽车电子设备研发、生产、销售和车联网服务的提供商。20×8年,公司完成了股份制改造(以下简称H集团)并引入国内一家著名的外部投资者,公司的业务也进入发展的快车道,201×年,集团公司实现销售额30亿元,成为行业的领导品牌。H集团下属8家子公司和6家分公司,H集团的业务涉及上游核心零部件、增值业务、附属业务和下游渠道业务,从而形成"纵向一体化、横向多元化"的战略布局。20×3

年以前,H集团在组织管理方面是集团管控下的事业部制,在管控模式方面是营运管控型。

20×6年,H集团基于国内宏观经济进入调整期,面对行业竞争加剧的现状,以优化产业结构、做强主业、进行内部组织架构和权限流程调整为主要方向。在战略方向上,集团的管控方向由业务管控型向战略管控型转变,集团不再具体管理子公司业务,只从战略方向上行使对子公司重大事项的管理。

在组织架构上,形成"小集团,大事业部"的布局,集团更加小而精干,事业部更加职能充实。在审批权限上,对事业部、子公司更大的授权,在公司总体定位和目标框架下,子公司享有更大的独立经营和自主管理的权限,释放子公司更大的活力。20×7年年初,基于风险导向的审计策略,为评价H集团战略调整的权限和流程的实施情况,集团审计部决定对H集团所属子公司进行权限和流程的专项审计。

## 二、审计目标与策略

为了解H集团基于战略调整而进行的权限和流程的调整落实情况,客观地反映出是否存在超越权限和任意延长和缩短审批流程等问题,审计应及时发现权限和流程中存在的管理漏洞,揭示风险并提出整改建议,促进公司完善治理结构、经营管理和授权机制,最终达到增加集团公司的整体价值目标。

审计策略:对H集团所属企业的权限和流程进行摸排和汇总;通过公司的OA系统筛选出不同类型业务的审批节点的权限,进行比对;对异常业务和数据进行现场核实与调查原因并分析内控缺失的风险;对共性问题进行归纳并向董事会汇报,争取抓住典型,辐射集团,规避类似事项在其他子公司发生的风险。

## 三、审计实施过程

### (一)选取样本

根据子公司的业务特点、成立时间和管理的成熟程度,在前期与财务等部门沟通了解的基础上,审计部对各子公司进行遴选,最后选取三家子公司开展专项审计,拟被审计单位情况表,如表1所示。

表1　拟被审计单位情况表

| 序号 | 公司名称 | 经营业务 | 成立时间 | 经营规模 | 业务定位 |
| --- | --- | --- | --- | --- | --- |
| 1 | A云商公司 | 电商业务 | 2013年 | 4亿元 | 新兴销售渠道 |
| 2 | B精工部件公司 | 核心部件 | 2010年 | 3亿元 | 核心部件供应商 |
| 3 | C汽车装饰公司 | 内饰业务 | 2012年 | 2亿元 | 传统主业的补充 |

### (二)前期准备

1. 成立项目组和进行团队分工

为推进专项审计项目工作的进行和加强项目的沟通与协调,H集团成立了以审计总监为总负责的项目组,人员包括审计经理、审计主管和审计专员,审计组别与团队和审计人员分工分别如表2和表3所示。

表2 审计组别与团队

| 组别 | 被审计单位名称 | 审计经理 | 团队人员 | 团队经验 |
|---|---|---|---|---|
| 1 | A云商公司 | 陈经理 | 王主管 | 对销售、资金管理循环经验丰富 |
| 2 | B精工部件公司 | 李经理 | 张专员 | 对采购、存货管理循环经验丰富 |
| 3 | C汽车装饰公司 | 罗经理 | 吴主管 | 对销售、供应链管理循环经验丰富 |

表3 审计人员分工

| 组别 | 职务 | 人员 | 分工 |
|---|---|---|---|
|  | 审计总监 | 徐总 | 总协调、组织项目沟通会议、对关键审计底稿进行复核、对项目发现的重大问题进行决策、项目总结 |
| 1 | 审计经理 | 陈经理 | 制订审计计划,进行人员分工,复核审计底稿,进行项目汇报,负责销售,资金和应收循环 |
| 1 | 审计主管 | 王主管 | 协助项目经理工作,负责采购、存货和应付循环 |
| 2 | 审计经理 | 李经理 | 制订审计计划,进行人员分工,复核审计底稿,进行项目汇报,负责销售,资金和存货循环 |
| 2 | 审计主管 | 张专员 | 协助项目经理工作,负责销售、应收和固定资产循环 |
| 3 | 审计经理 | 罗经理 | 制订审计计划,进行人员分工,复核审计底稿,进行项目汇报,负责采购,资金和应付循环 |
| 3 | 审计主管 | 吴主管 | 协助项目经理工作,负责销售、应收和固定资产循环 |

2. 初步取得相关资料

负责销售,应收和固定资产循环根据专项审计的目的和重点,各个小组通过以下方面获取各审计单位的相关资料,如表4所示。

表4 各审计单位相关资料

| 资料类别 | 资料名称 | 对接部门/人员 | 资料来源 |
|---|---|---|---|
| 文件资料 | 被审计单位组织架构图、集团人力资源中心册、职责分工资料、被审计单位审批流程 | 集团人力资源中心、总裁办 | OA系统 |
| 合同资料 | 被审计单位采购合同及审批表、被审计单位销售合同及审批表、采购报价审批单 | 档案组 | 扫描件 |
| 管理报表 | 年度预算表、管理报表套表 | 财务中心/预算管理部 | 复印件 |

3. 制订审计计划

依据初步获取的资料,各项目组进行讨论并形成审计计划(见表5)。审计计划应当具有针对性,主要包括三个方面:①审计计划是在已经获取的资料和数据的基础上分析和判断现场审计的重点和方法;②审计计划包括细分的项目、责任人以及开始时间和结束时间;③审计计划在时间点既有刚性又有一定的弹性空间。

表5 审计计划表(简表)

| 项 目 | 细 目 | 开始时间 | 完成时间 | 期限 | 对接人 | 责任人 |
|---|---|---|---|---|---|---|
| 资金管理 | 货币资金盘点与确认 | 2014/11/3 | 2014/11/3 | 1天 | 张出纳 | 陈经理 |
| | 应收票据盘点和管理流程 | 2014/11/4 | 2014/11/4 | 1天 | 张出纳 | 陈经理 |
| | 应付票据核查 | 2014/11/5 | 2014/11/5 | 1天 | 张出纳 | 陈经理 |
| | 短期借款核查 | 2014/11/5 | 2014/11/5 | 1天 | 张出纳 | 陈经理 |
| | 长期借款核查 | 2014/11/6 | 2014/11/6 | 1天 | 张出纳 | 陈经理 |
| | 应付利息核对 | 2014/11/6 | 2014/11/6 | 1天 | 张出纳 | 陈经理 |
| | 印鉴与支票管理流程 | 2014/11/6 | 2014/11/6 | 1天 | 张出纳 | 陈经理 |

### (三)现场审计

在完成上述准备工作并下达《审计通知书》后,审计小组分别进入各单位进行现场审计。现场审计按照制订的计划进行,并于每周末进行项目工作沟通和小结。

审计1小组成员在审计A云商公司时,通过对货币资金、个人借款和凭证抽查发现以下审计线索:其他货币资金余额较大;个人借款余额较大,其中财务经理张某某借款额和冲销额均较大;抽凭中发现一部分借款单、报销单的业务经办、财务审核和付款都是财务经理张某某。

**审计发现:**

(1) 个人借支金额大,大量资金体外循环,其中财务经理张某某借款使用范围与借款申请不一致(见表6)。

表6 个人借支总额与用途

| 个 人 | 借支总额(万元) | 用 途 |
|---|---|---|
| 张某某 | 155.01 | 刷单、直通车展充值、退线上散客款、付O2O款、付零散供应商款、代付餐费和食品费等 |
| 李某某 | 195.59 | 刷单 |
| 杜某某 | 1.54 | 京东推广费用和少量刷单 |
| 罗某某 | 120.15 | 刷单 |
| 向某某 | 10.00 | 刷单 |
| 梁某某 | 199.12 | 刷单 |
| 合 计 | 681.40 | |

(2) 张某某个人借款没有进行专户操作,与个人支付宝、银行卡、他人支付宝并用(见表7)。

表7 张某某借款明细

| 项 目 | 账户名称 | 代付金额(元) |
|---|---|---|
| 张某某账户 | 张某某个人支付宝账号[48＊＊＊@qq.com] | 859 718.15 |
| | 张某某爱人个人支付宝账号[zs＊＊＊@163.com] | 3 186.00 |
| | 张某某招商银行账户(尾号＊＊＊88) | 121 336.00 |
| | 张某某华夏银行账户(尾号＊＊5) | 9 500.00 |
| 合 计 | | 998 240.15 |

(3) 较长时间里,张某某兼任财务经理和出纳,同时经手业务、支付款项和进行账务处理等,兼任不相容职务。

审计2小组在审计B精工部件公司时,通过对应付账款抽查发现以下审计线索:应付账款中账列东莞市某实业投资有限公司余额为负数,基于对供应商名称的判断,其不应为正常经营的往来供应商;在建工程账列东莞模具项目;查阅合同,B精工部件公司与东莞市某实业投资有限公司签订了为期3年的厂房租赁合同。

**审计发现:**

(1) 重要性工程项目的开展未做报批手续:2014年8月,B精工部件公司拟在东莞建立模具车间,东莞市某实业投资有限公司签订了2年的厂房租赁合同,租期2年(从2014年8月15日至2016年8月14日),固定费用5.734万元/月(租金等)。截至12月月末,根据账面数据,此项目已花费85.5万元(含押金4.892万元)。该项目金额较大,属B精工部件公司开展的重要投资项目,总体预算为280万元,但没有相关的报批手续。

(2) 现有机器设备开工率不足:模具车间CNC、EDM合计21台,平均使用率72.92%、75.95%,最高及最低使用率分别为88.65%、1.73%与81.87%、57.27%;注塑车间注塑机27台,平均使用率41.15%,最高及最低使用率为80.19%、0%。

审计认为,B精工部件公司拟在东莞建立模具车间属投资行为,影响企业的产业布局,对公司产业规划和当期的经营情况构成重大影响。

审计3小组在审计C汽车装饰公司时,通过存货的盘存、查询应付账款余额、查询其他应收款余额和查阅质量分析报告发现以下审计线索:在存货盘点中发现某空气净化器产品,其不属于公司生产的产品,且有大部分标志为质量问题;查询某空气净化器产品的供应商杭州某科技有限公司存在预付账款余额和其他应收款余额;查阅质量分析报告,发现存在电池不稳定、设备上下电误判断问题。

**审计发现:**

2014年1月1日,C汽车装饰公司与杭州某科技有限公司签订车载空气净化器采购合同协议,截至2014年1月15日,交付3 000台,每台450元(含税),合计采购金额1 350 000元。由于该产品存在电池不稳定、设备上下电误判断等质量问题,已销售出去的产品出现大批量退货,该产品被迫停止销售。截至2014年12月27日,账面库存数1 940台,前期已销售出去的1 060台产品存在退货风险。

(1) 经营迥异于现有体系的产品,未经过立项审批:C汽车装饰公司经营的空气净化器产品不属于现有的产品体系,且不为本公司和集团内部企业所生产,未经过产品立项、审批,无法判断与集团的产品战略规划一致和协同。

(2) 供应商资质审查缺失:经查,杭州某科技有限公司成立于 2013 年 4 月 10 日,注册资本 100 万元,员工 10 人,占地面积 100 平方米,C 汽车装饰公司与其签订采购合同时成立时间还不到 10 个月,C 汽车装饰公司初次采购金额高于其的注册资本。

(3) 品质管控缺失:空气净化器的采购全过程没有质检部门的参与,没有对空气净化器进行系统检测,没有经过首样检测就批量采购入库,采购回来的空气净化器没有经过质检部门的检测验收就直接进行销售。

(4) 付款管控缺失。

① 根据采购订单协议规定,只需预付货款 30%的订金(即 405 000 元),采购人员(黄某)将预付货款比例更改提高至 40%(即 540 000 元),所有货款已于 2014 年 3 月支付完毕,没有保留相关的质保金。

② 根据采购合同协议规定,供应商应开具 17%的增值税发票后才能办理货款结算。由于供应商的资质不符合开具 17%的增值税发票的条件,只能由税务局代开 3%的增值税发票,该部分税率损失差异 189 000 元。

③ 根据 C 汽车装饰公司于 2014 年 5 月 25 日与杭州某科技有限公司签订的补充协议规定,C 汽车装饰公司支付 6 000 元保证金给杭州某科技有限公司,在 2015 年 12 月 31 日前 C 汽车装饰公司销售车载空气净化器产品满 50 000 台后才能退还保证金。由于该款空气净化器出现质量问题停止销售,预计 2015 年销售数量将达不到补充协议规定,导致 60 000 元保证金存在不能退还的风险。

### 四、审计沟通与建议

被审计单位回复及审计建议如表 8 所示。

表 8 被审计单位回复及审计建议

| 组别 | 被审计单位 | 项目 | 被审计单位回复 | 审计建议 |
|---|---|---|---|---|
| 1 | A 云商公司 | 资金管理权责管理 | 1. 电商属于新兴业务,没有相应的经验可依循;<br>2. 电商刷单是行业惯例,要求反应迅速;<br>3. 公司成立初期,人员储备不足 | 1. 长期需要通过个人借款进行操作,应当报经批准进行专户管理,不得与私户混用;<br>2. 控制借款支付范围,做到专款专用,前款不清,后款不借;<br>3. 不管企业规模大小,关键不相容职务必须分离 |
| 2 | B 精工部件公司 | 投资规划管理 | 1. 东莞是模具集散地,具有地利优势;<br>2. 跟集团总裁口头汇报过,但没有书面报告 | 设立东莞模具车间属于投资项目,其立项、投资可行性应当履行书面报批 |
| 3 | C 汽车装饰公司 | 产品规划管理 | 1. 经营空气净化器主要为增加公司的收入,集团没有对经营范围进行限制;<br>2. 空气净化器项目管理混乱主要是执行层面的问题,也是疏于管理的问题 | 1. 子公司经营产品的规划应当符合集团授予的定位和方向,经营迥异的产品形态应当立项报批;<br>2. 对于供应商资质的审查、预付款管理和产品质量管理应当遵循集团公司的管理流程,而不能游离于之外 |

### 五、审计结果汇报

审计项目结束后,审计总监在董事会上做了项目审计专项报告,针对审计发现的问题向董事会提出建议:增强公司战略方向的分析和决策;建议董事会通过经营负面清单制度董事会责成总裁办拟定了《子公司经营特别管理(负面清单)制度》(以下简称《负面清单制度》)。

《负面清单制度》以举例的方式规定了子公司不得从事的业务或事项和子公司限制从事的业务或事项;规定了子公司不得从事业务范围或审批权限之外的交易或事项,对于超越业务范围或审批权限之外的交易或事项,规范了处理流程,要求子公司应当提请集团董事会审议批准后方可实施。

许多新企外企,往往存在管理混乱、权限不清,先斩后奏、未报批先执行的情况。上述情况均属于内部控制缺失的表现。内控缺失,管理决策和管理活动游离于监控之外,必会产生风险,企业将处于高风险之中。许多新成立集团缺乏管理制度,权限与操作过程中财务、销售、采购管理混乱,许多基本的错误每天都在重演。可以看到企业主的有心无力,股东们的百般无奈,颇感心伤。这些问题,审计人员可以识别、可以防范,不必舍近求远,企业救世主也许就是精通风险管控、问题评估的审计人员。当然,案例中似有提升的方面,如发现问题的追踪程序不足,权限评估要求经过审批表单的审核,财务支付的审阅,管理决策的执行与越权业务的巡检等。案例中财务经理、出纳等工作没有做到不相容,职务没有分离,漏洞很大,风险相当高,应重点跟进调查,立即给出处理意见。

(资料来源:内审拙苑、CIA 内审师小站,审计之家编辑整理)

## 第五节 完成审计工作

在完成审计工作阶段,主要工作包括对内部控制形成初步意见、获取管理层书面声明等。

### 一、形成审计意见

注册会计师需要评价从各种渠道获取的证据,包括对控制的测试结果、财务报表审计中发现的错报以及已识别的所有控制缺陷,以形成对内部控制有效性的意见。在评价证据时,注册会计师需要查阅本年度与内部控制相关的内部审计报告或类似报告,并评价这些报告中提到的控制缺陷。

只有在审计范围没有受到限制时,注册会计师才能对内部控制的有效性形成意见。如果审计范围受到限制,注册会计师可解除业务约定或出具无法表示意见的内部控制审计报告。

### 二、获取管理层书面声明

注册会计师完成审计工作后,应当取得经企业签署的书面声明。《企业内部控制审计指引》指出,书面声明应当包括下列内容:

(1) 被审计单位董事会认可其对建立健全和有效实施内部控制负责;
(2) 被审计单位已对内部控制的有效性做出自我评价,并编制了内部控制评价报告;

(3) 被审计单位没有利用注册会计师在内部控制审计和财务报表审计中执行的程序及其结果作为评价的基础；

(4) 被审计单位根据内部控制标准评价内部控制有效性得出的结论；

(5) 被审计单位已向注册会计师披露识别出的所有内部控制缺陷，并单独披露其中的重大缺陷和重要缺陷；

(6) 被审计单位已向注册会计师披露导致财务报表发生重大错报的所有舞弊，以及其他不会导致财务报表发生重大错报，但涉及管理层、治理层和其他在内部控制中具有重要作用的员工的所有舞弊；

(7) 注册会计师在以前年度审计中识别出的且已与被审计单位沟通的重大缺陷和重要缺陷是否已经得到解决，以及哪些缺陷尚未得到解决；

(8) 在基准日后，内部控制是否发生变化，或者是否存在对内部控制产生重要影响的其他因素，包括被审计单位针对重大缺陷和重要缺陷采取的所有纠正措施。

但是，如果企业拒绝提供或以其他不当理由回避书面声明，注册会计师应当将其视为审计范围受到限制，即可解除业务约定或出具无法表示意见的内部控制审计报告。

注册会计师需要按照《中国注册会计师审计准则1341号——书面声明》的规定，确定声明书的签署者、声明书涵盖的期间以及何时获取更新的声明书等。

### 三、沟通事项

注册会计师需要与企业沟通审计过程中识别的所有控制缺陷。对于其中的重大缺陷和重要缺陷，需要以书面形式与董事会和经理层沟通。《中国注册会计师审计准则第1152号——向治理层和管理层通报内部控制缺陷》要求注册会计师以书面形式及时向治理层通报审计过程中识别出的值得关注的内部控制缺陷。其中，值得关注的内部控制缺陷包括重大缺陷和重要缺陷。

对于其中的重大缺陷和重要缺陷，应当以书面形式与董事会和经理层沟通。注册会计师需要以书面形式与董事会沟通其在审计过程中识别的内部控制存在的所有缺陷，并在沟通完成后告知审计委员会。在进行沟通时，注册会计师无须重复自身、内部审计人员或企业其他人员以前书面沟通过的控制缺陷。

虽然并不要求注册会计师执行足以识别所有控制缺陷的程序，但是，注册会计师需要沟通其注意到的内部控制的所有缺陷。如果发现企业存在或可能存在舞弊、违法等行为，注册会计师需要按照《中国注册会计师审计准则第1141号——财务报表审计中对舞弊的考虑》《中国注册会计师审计准则第1142号——财务报表审计中对法律、法规的考虑》的规定，确定并履行自身责任。

## 第六节　出具审计报告

注册会计师在整合完成内部控制审计和财务报表审计后，需要分别对内部控制和财务报表出具审计报告。注册会计师需要评价根据审计证据得出的结论,在审计报告中清楚地表达对内部控制有效性的意见,并对出具的审计报告负责。

我国《企业内部控制审计指引》指出,内部控制审计报告分为四种类型:标准内部控制审计报告、带强调事项段的无保留意见内部控制审计报告、否定意见内部控制审计报告和无法表示意见内部控制审计报告。

## 一、标准内部控制审计报告

当注册会计师出具的无保留意见内部控制审计报告不附加说明段、强调事项段或任何修饰性用语时,该报告称为标准内部控制审计报告。标准内部控制审计报告包括11个因素。

(1) 标题。

内部控制审计报告的标题统一规范为"内部控制审计报告"。

(2) 收件人。

内部控制审计报告的收件人是指注册会计师按照业务约定书的要求致送内部控制审计报告的对象,一般是指审计业务的委托人。内部控制审计报告需要载明收件人的全称。

(3) 引言段。

内部控制审计报告的引言段说明企业名称和内部控制已经过审计。

(4) 企业对内部控制的责任段

企业对内部控制的责任段说明,按照《基本规范》《内部控制应用指引》《内部控制评价指引》的规定,建立健全和有效实施内部控制,并评价其有效性是企业对社会的责任。

(5) 注册会计师的责任段。

注册会计师的责任段说明,在实施审计工作基础上,对财务报告内部控制的有效性发表审计意见,并对注意到的非财务报告内部控制的重大缺陷进行披露是注册会计师的责任。

(6) 内部控制固有局限性的说明段。

内部控制无论如何有效,都只能为企业实现控制目标提供合理保证。内部控制实现目标的可能性受其固有限制的影响,包括以下几点:

① 在决策时人为判断可能出现错误和因人为失误而导致内部控制失效。例如,控制的设计和修改可能存在失误。

② 控制的运行也可能无效。例如,由于负责复核信息的人员不了解复核的目的或没有采取适当的措施,使内部控制生成的信息没有得到有效使用。

③ 控制可能由于两个或更多人员进行串通舞弊或管理层不当地凌驾于内部控制之上而被规避。例如,管理层可能与客户签订背后协议,修改标准的销售合同条款和条件,从而导致不适当的收入确认等。再如,软件中的编辑控制旨在识别报告超过赊销信用额度的交易,但这一控制可能被凌驾。

④ 在设计和执行控制时,如果存在选择执行的控制以及选择承担的风险,管理层在确定控制的性质和范围时需要做出主观判断。

因此,注册会计师需要在内部控制固有局限性的说明段说明,内部控制具有固有局限性,存在不能防止和发现错报的可能性。此外,由于情况的变化可能导致内部控制变得不恰当,或对控制政策和程序遵循的程度降低,根据内部控制审计结果推测未来内部控制的有效性具有一定风险。

(7) 财务报告内部控制审计意见段。

如果符合下列所有条件,注册会计师应当对财务报告内部控制出具无保留意见的内部控制审计报告。

① 企业按照《企业内部控制基本规范》《企业内部控制应用指引》《企业内部控制评价指引》以及企业自身内部控制制度的要求,在所有重大方面保持了有效的内部控制。

② 注册会计师已经按照《企业内部控制审计指引》的要求计划和实施审计工作,在审计过程中未受到限制。

(8) 非财务报告内部控制重大缺陷描述段。

对于审计过程中注意到的非财务报告内部控制缺陷,如果发现某项或某些控制对企业发展战略、法律遵循、经营的效率效果等控制目标的实现有重大不利影响,确定该项非财务报告内部控制缺陷为重大缺陷的,应当以书面形式与企业董事会和经理层沟通,提醒企业加以改进。同时,在内部控制审计报告中增加非财务报告内部控制重大缺陷描述段,对重大缺陷的性质及其对实现相关控制目标的影响程度进行披露,提示内部控制审计报告使用者注意相关风险,但无须对其发表审计意见。

(9) 注册会计师的签名和盖章。

(10) 会计师事务所的名称、地址及盖章。

(11) 报告日期。

如果内部控制审计和财务报表审计整合进行,注册会计师对内部控制审计报告和财务报表审计报告需要签署相同的日期。

标准内部控制审计报告的参考格式如下:

## 内部控制审计报告

××股份有限公司全体股东:

按照《企业内部控制审计指引》及中国注册会计师执业准则的相关要求,我们审计了××股份有限公司(以下简称××公司)××年×月×日的财务报告内部控制的有效性。

一、企业对内部控制的责任

按照《企业内部控制基本规范》《企业内部控制应用指引》《企业内部控制评价指引》的规定,建立健全和有效实施内部控制,并评价其有效性是企业董事会的责任。

二、注册会计师的责任

我们的责任是在实施审计工作的基础上,对财务报告内部控制的有效性发表审计意见,并对注意到的非财务报告内部控制的重大缺陷进行披露。

三、内部控制的固有局限性

内部控制具有固有局限性,存在不能防止和发现错报的可能性。此外,由于情况的变化可能导致内部控制变得不恰当,或对控制政策和程序遵循的程度降低,根据内部控制审计结果推测未来内部控制的有效性具有一定风险。

四、财务报告内部控制审计意见

我们认为,××公司按照《企业内部控制基本规范》和相关规定在所有重大方面保持了有效的财务报告内部控制。

五、非财务报告内部控制的重大缺陷

在内部控制审计过程中,我们注意到××公司的非财务报告内部控制存在重大缺陷[描述该缺陷的性质及其对实现相关控制目标的影响程度]。由于存在上述重大缺陷,我们提醒本报告使用者注意相关风险。需要指出的是,我们并不对××公司的非财务报告内部控制发表意见或提供保证。本段内容不影响对财务报告内部控制有效性发表的审计意见。

中国注册会计师:×××(签名并盖章)

××会计师事务所　　　　　　　　　　中国注册会计师:×××(签名并盖章)

(盖章)

中国××市

××××××　　　　　　　　　　　　报告日期:××××年×月×日

## 二、非标准内部控制审计报告

### (一)带强调事项段的非标准内部控制审计报告

注册会计师认为财务报告内部控制虽不存在重大缺陷,但仍有一项或者多项重大事项需要提醒内部控制审计报告使用人注意的,需要在内部控制审计报告中增加强调事项段予以说明。注册会计师需要在强调事项段中指明,该段内容仅用于提醒内部控制审计报告使用者关注,并不影响对财务报告内部控制发表的审计意见。

### (二)否定意见的内部控制审计报告

注册会计师认为财务报告内部控制存在一项或多项重大缺陷的,除非审计范围受到限制,需要对财务报告内部控制发表否定意见。注册会计师出具否定意见的内部控制审计报告,还需要包括重大缺陷的定义、重大缺陷的性质及其对财务报告内部控制的影响程度。

### (三)无法表示意见的内部控制审计报告

注册会计师只有实施了必要的审计程序,才能对内部控制的有效性发表意见。注册会计师审计范围受到限制的,需要解除业务约定或出具无法表示意见的内部控制审计报告,并就审计范围受到限制的情况,以书面形式与董事会进行沟通。

注册会计师在出具无法表示意见的内部控制审计报告时,需要在内部控制审计报告中指明审计范围受到限制,无法对内部控制的有效性发表意见,并单设段落说明无法表示意见的实质性理由。注册会计师不应在内部控制审计报告中指明所执行的程序,也不应描述内部控制审计的特征,以避免对无法表示意见的误解。注册会计师在已执行的有限程序中发现财务报告内部控制存在重大缺陷的,需要在内部控制审计报告中对重大缺陷做出详细说明。

### (四)期后事项与非标准内部控制审计报告

在企业内部控制自我评价基准日并不存在,但在该基准日之后至审计报告日之前(以下简称期后期间),内部控制可能发生变化,或出现其他可能对于内部控制产生重要影响的因素,这种情况下,注册会计师需要询问是否存在这类变化或影响因素,并获取企业关于这些情况的书面声明。注册会计师需要针对期后期间,询问并检查下列信息:在期后期间出具的内部审计报告或类似报告;其他注册会计师出具的审计企业内部控制缺陷的报告;监管机构发布的涉及企业内部控制的报告;注册会计师在执行其他业务中获取的、有关企业内部控制有效性的信息。

注册会计师还需要考虑获取期后期间的其他文件,并按照《中国注册会计师审计准则第1332号——期后事项》的规定,对企业进行检查。

注册会计师知悉对企业内部控制自我评价基准日内部控制有效性有重大负面影响的期后事项的,需要对财务报告的内部控制发表否定意见。注册会计师不能确定期后事项对内部控制的有效性的影响程度的,需要出具无法表示意见的内部控制审计报告。

在出具内部控制审计报告之后,如果知悉在审计报告日已存在的、可能对审计意见产生影响的情况,注册会计师需要按照《中国注册会计师审计准则第1332号——期后事项》的规定办理。

带强调事项段的无保留意见内部控制审计报告参考格式如下:

## 内部控制审计报告

××股份有限公司全体股东:

按照《企业内部控制审计指引》及中国注册会计师执业准则的相关要求,我们审计了××股份有限公司(以下简称××公司)××××年×月×日的财务报告内部控制的有效性。

["一、企业对内部控制的责任"至"五、非财务报告内部控制的重大缺陷"参见标准内部控制审计报告相关段落表述]

六、强调事项

我们提醒内部控制审计报告使用者关注,(描述强调事项的性质及其对内部控制的重大影响)。本段内容不影响已对财务报告内部控制发表的审计意见。

| ××会计师事务所 | 中国注册会计师:×××(签名并盖章) |
|---|---|
| (盖章) | 中国注册会计师:×××(签名并盖章) |
| 中国××市 | ××××年×月×日 |

否定意见内部控制审计报告参考格式如下:

## 内部控制审计报告

××股份有限公司全体股东:

按照《企业内部控制审计指引》及中国注册会计师执业准则的相关要求,我们审计了××股份有限公司(以下简称××公司)××××年×月×日的财务报告内部控制的有效性。

["一、企业对内部控制的责任"至"三、内部控制的固有局限性"参见标准内部控制审计报告相关段落表述]

四、导致否定意见的事项

重大缺陷,是指一个或多个控制缺陷的组合,可能导致企业严重偏离控制目标。

[指出注册会计师已识别出的重大缺陷,并说明重大缺陷的性质及其对财务报告内部控制的影响程度]

有效的内部控制能够为财务报告及相关信息的真实完整提供合理保证,而上述重大缺陷使××公司内部控制失去这一功能。

五、财务报告内部控制审计意见

我们认为,由于存在上述重大缺陷及其对实现控制目标的影响,××公司未能按照《企业内部控制基本规范》和相关规定在所有重大方面保持有效的财务报告内部控制。

六、非财务报告内部控制的重大缺陷

[参见标准内部控制审计报告相关段落表述]

| | |
|---|---|
| ××会计师事务所 | 中国注册会计师:×××(签名并盖章) |
| (盖章) | 中国注册会计师:×××(签名并盖章) |
| 中国××市 | ××××年×月×日 |

无法表示意见内部控制审计报告参考格式如下:

## 内部控制审计报告

××股份有限公司全体股东:

我们接受委托,对××股份有限公司(以下简称××公司)××××年×月×日的财务报告内部控制进行审计。

[删除注册会计师的责任段,"一、企业对内部控制的责任"和"二、内部控制的固有局限性"参见标准内部控制审计报告相关段落表述]

三、导致无法表示意见的事项

[描述审计范围受到限制的具体情况]

四、财务报告内部控制审计意见

由于审计范围受到上述限制,我们未能实施必要的审计程序以获取发表意见所需的充分、适当的证据,因此,我们无法对××公司财务报告内部控制的有效性发表意见。

五、识别的财务报告内部控制重大缺陷(如在审计范围受到限制前,执行有限程序未能识别出重大缺陷,则应删除本段)

重大缺陷,是指一个或多个控制缺陷的组合,可能导致企业严重偏离控制目标。

尽管我们无法对××公司财务报告内部控制的有效性发表意见,但在我们实施的有限程序的过程中,发现了以下重大缺陷:

[指出注册会计师已识别出的重大缺陷,并说明重大缺陷的性质及其对财务报告内部控制的影响程度]

有效的内部控制能够为财务报告及相关信息的真实完整提供合理保证,而上述重大缺陷使××公司内部控制失去这一功能。

六、非财务报告内部控制的重大缺陷

[参见标准内部控制审计报告相关段落表述]

| | |
|---|---|
| ××会计师事务所 | 中国注册会计师:×××(签名并盖章) |
| (盖章) | 中国注册会计师:×××(签名并盖章) |
| 中国××市 | ××××年×月×日 |

 复习题

1. 如何理解内部控制审计的定义？
2. 如何界定内部控制审计的业务范围？
3. 内部控制审计的目标是什么？
4. 如何界定内部控制审计中注册会计师的责任？
5. 如何理解内部控制审计与财务报告审计的关系？
6. 内部控制审计与财务报告审计的区别有哪些？
7. 在内部控制审计的计划审计工作阶段，注册会计师需要评价哪些重要事项？
8. 如何理解风险评估与内部控制审计的关系？
9. 如何理解内部控制审计自上而下的方法？
10. 在完成审计工作阶段，主要包括哪些工作？
11. 我国《企业内部控制审计指引》将内部控制审计报告分为哪几种类型？
12. 标准内部控制审计报告的主要内容有哪些？

 练习题

### 一、单项选择题

1. 内部控制审计的对象（　　）。
   A. 特定基准日财务报告内部控制设计与运行的有效性
   B. 整个期间财务报告内部控制设计与运行的有效性
   C. 被审计单位编制的内部控制评价报告
   D. 被审计单位的财务报告

2. 在内部控制审计中，注册会计师应当以（　　）为基础。
   A. 计划审计　　　　　　　　　B. 风险评估
   C. 评价控制缺陷　　　　　　　D. 了解内部控制环境

3. 注册会计师对在审计过程中注意到的非财务报告内部控制缺陷是（　　），应当以书面形式与企业董事会和经理层沟通，提醒企业加以改进，但无须在内部控制审计报告中说明。
   A. 重要缺陷　　　B. 重大缺陷　　　C. 设计缺陷　　　D. 运行缺陷

4. 下列关于内部控制缺陷的提法中，不正确的是（　　）。
   A. 内部控制的缺陷包括设计缺陷和运行缺陷
   B. 企业对内部控制缺陷的认定，应当以日常监督和专项监督为基础，结合年度内部控制评价，由内部控制评价部门进行综合分析后提出认定意见，按照规定的权限和程序进行审核后予以最终认定
   C. 内部控制缺陷按其影响程度分为重大缺陷和一般缺陷
   D. 内部控制的重大缺陷可能导致企业严重偏离控制目标

5. 企业年度内部控制评价报告的基准日是(　　)。
   A. 1月1日　　　　B. 12月31日　　　C. 3月31日　　　D. 6月30日
6. 审计报告中需要删除注册会计师责任段的是(　　)内部控制审计报告。
   A. 标准意见　　　　　　　　　　B. 带强调事项段的无保留意见
   C. 否定意见　　　　　　　　　　D. 无法表示意见
7. 注册会计师审计范围受到限制的,需要出具(　　)内部控制审计报告。
   A. 标准意见　　　　　　　　　　B. 带强调事项段的无保留意见
   C. 否定意见　　　　　　　　　　D. 无法表示意见
8. 注册会计师知悉对企业内部控制自我评价基准日内部控制有效性有重大负面影响的期后事项的,需要对财务报告的内部控制发表(　　)。
   A. 标准意见　　　　　　　　　　B. 带强调事项段的无保留意见
   C. 否定意见　　　　　　　　　　D. 无法表示意见
9. 注册会计师测试控制有效性实施的程序,提供的证据效力最强的是(　　)。
   A. 询问　　　　B. 检查　　　　C. 重新执行　　　D. 观察
10. 无法表示意见的内部控制审计报告的基本内容不包括(　　)。
   A. 企业对内部控制的责任段
   B. 注册会计师的责任段
   C. 内部控制固有局限性的说明段
   D. 非财务报告内部控制重大缺陷描述段

二、多项选择题

1. 确定内部控制审计范围应考虑的因素有(　　)。
   A. 注册会计师的胜任能力
   B. 成本效益的约束
   C. 投资者的需求
   D. 对非财务报告内部控制审计的做法
   E. 国外的成功经验
2. 关于注册会计师对非财务报告内部控制重大缺陷的责任,下列说法错误的有(　　)。
   A. 注册会计师没有任何责任发现和报告非财务报告内部控制存在的重大缺陷
   B. 对财务报告内部控制审计过程中注意到的非财务报告内部控制重大缺陷,注册会计师应当在内部控制审计报告中增加"非财务报告内部控制重大缺陷"并予以披露
   C. 注册会计师应当对非财务报告内部控制是否存在的重大缺陷提供合理保证
   D. 注册会计师应当实施有限的审计程序以识别非财务报告内部控制存在的重大缺陷
3. 内部控制审计与财务报表审计的(　　)不同。
   A. 审计目标　　　B. 测试范围　　　C. 测试样本量　　　D. 报告结果
   E. 测试时间
4. 在财务报表审计与财务报告内部控制审计中,注册会计师均需评价内部控制。下列说法正确的有(　　)。
   A. 财务报表审计中对内部控制的了解与测试工作,足以支持对财务报告内部控制审计

发表审计意见,不需执行额外工作

B. 两者评价内部控制可以选用的审计程序相同,都可能用到询问、观察、检查、重新执行等程序

C. 两者评价内部控制的目的不同,前者是为了支持注册会计师对控制风险的评估结果,进而确定实质性程序的性质、时间安排和范围;后者是为了支持对内部控制有效性发表的意见

D. 两者对控制缺陷的评价要求不同,后者要求比前者更严

5. 财务报告内部控制的有效性包括( )。
   A. 设计有效性　　　B. 实验有效性　　　C. 运行有效性　　　D. 测试有效性
   E. 评价有效性

6. 计划审计工作中注册会计师需要评价对财务报表和内部控制是否有重要影响的事项有( )。
   A. 相关法律法规和行业概况　　　　　B. 与企业相关的风险
   C. 企业的组织结构　　　　　　　　　D. 与企业沟通过的内部控制缺陷
   E. 对内部控制有效性的初步判断

7. 如果拟利用他人的工作,注册会计师需要评价该人员的( )。
   A. 专业胜任能力　　B. 客观性　　　　C. 保密性　　　　D. 独立性
   E. 职业道德

8. 注册会计师应当在审计工作底稿中记录的内容有( )。
   A. 内部控制审计计划及重大修改情况
   B. 对识别的控制缺陷的评价
   C. 相关风险评估过程
   D. 形成的审计结论和意见
   E. 其他重要事项

9. 针对内部控制审计业务,下列有关企业层面控制的说法中,正确的有( )。
   A. 如果一项企业层面控制足以应对已评估的错报风险,注册会计师就不必测试与该风险相关的其他控制
   B. 对某项业务层面的控制而言,与该项控制相关的风险受企业层面的控制影响
   C. 注册会计师在评价内部控制时,通常应当首先评价业务层面控制,然后评价企业层面控制
   D. 注册会计师应当识别、了解和测试对内部控制有重要影响的企业层面控制

10. 关于注册会计师测试控制运行有效性的审计程序,下列说法正确的是( )。
    A. 测试程序的性质在很大程度上取决于拟测试控制的性质
    B. 注册会计师应当综合运用询问适当人员、观察控制的执行、检查相关文件以及重新执行等程序
    C. 针对同一被审计单位的同一控制,每年的测试程序应当相同
    D. 与检查相比,重新执行提供的审计证据的效力更高

三、判断题

1. 内部控制审计是指会计师事务所接受委托,对特定基准日内部控制设计与运行的有效性进行审计。（  ）

2. 财务报告内部控制是指企业为了合理保证财务报告及相关信息真实完整而设计和执行的内部控制,以及用于保护资产安全的内部控制中与财务报告可靠性目标相关的控制。（  ）

3. 内部控制审计的范围主要指注册会计师对企业所有内部控制进行审计。（  ）

4. 注册会计师的责任是对财务报告内部控制的有效性发表审计意见,并对内部控制审计过程中注意到的非财务报告内部控制的重大缺陷,在内部控制审计报告中增加"非财务报告内部控制重大缺陷描述段"并予以披露。（  ）

5. 财务报告内部控制审计的目标是对公司财务报告内部控制的有效性发表意见。（  ）

6. 对于某一被审计单位,会计师事务所既从事财务报表审计业务,又从事内部控制审计业务,会计师事务所应当与被审计单位签订单独的内部控制审计业务约定书。（  ）

7. 如果公司的财务报告内部控制为财务报告的可靠性和对外财务报表的编制符合公认会计原则提供了合理保证,就可认为是有效的。（  ）

8. 注册会计师只能将内部控制审计与财务报表审计整合进行(即整合审计)。（  ）

9. 内部控制不能防止或发现并纠正由于错误导致的错报风险,通常高于其不能防止或发现并纠正舞弊导致的错报风险。（  ）

10. 尽管《企业内部控制审计指引》中规定,注册会计师可以单独进行内部控制审计,也可以将内部控制审计与财务报表审计整合进行(即整合审计);但在实务中,由于内部控制审计和财务报表审计的关联性,注册会计师更适合进行整合审计。（  ）

 案例讨论

# 参考文献

[1] 企业内部控制编审委员会.企业内部控制基本规范及配套指引案例讲解(2017年版)[M].上海:立信会计出版社,2017.

[2] 宋蔚蔚.内部控制理论与实务[M].北京:清华大学出版社,2010.

[3] 陈可喜.财务风险与内部控制[M].上海:立信会计出版社,2012.

[4] 徐立文.内部控制理论与实务[M].天津:南开大学出版社,2015.

[5] 付君.内部控制学[M].上海:立信会计出版社,2015.

[6] 杨丹.上市公司财务报告欺诈与公司治理[M].上海:东方出版中心,2016.

[7] 安连成.公司治理法律制度研究[M].天津:天津科学技术出版社,2008.

[8] 李三喜,徐荣才.基于风险管理的内部控制理论结构·操作规程·实务指南[M].北京:中国市场出版社,2013.

[9] 方红星,池国华,樊子君.内部控制[M].第3版.大连:东北财经大学出版社,2017.

[10] 郭小静,等.企业内部控制规范化操作全案[M].北京:机械工业出版社,2014.

[11] 任志宏,杨菊兰.企业文化:管理思维与行为[M].北京:清华大学出版社,2013.

[12] 崔生祥.学海撷英:崔生祥文丛[M].上海:光明日报出版社,2013.

[13] 黄霖,贾林蓉,杨春晨.企业风险管理案例分析[M].北京:北京理工大学出版社,2013.

[14] 杜春娥.企业战略:理论方法与案例分析[M].北京:中国传媒大学出版社,2014.

[15] 贺志东,中华第一财税网.企业内部控制实务[M].北京:电子工业出版社,2015.

[16] 刘永泽,池国华.企业内部控制[M].北京:清华大学出版社,2014.

[17] 元丽星.现代企业内部控制体系研究[M].乌鲁木齐:新疆美术摄影出版社,2011.

[18] 干胜道.创业财务规划[M].第1版.北京:清华大学出版社,2005.

[19] 张川,陈辉发,郭琳.企业财务报告分析[M].北京:清华大学出版社,北京交通大学出版社,2012.

[20] 张东生,李艳双.企业战略管理[M].第2版.北京:机械工业出版社,2011:239.